"十一五"(2006—2010年)国家重点图书
普通高等教育"十一五"国家级规划教材
全国普通高等教育规划教材

中国税收制度史

修订版

黄天华 著

中国财政经济出版社

图书在版编目（CIP）数据

中国税收制度史/黄天华著 . —修订版 . —北京：中国财政经济出版社，2009.10

"十一五"（2006—2010年）国家重点图书
普通高等教育"十一五"国家级规划教材
全国普通高等教育规划教材
ISBN 978-7-5095-1382-8

Ⅰ.中… Ⅱ.黄… Ⅲ.税收制度-经济史-中国 Ⅳ.F812.9

中国版本图书馆 CIP 数据核字（2009）第 165173 号

责任编辑：洪 钢　　责任校对：王 英
封面设计：陈 瑶　　版式设计：董生萍

中国财政经济出版社出版

URL：http：//www.cfeph.cn
E-mail：cfeph@cfeph.cn

（版权所有　翻印必究）

社址：北京市海淀区阜成路甲28号　邮政编码：100142
发行处电话：88190406　财经书店电话：64033436
北京财经印刷厂印刷　各地新华书店经销
787×960毫米　16开　31.75印张　543 000字
2009年10月第1版　2009年10月北京第1次印刷
印数：1—3 000　定价：50.00元
ISBN 978-7-5095-1382-8/F·1177
（图书出现印装问题，本社负责调换）
本社质量投诉电话：010-88190744

本书修订前被列为：

"十一五"（2006—2010 年）国家重点图书

普通高等教育"十一五"国家级规划教材

并获：

上海市哲学社会科学一等奖

上海中振基金奖

前言

2008年3月18日，温家宝总理在十一届全国人大一次会议中外记者招待会上表示，"一个国家的财政史是惊心动魄的。如果你读它，会从中看到不仅是经济的发展，而且是社会的结构和公平正义"，"要下决心推进财政体制改革，让人民的钱更好地为人民谋利益。"

温家宝总理的话，深刻地揭示中外历史上财政改革的复杂性和艰巨性，高度概括了财政在政治、经济和社会发展中的重要性。

历史是现实的一面镜子，财税史工作者的首要任务就是研究和揭示生产力和生产关系，经济基础与上层建筑，财政税收与社会结构及民生发展的关系，财政税收对经济社会发展格局和进程的重大影响。以此为当今的财税改革、财税创新提供借鉴和启示、经验与教训。

著名经济学家约瑟夫·熊彼特（1883—1950年）认为："如果一个人不掌握历史事实，不具备适当的历史感或所谓历史经验，他就不可能指望理解任何时代（包括当前）的经济现象。"他说："一个民族的精神、它的文化水平、它的社会结构、它的政策所部署的行动，所有这些以及更多的东西都被写进它的财政史之中……谁懂得如何倾听它的信使的声音，谁就能在这里比在其他任何地方更加明了地识别世界历史的雷鸣。"

故而，以温总理的讲话为指导，本书对第一版做了大幅度的修正和减缩，力争以最小的篇幅清晰地反映出我们祖国波澜壮阔的财税史画卷，充分地展示财税的兴衰与政权及国家兴亡之间的密切关联，感受中华民族五千年历史的呐喊，特别是社会结构和公平正义的发展。

财税史科学的基本要求，就是坚持理论联系实际，坚持"古为今用"，历史科学的一切命题都内在地具有深刻的现实意义。对前人在税收制度、税收方针、税收政策、税收法令、税收管理等诸方面的功过得失、经验教训的总结，对今天的财税改革有着十分重要的借鉴意义和指导作用。

"以史为镜，可以明兴衰"，研究昨天，是为了拓展今天，更为了把握明天。

作 者

2009 年

目 录

第一章 税收起源 ………………………………………… (1)
    第一节 税收起源概述 ………………………………… (1)
    第二节 公共权力与财政主体 ………………………… (2)
    第三节 一般经济分配与财政起源 …………………… (4)
    第四节 原始财政 ……………………………………… (8)
    第五节 我国税收的起源 ……………………………… (14)

第二章 夏、商、西周时期的赋税制度 ………………… (21)
    第一节 我国的奴隶制税收 …………………………… (21)
    第二节 夏、商、西周的赋税制度 …………………… (27)
    第三节 赋税管理制度 ………………………………… (38)

第三章 春秋战国时期的赋税制度 ……………………… (43)
    第一节 春秋战国时期的赋税制度改革 ……………… (43)
    第二节 春秋战国时期的赋税制度 …………………… (53)
    第三节 春秋战国时期的赋税管理制度 ……………… (60)

第四章 秦代的赋税制度 ………………………………… (65)
    第一节 概述 …………………………………………… (65)
    第二节 秦代的田租口赋制度 ………………………… (67)

第三节　秦代的徭役制度 ………………………………………（70）
　　第四节　秦代的工商税制度 ……………………………………（73）
　　第五节　秦代的赋税管理制度 …………………………………（76）

第五章　汉代的赋税制度 ………………………………………（79）
　　第一节　概述 ……………………………………………………（79）
　　第二节　汉代的田赋制度 ………………………………………（82）
　　第三节　汉代的人头税制度 ……………………………………（86）
　　第四节　汉代的徭役制度 ………………………………………（88）
　　第五节　汉代的财产税制度 ……………………………………（92）
　　第六节　汉代的工商税制度 ……………………………………（93）
　　第七节　汉代的专卖制度 ………………………………………（97）
　　第八节　汉代的均输与平准制度 ………………………………（100）
　　第九节　汉代的税收管理制度 …………………………………（102）

第六章　三国时期的赋税制度 …………………………………（105）
　　第一节　概述 ……………………………………………………（105）
　　第二节　三国时期的田赋制度 …………………………………（108）
　　第三节　三国时期的徭役制度 …………………………………（110）
　　第四节　三国时期的专卖与工商税制度 ………………………（112）
　　第五节　三国时期的杂税制度 …………………………………（114）
　　第六节　三国时期的税收管理制度 ……………………………（115）

第七章　两晋时期的赋税制度 …………………………………（118）
　　第一节　概述 ……………………………………………………（118）
　　第二节　两晋时期的田赋制度 …………………………………（120）
　　第三节　两晋时期的徭役制度 …………………………………（124）
　　第四节　两晋时期的专卖制度 …………………………………（126）
　　第五节　两晋时期的工商税制度 ………………………………（127）
　　第六节　两晋时期的杂税制度 …………………………………（129）
　　第七节　两晋时期的税收管理制度 ……………………………（130）

第八章 南朝时期的赋税制度 (133)
  第一节 概述 (133)
  第二节 南朝时期的田赋制度 (136)
  第三节 南朝时期的徭役制度 (138)
  第四节 南朝时期的专卖制度 (140)
  第五节 南朝时期的工商税制度 (141)
  第六节 南朝时期的杂税制度 (144)
  第七节 南朝时期的税收管理制度 (147)

第九章 北朝时期的赋税制度 (150)
  第一节 概述 (150)
  第二节 北朝时期的田赋制度 (153)
  第三节 北朝时期的徭役制度 (156)
  第四节 北朝时期的专卖制度 (158)
  第五节 北朝时期的工商杂税制度 (160)
  第六节 北朝时期的税收管理制度 (162)

第十章 隋代的赋税制度 (166)
  第一节 概述 (166)
  第二节 隋代的赋税制度 (170)
  第三节 隋代的徭役制度 (171)
  第四节 隋代的税收管理制度 (173)

第十一章 唐代的赋税制度 (177)
  第一节 概述 (177)
  第二节 唐代的田赋制度 (181)
  第三节 唐代的徭役制度 (193)
  第四节 唐代的专卖制度 (198)
  第五节 唐代的工商税制度 (201)
  第六节 唐代的杂税制度 (204)
  第七节 唐代的杂项收入制度 (207)
  第八节 唐代的税收管理制度 (208)

第十二章 五代十国时期的赋税制度 （213）
　　第一节　概述 （213）
　　第二节　五代十国时期的田赋制度 （216）
　　第三节　五代十国时期的徭役制度 （219）
　　第四节　五代十国时期的专卖制度 （224）
　　第五节　五代十国时期的工商税制度 （227）
　　第六节　五代十国时期的杂税制度 （229）
　　第七节　五代十国时期的税收管理制度 （233）

第十三章 宋代的赋税制度 （235）
　　第一节　概述 （235）
　　第二节　宋代的田赋制度 （239）
　　第三节　宋代的徭役制度 （244）
　　第四节　宋代的专卖制度 （246）
　　第五节　宋代的工商税制度 （257）
　　第六节　宋代的杂税制度 （261）
　　第七节　宋代的税收管理制度 （266）

第十四章 辽代的赋税制度 （270）
　　第一节　概述 （270）
　　第二节　辽代的田赋制度 （272）
　　第三节　辽代的徭役制度 （274）
　　第四节　辽代的工商杂税制度 （276）
　　第五节　辽代的税收管理制度 （278）

第十五章 金代的赋税制度 （280）
　　第一节　概述 （280）
　　第二节　金代的田赋制度 （283）
　　第三节　金代的徭役制度 （285）
　　第四节　金代的专卖制度 （288）
　　第五节　金代的工商税及杂税制度 （291）

第六节　金代的税收管理制度 …………………………………… (295)

第十六章　元代的赋税制度 …………………………………… (297)
第一节　概述 …………………………………………………… (297)
第二节　元代的田赋制度 ……………………………………… (300)
第三节　元代的徭役制度 ……………………………………… (306)
第四节　元代的专卖制度 ……………………………………… (311)
第五节　元代的工商税制度 …………………………………… (317)
第六节　元代的税收管理制度 ………………………………… (323)

第十七章　明代的赋税制度 …………………………………… (326)
第一节　概述 …………………………………………………… (326)
第二节　明代的田赋制度 ……………………………………… (331)
第三节　明代的徭役制度 ……………………………………… (337)
第四节　明代的专卖制度 ……………………………………… (340)
第五节　明代的工商税制度 …………………………………… (344)
第六节　明代的赋税管理制度 ………………………………… (351)

第十八章　清代前期的赋税制度 ……………………………… (355)
第一节　概述 …………………………………………………… (355)
第二节　清前期的田赋制度 …………………………………… (358)
第三节　清前期的徭役制度 …………………………………… (365)
第四节　清前期的专卖制度 …………………………………… (367)
第五节　清前期的工商税制度 ………………………………… (371)
第六节　清前期的赋税管理制度 ……………………………… (378)

第十九章　清代后期的赋税制度 ……………………………… (381)
第一节　概述 …………………………………………………… (381)
第二节　清后期的田赋制度 …………………………………… (383)
第三节　清后期的徭役制度 …………………………………… (387)
第四节　清后期的工商税制度（上） ………………………… (388)
第五节　清后期的工商税制度（下） ………………………… (398)

第六节　清后期的杂税杂捐 ……………………………………（403）
　　第七节　清后期的赋税管理制度 ………………………………（404）
　　第八节　太平天国的税收制度 …………………………………（407）

第二十章　北洋政府时期的税收制度 ……………………………（411）
　　第一节　概述 ……………………………………………………（411）
　　第二节　北洋政府的田赋制度 …………………………………（413）
　　第三节　北洋政府的关税与盐税制度 …………………………（419）
　　第四节　北洋政府的工商税制度（上） ………………………（424）
　　第五节　北洋政府的工商税制度（下） ………………………（429）
　　第六节　北洋政府的税收管理制度 ……………………………（433）

第二十一章　国民政府时期的赋税制度 …………………………（438）
　　第一节　概述 ……………………………………………………（438）
　　第二节　国民政府的关税制度 …………………………………（441）
　　第三节　国民政府的盐税制度 …………………………………（447）
　　第四节　国民政府的统税 ………………………………………（452）
　　第五节　国民政府的货物税 ……………………………………（456）
　　第六节　国民政府的直接税 ……………………………………（459）
　　第七节　国民政府的田赋与兵差 ………………………………（467）
　　第八节　国民政府的地方税制 …………………………………（473）
　　第九节　国民政府的苛捐杂税 …………………………………（480）
　　第十节　国民政府的税收管理制度 ……………………………（483）

主要参考书目 ………………………………………………………（493）

后　记 ………………………………………………………………（496）

第一章

税 收 起 源

第一节 税收起源概述

税收是一个历史范畴，它有着自身的产生、发展和演变的历史。具体地研究这一范畴的运行规律及其内在辩证关系，是税收学界一个十分重要的研究课题。

税收是一个古老的经济范畴，其基于自身特殊性的基本属性，可以做如下分析：其一，税收区别于其他经济范畴，特别是区别于其他财政收入形式的质的规定性，即税收的强制性、无偿性和固定性，从这个意义上说，税收从其起源的第一时间起，就顽强地表现出自身特有的规范性和制度性，不然就无所谓税收，也无法界定税收，更不能形成税制。一般来说税收的刚性就表现为其制度性。其二，税收与国家存在着直接的联系，就其本质属性分析，这一联系是天然的，即有税收就有国家，有国家肯定就有税收。然而税收的质的规定性又确定无疑地说明，既然税收内在的运动规律是规范的、制度化的，那么这一联系必然是建立在公共权力的高级形态上的，也就是说税收起源与财政起源有着微弱的细小差别。这一差别就是，当公共权力表现为中、低级形态时，则仍然可以探索和讨论财政的起源，特别是公共财政的起源问题，但是税收必须和公共权力的高级形态——国家形态联系在一起，不然就无法解释税收的规范性、制度性和刚性。

鉴于税收这两个质的规定性，要全面地阐述税收制度的发展概况，探索税收制度的内在运动规律，就必须正视对税收或税收制度起源的追溯和研究。一般来说，研究一种制度的起源和形成，要比制度本身的内容更富有理论意义与实践独创性。

税收起源是与财政起源是彼此渗透，相互融合的，并逐渐在财政起源的多种形态中建立起主体地位。因此，税收起源是无法回避财政起源的，只有在研究财政起源的过程中，充分展示其各种形态萌芽和发展的逻辑关系，才有可能发掘税收原始踪迹，才有可能追溯税收的原生形态，才有可能考察税收范畴的发展和延伸，才有可能最终确立税收在财政分配中的主体地位。

因此，这里将首先讨论财政起源问题，试图用动态的粗线条的手法，勾画出财政运动的轨迹，然后引入税收和税制的同步研究和探讨，以求解决税收起源的基本理论问题。

第二节　公共权力与财政主体

一、财政起源与公共权力

财政是一个分配问题，决定财政起源的根本原因是一定社会经济条件。换言之，财政之根源是经济关系，是生产方式。

然而，财政从本质上又表现为公共权力（特别是国家）集中性地分配一部分剩余产品，以满足社会各个方面需求而形成的分配关系。财政的出现，就是以国家财政的面貌登上社会历史舞台的。因此，如果把国家当作一个特定的历史发展标志，那么只是在它诞生之后，财政才作为一种相对独立的经济活动从一般经济分配中完全独立（或者分离）出来，并以国家集中性收支形式出现于世。

财政之本质特征，是财政分配区别于一般经济分配的强制性。强制性是财政形态发展的特殊性，是矛盾的主要方面。强制性基于公共权力，没有公共权力就无所谓强制性，因此，它是研究财政起源的一个重要依据。

显然，国家作为公共权力发展的高级形态是财政分配得以从一般经济分配中独立（或分离）出来的根本原因，那么，这一独立（或分离）的过程，无疑就是财政起源的过程，我们把它称之为原始财政。可以进一步设想，在原始财政之前，是否就不存在任何形式的强制性分配方式？换句话说，在雏形国家产生之前，是否就不存在任何形式的强制性分配问题？不可能，如果是那样，历史发展的阶段性和逻辑性作何理解？事物发展的辩证关系又作何理解？

财政之根源,是经济关系;财政之本质,是公共权力之集中性收支;财政之特征是基于公共权力的强制性,这是研究原始财政的出发点。

因此,财政起源的运动过程即为:一般经济分配中的强制性因素──→一般经济分配中的强制性分配──→一般经济分配与强制性分配(即财政分配)分离,国家财政形成。与此相适应的是公共权力的演变过程,即为:一般公共权威(前氏族社会)──→氏族民主政治(母系氏族社会)──→家长制(父系氏族社会)──→军事民主制或王权政治(农村公社时期)──→国家政治(阶级社会)。财政形态的运动过程与公共权力的运动过程两者是同步的,当财政分配还融合于一般经济分配之中时,就如同十月怀胎,而公共权力的高级形态──国家,正是它的助产婆,这就是财政起源与公共权力的辩证关系。

二、财政起源与财政主体

财政的主体是什么?一般的观点认为是国家,只能是国家,根本不存在非国家财政的一般分配关系。他们认为,原始社会的生产关系是共同劳动,平均分配,没有阶级,没有国家,因而也就没有财政关系。的确,财政来到世界就与国家联系在一起,并以国家财政的面貌出现,参与人们的经济生活,这是历史的事实。同时财政分配的强制性也正是基于国家实体,基于政治权力。反过来,财政分配又是国家赖以生存的物质基础。正因为如此,我们认为,这一观点作为一般推广和普及财政科学知识是可行的。但是作为专业理论的教学和研究,这一观点就显得过于简单了。因为历史的发展是有阶段性的,也是辩证的。人是社会性的动物,社会性就是它的共同性、凝聚性和集体性。自有人类社会就有公共权力,其差异只在于人类社会发展的各个阶段上,公共权力的表现形态不同而已,一个有组织而无权威的社会是根本不存在的。无论在人类社会发展的哪一个阶段上,公共权力总是以各种形式逻辑地表现出来。就以原始社会发展而言,原始群体(前氏族社会)时期存在着公共权威;母系氏族公社时期,公共权威演变成氏族民主制;父系氏族公社时期,则演变成了家长制;到了农村公社时期则表现为军事民主制或王权政治;进入文明社会后则是国家强权政治。所以,如果认为财政分配的主体只能是国家。那么,不仅无法对财政主体的发展历史作出科学的、逻辑的说明,而且也无法对财政起源和其他一些财政基本理论作出合理的辩证的解释。

第三节 一般经济分配与财政起源

要揭示财政形态运动的全部历史过程，探索原始财政的演变及其向国家财政过渡的理论问题时，不仅要追溯公共权力的运动过程，同时还要追溯一般经济分配（融合财政分配）的运动过程。因此，研究原始财政就必须深入到原始社会发展的各个历史阶段，在分析其经济活动，即生产力与生产关系的基础上，结合一般经济分配和公共权力的特定状况，进行逻辑的综合研究。

原始社会的发展，一般经历了三个阶段，即原始群时期、氏族公社时期和农村公社时期。当然整个原始社会是以母系氏族公社为主体的，因此恩格斯才把原始社会称为母权制社会。下面分三个阶段阐明财政从原生形态到独立范畴的演变过程。

一、一般经济分配的起源

人类的童年，即原始群时期，其规模一般都比较小，少则十几人，多则近百人。一个群体既是一个社会单位，也是一个生产单位和消费单位。早期人类使用的生产工具都是一些相当简陋粗劣的打制石器和棍棒，群居在沿河旁水的台阶地上，并随着生产条件和季节转换而不断迁移。由于劳动生产率低下，生产技术和生产经验又十分匮乏，早期人类征服自然的能力十分有限，主要依靠索取天然动植物为生。

原始群的生产方式和生活方式说明：人类自诞生之初，就具备了社会性，每一个人都必须紧紧依靠集体的力量，艰苦劳动，顽强抗争拚搏，才不致于为大自然所吞噬。所以，单个的人是不存在的，离开了社会是无法生存的，人类只有共同协作劳动，才能形成生产力，才得以生存下去。因此，人类的社会性概念恰恰就是自身生存的基础。

人类的社会性说明人类生存机制是有组织的，无论这一组织层次是如何低下，如何脆弱，如何单一，但它们是有机的统一体，成员彼此是相互协调的。历史已证明，人类社会组织确确实实地卓有成效地指挥、组织、管理和协调了原始群体的生产斗争和经济生活，从而形成足够的生产力，维持了人类社会的生存和发展。

那么，一个有组织的生存机制以及"该历史时代生产方式所需要的社会管理",没有权威的存在能运行吗?自有人类社会,就有公共权威,权威产生于何处?在原始人群的心目中,来自神灵——原始宗教的启蒙;权威来自祖先——祖先崇拜的启蒙,人类的生存需要权威。显然这权威是强有力的,这就是历史唯物主义观点。因此,公共权力萌发公共权威,公共权威的起源与一般经济分配的起源是同步的。

原始群时期的生产关系是共同劳动,自然分工(按年龄、性别分工),简单劳动,有限的劳动产品归集体所有,重要的是其分配方式,民族学提供的资料可为佐证,首先是扣除简单储备部分,然后平均分配,共同消费。马克思认为"共同的产品,除了储存起来以备再生产的部分外,都根据消费的需要陆续分配"①。显然,这扣除的部分绝不是剩余产品,在原始群时期也不可能存在剩余产品。那么,这一分配方式存在的原因何在,特点又是什么呢?很简单,就是基于它的自然调节功能,即如何分配有限的产品以满足生存的需要和简单再生产的需要,通俗地说,就是现时食用和将来食用之间的分配。这关系到人类的生存,其分配的公共权威性是毋庸置疑的。因此,这一分配方式既受到生存机制的制约,同时也要受到群体道德观念、原始信仰等意识形态的制约。这种分配关系,就是最原始最一般的经济分配。

原始群时期的生产过程十分简单,其特点就是从手到口,但是生产过程的简单并不等于分配过程的简单。社会再生产的基点就是保证最低限度的生存需要,然而实际情况却大相径庭,这一时期人类每天的消费是必不可少的,而每天的劳动收获却没有任何保障。因此,分配中的自然调节功能就显得十分重要。今天的劳动有了收获,就储备一点;明天没有就分配储备之物;春秋季劳动有产品,就储备一点;在严寒的冬季用于分配。原始人群生活的艰难性就在于繁重而危险的体力劳动在不同时间,获取的不是等量的劳动产品,存在饥饿与半饥饿的威胁。正因为如此,其特殊的分配方式就是其赖以生存的方式。因此,没有扣除(简单储备)就谈不上生存,更没有再生产,从这个意义上说,这一分配方式的本身就体现了马克思主义扣除理论的精髓。

正是基于这一点,可以说在原始的简单的一般经济分配中就已包含了强制性因素,尽管这是早期人类迫于生计而不得不如此。因此,无论这一融合于一般经济分配中的强制,是自然生存强制,还是人为法定强制,或者兼而有之,最重要的是存在强制。生存自发地产生权威,这就是一般经济分配中强制性因

---

① 《马克思恩格斯全集》第 19 卷,人民出版社 1961 年版,第 449 页。

素的起源，它不是财政问题，但是随着生产力和社会经济的发展，强制性因素自然会有一个量变到质变的过程。因此，可以确认，从自然生存强制到国家法定强制，其运动轨迹是客观存在的，是有规律性的，是不以人们意志为转移的。

二、一般经济分配的发展

人类经过几十万年到上百万年的生存竞争和生活斗争，丰富了生产实践，提高了对自然界的认识能力和改造能力，劳动工具不断得到改进，生产力水平不断地得到提高。同时，原始群逐渐转向同一集团内部禁止通婚，实行严格的族外婚制度，于是氏族公社形成了。

氏族公社时期，社会生产力有了飞跃的发展。据专家估计：原始群时期的劳动生产率每十万年提高百分之一，而氏族公社时期的劳动生产率每一百年就提高百分之一。氏族公社时期的生产工具有了实质性的改进，直接推动了社会经济的发展。随着人口增长和生产领域扩大，按年龄和性别而实行的自然分工迅速推广，原始的综合性的生产逐渐分化出各种经济部门，原始农业、原始手工业和原始动物饲养业纷纷出现于氏族公社时期。

由于生产地域和管理活动的需要，母系氏族集团不断地分化出女儿氏族集团，对氏族集团来说，经过一段时期后，人口就相对减少，而生产力却不断提高，剩余产品的出现不仅是可能，而且已成为一种必然的趋势，当然在这一阶段（原始社会主要时期）上，剩余产品只是微不足道的，然而这一事物的出现，本身就蕴藏着巨大的社会意义。

母系氏族集团的分化，使社会组织结构发生了新的变化，一个氏族是一个生产单位和消费单位，但不再是一个社会，而是社会的一个基本细胞单位。氏族集合而成胞族，胞族集合而成部落，一般来说部落才是一个独立的社会。可见，这一时期的社会组织结构已不是单一垂直型的，而是多层次立体型了，氏族社会的活动范围广阔多了，氏族社会的日常事务也复杂多了。由此直接造成了社会生产活动和社会管理活动相分离，这一分离意味着管理部门趋向扩大，公共权力由一般公共权威趋向氏族民主政治，而且权力中心日趋强化。

氏族本身就是集政治、军事、经济和信仰为一体的集团，每一氏族都有自己的图腾崇拜，氏族公社的公共权力不仅是上古祖先与当时人类的媒介，同时也是人与神灵的媒介。另外，氏族社会的管理活动本身就是一种权威，马克思认为"联合活动就是组织起来,而没有权威能够组织起来吗?"① 因此,氏族公共权力的威严,在祖先和神灵的光环下,更在人的实际生产生活中日益得到强化。

公共权力在氏族社会的政治经济活动中,具有广泛的指挥职能、管理职能和调节职能,存在于农耕、捕鱼、狩猎、采集、饲养、工具加工、公共工程等方面的劳动力安排、产品的储备、公共需求、个人消费品分配以及部落的军事冲突、纠纷处理、公共祭祀、原始信仰等事务中。随着生产力的发展,社会组织层次和组织范围日益扩大,生产生活领域不断延伸,公共权力和管理部门不断加强,权威随之提高。也因此,在社会的一般经济分配发展的同时,强制性分配的因素在急剧地膨胀和迅速地扩大。如果说,原始群时期的"强制性因素"的分配是为了生存,那么,氏族公社时期的强制性分配则是为了再生产,为了公共工程和公共需求,为了防御外氏族入侵。随着社会经济和氏族制度的发展,一般经济分配中的强制性因素开始向强制性分配过渡。尽管这一时期两种分配还融合在一起。所以说,原始分配和公共权力发展的同步性和特殊性正基于此,两者既不可分,又互为作用。

三、一般经济分配与财政分配的分离

到了氏族公社的晚期,劳动生产率有了较大的提高,社会经济发展迅速,原始农业由刀耕火种发展到粗放作业,发展到锄耕,家族动物饲养业日益扩大并形成草原地区的畜牧业,剩余产品逐渐稳定并日益增加。于是采集业和渔猎业在社会经济中的地位迅速下降,而"农业成了整个古代世界的决定性生产部门"②,它原是由妇女们发现并从事的主要劳动,由于农业生产的稳定性与繁重性,特别是它的经济意义,使男子转而取代妇女成为农业生产的主要承担者。

社会已经历了二次大分工,农业与畜牧业的发展以及以金属冶炼业、制陶业和纺织业为代表的新兴手工业技术的变革,使整个社会经济的发展呈现出前所未有的繁荣局面。母系氏族公社逐步过渡到父系氏族公社并向农村公社的门槛跨去,这预示着一个崭新的时代即将来临。生产力的发展,劳动效率的提高,使个体劳动不仅渐趋可能而且成为必要,氏族公有制已成为生产力发展的

---

① 《马克思恩格斯选集》第2卷,人民出版社1972年版,第551页。
② 《马克思恩格斯选集》第4卷,人民出版社1972年版,第145页。

桎梏，社会已要求生产资料私有制，而父权制正是建立在私有制基础之上的。

由于剩余产品的增长和父权制的确立，也由于奴隶劳动的出现和私有财富的积累，氏族的酋长、军事首领、大家长、头人、贵族和宗教人员已脱离了生产劳动而专职于社会管理活动，他们社会地位的上升，已孕育了一个社会特权阶层，社会的公仆逐渐转化为社会的主人。

私有制的迅速发展和公共权力的日益扩大，使社会经济实体相对独立于公共权力中心，而公共权力又日益脱离一般经济活动，那么两者之间的经济联系只能表现在强制性的分配上，即原始财政分配上。公共权力赖以生存的物质消费、公共工程、公共祭祀和军事需求都集中到原始财政的分配上。如果说强制性分配的主体曾为氏族公共权力，那么原始财政分配的主体就是军事民主制下的王权政治，其表现为以王权为主体的集中性收支。

军事民主制作为雏形的国家，它的产生与频繁的战争息息相关，战争的目的是为了掠夺邻人的财富和人口，加速私有制的发展。同时战争也日益加强了军事首领的权力，促进了氏族部落融合为统一民族，进而完成氏族机关向国家机关的过渡。无疑，这时一般经济分配中的强制性分配已向原始财政分配过渡，并日趋与母体分离。

其分离的标志就是原始财政范畴的出现与独立，原始财政诞生了。

第四节 原始财政

一、史前期军事民主制表现为雏型的国家

（一）军事民主制的形成

在社会经历了两次大分工之后，商品生产和货币出现了，以血缘为纽带的氏族公社逐渐被以地域关系结合起来的农村公社所代替，这是公有制过渡到私有制的一种社会组织形态，它在经济上的两重性表现为：一方面每个家庭都是以生产资料私有制为基础的个体经济单位，另一方面公社还继续保存部分公有生产资料。共耕制瓦解了，土地私有制产生了。

由于社会经济的发展和人口的不断增加，各个亲属部落结成联盟并进而融合为一个民族已成为必要。与此相适应的是，在政治上便形成了军事首领、议事会和人民大会一起构成了军事民主制的氏族社会各机关。军事民主制的特点

是,一方面氏族民主制依然存在,另一方面出现了军事首领的个人权力,即王权。由于私有财产和奴隶劳动的出现,掠夺邻人的财富和人口已成为军事民主制时期最重要的目的。同时,战争也日益加强了军事首领的王权,特权阶层逐渐产生,民主选举趋向世袭,氏族社会机关向阶级统治和阶级奴役的暴力机关过渡,国家即将分娩了。显然,私有经济的发展,阶级分化和政教特权人物形成,必然地孕育着国家实体,而形成中的国家又必须参与社会产品的分配以维持其存在并促进其发展。因此,原始财政和雏形国家的早期辩证关系便表现出来了。

(二)军事民主制社会管理机构的构成

军事民主制时期,氏族部落的酋长、头人、贵族、宗教人员和军事首领逐渐地脱离了生产劳动,专职于对外战争,而战争又不断地加强了王权,使他们的社会地位迅速上升,并构成了一个特权阶层。军事首领则是这个特权阶层的总代表,他所统辖的专用武装力量构成了常备军的雏形,氏族民主制日渐演变成特权世袭制。

早期的原始宗教人员已大量存在,考古学研究表明,我国在仰韶文化时期已出现占卜,当时已经有了专职或半专职的占卜者。另外,如古苏美尔的高级神庙人员、古希腊古罗马的"祭司"、古印度的"僧侣"、古西亚的"恩西",在这一时期的上古史中是不乏记载的。他们是在"非常原始的状态下执行宗教职能。"[①] 显然,这些人是从公社分化出来的脱离了生产劳动并担任社会管理的专职公务人员,"这些职位被赋予了某种全权,这是国家权力萌芽。"[②]

在古代社会,相对于当时的劳动生产率和社会经济状况来说,这种雏形国家的组织机构也够庞大了,那么为了维持它的存在,履行它的职能并继续不断地扩大它的组织机构,使其成为凌驾于社会之上的政治实体,也就必然要有充足的尽管还是十分原始的财政收入。

二、原始财政范畴的多样性

恩格斯在《家庭、私有制和国家的起源》一书中科学地阐明了国家起源的三种主要形式。

(一)雅典式国家产生及其财政形态

---

① 《马克思恩格斯选集》第3卷,人民出版社1972年版,第218页。
② 同上注。

雅典式国家是一种直接在原始社会氏族组织瓦解的基础上产生出来的国家的典型形式。这种演变的一般过程是：国家"部分地改造氏族制度的机关，部分地用设置新机关来排挤掉它们，并且最后全部以真正的国家权力机关来取代它们而发展起来的"[①]，简单他说，国家是直接地和主要地从氏族社会内部的阶级对立中发展起来的。

伴随这种雅典式国家起源的原始财政范畴一般表现为公社成员缴纳的费用：原始摊派、捐税、土地税的初级形态——劳役地租及对奴隶劳动的剥夺。

(二) 罗马式国家产生及其财政形态

罗马氏族制度在它的解体过程中虽然也曾形成了本氏族内部的"保护人"（贵族）与"被保护人"（氏族成员）这样的两大对立社会集团。但是，其社会主要矛盾仍在于贵族集团与外族平民集团之间的斗争。在古罗马，当时由外族居民构成的平民集团，虽然被剥夺了一切应有的政治权利，并负有多种义务，然而他们有人身自由，可以从事一切经济活动，在经济上已成为一支能够与贵族相抗衡的力量。恩格斯认为，罗马革命的原因在于平民与贵族之间的斗争，而这一斗争的结果产生了真正的国家。所以罗马式国家是本氏族贵族与外族平民斗争中产生的那些国家中的一个典型。

伴随着这种罗马式国家起源的原始财政范畴一般表现为对奴隶的剥夺，特别是对外族平民实行歧视性的直接征税，因为罗马贵族认为自己是道地的罗马人民的组成部分，根本不屑于从事低下的经济活动，所以对经济活动中占主要地位的外族平民实行征税，既是一种区别对待，又是国家的一种财政需要。

(三) 德意志国家产生及其财政形态

德意志国家代表着在大量征服其他氏族基础上所形成的那些国家的一种典型。德意志人的生产方式和生活方式决定了他们部落的每一个成员都必须拥有大片的土地才能得以生存。然而，其经济发展和人口增长使他们深感牧场不足，狩猎范围太窄，占有的地盘太小，这就促使他们开展大规模的军事征服和对外扩张，而德意志国家也就是在氏族社会外作为征服外界大片领土的直接结果而产生了。

伴随这种德意志式国家起源的原始财政范畴一般表现为定期贡纳和对奴隶的剥夺，特别是对被征服的氏族部落实行定期贡纳制，对于一个从事大规模军事活动和对外征服的氏族，随着统治地域不断扩大，战争人员不断地充实，军

---

① 《马克思恩格斯选集》第4卷，人民出版社1972年版，第105页。

事编制越来越大,军事给养便是十分紧迫的问题,加之种族和民族斗争错综复杂,贡纳制度确是一种较易推行和行之有效的筹措财政资金的办法。类似的情况在我国远古和北美阿兹忒克部落等都曾实行过。

伴随国家起源的三种主要形式而存在的原始财政范畴的多样性及其不同特征,进一步证实了在人类早期形成的雏形国家里是不可能没有原始财政的。

三、原始财政范畴的各种形态分析

下面考察原始财政范畴的各种形态:

（一）对外的军事征服和掠夺——定期贡纳

对被征服的氏族部落实行强制的固定的"贡纳制",这是国家尚未出现之前,从氏族社会末期到文明社会初期普遍存在的原始财政范畴之一。"贡纳制"之所以构成原始财政范畴是因为它完全建立在军事暴力基础之上的,是强制性的,必须按时足额缴纳。在一般情况下,征服者要派一名贡物征收者长驻被征服部落以执行其任务,对违反者要进行讨伐。这种情况在我国上古史以至在封建社会中期都是常见的。

"贡纳制"之出现,马克思认为,是因为征服者一方面容许被征服者继续原来的生产方式,一方面以获得贡物为满足。这正是当时实行贡纳制的社会经济和历史原因。

（二）对公社成员的剥削——原始摊派、早期捐税和劳役地租

1. 原始摊派

父系氏族公社时期,由于公共权力和经济活动分离,则公共权力的生存,一部分来自于共耕制下的收入,另一部分来自于受传统道德准则约束的氏族成员的奉献。到了军事民主制时期,频繁的战争加强了王权,军事首领等上层人物已在蜕变,他们利用职权,大肆侵吞公共财产,瓜分在战争中掠夺的战利品,而当军事形势发生变化,雏形国家经费不足支持,于是就出现了强制性的原始摊派,实际上这是对广大公社成员的一种赤裸裸的勒索,原始摊派一旦经常化、定期化,就演变成了原始劳役和原始捐税。显然,原始摊派构成了原始财政的范畴之一。

2. 早期捐税

父系氏族公社时期,共耕土地不断地被蚕食、被私有化。因此,为满足社会公共需求,诸如军事战争、公共祭祀、公共工程等经费支出,公社主要依靠各个家庭公社成员的自愿奉献,或备劳力,或备实物,或备粮草随军出征。但

到了军事民主制时期，由于军事编制的扩大，公共权力的强化，加之战争的机动性和突发性，自愿奉献已不足以支持战争，而战败将确确实实地危及每个公社成员的生命财产，于是强制与半强制的课征就有了神圣的依据。这就是从自愿奉献到原始捐税的演变过程。

3. 力役与劳役地租

父系氏族公社时期，共耕制下的劳动是维持公共权力的主要经济来源，这是氏族社会每个公社成员的传统权利，也是公共权力赖以生存的经济基础。但是到了军事民主制时期，这一传统权利在强权下演变成了应尽义务，耕种公共土地的劳动形成了土地税的初级形态即劳役地租，而宗庙服务、军事后勤杂务、公共工程直至为特权人物服务则演变成无偿力役，这些纯粹来自雏形国家规定的无偿的强制的劳役剥削，当然构成原始财政的范畴之一。

（三）对奴隶的剥削与榨取

恩格斯指出，当人的劳动力能够生产出超越维持自身生存的产品时，就有可能吸引外界劳动力，于是奴隶制的物质基础形成了。因此，奴隶制的出现远远地早于国家的起源。

父系氏族公社时期，由于剩余劳动的吸引，战争中的俘虏被引进各个父系大家庭，作为"助手"投入生产过程，因此，奴隶劳动只构成家长制家庭的经济收入，严格地说只构成家长奴隶主的私收入。到了军事民主制时期，奴隶不再被引进各个父系大家庭，由于特定的社会历史与经济条件的制约，奴隶只能"公有"，即为"雏形国家所有"，也就是历史学家所说的"国有奴隶"的结论。

从历史事实看，使用奴隶劳动就是为生产剩余产品，就是为了财富的积累，军事民主制时期频繁战争的直接目的就是为了掠夺奴隶，奴隶的来源和数量不断扩大，成批的奴隶被投入共耕地，被投入其他生产过程，奴隶提供的部分必要产品和全部剩余产品，形成了当时雏形国家的主要经济来源，同时奴隶又源源不断地被编进军队，进行新一轮的掠夺战争和军事征服，战争又掠夺奴隶和财富，如此循环不已。

因此，从奴隶的来源、奴隶的使用及其生产成果的归属中可以看出，这是雏形国家对奴隶们实行的一种超经济剥夺，它是建立在军事暴力基础上的，是运用政治强权达到的，故而，军事民主制时期对奴隶的剥削和压榨，也就构成了原始财政的范畴之一。

如果说人类辉煌的古代文明是建立在奴隶们血汗和累累白骨之上，那么，从公共权力和财政形态的同步发展中不难理解构成军事民主制时期原始财政收入的最主要部分是由奴隶们创造的。

（四）对外族自由民（居民）的剥削——"纳税"

氏族社会晚期，由于经济的发展和频繁的战争，外族居民逐渐与本族人员混杂居住，血缘关系削弱了，于是以地域关系结合起来的农村公社取代了氏族公社，这是公有制瓦解并向私有制过渡的一种社会组织形式。在这种社会组织形式下，同一公社成员却有本族与外族之分，这一划分导致了政治和经济上的不平等，这在上古史中是比较常见的，而古罗马王政时代则表现得更为突出而已。贵族一般由本族自由民构成，而平民则由外族移民和被征服的居民构成。平民被剥夺一切政治上的权利，并负有"纳税"、服兵役等各种义务。恩格斯在论述这一问题时采用了"纳税"这一概念，摩尔根在《古代社会》一书中也使用了这一概念。当然，这可能是在特殊的社会政治经济条件下产生出来的原始财政范畴，但是最重要的是它在史前期确实存在过，这是无疑的。

四、原始财政的基本理论问题

（一）原始财政的本质

国家是阶级矛盾不可调和的产物，是阶级压迫、阶级剥削的暴力机关，而军事民主制时期的雏形国家与现代国家在本质上是一回事，只不过它表现为国家的早期形态而已。公共权力（雏形国家）为了维持它的存在和执行它的职能，扩大它的机构，完成向国家实体的过渡，就必然要消费一定的物质资料，这就需要雏形国家利用它的政治权力，在社会产品分配中占有一定的份额。因此，原始财政与雏形国家有着密切的关系。所谓原始财政的本质就是以雏形国家形态为主体，以原始社会末期（农村公社）生产方式为基础的分配关系。

（二）原始财政的特点

1. 政教不分

政教不分是原始财政的一个显著特点。

原始宗教，恩格斯称为"自发宗教"，有别于阶级社会的"人为宗教"。它是早期人类在与大自然的斗争中对于种种神秘恐怖现象无法作出科学解释而自发产生的。原始宗教一经形成，反过来影响甚至主宰着早期人类的物质与精神生活。宗教在雏形国家各机关中占有非常重要甚至首要地位。宗教的尊严和世俗的权力（国家）是一回事，说宗教是国家的现实代表一点也不夸张。在古印度的吠陀时代，第一等级婆罗门，即僧侣，他们代表着国家；第三等级吠舍（自由民）向寺院纳税就是向国家纳税。在古西亚苏美尔人中，占统治地位的就是神庙最高祭司——恩西，他们不仅接受劳动者的捐税，而且在神的诸多节日向人民收取各种贡物，所以政权与教权的混合是原始财政的明显特征。

2. 公私不分

公私不分是原始财政的另一显著特点。

军事民主制是私有制和奴隶制急剧发展并向国家实体的过渡，军事首领和最高祭司，由于特殊身份和地位，他们有可能利用职权役使公社成员在公共耕地和其份地上辛勤劳作，而产品既作为原始财政收入的来源，又是其个人收入的来源，两者是无法分清的。同样，战争中掠夺的财富，被征服者缴纳的贡物，既为雏形国家的财政收入，也为个人的大宗财富。

（三）原始财政的作用

原始财政作为实现雏形国家职能的工具，发挥着财政所应有的分配职能，其作用一般表现在下述两个方面：

第一，原始财政运用雏形国家的政治权力，直接参与社会总产品的分配，对劳动者实行超经济的剥削，使社会财富大量地集中于少数人之手，促进了私有经济的发展，并推动着奴隶制生产关系的确立。

第二，原始财政促进了社会生产力的发展。原始社会向奴隶社会过渡，无疑是社会的一个伟大进步。社会生产关系的逐步变革，使原始财政被置于一个极为重要的地位，雏形国家及国家实体的活动范围，组织社会生产的能力，都是氏族社会所不能比拟的。因此可以说，只有雏形国家和原始财政的存在，才有可能出现大规模的奴隶分工和奴隶协作，才有可能出现经济的高速发展，人类社会才有可能以坚实的步伐迈进文明社会。

第五节 我国税收的起源

上文详尽地阐述了财政起源的一般规律，阐述了财政起源与公共权力起源的同步性以及两者之间的相互关系。本节则在此基础上进一步探讨与研究税收的原生形态及其起源和发展等问题。

一、贡——税收的原生形态

"贡"字的原义，孔注《尚书》云："从下献上之称，谓以所出之谷，市其土地所生异物，献其所有"；《说文解字》释"贡，献功也"，《国语·鲁语下》释"社而赋事，蒸而献功"，韦注："春分祭社也，事农桑之属也；冬祭曰蒸，蒸而献五谷布帛之属也"。因此，贡的本义是指人们用劳动所获奉祭神明，祈祷来年丰收，渴求未来生活的安康。我国古代有"任土作贡"和"五十而贡"，这个"贡"尽管属于财政范畴，但其有着明显的主动奉献的倾向。应该承认这个"贡"的强制性是比较微弱的。"贡"的原形是"共"字，即提供、上供、供给于上的含义，文献中多用"来"、"献"、"来享"、"来王"、"宾"等文字来表示。这时的强制性更为脆弱，因而科学地说，这是一种"供奉关系"。

塔西佗时代的日耳曼人，"每人自愿将自己的牛群或谷物的一部分献给酋帅，这是作为礼物收下的，但也满足酋帅们的需要"。居住在云南省的西盟佤族同胞，解放前尚处于原始社会向阶级社会过渡的阶段。当时佤族村社成员如要开垦公有的荒地，"还要向村寨头人送一些礼物，如茶叶一小包、腊条一对和半开（即银元）五角等等"。

即使到了氏族公社的晚期，公共权力的滋长，以及公共事务的繁忙，氏族公社成员也向他们尊敬和爱戴的首领提供一些物质贡献，但这完全是自愿的。正如恩格斯在《家庭、私有制和国家的起源》一文中谈到德意志人的氏族酋长时指出，他们"已部分地靠部落成员的献礼如家畜、谷物等来生活"[①]。同样《竹书纪年》中记载着"尧二十九年春，僬侥氏来朝，贡没羽"，"舜二十五年息慎氏来朝，贡弓矢"，"四十二年玄都氏来朝，贡宝玉"。显然，这种贡献是出于自愿，而不是强制性的，也没有时间上的限制。它只是说明劳动者有了剩余产品，氏族成员提供贡献有了物质基础。因此，这种贡献至多反映了下对上的从属关系。

根据上述分析，"贡"源于先人自愿而虔诚的祭祀，随后演变为本部族劳动者的自愿上供，及其外部落的贡献，尽管这时的贡还没有财政性质，但是却有强权的象征，公共权力的高级形态即国家已开始萌芽。

这里之所以把"贡"看作为税收的原生形态，是因为随着私有财产和公共权力的发展，"贡"衍生的两个必然趋势是：一为贡纳；一为税收。

---

① 《马克思恩格斯选集》第 4 卷，人民出版社 1972 年版，第 140 页。

二、贡的发展——税收的萌芽

氏族公社晚期，劳动生产率有了较大的提高，社会经济发展迅速，剩余产品日趋稳定并日益增加，氏族公有制已成为生产力发展的桎梏，社会已要求生产资料私有制，而父权制正是建立在私有制基础之上的。

由于父权制确立、奴隶劳动的出现和私有财富的积累，氏族上层的酋长、军事首领和原始宗教人员逐渐地脱离了生产劳动而专职于社会管理活动，氏族民主机关向阶级统治的国家机关过渡，军事民主制作为雏形的国家形态已牢牢地站在社会之上了。马克思认为"一种制度在逐渐消失，另一种制度在逐渐出现，因此在某一时期内，两者是并存的"①，处于社会制度转换过程中的原始财政形态，即"贡"逐渐向"贡纳"与"税收"萌芽状态演变。

初时，氏族部落从其他人类共同体处掠夺财富，在本氏族部落内进行平均分配，这种分配只是再生产过程中的一般分配，因为战争是"每一个这种自然形成的集体的最原始的劳动形式之一"②。所以，先民们对于通过武力或以武力威胁而获得的财富，如同生产劳动方式所获得的财富一样根据共同劳动、平均分配的原则来享用的。

但是在军事民主制时期，军事首领及部落酋长在索取和分配贡品时，就已充满了血腥的气味了。如马克思所说"阿兹忒克联盟并没有企图将所征服的各部落并入联盟之内，因为在氏族制度下，语言上的分歧是阻止实现这一点的不可克服的障碍，这些被征服的部落仍受他们自己的酋长管理，并可遵循自己古时的习惯。有时有一个贡物征收者留驻于他们之中"③。恩格斯认为"这种联盟，一经意识到它所具有的力量，便立刻具有了进攻的性质，在1675年前后，当它达到了强盛的顶峰时候，便征服了它四周的广大土地，把这些地方上的居民一部分驱逐出境，一部分使之纳贡"④。可见，贡纳即产生于这一以战争为正常职业的时代，也因为贡纳作为最原始、最简单的收入形式，既无须严格的征管制度，又不必有法律保障，作为早期的一种公共收入形式，的确简单易行。

但是随着私有制和国家的出现，这种"贡"就为少数贵族和统治阶级所

---

① 马克思：《摩尔根〈古代社会〉一书摘要》，人民出版社1965年版，第182页。
② 马克思：《资本主义生产以前各形态》，人民出版社1956年版，第27页。
③ 马克思：《摩尔根〈古代社会〉一书摘要》，人民出版社1965年版，第151页。
④ 《马克思恩格斯选集》第4卷，人民出版社1972年版，第90页。

窃取,尽管贡的名称被保留着,内容却由奉神变为"以下献上",范围又扩大到土地上的一切生成物。这部分"贡"则反映国家和劳动者个人的经济关系,即以劳动者的劳动产品来表示,这实质上已是"税"了,以贡代税,名为贡,实为税,贡税合一。但它依然保留着一种以下献上的供奉关系。

由政府委派官吏向农村公社成员征收贡物正是家长制解体和国家萌芽条件下产生出来的一种义务,早期伊斯兰国家就是如此;而荷马时代的希腊公社成员则表现为向其军事首领交纳贡物;埃及的法老干脆将农村公社交给其亲属或亲信作为领地以便收取贡物;古印度的公社成员则有为全国范围公共工程提供"义务劳动"的形式,作为其所交纳的贡赋。

恩格斯《马尔克》一文中论述到,国家"所诛求于农民而诛求得越来越繁重的,是他们的实物贡献和他们的劳役"。这些史实在世界古代史上是屡见不鲜的,这究竟是"贡"还是"税"? 这难道还不是税收的萌芽状态吗?

三、贡的演变——税收的雏形

这里进一步论述一下我国夏、商、周三代奴隶主社会的"贡"。

三代的"贡"的情况比较复杂,种类也多,这里所讨论的贡,是以土地分配为依据,具有田赋性质的贡。

禹定九州,任土作贡,把自下献上的贡与以上税下的赋结合起来,形成特定形式的贡。根据《尚书·禹贡》和《史记·夏本纪》记述,当时的九州,除夏王朝中央所在地——冀州实行纳赋之外,其余八州均按照各州不同的土质条件,运输的难易,以农产谷物为标准,因地制宜,定其贡物。同时还制定了"五服制度"(即甸服、候服、绥服、要服、荒服),即以王畿所在地为中心,五百里为级距,分为甸、候、绥、要、荒等五服,王朝根据道路的远近,声教影响的大小,规定上供物品的多少,既课实物,又征力役军役。上贡时限为"居甸服者日必有贡,候服月一贡,绥服三月一贡,要服年一贡,荒服则终其世一贡"[①]。以保证"赋役有常,职掌分定"的原则。因此,"任土作贡"与"五服制度"反映了奴隶制国家建立后,对租税问题的高度重视及其力求使租税制度化的一个重要特征。"任土作贡"与"五服制度"在形式上确有贡纳方物的性质,但它实际上是"因田制赋"的雏形,即以分等定级的土地作为课税对象的田赋制度的雏形。

---

① 《国语·周语上》。

"殷因于夏。"殷代的贡,首先就是"献",殷商对自由民的剥削,通过各地的"伯"(驻在甸服、候服的地方长官,亦称帮伯或方伯)献给天子,或由天子委派官吏到地方上来取,自然这种"献"无疑是"税"。其次接受分封的大小诸侯及各级奴隶主,也对中央王朝负有上贡的义务,他们必须按规定的时间、内容和方式上交贡物,这种"贡"与"朝贡"纯属两回事:因为,第一,这种贡是强制的、无偿的,必须按时足额缴纳的,尽管它课于统治阶级内部,尽管它冠以贡的名称,它在本质上仍然是税;第二,奴隶社会实行分封制、宗法制和等级制,其在政治上的体现就是大大小小的地方分权制,基点是以土地分配为依据,各制其地,各征其税,所得收入除自己享用外,均需按规定贡献给天子,这是具备了田赋性质的贡,是夏代"任土作贡"原则的继续。

周代的贡,即为九贡,分为"邦国之贡"和"万民之贡"。首先是"邦国之贡",《周礼·天官·冢宰》载:"以九贡致邦国之用。一曰祀贡(祭祀品)、二曰宾贡(皮帛)、三曰器贡(宗庙之器)、四曰币贡(绣帛皮货)、五曰材贡(木材)、六曰货贡(金玉包珠)、七曰服贡(布帛)、八曰游贡(羽毛)、九曰货贡(土特产)。"这是九贡的品类,那么数量的规定呢?依据《周礼·地官·大司徒》所载"凡建邦国,以土圭土其地而制其域。诸公之地,封疆方五百里,其食者半;诸侯之地,封疆方四百里,其食者三分之一;诸伯之地,封疆方三百里,其食者三分制一;诸子之地,封疆方二百里,其食者四分之一;诸男之地,封疆方百里,其食者四分制一",显然公、侯、伯、子、男在其封地里所取得的租税收入,公留二分之一,侯、伯留三分之一,子、男留四分之一,其余部分贡献给王朝,用于国家的日常开支,这究竟是"贡"还是"税"呢?

其次是"万民之贡",源于民间九种职业,周代"以九职任万民"[①],故又称九职之贡,其内容:一曰三农之贡(贡九谷)、二曰园圃之贡(贡草木)、三曰虞衡之贡(贡水产)、四曰薮牧之贡(贡鸟兽)、五曰百工之贡(器物)、六曰商贾之贡(贡货贿)、七曰嫔妇之贡(贡布帛)、八曰臣妾之贡(贡野生植物)和九曰闲民之贡(贡里布)。这九职囊括了当时农工商各业人员,贡纳者遍布各地城乡,这种贡是用于充实国库的,所反映的是国家财政与劳动者个人的直接经济关系。

那么这究竟是"贡",还是"税"已不难理解了。雏形的税收已经形成。

---

① 《周礼·天官·冢宰》。

四、贡的转化——租税（赋）合一和徭役并行

既然有一部分"贡"反映了国家和劳动者个人的经济关系，而且由政府委派的官吏向农村公社成员征收贡物，同时还有的贡是以土地分配为依据，具有田赋性质的贡，更有以提供"义务劳动"的形式而交纳的贡赋。那么，这一部分的贡显然是向赋税和徭役转化。

这里简略论述一下三代的田赋，从中可以看到"贡"的延伸轨迹。

贡的本义是指人们用劳动所获奉祭神明，但是随着私有制和国家的出现，这种奉献就为少数贵族和统治阶级所窃取，尽管贡的名称保留着，内容却由奉神变为"以下献上"，范围又扩大到土地上的一切生成物。《尚书·禹贡》所载"任土作贡"正是这种"贡"的延伸和发展，它将全国的土地划为九州，视不同的土质和物产以定贡赋之差，因此"任土作贡"是在国家形成过程中演变而来的，它还带有氏族社会的痕迹，这时的"贡"还不是税，但是它已经有了税的特征，至少它已经力求立于正在形成和草创的田制之上。

夏代行"贡法"即所谓的"夏后氏五十而贡"。

夏代是奴隶制国家，夏代的"贡法"必然反映奴隶社会的剥削关系，这是不言而喻的。从孟子阐述"贡"、"助"、"彻"的言论中可以知道，夏代尚未有成熟的田制，因此很难对"夏后氏五十而贡"作出"因田制赋"的结论。有人认为"五十、七十、百亩是儒家常用的概数"，此说有一定的意义。因此，从"任土作贡"到"五十而贡"在一定程度上说明了"贡法"的发展。故而我们可以把贡法看作原始的雏形的税收，它还在逐渐的形成之中，显然，成熟的税制有待于成熟的田制。

殷是古代世界为数不多的文明大国之一，其农业、畜牧业、渔猎业，特别是手工业的发展十分迅速，青铜工艺尤为世界所罕见；其次，殷代国家机器日益庞大，用以维持其运转的实际需要与日俱增，因此原有的那种带有氏族社会浓厚残余的贡法已显得入不敷出和没有保障了，改革已是势在必然。

殷代行助法，金文中有表示地租的字，即为历王时代铭文中的"且"，杨树达先生认为"且"当读为"租"。"且"的本义"租"即男性祖宗，其后氏族公社的成员为祭祀祖先或其他公共开支在公有土地上的劳动亦称为"且"，阶级和国家出现以后，"且"演化为"助"。"助"从力，表示力役地租，"租"从禾表示实物地租。助法就是"制公田不税夫"，"助者，籍也"借民力以助耕公田之意，显然田制有了公田与私田的划分。这里应该把握的是

"助法"是建立在井田制基础上的，殷商井田制是土地国有制，"溥天之下，莫非王土"，国家作为全国土地最高所有者的地位是不容置疑的。所谓公田与私田，只是指耕种者的使用权或者经营权而已。助法实为一种劳役地租，又因它是国家作为土地所有者和政治主权者进行的一种剥削形式，所以助法具有租税合一的性质，以取代尚有氏族社会浓厚残余的贡法。

殷代行助法，劳动者只提供一定的劳役，对于土地的肥瘠，年成的丰歉所造成的产量多寡，不负任何责任，公田上所有的收获物都交给奴隶主，私田则无需纳税，这就是所谓的"但借其力，以助公田，而不复税其私田"。显然，助法作为一种田赋制度比贡法进了一步，它能够在一定时期，一定程度上调动农业生产者的积极性，故《孟子·滕文公》曰："治地莫善于助。"虽然助法还不是完整意义上的赋税，但它比夏代的贡法更趋向于后世的赋税。

周代行彻法，即"周人百亩而彻"，所谓"彻"字本义为"通"的意思，即"通公私"，指井田不再分公田与私田，公私相通。周代之所以需要"通公私"，是因为"借民力以助耕公田"的剥削方法，阻碍了生产力的发展，威胁国家的财政收入，"民不肯尽力于公田"，故"道路不可知，田在草间"。因此，彻法就是"至敛时则巡野观稼，合百一十亩计之而取其什一，此乃旨在革除助法之弊病，使耕者无公私缓急之异"，以保证国家财政收入的稳定性，巩固其统治，因此，彻法又比助法先进。殷代行助法，借民力以助耕公田，只能在劳动时间和耕种面积上加以种种的限制和规定，却无法有效地控制劳动的质量，而国家的收入最终要取决于公田上的劳动质量。因此，周代改革助法，同样是生产力发展的需要。彻法是劳役地租向实物地租过渡的具体形式。国家作为生产资料所有者和政治主权者所进行的剥削已经走到了尽头。因此，彻法是租税合一的最后形态，一俟土地私有制发展，租和税将完全分离。因此，彻法为此后的赋税改革奠定了基础。

第二章

夏、商、西周时期的赋税制度

第一节　我国的奴隶制税收

一、我国早期税收的形成

在原始社会向阶级社会过渡的过程中，充满了惊心动魄、跌宕起伏的变革，是氏族传统文化与阶级价值观念的碰撞，还是古老的情愫与奴隶制文明的冲突？是温馨的氏族民主与国家暴力政治的摩擦，还是氏族械斗与阶级矛盾的对抗？战争的硝烟迅速扩展，历史的巨轮滚滚向前。

人类社会的第一次大分工，促进了社会生产力的发展，原始农业逐渐地向锄耕农业过渡，生产工具的更新和改进，专用工具的出现和推广，良种培育，烧山开荒，精耕细作，水利灌溉等农业技术的运用，使耕地面积不断扩大，单位面积产量不断提高，社会不仅有了剩余产品，而且日渐积聚，私有财产与个人财富的急剧膨胀，促使社会出现两极分化。恩格斯说："生产已经发展到这样一种程度，人的劳动力所能生产的东西超过了单纯维持劳动力所需要的数量，维持更多的劳动力的资料已经具备了，使用这些劳动力的资料也已经具备了，劳动力获得了价值"[①]。第一次社会大分工导致了第一次社会大分裂，社会开始分为两大对抗阶级，即主人与奴隶、剥削者与被剥削者。尽管这一时期的奴隶制现象是零散的，但是"毕竟奴隶制被发现了，这种制度很快就在一

---

① 《马克思恩格斯选集》第 3 卷，人民出版社 1972 年版，第 219 页。

切已经发展得超过旧的公社的氏族中成了占统治地位的生产方式"①。氏族公社的组织体系和社会关系已开始急剧地转化，原始社会已走到了尽头。考古学提供的黄河流域的龙山文化、齐家文化，长江流域的屈家岭文化、青莲岗文化以及大汶口文化，均属这一时期的遗存。

人类的第二次社会大分工迅速地改变了物质生产领域的全貌，劳动生产率的长足进步，提高了人的劳动力的价值，在前一阶段上刚刚产生并且是零散的奴隶制现象，现在成了整个社会制度的本质的组成部分。

原始战争已从氏族复仇、械斗演变为抢劫和掠夺他人财富，战争不仅打破了狭隘的血缘关系，使各氏族部落成员混杂居住，以融合成一个民族进而演变为国家，同时战争又提供了大量的战俘，即奴隶。这时的奴隶已不仅是生产过程中的简单助手了，而且已成为主要的生产工具了，他们被成批成批地赶到田野和工场去劳动，以创造更多的财富。与私有制、奴隶制并行发展的婚姻制已过渡到一夫一妻制的小家庭。马克思认为："现代家庭制在萌芽时，不仅包含着奴隶制，而且也包含着农奴制"②。奴隶制与一夫一妻制家庭共存已在原始社会制度上打开了一个缺口，并以威胁的姿态与氏族相对抗。奴隶制已骚动于母腹之中了。

史传中的"五帝"即处于这一时期，当时活动于黄河上游地区的炎帝族和黄帝族，以及活动于下游区的东夷族各部落之间，曾发生大大小小无数次激烈的战争。黄帝与炎帝战于版泉，与蚩尤战于鹿，尧帝与南蛮战于丹水，舜禹先后攻服三苗。战后在黄河流域形成了规模空前的夏部落联盟，尧舜禹时期夏部落联盟的势力已达到江汉流域。

战争是国家的助产婆，治水是公共权力的催化剂。

大约在公元前3000年前后，黄河泛滥成灾，水患严重地危害了中原及黄河下游地区的农业生产，大范围的治水要求统一指挥、统一领导。大禹联合了共工氏及伯益、后稷等部落，总结了其父治水失败的教训，开沟凿渠、疏通河川、引流入海、整治土场、安定居民、化水害为水利，造就了黄河两岸的沃土良田，农业经济得到迅速的发展，夏部落联盟在治水中脱颖而出，日渐强大起来。

"禹既克有三苗，焉历为山川，别物上下，乡制回报，而神民不违，天下

---

① 《马克思恩格斯选集》第3卷，人民出版社1972年版，第220页。
② 《马克思恩格斯选集》第4卷，人民出版社1972年版，第53页。

乃静。"① 夏部落联盟经征伐而得天下，经治水而为天下拥戴。按传统的"禅让制"，禹曾推荐东夷族皋陶和伯益作为部落联盟首领的继承人，但私有制的迅猛发展，已从内部摧毁了温情脉脉的氏族制度。禹死后，禹的儿子启夺取了王位，所谓大禹传子，标志着"禅让制"的结束和王位世袭的确立，宣告了国家的诞生。夏王朝把天下划分为九州，分置九牧进行管理，国家又设置了"三正"等融政治、军事、经济为一体的混合性官员，同时又创设我国历史上最早的刑法即"禹刑"和最早的监狱即"夏台"。

夏王朝的出现标志着原始财政转向国家财政。恩格斯指出，"为了维持这种公共权力，就需要公民缴纳费用——捐税。捐税是以前的氏族社会完全没有的"②。捐税是国家存在的经济体现，是最早出现的财政范畴之一。史载"禹合诸侯于涂山，执玉帛者万国"③，此为各部落、诸侯国向夏王朝缴纳贡物。《史记·夏本纪》曰："自虞夏时，贡赋备矣。"《尚书·禹贡》记："禹别九州，随山浚川，任土作贡。""咸则之壤，成赋中邦。"《孟子·滕文公上》载"夏后氏五十而贡"，贡赋制度的确立，标志着夏代奴隶制国家税收制度的形成。

二、奴隶制赋税制度的发展

（一）夏代的经济与赋税

夏代为我国奴隶社会的草创时期，尽管它刚从原始社会内部脱胎而来，还带着氏族社会的痕迹和残余，但它已是一个文明国家，原始的社会生产力在夏代已有了质的突破，社会经济出现较大的发展。

恩格斯认为，农业是整个古代世界的决定性的生产部门，农业的进步对远古社会经济的发展起着决定性的作用。夏代农业发展首先表现在生产工具发展上。据夏代二里头文化遗址发掘的报告，其农业生产工具无论在质量和数量上，都远远超过龙山文化时期，农具门类多样化，专用性，特别是收割用具显著增加，说明夏代垦殖面积扩大，产量不断提高，农业经济发展较为迅速。水利为农业的命脉，夏人早有从事水利灌溉事业的传统。大禹率先治理洪水，疏浚河川，整理沟渠，引水灌田。夏代设有水官，专门负责水利，初建排灌系

---

① 《墨子·非攻》。
② 《马克思恩格斯选集》第4卷，人民出版社1972年版，第167页。
③ 《春秋左传集解》。

统。同时夏人已掌握了凿井汲水技术，汲取井水灌田是夏代水利事业的组成部分。农业生产的发展与气候节令的变化息息相关，夏代对天象的观察甚为重视，"观稼授时"是夏代的一项国策，《夏时》就是夏代天文历法知识的科学结晶，亦是我国最古老的历法。夏代农业生产的发展还表现在农业植物种类的多样化。据记载，夏代粮食植物已包括谷、稻、麦、菽粟、高粱等，这些不仅成了人们主要食物，而且用于酿酒。

夏代农业生产的发展，全面地促进了畜牧业和手工业的发展，特别是制陶业、开矿业、青铜冶炼业、铸造业的出现，标志着手工业行业的内涵衍生与质的飞跃，是我国手工业发展史上的划时代的里程碑。史称夏代"以铜为兵"[①]，铜器制造业已发展成为一个独立的手工业部门，昆吾（今河南许昌东）是当时夏代铜业生产和冶炼中心，炼铜作坊遍及于当时各级奴隶主贵族所统治的都邑之中。

夏代社会经济的全面发展，为奴隶制国家财政开辟了丰厚的税源，为初创的贡赋制度打下了坚实的经济基础。

夏代赋税思想的显著特征，就是"治水理财"，通过治水而治田，达到理财的目的。《尚书·禹贡》言："禹别九州，随山浚川，任土作贡。"禹在治水过程中，把全部土地划为九州，又依据九州的土质、地貌、物产的不同，把土地分为九等，按等纳贡缴赋。故夏代首创分等定级的贡赋制度，同时，夏又依据各地距王城（即都城的远近）与声教的影响，制定了甸、侯、绥、要、荒等五服制度，并规定相应的赋役管理制度，保证"赋役有常，职掌分定"。

夏代贡赋制度主要有四个方面的特征：

其一，夏代实行井田制，井田制融政治、经济、财政为一体，它既是土地制度，又是赋税制度。夏代首创授田与贡赋制度，是为商、周二代的基础。

其二，夏代贡赋制度是因田制赋，授田有一定的面积，一定面积的土地负担一定的赋税。因此，我国赋税制度化当以夏人为源。

其三，夏代贡赋制度结构，乃以贡与赋为两大支柱。贡，即任土作贡，随乡所出，就地取物，以供国用；赋，即因田制赋，分等定级的赋税制度。

其四，夏代的田赋、盐贡、人头税，首创我国古代三大直接税。夏代因田制赋，任土作贡，为我国田赋起源，夏代的盐贡即为后世盐税的源头，夏代的力役之征乃为人头税的初级形态。

---

① 《越绝书·祀室训》。

(二）商代经济与赋税

商代是我国奴隶社会的发展时期，奴隶制度经过夏代五百余年的发展，到商代已基本成熟。奴隶制生产关系的确立，促进了社会生产力的发展。在奴隶们辛勤劳作和血汗灌注下，社会经济日趋繁荣，政治影响空前扩大，商代成了世界古代史上令人瞩目的文明大国。

商代社会经济的发展突出地表现在农业上，农田垦殖面积不断扩大，粮食产量不断提高，剩余产品不断增加。商代甲骨文中已有"仓"、"禀"等字出现、现代考古学在商代遗址发掘中，普遍发现了大量储藏粮食的窖穴。粮食丰产促进了酿酒业的进步，商代酿酒技术在夏人基础上有了较大改进，已能酿制许多名贵上乘的琼浆玉液。商代对桑麻等经济作物栽培技术日渐提高，甲骨文中已有"蚕、桑、丝、帛"等文字出现。商代遗址发掘中屡见麻布，商人衣着服饰的主要原料就是麻。商代农业的发展与生产技术的进步密切相关，商人在长期的劳动实践中积累了丰富的经验，农业生产由耕耘、播种、培育到田间管理，特别是粪肥的施用是商人在古代农业技术发展史上的一大贡献。商代历法又有了较大的改进，年月旬日，天象节令，平年闰年，都有推算。商代畜牧业进步更快，商人有从事畜牧业经济的传统，商代不仅六畜齐全，而且牧畜数量和规模都很大，除了食用、祭祀外，还广泛利用畜力，提高劳动效率。商代大规模的宫殿群落，考究的墓葬，以及车辆舟楫等都表现了当时建造业发展的水平，特别是手工业及青铜冶炼铸造业的发展，齐全的行业，严密的分工，精湛的工艺，在古代文明史上留下了辉煌的一页。农业、畜牧业和手工业的发展又促进了商业的发展。

高度发展的商代社会经济，为商代赋税的发展，开拓了广阔的前景。

商代赋税制度仍为贡赋结构，田赋收入是国家主要赋税收入，这包括奴隶创造的财富和向国家提供的力役地租；贡纳制度沿袭夏代对被征服的氏族部落实行"来享"、"来王"，即土贡之制，四方诸侯则进奉随乡所出的土特方物。商代经济兴旺发达，商品市场交换崭露头角，赋税首开关市之征，以满足国家的需要。

商代沿袭了夏代的赋税制度，并有二个方面的发展：

其一，商代社会经济发展，国家机构与职能随之延伸，设官增加，内务活动扩大。由此，财政收支活动日趋复杂，故商代专设了理财官员，由六太之首的太掌兼任，可见商代对赋税活动的重视。

其二，商代的商业繁荣，交换的兴旺及其贵金属货币的出现，有力地促进了各地经济文化的交流，促进了社会经济的发展，尽管商代有"工商食官"之定制，国家垄断手工业和商业。但商代还是应时趋利地开征关市之税，我国的工商税由此引入赋税体系。

（三）周代经济与赋税

西周是我国奴隶社会的全盛时期，奴隶制经济高度发达。井田制是西周的基本土地制度，也是其分封制、宗法制和世袭制赖以存在的经济基础，西周国家的政治统治和财政分配体系日趋健全和完善。

西周的生产工具有了进一步的改进和提高，考古发掘的青铜工具，分布之广，数量之多，都远超过商代。劳动工具日趋轻便灵巧，更有实用价值，基本显示了西周生产资料的特有风格。专家们推断西周初年已有了铁矿冶炼，铁制生产工具已在萌芽。西周农耕技术的重大突破，是由原来的抛荒制发展到休耕制，辅之较完善的沟渠灌溉系统，健全的田间管理，反映了西周的农业生产水平在逐渐提高，奴隶主将成千上万的奴隶投入生产过程和田间劳动的场面甚为壮观，奴隶们的集体耕作和简单协作，迅速地改变着西周的社会经济面貌。

西周手工业的发展突出表现在青铜制造业上，其加工能力，分工协作、生产规模、制造技术都有明显提高。制陶业由轮模合制发展到轮制为主，产品从灰陶发展到白陶、彩陶。麻纺业、建造业以及其他新兴手工业繁荣兴旺。发达的西周手工业基本为奴隶主国家所垄断，从周天子到各国诸侯及奴隶主家族都拥有自己的手工业作坊。商品交换和货币关系逐渐形成，活跃的生产力是最革命因素，其日趋发展并试图突破落后的奴隶制生产关系。

社会经济的发展和国家政治制度的强化，使西周的财政赋税活动日益频繁和复杂。周代政治上实行分封制，财政上自然就是分权制，即"天子取王城（畿），诸侯取于封地"。又因奴隶制财政的特征是国家财政与王室财政不分，因此所谓"中央财政"就是王室财政，"地方财政"就是封君财政。

西周赋税结构仍以贡赋为主体，赋包括田赋、力役、军赋和罚课；贡为九贡，分封制下的各级诸侯、封君，采邑主都要向中央政府朝见进奉；除贡赋外，辅以杂税。

西周草创了我国早期较系统较完善的财税制度，其中包括设立了专职的财税机构与财税官员，制定了国用制度，会计制度，审计制度和理财原则，初建了国库组织系统和钱币铸造机关。西周的赋税制度也有了较大变化，税制由简变繁，税目不断增加，税率已呈多层次、多样化，而且中央和地方都拥有课税主权。

早期赋税制度日趋完善化,这是西周财税发展的重要特征。

第二节 夏、商、西周的赋税制度

周代财税制度的特点是实行类似地方分权制形式,将王畿千里之外的土地,分为九州,分封给大小诸侯及各级奴隶主,各制其地,各征其所出,天子取于畿内,以供王室之用;各级奴隶主取于封地,除了自用,按规定贡献于天子。

这样分析,奴隶制财税制度似乎又分为完全独立的二级制财税体制,天子财政就是王室财政,其收入主要来自两个方面:其一有王畿之内的税收,即九赋,包括其他收入。其二有诸侯的贡献,即九贡,亦称邦国之贡。封君财政就是地方财政,其收入也有两个方面:其一封地内的税收,其二是不经常的王室财政调剂或补助。

三代赋税制度是一个庞杂的体系,彼此渗透,相互交叉,其主要有田赋制度、贡赋制度(田赋性质)、军赋制度和徭役制度以及各种杂税。至于如何把握各种赋税的归属权,却有较大的难度。

一、田赋制度

夏、商、周三代田赋,即《孟子·滕文公》所记:"夏后氏五十而贡,殷人七十而助,周人百亩而彻",其实皆什一之税,简称为"贡、助、彻"制度。

三代土地属于奴隶制国家所有。王朝政府按照宗法制和分封制的原则,把土地分授各级奴隶主贵族,奴隶主贵族再逐级往下分授,最后将土地落实到平民和奴隶,由他们耕种并负有上贡义务。

三代的田赋制度在上文(第一章"我国税收的起源"一节)中,已作了详尽论述,这里从简略叙。

(一)夏代的贡法

夏代行贡法,所谓"夏后氏五十而贡",即"民耕五十亩,贡上五亩",夏王朝按一夫授田五十亩,其中五亩上贡,税率为什一。征收形态可以理解为力役,也可以理解为实物,这是一种十分粗糙十分原始的课征制度。夏代尚没有比较成熟的土地制度,故不能对"五十而贡"作出"因田制赋"的结论。

但是"贡法"显然已是赋税的雏形，它适应了当时生产力发展水平，是一种较低级的财税剥削形式。

（二）商代的助法

殷代行助法，"助法"是建立在井田制基础上的，《春秋·谷梁传》宣公十五年记载："古者三百步为里，名曰井田，井田者，九百亩，公田居一。"《孟子·滕文公上》说："方里而井，井九百亩，其中为公田，八家皆私百亩，同养公田；公事毕，然后敢治私事。""但借其力，以助耕公田，而不复再税其私田"①。这就是"殷人七十而助"或"九一而助"②。"制公田不税夫。"③ "助者，籍也。"助法实为一种劳役地租。

公田上收获为国家所有，私田收入则归劳动者，类似"九一而税"。它比贡法更能调动农业劳动者的积极性，故《孟子·滕文公》曰："治地莫善于助。"

（三）周代的彻法

周代行彻法，即"周人百亩而彻"。彻法打破了公田和私田的界限，同时也废除了公田上的徭役劳动而改征实物地租，"民耕百亩，彻取十亩以为赋"④。彻法有效地革除了助法的种种弊病，提高了剥削程度，确保国家的赋税收入的稳定性；对于广大劳动者来说，可以根据生产与生活的需要来安排劳动力和劳动时间，并尽可能提高工作效率，力争较好的收成。

总之，夏、商、周三代的田赋制度是建立在土地奴隶制国有制的基础上，是对农业劳动者最直接的最残酷的财政剥夺。贡、助、彻的演变说明了田赋制度的变革和生产关系的发展。

二、"贡""赋"制度

这里的"贡"是以土地分配为依据，具有田赋性质的贡。这里的"赋"是指西周的"九赋制度"。

（一）田赋性质的贡

三代田赋性质的贡在上文已作了详尽的论述，本节从略。下文仅作资料性补充：

---

① 朱熹：《孟子集注》。
② 《孟子·梁惠王下》。
③ 《周礼·考工记·匠人》。
④ 《孟子·滕文公上》赵岐注。

"任土作贡"在形式上确有贡纳方物的性质，但据《尚书·禹贡》所记载"任土作贡"的原则，禹所制定的"九州贡法"，就是把全国分为九州，并视各州不同的土质条件和肥瘠程度，把土地分为九等，再结合当地生产情况及运输路线，规定了相应的赋税等级和贡献的物品。

"九州贡法"如下：

(1) 冀州，五等土地，一等赋税，贡纳皮服。

(2) 兖州，六等土地，九等赋税，贡纳漆、丝、彩绸。

(3) 青州，三等土地，四等赋税，贡纳盐、细葛布、海产品、丝、麻、锡、松和石头。

(4) 徐州，二等土地，五等赋税，贡纳山鸡、桐木、石头、蚌珠鱼、细绸和绢。

(5) 扬州，九等土地，七等赋税，贡纳金银铜镁、玉美石、小竹土竹、象牙犀皮、鸟羽毛、旄牛尾、木材、草编衣、贝镜等。

(6) 荆州，八等土地，三等赋税，贡纳羽毛、旄牛尾、象牙犀皮、金银铜、椿树、柘木、桧树、柏树、石头、丹砂、竹子、彩绸、珍珠等。

(7) 豫州，四等土地，二等赋税，贡纳潘麻、细葛、苎麻、石头、绸、细棉。

(8) 梁州，七等土地，八等赋税，贡纳美玉、铁、银、铜、石头、熊、马、罴、狐、狸、野猪、织皮。

(9) 雍州，一等土地，六等赋税，贡纳美玉、珠宝。

又，《尚书·禹贡》所制定的"五服制度"，特别是由王室直接管辖的五百里甸服之内，其贡献又作如下规定：

"五百里甸服，百里赋纳总，二百里纳铚，三百里纳秸服，四百里粟，五百里米。"这就是考虑到道路远近，结合实物贡赋的精粗，方便贡献，即百里交纳全禾，二百里纳半禾，三百里纳去皮半禾，四百里纳谷，五百里纳米。

按"任土作贡"的原则，所制定了"九州贡法"和"五服制度"，实际上是以土地为课征对象的分等定级的赋税制度，亦属于中国田赋制度的滥觞。

故而，史载："赋者，自上税下之名。治田出谷，经定其差等，谓之厥赋；贡者，从下献上之称。以所出之谷，市其土地所生以献，谓之厥贡。""九州有赋有贡，凡赋，诸侯以供用其国用；凡贡，诸侯以献于天子。"[①] 这是

---

① (清) 胡渭：《禹贡锥指》，上海古籍出版社1996年版。

贡赋制度的精辟小结。

殷代的贡，第一是自由民的"献"，第二是接受分封的大小诸侯及各级奴隶主的"贡"，这种"献"与"贡"在实行分封制、宗法制和等级制的奴隶社会，已具备了田赋性质的贡，是夏代"任土作贡"原则的继续和发展。

周代的贡，即为九贡，分为"邦国之贡"和"万民之贡"。"邦国之贡"属于田赋的雏形，而"万民之贡"则处于演变之中，有可能形成田赋制度或工商税制度，也有可能形成贡献制度。

（二）西周的"九赋制度"

九赋，即九种赋税的名称。据《周礼》记载："以九赋敛财贿，一曰邦中之赋，二曰四郊之赋，三曰邦甸之赋，四曰家削之赋，五曰邦县之赋，六曰邦都之赋，七曰关市之赋，八曰山泽之赋，九曰币余之赋。"九赋收入出于畿内，当然完全归于天子，供王室之用。换句话说，劳动者在畿内缴纳的赋税，就称为九赋。

九赋制度如下：

(1)"邦中之赋"，地税，征税地域，城郭；征税对象，"以廛里任国中之地，以场圃任园地，以宅田、土田、贾田任近郊之地，以官田、牛田、赏田、牧田任远郊之地，以公邑之田任稍地，以小都之田任县地，以大都之田任畺地"。税率为二十而一，即5%。

(2)"四郊之赋"，地税，征税地域，距国一百里；征税对象，近郊的宅田、土田、贾田，税率十分之一，即10%；远郊的官田、牛田、赏田、牧田，税率二十而三，即15%。

(3)"邦甸之赋"，地税，征税地域，距国二百里；征税对象，以公邑之地任甸地，税率最高十分之二，即20%。

(4)"家削之赋"，地税，征税地域，距国三百里；征税对象，以家邑之地任稍地，税率最高十分之二，即20%。

(5)"邦县之赋"，地税，征税地域，距国四百里；征税对象，以小都之地任县地，税率最高十分之二，即20%。

(6)"邦都之赋"，地税，征税地域，距国五百里；征税对象，以大都之地任畺地，税率最高十分之二，即20%。

(7)"关市之赋"，杂税，对商人课征的各种税收，名目繁多，有廛布、絘布、总布、质布、罚布；司关、司货贿之出入，征廛；凡货不出于关者，举其货，罚其人。

（8）"山泽之赋"，杂税，即漆林之征，税率二十而五，即25%。

（9）"币余之赋"，杂税，对官府法用所余之财课征的税收。

九赋按性质可分为二种类型，其一，是第一至第六项，属于地税，即田赋；其二，第七至第九项，属于杂税，或工商税。

三、军赋制度

赋，从贝从武，为了军事目的向所属臣民征发的军役和军需品，亦称军赋。

军赋在当时的赋役制度中占有极其重要的地位，而军赋的征收又与军事行动有关，其征收标准是以井为单位，每井应缴纳一定数量的稻、草、米等实物。

三代实行兵农合一制，田制、税制、兵制三位一体，军赋按井田制的规定征发，故有"因井田而制军赋"，"有税有赋，税以足食，赋以足兵"[1]。

军赋来源有三：

其一，孔子曰："赋里以入"，"里"是"国"中的居住区。赋，首先向国人（即自由民）征收，主要课征军需品中的军粮和草料，当然包括人民出征时的自备粮草。如《尚书·费誓》所曰"峙乃桢榦，甲戌我惟筑，无敢不供"，"峙乃刍茭，无敢不多，汝则有大刑"。人民缴纳军赋自然不敢怠慢，计征单位是"井"，分摊到各家各户。《国语·鲁语》载"其岁收，田一井，出稯（640斛）禾、秉（340斗）刍、缶（16斗）米，不过是也"[2]。问题是"有军旅之出则征之，无则已"，故有同志认为三代军赋不是年年征，这一观点值得商榷，三代战争频繁，当是公认。"国之大事，在祀与戎"，战争显然处于头等重要的位置，而且越到后期，战争规模越大，战争持续时间越长。因此，三代军赋至少是年年征的。

其二，军赋还征自随分封而来的各级奴隶主，他们从天子那里取得土地，也就负有纳赋义务，所谓"有禄于国，有赋于军"[3] 就是此意。《左传》曰："昔天子班贡，轻重以列，列尊贡重，用之制也。"据《汉书·刑法志》记载：周天子畿内方千里的地域内，军赋分为5等：丘赋，16井为丘，丘出战马1

---

[1] 《汉书·刑法志》。
[2] 《国语·鲁语》。
[3] 《左传·昭公十二年》。

匹,牛3头;甸赋,64井为甸,甸出战马4匹,牛12头,兵车1辆,甲士3人,卒72人;同赋,6400井,出战马400匹,兵车百辆;封赋,64000井,出战马4000匹,兵车千辆;畿赋,64万井,出战马4万匹,兵车万辆。

总之,周代的军赋制度,是以甸(或甸赋)为单位计算派征的。各诸侯、卿、大夫、士必须严格的按照等级的高低和占有的禄邑缴纳相应的军赋,不能怠慢。当然,各级奴隶主向国家缴纳的军赋,则是建立在对直接生产者的剥夺之上。

其三,是"军役",役与赋密切相关,役又附属于赋。因此,军赋既有兵车马匹粮草之课,又有兵役力役之征。充任军役者,按周代的等级制度规定,只能是国人,国人才能当兵,野人(即奴隶)不能入伍。服役者来源,据《周礼·地官·小司徒》载"乃均土地以稽其人民而周知其数,上地家七人,可任也者家三人;中地家六人,可任也者两家五人;下地家五人,凡起徒役,毋过家一人"。服役的年龄,据《周礼·地官·乡大夫》规定"以岁时登其夫家之众寡,辨其可任者,国中自七尺以及六十,野自六尺以及六十五,皆征之。其舍者:家中贵者、贤者、能者、服公事者、老者、疾者皆余"。

显然,役是按每家每户的劳动力多寡和服役者年龄大小而计征的,即所谓"任力以夫,而议其老幼"。

四、徭役制度

徭役是对劳动者人身的强制性课征。徭役包括兵役、力役和杂役,兵役在军赋制度中已有论述,这里主要论及力役。

徭役,从严格意义上说,不应属于赋税的范畴。然而,中国古代的徭役却是国家对于土地依附者(包括占有者和耕种者)规定的必须负有的劳役性义务。徭役制度是赋税制度的补充形式。所以专家们往往将古代中国的赋税,概称为"赋役"。

从理论上分析,服役者与土地的关系是密切相连,受田者服役;从税收关系分析,徭役是对人身的课征;从地租发展形态分析,力役地租是货币地租的低级形态;从徭役演变分析,不愿服役者纳税代役,徭役就成了的不折不扣的税收。因此,古代的徭役制度应是赋税制度的组成部分,而且是十分重要的组成部分。

夏、商、西周三代贡、助、彻制度的主线发展,形成三代田赋制度;而其分支发展,即助法的延伸和发展,则形成徭役制度。中国赋役制度的框架就此形成。

夏代的五服制度，其甸服有三百里纳秸服，就是徭役，主要从事禾穗去掉蒿秸劳动。其候服一百里采，则为天子服差役；二百里男邦，则为国家服徭役；三百里诸侯，则替天子放哨警戒。这是徭役的发端，其后由简而繁，逐渐完善。

首先，服役者来源，按周代规定，原则上是一家出一人，即"凡起徒役，毋过家一人"①。但在特别情况下，则要求全家悉数服役。

其次，服役者的年龄，按《周礼·地官·司徒》规定：城廓地区年满二十至六十岁，郊野地区年满十五至六十岁夫男，均属征调服役者，免役者为国中贵者、贤者、服公事者、疾者。

再次，服役的天数，按周代规定，一年役使三日，即"用民之力，岁不过三日"②。《周礼·地官·均人》载："凡均力政，以岁上下。丰年，则公甸用三日焉；中年，则公甸用二日焉；无年，则公甸用一日焉。凶札，则无力政，无财赋。"据此，可知西周服徭役的时间是按年成的好坏来确定的，丰年时，每人出徭役三天；普通年成，每人出徭役二天；收获不好时，每人出徭役一天；灾荒或疫病流行时，则免除徭役和赋税。

从法律规定上看，西周的徭役负担并不是很重，但实际情况并非如此，有《诗经》为证。《诗经》多数诗篇产生于西周时期，由当时的专职官员到民间采风而成。收入的诗篇，不少是来自民间的歌谣。《诗经》里有许多诗篇，以独特的视角，表述了人民对繁重劳役的不满和愤恨，这是发自劳役压榨下的劳动者的惨痛呼声，是劳动者对奴隶制国家沉重劳役的愤怒地控诉，更是劳动者对奴隶主国家的残酷压榨的一种本能的反抗。

五、工商杂税制度

（一）关税制度

关税是一个古老的税种，关税的起源，可以追溯到国家起源。一个早期的不完整的国家机器，完全可以凭借政治权力征收赋税，它可以没有海关机构，但却在有条不紊征税（包括关税）。因此，如果站在人类文明的源头，与消失的历史重逢，人们一定会惊讶的发现，关税的出现要远远早于海关机构的出

---

① 《周礼·地官·小司徒》。
② 《礼记·王制》。

现。这一情形在我国的远古的史籍中可以找到踪迹。

早期的"关税"可以界定为"通过税",而早期的"关卡"却不能解释为"海关",因为它是典型的"军事要塞"或"检查机构"等,只有政治和军事的意义。

我国早期社会,人们运货出入各诸侯国所设关卡时,是否要征收关税,根据《国语·周语下》说:"《夏书》有之曰,关石和钧,王府则有。"意即征收关税和田赋均衡公平,夏王朝国库有用不完的财物。由此可见夏代曾经征收过关税,这是一种观点。

另一种观点是,周代以前,商业活动和手工业作坊,主要由官府经营,在市场上交换物品或货物通过关隘,只是稽查有无违禁品,过境而不征税,设关在于御敌,纯为政治和军事目的。据《孟子·梁惠王下》曰:"文王之治歧也,耕者九一,世者仕禄,关市讥而不征。"对设关征税,孟子颇有异议,认为"古之为关也,将以御暴;今之为关也,将以为暴",可见他是不赞成征收关税的。

商代是典型的奴隶社会时期,社会经济发展迅速,商品交换兴旺发达,市场崭露头角。"真正的商业活动从商代开始,'商人'的名称也与此有关。"[①]"从殷墟出土的遗物来看,有昆仑山的玉石、东海的鲸骨、江南的金锡、南海的龟贝。这无疑是商人从远方运输交易而来"[②]。"商朝早有商业,贝产在海滨,玉产在西方。盘庚称贝玉为'好货'、'货宝',想见商用手工业制品和外方交易。周公允许商遗民牵牛车到远方做买卖"[③]。"成汤之时,号称诸侯三千"[④],"殷为大邦,经济和军事实力最为雄厚"[⑤]。因此,陈秀夔先生在《中国财政制度史》一书中指出,商代经济发展,特别是商业贸易的发展,就已开征了关市税。

无论怎么说,周代有了较为完善的边关与关市税,这是史书明确记载的。但是,在夏代和商代却毫无踪迹,这似乎在理论上和实践上都无法成立的。

西周是我国奴隶制社会的全盛时期,奴隶制经济高度发达,农业、手工业和商业的迅猛发展,使社会经济日趋活跃;国势强盛和国家政治制度的强化,

---

① 王明阁:《先秦史》,黑龙江人民出版社1983年版,第135页。
② 同上,第136页。
③ 范文澜:《中国通史简编》,人民出版社1965年版,第113页。
④ 金景芳:《中国奴隶社会史》,上海人民出版社1983年版,第89页。
⑤ 同上注。

使国家机构和行政管理制度进一步完善，政治活动也日益频繁和复杂。西周实行分封制，其初共分封71国，分封的诸侯在封国内握有完全独立的统治大权，职位世代相袭。他们与王室间保持臣属关系。因此，在政治上各诸侯国之间已有了设关置卡的要求。

此外，高度发达奴隶制经济，使商品交换更加活跃，各诸侯国之间、各地区之间的经济联系日趋紧密。由于商品经济的发展，货币和市场随之产生，并有区域化倾向，各诸侯国之间互通有无，虽属地区之间的贸易，但已具有国与国之间贸易的雏形。因此，在经济上设关置卡不仅是必要的，而且是统治者获得财源的主要途径之一。

据史籍记载：周代"商品交换发生在诸侯国内，当时称之为'市'，发生在诸侯国之间，或发生在诸侯国、周朝与边境外少数民族之间，称之为'关'"[①]。同时史书上出现了"关"字，还有"关市之赋"、"关市之征"、"司关"、"关人"等记载，这反映了当时经济发展，市场活跃的情况。新辟税源，以满足国家日益增长的需要，实属必然。西周关税的财政性目的是十分明确的。从"关市讥而不征"到"关市之征"，是社会发展的必然规律，设关御敌与设关征税绝不是一回事，两者不能混淆。

周代关卡的官制，据《周礼·地官》记载，地官之下设"司关，上士二人、中士二人、府二人、史四人、胥八人、徒八十人"。在司关之下，每关设"下士二人，府一人，史二人，徒四人"。（士是官员，府、史是管理征税和文书的官员，胥、徒是工役）。古书中对各关关员还有关人、关户、关令等称呼。由于周代的关一般兼有边境要塞的性质，因而各关除上述管理进出境人员、货物的海关人员外，还根据各关的重要程度，驻有不同数量的军队[②]。

周代征收关税的机关称"司关"，其职责是"掌国货之节，以联门市；司货贿之出入者，掌其治禁，与其征廛。凡货不出于关者，举其货，罚其人"。"国凶札则无关门之征，犹讥"[③] 也就是说司关职责是，凭商品通行证进行检查，并按规定征税，如有偷逃税收的，不仅要没收其货物，还要对商人罚款。如遇灾荒疾疫之事，则免征关税，只对货物进行稽查。周代的"关市之赋"，可谓我国的关税之滥觞。

---

① 王意家等编著：《海关概论》，中山大学出版社1998年版，第13页。
② 同上，第15页。
③ 《周礼·地官·司关》。

周代的"关市之赋"的税率，一般不高。《管子》中记载：管仲主张轻税，他说："关者，诸侯之隧也，而外财之门也，……征于关者，勿征于市，征于市者，勿征于关，虚车勿索，徒负勿入，以来远人。"这里可以看出，当时齐国禁止苛索，主张轻税，以有利于商货的流通。其税率，据《管子》所载，为百分取一。到齐桓公十五年，弛关市之征为五十取一。

综上所述，周代设关已由政治、军事的稽查，逐渐演变为兼有财政性征收的目的。不仅如此，关市之征，又称关市之赋，是周代九赋中的一种。根据《周礼·地官》记载，"关市之赋以待王之膳服"，在国家财政支出上还规定了具体的用途，即所谓的"收支对口，专款专用"。

当然这种尚不完备的关税制度，无论对奴隶制国家，还是对封建国家，只是增加财政收入的重要手段而已，关税在国家经济中并不占有十分重要的地位，因为在自然经济占统治地位的社会中，往往是在国家财政十分困难之时才注意到关税的作用。

(二) 市税制度

市税，据孟子说，"古之为市也，以其所有，易其所无者，有司者治之耳。有贱丈夫焉必求垄断而登之，以左右望，而罔市利。人皆以为贱，故从而征之，征商自此贱丈夫始矣"①。按孟子的意思，征商出于抑商的需要，可谓未必，究其实质，恐怕还是帝王和诸侯的财政需要。另则，此段所言也说明，初时设官仅为管理市场，并不征税。后来心术不正，投机倒把之徒，贱买贵卖，垄断市场，获取暴利，人民甚为不满，再加上国家财政需要，才始作"征商"，有"寓禁于征"之意。

显然，市税课征，除了财政性目的外，尚有维护市场秩序，维护正当交易的功能。

市税即商税，原来只对市肆坐贾所课，周代始设"廛"官，专职课征商税，故商税范围扩大，具有市场商品交易税性质，周代市税课征有以下几种：

第一，廛布：入市商人租用国家货栈储放货物所缴纳的税费。

第二，敛布：对于开设店铺从事经营的商人，所征收的店铺税或摊铺税。

第三，总布：对于货物成交时，经国家确认的货物价格和交易所征收的税款，类似牙税。

第四，质布：国家对各种交易契约鉴证盖印而收取的税款。

---

① 《孟子·公孙丑下》。

第五，罚布：对违反市场交易规定者所课征的罚款。

由此可见，周代把课征市税与市场管理有机地结合起来，既保证市场正常交易，又防止奸商扰市，实为有效措施，市税收入皆入泉府。

（三）山泽税制度

山泽税亦称山泽之赋，是国家对山林川泽池湖出产的各种物品所课征的税收，包括河湖所捕之鱼，池海所产之盐，山林砍伐之薪木，猎捕禽兽之皮角等等，均属征收范围。周以前，政府对山林川泽所产，放任人民自由开采，周代始设官吏专职管理，以保护自然资源，增加国家赋税收入。

上古之时，山林川泽既无税，也不设禁，人民可以自由开采。其后人烟繁衍，自然资源有限，开始有禁，但不征税。西周时，国家设官司守，对民间"以时禁发"，同时诸侯也如经营自己籍田一样，专山泽之利。当社会经济发展，民间工商业兴起，急需山泽资源时，国家应时放开山泽，以扩大税收收入。《周礼·泽虞》就载明，要向"山泽之民"敛取各种物产。原来的虞、衡之官就成了收税之吏。

于是，周天子所控制的山泽之利，就构成了其赋税收入的一个组成部分，其派出官员对畿内的山林、陂泽、牧地进行管理。《周礼·地官·山虞》载"掌山林之政令：物为之厉而为之守禁。仲冬斩阳木，仲夏斩阴木，凡服耜，斩季材，以入时之"。"涨巡川泽之政令而平其守，以时舍其守。犯禁者，执而诛罚之。祭祀、宾客、共川奠。"也就是说，王室对山林川泽进行管理，也收取山泽之利。

六、减免制度

《周礼》对赋役征收规定了各种减免条款。

其一，赋税减免。西周主要依据农业歉收情况对赋役酌情的减免。如果农业收成减产，则减免一部分赋税；如减产二、三成，则按实收一半纳税。

其二，《周礼》曰："凶札，则无力政、无财赋，不收地守地职，不均地政"，"大荒大札，则令邦国移民通财，舍禁（开山泽）弛力（减免力役）薄征缓刑"。就是说，如遇凶荒之年，则免除百姓全部的赋役，不仅如此，还对商人实行减免，"国凶札，则无关门之征"，"国凶荒札丧，则市无征而作布（铸造货币）"。赋役减免原则即为《周礼》"荒政"的基础，"以荒政十有二聚万民，一曰散利，二曰薄征，三曰缓刑，四曰弛力，五曰舍禁，六曰去几（除关市之征，只进行稽查）"。

其三，徭役减免。据《周礼·地官·乡大夫》规定，"以岁时登其夫家之众寡，辨其可任者，国中自七尺以及六十，野自六尺以及六十五，皆征之。其舍者：家中贵者、贤者、能者、服公事者、老者、疾者皆余"。"辨其老幼废疾，与其施舍者（免役）"

七、罚赋制度

周代罚赋类似现代税收制度中的违章处罚，主要是对懒惰不事生产者给予的惩戒。据史籍记载：周代罚赋分为三大类型：

（一）罚则

第一，里布：凡宅不毛（不植桑麻）者，一里（5家为邻，5邻为里）课25家3布（布即钱）。

第二，屋粟：有田不耕而听其荒芜者，一屋课三家之粟。

第三，夫家之征：凡民无职事者，课一夫之税（即百亩之税）。

（二）制裁

第一，不畜者，祭无牲（祭祀无牛羊）。第二，不耕者，祭无盛（祭祀无粮谷）。第三，不树者，祭无材（祭祀无棺材）。第四，不蚕者，祭无帛（祭祀无衣饰）。第五，不织者，祭无襄（祭祀无丧服）。

制裁形式上与罚则无关，但上古时代，人们更看重"礼仪"和"待遇"、祭祀时"无牲""无盛""无材""无帛""无襄"比多征税款，罚没钱货则要严重得多，更具强制力。

（三）罚布

对扰市逃税者，没收财物，罚以犯罪。

第三节 赋税管理制度

一、财税管理体制

夏、商、西周三代政治上行分封制，财政税收上类似为分权制。王畿之外，划为九州，分为五等，各制其地，各征其所产。财税收入划分，即所谓"天子取于王畿，诸侯取于封地"，各有财源，各征其税。

夏、商、西周三代因国家财政与王室财政不分，故中央财政就是国家财政，地方财政就是封君财政，中央财政收入主要有二项：一是王畿之内的税收和其他收入，二是诸侯各国的贡赋。地方财政收入也有二项：一是封地内的税收和其他收入，二是中央财政的补贴收入。

二、税收管理机构

夏、商两代为国家形成初期，由于生产力发展水平缓慢，社会分工十分粗略，各种机构设置尚不健全，职官制度也比较简单，尚未出现独立的财政税收管理机构，财政收支与组织管理，一般由行政官员或经济官员兼任，以维持和保证国家的正常运转。

我国从虞夏开始，就设官定职任事，据《礼记》和《尚书》记载：夏有六卿之设，即后稷主农业、司徒掌邦教、秩宗主宗庙、司马掌军政、司寇主刑狱、共工掌百工。

商代设官有了发展，史载殷商有六太、六府、六工之设：六太为典制之官，六工为技艺之官，六府即司木、司土、司水、司草、司器、司货，典司六职属财经之官。

西周时期，国家机构设置逐渐完善，财政管理机构及日常运作日趋制度化和规范化。据《周礼》记载，周设六官，冢宰为六官之首，即"天官冢宰使帅其属而掌邦治，以佐王均邦国"，总揽邦国财用。

国家财税机构分设于两大系统，其一是总司财税的"天官"系统，即职掌各种财政法规之制定，财政收支之概算，及出纳、保管、会计之事务；其二是司职财税收入的"地官"系统，即职掌井地之经地，人民职业之编配，人口及其财产登记，及贡赋、兵赋、徒役之分配各种事务。

《周礼》作为史籍，有其不足之处，但它毕竟系统反映了当时国家财政赋税的概况，否则就无法理解春秋战国时期的财政。总之，西周国家财政赋税，无论在财税制度，理财思想，还是财税管理上，都迈出了成功的一步，为封建国家财政赋税的建设，奠定了扎实的基础。

三、会计制度

我国的赋税会计工作，据传起始于夏代，《史记》载："自虞、夏时，贡赋备矣。或言禹会诸侯江南，计功而崩，因葬焉，命曰会稽。会稽者，会计也。"这时的会计比较简单，并兼有统计，主要通过簿记大体考核国家的赋税收入及其安排。

西周时，会计机构与会计工作有所发展，天官系统设置了会计官员，由司会主管会计、审核和出纳工作。司会作为国家总会计，负责岁入岁出，按旬、月、岁记账复审。并依据冢宰制定的财税制度和法规，"掌国之官府、郊、县、都之百物财用，凡在书契、版图者之贰，以逆群吏之治，而听其会计，以参互考日成，以月要考月成，以岁令考岁成，以周知四国之治，以诏王及冢宰废置"①。

司会下分设四个机构，为司书、职内、职岁和职币。司会及其下设机构，每年每月甚至每天都要进行考成，旬计曰："日成"，月计曰"月成"，岁计曰"岁成"，所谓成者，即清算此期间之收支也。以审核"四国之治"，是否符合财税制度。

四、赋税管理原则

(一) 发展生产、保障赋税收入的原则

国家收入来自劳动者创造的财富，只有人民安其业，国家才能征其税，特别是在上古时代，税源基本集中在直接生产领域，集中在劳动者的直观劳动中，故三代国家以农为本，劝课农桑，保障国家赋税收入。

大禹率众疏九河，平水土，开山川，辟道路，治洪水，建民居，使农耕有土地，畜牧有水草。经济稳定，生产发展，划九州定赋役，以"任土作贡"保证国家收入。

《大宰》云："以九职任万民，一曰三农，生九谷；二曰园圃，毓草木；三曰虞衡，作山泽之材；四曰薮牧，养蕃鸟兽；五曰百工，饬化八材；六曰商贾，阜通货贿；七曰嫔妇，化治丝枲；八曰臣妾，聚敛疏材；九曰闲民，无常职，转移执事。"所有能够参加劳动的人，无论男女老少都要从事一定的职业，没有职业的人，也要设法去做一些力所能及的事情。有了职业，从事一定的劳动，就能创造财富。《大府》把这一劳动成果称为"功"，意即财源，贾公彦说得透彻，"万民各有职事，职事必有功，有功即有贡"。"功"即租税。按规定：务农的要贡纳谷物，做园艺的要贡纳蔬菜瓜果，做工的要贡纳器物，经商的要贡纳货贿，牧畜的要贡纳鸟兽，民间妇女要贡纳布帛，山林劳动者要贡纳山材，水泽劳动者要贡纳水产品，没有职业的人，要贡纳一夫之帛。西周国家把扩大税源，增加赋税收入，通过积极地组织劳动者从事生产、发展经济

---

① 《周礼·司会》。

这一有效措施，稳步落实在财政管理上，无疑是一大建树。

（二）各级机关参与赋税征管的原则

西周各级国家机构参与赋税管理的情况，表现在三个方面：

第一，中央行政组织参与赋税管理。冢宰为六官之首，为国家最高行政长官，其最主要的职责就是管理赋役。据《周礼》记载，冢宰掌九方事务：（1）以八法治官府；（2）以八则治都鄙；（3）以八柄诏王驭群臣；（4）以八统诏王驭万民；（5）以九职任万民；（6）以九赋敛财贿；（7）以九式均节财用；（8）以九贡致邦国之用；（9）以九两系邦国之民。贡赋的征收与使用，纳入冢宰主管的主要大事之中。并视为国家的基本职能之一。

第二，地方行政组织参与赋税管理。除了中央组织机构外，《周礼》规定的地方行政组织为：五家为比，五比为闾，四闾为族，五族为党，五党为州，五州为乡。比有比长，闾有闾胥，族有族师，党有党正，州有州长，乡有乡大夫。他们分别为各级地方组织的行政长官。乡大夫以上直接受命于地官司徒领导，主要职责就是"制天下之地征，以作民职，以令地贡，以敛财赋"①。乡大夫以下行政长官直接参与组织赋役工作，"以受邦职，以役国事"②。

第三，专业的赋税征管组织。《周礼》还设置了一大批赋税征管机构和征管人员，如有大司徒、小司徒、载师、闾师、县师、乡大夫、司关、廛人、委人、质人、羽人、掌葛等，各司其职，各掌其事。这一整套的赋税征管机构和严密的组织制度，以及国家各级机构积极的参与性，充分说明周代的赋税管理是一定层次的，是规范的，也是比较先进的。

（三）专赋专用的原则

三代社会由于生产力低下，收入十分有限，为满足国家需求，其支出管理较为严格。对于国家主要的财政开支，都规定了相应的收入来源，在其范围内有限使用，这就是"式"法制制财。"式"法就是按一定的规范和一定的程序，控制财贿，保障收入，用以满足支出。

据《周礼》记载，国家经常性收支项目，就是以九种收入抵充九种支出，即所谓"九赋收入供九式支出"：（1）邦之之赋，以待宾客之式；（2）四郊之赋，以待刍秣之式；（3）邦甸之赋，以待工事之式；（4）家削之赋，以待匪颁之式；（5）邦县之赋，以待币帛之式；（6）邦都之赋，以待祭祀之式；

---

① 《周礼·大司徒》。
② 《周礼·族师》。

（7）关市之赋，以待羞服之式；（8）山泽之赋，以待丧荒之式；（9）币余之赋，以待好用之式。周代采用收支对口，专款专用的管理方法，强调支出不能移作他用，一定的收入固定在一定的支出上，确保收支平衡，这就是式法制财，均节财用的原则。这一管理原则无疑适应了早期社会的经济状况和管理要求。

（四）均平负担的原则

三代均平赋税负担的原则，在《周礼》中表现得是比较丰富的。

其一，《周礼》提出"制其贡，各以其所有"①。贡赋不再规定具体的物品，制度有较大的灵活性与机动性。就诸侯来说，即依据诸侯国距离王城的远近，运输的难易，各地的负担条件，规定缴纳贡赋的时间和物品。就劳动者来说，则依据百姓拥有的财富种类和数量，确定贡赋的内容和比例。专家认为，这是酌情考虑各地百姓负担能力的赋敛原则，这实际上就是均平负担的原则。

其二，《周礼》明确提出"均齐天下之正（征）"②的主张。其均平负担的依据是："以土均平正"，就是根据土地的肥瘠、土质状况及其不同的物产来平均贡赋。

其三，"凡税敛之法，乃分地域而辨其守，施其职而平其政。"③所谓地域，就是将王畿之外各邦国距离王城远近分为近郊、远郊、甸、稍、县、都等。《周礼》对不同地区的贡赋规定了不同的税率，以达到均平赋税的目的。另外对不同的经营活动制定不同的税率，如九赋制度中，有什一而税，也有二十税五。

其四，"巡野观稼"，"以年之上下出敛法，掌均万民之食而赒其急，而平其兴"④。依据年成的丰歉来均平赋税，丰年按正常税率征收，荒年则依据情况酌情减免。

---

① 《周礼·职方氏》。
② 《周礼·大司徒》。
③ 《周礼·小司徒》。
④ 《周礼·司稼》。

第三章

春秋战国时期的赋税制度

第一节 春秋战国时期的赋税制度改革

从公元前770年周平王东迁洛邑到周敬王四十四年（公元前476年），是中国历史上的春秋时期，这是中国奴隶制社会逐步瓦解，封建制度开始萌发时期；自公元前476年到公元前221年秦始皇统一中国，为战国时期，这是封建社会最终取代奴隶制时代的伟大的转折时期。

一、春秋战国时期赋税制度改革的原因

春秋战国时期是社会历史大动荡大变革的时期，也是社会形态由奴隶制向封建制的转变，地方分裂割据向中央集权统一的过渡时期。这一变革直接源于生产力的高度发展及其与生产关系的矛盾冲突，并在此基础上展现了波澜壮阔的多姿多彩的历史画卷。

马克思主义认为，人类社会的发展，是以经济发展为前提的，而经济的发展，又是以生产工具的发展为前提的。夏、商、西周是我国的奴隶制社会，属青铜器时代，但青铜在奴隶制社会属贵金属，主要用于三个方面：首先是制造武器；其次是制造祭祀的礼器；再次是极少量的用于手工业工具。而社会主要物质生产领域，即农业部门却仍以木石工具为主，耕地、除草、收割、开河挖渠等使用的都是木耜、石铲、石镰、石刀、石斧等。因此，劳动生产率的每一微小的进步，都是依靠大规模的奴隶劳动和简单协作，都是依靠牺牲奴隶所获取的，奴隶劳动没有任何积极性，农业生产发展相当缓慢。

春秋时期，铁与铁制生产工具的出现及牛耕的运用，是我国生产力发展史

上的一大革命。据最新研究成果显示，我国铁制品最早源于商代，春秋时期开始人工冶炼，生产工具的重大突破，直接导致社会生产力的质的飞跃，并迅速地改变了整个物质生产领域的面貌。

由于铁器的使用与牛耕的推广，使劳动生产率得到了大幅度提高，农业劳动方式随之而改变，奴隶制下成千上万人的集体劳动和简单协作被分散的个体的劳动所代替，以一家一户为单位的小生产经营方式已成为可能，封建的生产关系萌芽了。

生产力的发展，导致土地所有制形态发生裂变，在奴隶制生产关系下，劳动者在公田即井田上的劳动，不仅受到授田标准的约束，土地不能买卖，而且还要向国家服役、纳税、承担贡赋，劳动者为了生存而被迫劳动。既然小生产经营具有更广阔的天地，劳动者的眼光就转向了荒山、野岭，转向未开垦的处女地，而新垦殖的土地属私田，私田为个人所有，可买卖，又不纳税，劳动者的生产积极性被充分调动起来。私田开始大量出现，而原有的公田在分封世袭制下，也逐渐地转化为私田。井田制日趋瓦解，封建土地所有制脱颖而出，封建的生产关系因此而形成。

春秋时期各国的经济发展，首先表现在农业生产上。从奴隶制生产关系桎梏下解放出来的劳动者，手持自己的生产工具，垦殖自己的土地，收获自己的产品，劳动兴趣与生产积极性空前提高。铁制农具和牛耕的推广，水利事业的发展，施肥技术的进步，田间管理的发展，土地轮休制为连续耕作制而取代，生产力全面解放，农作物产量不断提高，剩余产品日趋增多，社会财富积累加快。其次，工商业的发展。过去为政府垄断的"工商食官"现象，在春秋特别是战国时代被打破了，除官营工商业之外，出现了私营和个体工商业。经济的发展，促进了手工业兴旺，冶铁业、青铜业、制陶业、毛麻业、建筑业、煮盐业、漆器业、制车业、皮革业等等新兴的部门行业层出不穷。农业与手工业发展，加强了生产活动与市场的联系。商品流通范围不断扩大，商品交换日趋频繁，经商人员显著增加，市场欣欣向荣，商人往返贸易，加强了各地的经济交流，金属货币的广泛流通，又促进了工商业的发展。

经济的发展，带来了都市的扩大和繁荣，诸如，卫国的汉阳、齐国的临淄、赵国的邯郸、韩国的阳翟、魏国的大梁等等，都是当时的政治中心，又是著名的商业都市。

井田制的瓦解和土地私有制的扩展，导致了社会经济关系的变化，这从根本摧毁了奴隶制生产关系的基础。

平王东迁后，起初还占据了今陕西东部至豫中一带的地方，其后这些王土就逐渐地被秦、虢等国蚕食，周天子的领土就局限于洛阳几百里的范围内，而中原的各诸侯国不再定期向天子纳贡缴赋。王室的衰弱，使周王朝作为天下共主的地位，已名存实亡，其统治范围日益缩小，施政权力日益萎缩，在动荡的社会舞台只扮演着无奈的政治偶像角色。

经济关系变化促进了阶级关系变化，大奴隶主贵族的地位迅速下降，士已不可能作为一个阶层而存在下去。各诸侯国势力的兴起，形成"礼乐、征伐自诸侯出"的局面，各诸侯、卿大夫为了控制和占有更多的土地和劳动力所进行的兼并战事此起彼伏，新兴的地主阶级则打破授田分配和世袭俸禄制，实行"食有劳，禄有功"，"废井田，开阡陌"的政策，从而实现权力和财力的再分配。

政治斗争与阶级斗争相互交叉，强国欺诈弱国，大国吞并小国，奴隶反抗，国人暴动，面对这一动荡的风起云涌般的政治经济形势，各诸侯国不得不进行自上而下的深层次的政治经济改革，以求图新，以求维护和扩大自己的统治。改革是社会生产力发展到一定历史阶段的必然趋势，改革是这一时代的要求，也是这一时代的标志，更是这一时代的重要转折点，改革是从根本上彻底摧毁奴隶制经济制度，全面地确立封建土地所有制的强大政治的原动力，改革也是新兴地主阶级登上政治舞台，维护本阶级统治，给以奴隶主贵族最后一击的必然举措。

二、春秋时期各国的财政税收改革

（一）齐国的财税改革

春秋时期的改革首先从齐国开始，公元前685年齐恒公任用大政治家、理财家管仲为相，实行改革，其财政赋税改革的措施如下：

1. 优先发展农业生产

管仲相齐的经济政策基点首先是，"强国富民"，"凡治国之道，必先富民，民富则易治也"。因此，管仲采取以农为本的措施，优先发展农业生产，实行"均分地力"和"与之分货"的办法，把不同的土地，按照不同的标准，分配给劳动者，并允许雇佣佃农。这实质上促使奴隶从原有的强迫劳动中解放出来，鼓励劳动者开垦土地，发展土地私有制，地尽其力，充分调动了劳动者的生产积极性，保证了农业生产的优先发展。

同时实行士、农、工、商，"四民"分业定居。战士专业从事训练打仗；

手工业者集中到官府；商人聚集在城市都会；农民居于乡村农野。四民分业定居，有利于专业生产技术的相传和交流，更有利于促进士、农、工、商四业发展和"强国富民"政策的贯彻。

2. 实行"相地而衰征"① 的赋税制度

要保证农业稳定、农民富裕和农村的安居乐业，就必须实行"相地而衰征"的赋税制度，"相地而衰征，则民不移。"②

"相地而衰征"的赋税制度。即对田赋的征收，采取税负与土地等级相结合的办法，即按土地的肥瘠，面积的大小，分等定级，差别征税。上等地多征，下等地少征，以肥补瘦，以余补缺，突破了奴隶制社会"籍田以力"的劳役地租范围，这是管仲财税改革的一项重大措施。

同时，根据农业生产年成的丰歉好坏，规定田赋每两年征税一次，丰年征税 30%，等于每年征税 15%；中年征税 20%，等于每年征税 10%；歉年征税 10%，等于每年征税 5%；岁饥之年免征，则各年平均肯定低于前代的"什一而税"。从扩大农业收益来保证国家的赋税收入，这是管仲"薄赋敛"，"轻税制"的一贯主张。

"相地而衰征"根据土地的产量征收赋税，这是一种鼓励农民积极生产的赋税征收方式，也是劳役地租转变成实物地租在赋税课征方式上的一种反映，无疑，这是税制发展史上的一大进步。

"相地而衰征"有着"使民不移"的直接效用，初始解放了劳役农民，并把直接生产者束缚在土地上，巩固了封建的生产关系。

3. 盐铁专卖

食盐专卖首创于齐国。食盐是人们生活必需品，男女老少皆需食盐，管仲认为"十口之家，十人食盐；百口之家，百人食盐。终月，大男食盐五升少半，大女食盐三升少半，吾子食盐二升少半，此其大历也。盐百升而釜，令盐之重升加分镪，釜五十也；升加一镪，釜百也；升加二镪，釜二百也；钟二千，十钟二万，百钟二十万，千钟二百万。万乘之国，人数开口千万也，偶策之，适日二百万，十日二千万，一月六千万"③。可见，专卖只是将每升盐的盐价酌情加价出售，则每月就可轻易得到六千万钱的收入，相当于加倍征收的

---

① 《国语·齐语》。
② 同上注。
③ 《管子·海王》。

人头税。管仲认为，采取专利之法，取之无形，既不苛扰于民，又有利于生产发展，国家则获取更多利益，一举几得"天下乐从也"。

由于生产力的发展和铁制生产工具的普及，铁制农具和工具成了农业和手工业所必需的生产资料。管仲认为"一女必有一鍼（针）一刀，若其事立；耕者必有一耒一耜一铫，若其事立；行服连、轺、辇者，必有一斤一锯一锥一凿，若其事立。"如果每根针加一钱，三十根针就是三十钱，等于一个人所纳的人头税；一把刀加价六钱，五把刀就是三十钱，又是一个人的人头税；一把铁耜加价十钱，三把铁耜就是一个人的人头税。按此标准，只要动手干活，就没有不纳税的。把税款寓于价格之中"见于之形，不见夺之理"，"取人不怨"真正做到利出一孔，把收入集中到国家手中。

4. 粮食专营和山林薮泽国有

管仲认为，五谷是人们生活中必不可少的东西，在日常生活中中占据了支配地位，封建国家通过征税和购买的方式所掌握的大量的粮食谷物，完全可以借助市场控制粮价，以获厚利，增加国家收入。

对于山泽产品，包括薪炭、建材等森林之物，管仲主张必须国有，"为人君而不能谨守山林薮泽草莱，不可以立为天下王"。由国家来管理山林薮泽，定期开放，限制开采，可以获得多种形式的收入。

5. 国家控制对外贸易

管仲主张既要发挥地区自然资源的优势，又要有节制地控制对外贸易，以我所有易我所无，故而国家必须通过政策法令来调节物价水平。这是抑制富商豪强牟利兼并的有效手段，又是保护本国物资不致外流的重要方法。管仲特别强调对粮食、食盐等重要物资实行国家独占，专业对外贸易，以积聚国家财货，他认为"国多财则远者来"[①]，"强国富民"，以经济手段迫使他国不战而降。

管仲的变革成功地实现了富国富民，"齐富强至于威宣"[②]，成为春秋之初第一个九合诸侯的霸主。管仲的赋税变革措施，连同其他政治、财政、经济方面的变革，不仅对长达550年之久的春秋战国时期的大变革具有先导作用，而且《管子》的全部财税思想体系不泛有天才的创建和卓绝的观点，他对我国古代财税思想的发展作出了杰出的贡献，在世界财税学说史上也是一颗辉煌的

---

① 《管子·轻重甲》。
② 《史记·货殖列传》。

明珠。

(二) 晋国的赋税改革

晋国地处安邑、临汾、曲沃、晋南一带,原仅为一军之旅的小国,经济落后,政治腐败,军事上更是不堪一击。公元前645年晋国实施变革,其财税改革的主要措施为"作爰田""作州兵"[①]。

"作爰田"就是对田制的改革,把原来授于奴隶主贵族世袭使用的土地,分配给有战功的将士和百姓终身使用,并废除土地的定期分配,减轻了田地的赋税,这是对田制和田赋制度的一项重大改革。"作爰田"虽未明令宣布废除井田制,但却使公田转变为私田,这是春秋时期,最先承认私田,即土地私有制的法令。

"作州兵"则是对"井田制赋"的改革,得到土地的将士和百姓,就有服兵役和承担军赋的义务。彻底打破了原来贵族子弟才可从军的规定,军营向庶民开放,争取兵源,扩大兵力,提高战斗力。

晋文公接位后,坚持"弃责薄敛,施舍分寡。救乏振滞,匡困资无。轻关易道,通商宽农,懋穑劝分,省用足财,利器明德,以厚民性"[②]。可见,弃责、轻关、宽农是晋文公的基本赋税政策。所谓"弃责",废除过去百姓对国家所欠的债务,赈济孤寡贫弱者;所谓"轻关",减轻关津稽征,以利商旅往来;所谓"宽农",减轻对农民租赋徭役的征收。

晋国的一整套赋税改革政策与措施在春秋时期产生了较为深远的影响,正因为改革比较彻底,使晋国争取了更多的财力和兵力,成为中原大国和春秋时期又一霸主。

(三) 鲁国的财税改革

春秋中期,随着铁制生产工具和牛耕技术的进一步推广,垦殖私田的规模越来越大,社会经济迅速发展,原来的"分封授田"再也维持不下去了,井田制日趋瓦解,迫于形势的发展和各国改革的压力,鲁国于宣公十五年(公元前594年)颁布实行"初税亩"的赋税法令。

"初税亩"以田亩为征税对象,不问有田者的身份如何,是公田还是私田,也不问每人占有多少土地,一律"履亩征税",凡纳税之田,国家承认私有,并允许买卖,这就使土地私有制合法化。

---

① 《管子·国蓄》。
② 《国语·晋语四》。

"初税亩"承认土地私有的合法性,激发起农业劳动者的生产积极性,无疑也扩大了国家的赋税收入。它彻底打破了行使了千百年的土地奴隶制占有制,从法律上确认了土地的封建地主所有制,确认了地主阶级的合法地位。

"初税亩"不仅是顺应历史发展潮流而作出的一项划时代的重大税制的变革,同时也是一项社会生产关系的根本性改变。因为,改革的深度和广度随着社会经济的发展而延伸,逐步推动着封建社会形态的确立。无疑,它标志着我国由奴隶社会逐渐转变为封建社会。

"初税亩"的课征对象由"人"改为"地亩",并改变了前代租税合一的"贡、助、彻"制度,国家凭借政治权力向土地耕种者征收赋税,不再以土地所有者的身份收取地租了,"租"与"税"逐渐分离,赋税(税收)开始以独立的形态登上历史舞台。

公元前590年,即实行按亩征税后四年,鲁国又改革军赋制度,对前代"因井田而制军赋"的规定作了变革,即以四邑为一丘,每丘规定出一定数量军赋,并按耕田数进行分摊,称为"作丘甲"。按丘课征兵役和军赋,显然加重了劳动者的的负担。公元前583年,又进一步改为"用田赋",即军赋不再以丘计算,而按田亩数征收。把田赋军赋与田亩结合起来按亩征收,意在巩固封建土地私有制。

三、战国时期各国的财税改革

战国时期,经济发展迅速,七国鼎立争雄,各国的政治、经济和文化等各方面都发生了本质的变化,生产力的发展要求生产关系作更大的调整。为保护封建经济的健康成长,也为了壮大各国的经济实力和军事实力,以适应统一全国的需要,更为了统治阶级自身的利益,新兴的统治阶级纷纷在各国相继进行变法。

(一)魏国的财税改革

魏国于魏文侯四十一年(公元前406年)任用当时的著名政治家、法家奠基者李悝为相,实行变法。其财税改革的主要措施如下:

第一,废除世卿世禄制度。李悝是地主阶级中央集权思想的倡导者,他坚定不移地铲除了奴隶制残余的官爵俸禄世袭制度,按"食有劳而禄有功"的原则,把禄位授于有功之臣,积极扶植新兴地主阶级,打击无功受禄的旧贵族势力,为改革扫除了障碍。

第二,倡导"尽地力之教"①。这一政策的内容是,国家依据土地的肥瘠程度,按等级把土地分配给农民,凡属上等田地,每个农民分配100亩(约合今31亩),下等田地分配200亩,受田农民要向国家缴纳赋税,承担劳役。李悝认为,要充分调动劳动者的生产积极性,督促人民尽可能地开垦荒地,精耕细作,增加生产,坚持"治田勤谨"②,发展水利事业,改进耕作技术,以增加粮食产量,充裕国家财力。

第三,实行"平籴法"。李悝认为,"谷贱伤农",会影响农业生产发展;而谷贵又损民,影响社会稳定。为了平抑粮价,控制粮食市场供求关系,稳定生产,保证国家的赋税收入,坚决运用"平籴法",即丰年由国家出资收购余粮,加以储备,不致粮价下跌;荒年国家则抛售储粮,以济贫困,并抑制粮价上涨。这对于维持农业的再生产,稳定小农经济,发展封建生产关系,是有一定积极作用的。

变法使魏国实现了强国之梦。史载,魏文侯时,经济迅速发展,"租赋曾倍于常,或有贺者"③。

(二)楚国的财税改革

楚国当时的形势特点是,国内阶级矛盾异常尖锐,奴隶主贵族势力十分强大,经济发展远远落后于他国,而且又处于腹背受敌的晋(国)吴(国)夹击之中。严峻的内外形势,促使楚王于悼公十九年(公元前383年)任用著名政治家吴起主持变法。

吴起针对当时楚国贵族执掌国家政治经济大权,严重阻碍楚国变法的情况,提出了"损有余,补不足"的原则,吴起的财税改革措施主要有:(1)凡封君三代以上者,收回爵禄,废除疏远公族的特权,精简国家机构,裁减政府冗员,以节省财政开支,这就是"损有余";(2)将奴隶主贵族强迫移置到地旷人稀处进行垦殖,收回被他们占有的土地,重新进行分配;(3)整顿财税,节约费用,奖励耕战,增加国家财政收入,这就是"补不足"。

吴起的改革打击了奴隶主贵族势力,扶植了新兴的地主阶级,使楚国的地位迅速上升。

---

① 《汉书·食货志》。
② 同上注。
③ 《通典》卷四。

（三）秦国的财政改革

战国初期，秦国是七国中最落后的国家之一，奴隶制虽然瓦解，但旧势力依然强大，贫困使其无法跻身于诸候国的会盟，不改革就没有出路。秦简公七年（公元前408年）实行"初租禾"，承认私田的合法性，并按亩征税，为变法打下了基础。公元前361年，秦孝公继位，任用商鞅于公元前359年和公元前350年两次实行变法，其中财税方面的改革措施主要有：

1. 废除井田制，确立土地私有制

商鞅"废井田，开阡陌"，把国有土地分配给农民，按照土质和地力情况，可连续耕种的土地，每户分配一百亩；轮休耕种的土地，每户分配二百亩；而需轮休三年的土地，每户分田三百亩，同时鼓励农民放手开垦土地。分配或新垦的土地允许自由买卖，法律保护土地私有，国家依法对土地征税。

2. 鼓励垦殖荒地，发展农业生产

战国初期，"秦之地，方千里者五，而谷土不能处二，田数不满百万，其薮泽、溪谷、名山、大川之材物货宝，又不尽用，此人不称土也"①。秦国衰弱可见一般，变法迫在眉睫。

商鞅认为"国之所以兴者，农战也"②。强兵必须富国，富国必须发展农业生产。"为国之数，务在垦草"③，农业是富国之本，"令民归于农"是治国之术。

因此，商鞅变法奖励男耕女织，发展小农经济，巩固封建制度。对努力本业而生产粟帛超过一般标准者，可免除徭役。并规定对晋地农民入秦垦荒者，给其田宅，免其三代徭役，对他们在丘陵草泽等处开垦荒地，十年之内不纳税。对一户有二个以上成年男子而不分家务农者，则加倍课赋。对游怠坐食不务农耕者，课以重税惩处；对弃农经商，不事生产者罚作奴隶。

3. 统一税制，均平赋税

"为田开阡陌封疆而赋税平"。秦国不仅废除了井田制，同时也规范了赋税制度，意在鼓励百姓植谷务农、均平负担。秦国的税制改革如下：

田赋："任民所耕，不计多少，而随其所占之田制赋"。征税对象是土地，计税标准是土地上收获量，则田多者粮多，赋税自然就多；田少者粮少，赋税

---

① 《商君书·徕民》。
② 《商君书·农战》。
③ 《商君书·算地》。

自然就少，即依据耕种土地的总产出制定赋税定额，使赋税负担公平合理。

军赋：则实行按人征收的方法。"舍地税人"，商鞅的用意有二，其一是按亩征收势必会挫伤农民开垦荒地的积极性。其二贵族宗室，人多口众，由他们负担一部分军赋理所当然。如此，既均平了赋税，又能筹集大量的军费，可谓一举二得。

刍藁税：刍藁即战马的饲料。商鞅变法保留此税，《秦律·田律》载"八顷刍藁，以其受田之数，无垦不垦，顷入刍三石，藁二石。"① 商鞅认为，将士出征必备粮食，战马随行必备刍藁，故刍藁税必征。

口赋：即人头税。商鞅在整理户籍的基础上，制定了口赋制度。针对贵族宗室富户，规定"以其食口之数，赋而重使之"；又对二个以上不分家的成年男子，加倍征收口赋。

4. 设立郡县制，实行编户制，均平徭役

全国设31个县，县以下设乡、邑，并全面实行编户。五家为户，十家为什，置连坐法，相互监督，一家犯法，十家连坐，这是一种系统严密的户籍制度，不仅有利于加强政治统治，实行中央集权，而且户籍制度与赋税制度相结合，有利于按户籍课征人头税和按人丁课征力徭役。秦代纳税以户为单位，故政府三令五申，父子兄弟必须分家立户，确保国家赋税收入。

5. 废除世卿世禄制，按军功论赏

按军功大小制定二十等官爵，有军功者，无论出身贵贱，按军功给田给房，并授于相应的特权；无功者，即使宗室贵族也不得入公族籍，迁移到边远地区，这一措施在于加强新兴地主阶级的社会地位。

6. 实行"重农抑商"，重征商税的政策

商鞅指出，世人认为"乐学、事商贾、为技艺，避农战"，即从事游士、商人和手工业这三者的职业轻松舒适，又有利可图，故他们会抛弃农业生产。因此，国家必须采取有效措施抑制工商业活动，加重非农业经营之赋税，"不农之征必多，市利之租必重"，特别是重征商税，使经商不如务农有利，如此就会促进农业生产的发展，这就是"重关市之赋，则农恶商，商有疑惰之心。农恶商，商疑惰，则草必垦矣"②。

---

① 《睡虎地秦墓竹简》。
② 《商君书·垦令》。

对商业实行重税政策，"贵酒肉之价，重其租，令十倍其补，然则商贾少"①。商鞅明令，重税商人，迫使商人破产，从事工商业而贫困者罚作奴隶。商鞅为促使农耕者安心务农，规定商人必须服徭役，而且要按商人家庭人口数量分派应役。使"农逸而商劳"，"市利尽归于农"②。通过税收来抑制商业，促进农业生产发展。

商鞅变法是春秋战国时期一次较为彻底的全面的政治经济改革，给予奴隶制生产关系及其残余以毁灭性的打击，促进了封建经济的发展与壮大，为秦灭六国，建立统一的中央集权的封建大帝国奠定了坚实的基础。

第二节　春秋战国时期的赋税制度

一、田赋制度

（一）田赋

春秋战国时期，在田赋制度改革中，先后出现了齐国"相地而衰征"、鲁国"初税亩"、以及秦国"任民所耕，不计多少，而随其所占之田制赋"等政策，这些田赋制度的核心内容大体是一致的。其基本形式是"分等定级，差别征税"到"按亩征税"；其计税依据为"土地上的收获"到"田亩面积"；课税形态为实物，即以粮食缴纳，兼有其他产品纳税。

田赋税率。春秋初期，齐国规定了田赋"取民有度，用之有止"的原则。各年平均税率低于前代的"什一而税"，即不足10%。其后税率不断提高，特别是"初税亩"实行后，田赋负担日趋加重。春秋鲁哀公时，田赋税率增加了一倍，即按什二征税。齐国昭公三年（公元前538年）"民参其力，二入于公，而衣食其一"③，即齐国百姓的收入，三分之二纳税，自己留下三分之一，田赋税率已超过什六而税了。

战国时期也如此。初期，魏国的田赋税率是什一而税。而齐国，从银雀山汉墓出土竹简《田法》中可以知道，田赋的平均税率为15%。其后，魏国为

---

① 《商君书·垦令》。
② 《商君书·外内》。
③ 《左传·昭公三年》。

什三税（30%），齐国为什六税（60%），秦国则20倍于古。

对田赋横征暴敛是春秋战国时期的普遍现象。三代时期田赋皆行"什一税"，税率为十分之一。到了春秋战国时期，虽说田赋采取实物课征，并按土地肥瘠，物产丰歉，制定不同的税率，但因国用不足，而行重税课征，各国自行其事，竞相提高税率，可见农民负担是十分沉重的。

（二）刍藁税

刍藁税，即土地税的另一种形式，与田租并行。刍藁就是禾杆，也就是平常所说的藁草。课征刍藁，主要为了供给马匹和官府各处牲畜的饲料。秦国马匹和牲畜的数量较多，故其所需饲料更为惊人，其惟一的办法就是向广大农民课征，于是便有刍藁之课。刍藁既是广大农民的一项沉重负担，也是秦国政府的一大宗收入。

刍藁税作为土地税的一种形式，可以追溯到奴隶制时代，西周九赋中就有此税，《国语·鲁语下》记"先王制土，籍田以力"，"其岁收，田一井，出稯禾，秉刍，缶米不过是也"。所谓秉刍，就是捆扎成一把的藁草。春秋战国时期，刍藁交纳已定型，商鞅变法保留此税，《秦律·田律》载"入顷刍藁，以其受田之数，无垦不垦，顷入刍三石，藁二石"。商鞅认为，将士出征必备粮食，战马随行必备刍藁，故刍藁税必征。

《淮南子·汜论训》高诱注"入刍藁之税，以供国用"。据此可证明秦国土地税是田租和刍藁并行的。此外，关于秦征"刍藁"还有一项极为重要的史料，就是1975年底在湖北云梦县睡虎地第十一号秦墓中所发现的1000多支秦简。内容大部分为"秦律"，其中"田律"、"仓律"里均有"刍藁"记载，从我们中可知，秦征刍藁是以石为单位，万石为一积，而且都要归仓。所以刍藁既属"田律"，又属"仓律"；其次刍藁的出纳均有严格的规定，凡属县级机关管理的，其账册必须按时呈报郡国。

有关刍藁的史料甚少，其税率如何，变化又怎样，不得知，故作以上简略论述。

二、军赋制度

鲁国成公元年，改革军赋制度，称为"作丘甲"，即按丘课征兵役和军赋。有学者指出："鲁本二军，今使丘出甸赋，则三倍其旧，是二军为八军矣。《会笺》非其说,甚是"①。"作丘甲"实际上是拓展了军赋制度的含义,也就是说军赋或征车马兵器等物,或征制造军事器械的原料,或征粮草刍秣等,可以因时因地而异。

鲁哀公十二年春,又进一步改为"用田赋"②,即军赋不再以丘计算,而是把军赋与田亩结合起来,按田亩数征收。

晋国在"作辕田"的基础上"作州兵",这是对"井田制赋"的改革,得到土地的将士和百姓,就有服兵役和承担军赋的义务。

郑子产改革的一项重大的措施,即"作丘赋",按田亩征收军赋,丘出马一头,牛三头。"作丘赋"不仅扩大了军赋的征收,而且使许多从未纳税的新辟土地也负担一定的军赋,使土地私有者合法化,并乐意负担军赋。

商鞅在吸收前人改革的基础上,变法军赋制度,实行按人征收的方法。"舍地税人",既维护了农民开垦荒地的积极性,又让贵族宗室承担一部分军赋。

军赋,原来是课征兵役和军需品的税收。所谓"有禄于国,有赋于军"③就是此意。春秋中期后,军赋制度的变革,首先使课征范围逐步扩大,不仅限于随身携带的武器和粮草,而且还课及其他物品,包括铁、铁制品原料等;其次军赋税率大幅度提高了,鲁哀公十二年"用田赋"一个井田要承担十六个井田的军赋。显然,军赋收入的税源较前期更有潜力可挖,人们的负担也更为沉重。

三、贡纳制度

贡纳制度,理论上应归属财政制度,而不该出现在税收制度中。但是春秋战国时期的"贡纳"就如同奴隶制时期一样,它有财政的属性,也有税收的属性,故将其列入赋税制度。但这也是"贡纳"的挽歌,一旦统一的封建大帝国建立,贡纳作为赋税制度下的扭曲性质将完成其历史功能,并以独立的形式构成国家财政收入。

春秋战国时期是社会政治经济动荡和变革的时期,其特点就是"礼乐征伐自诸侯出","陪臣执国命",天子成傀儡,战争如儿戏。贡纳在战争的阴影

---

① 童书业:《春秋左传研究》,上海人民出版社1980年版,第193页。
② 《左传·哀公十二年》。
③ 《左传·昭公十六年》。

下滋生蔓延。

按周王朝先制，贡纳制度甚严，诸如，有爵位高低的限制，输纳时间的限制，贡纳数量的限制。而春秋战国时期则突破了先王之制，以经济地位，军事实力，政治强制为特征，表现为小国向大国，弱国向强国，臣属国向宗主国的贡纳。这项负担十分沉重，贡品必须是皮货丝帛，骏马良驹，珍奇异物。小国弱国，三年一聘、五年一朝，有事得贡，无事则纳。"贡纳"此时尽管有赋税的性质，但其不过是大国用尽各种手段，向周边列国的敲诈索取。

四、商税制度

"工商食官"制度的瓦解，手工业和商业的发展，使单一的田赋税制结构发生了较大的变化，由此衍生出了商税、关市税和专卖制度，渐成国家的重要财政收入。

春秋时期，由于农业和手工业的发展，私营商业开始出现，商品交换日趋发达。管仲相齐改革，把国民分为士、农、工、商，分而治之，可见商人阶层已初步形成，与士、农、工并列。由于商业利润可观，富商大贾不断涌现，如越国大夫范蠡弃官经商"十九年之中，三致千金"，故而，商业成为国家财政的重要税源。孟子曰："纵而征之，征商自此始"，商税得以起源。

秦国的商税主要是对货物征税，商鞅有"贵酒肉之价，重其租"，就是提高酒肉等物品的销售价格，然后重课其税。

五、关市税制度

春秋时期的关市税，兼有关税和市税的含义，即行商过关入市所缴纳的税收。关税，在古代是指通过关卡所交纳的税收；市税，则征于固定的集市，或课于进入市场的行商，或课于开店设铺的坐贾。

为适应商业的发展，推动各地物资交流，开展国境和国内贸易，各国政府都在重要的道口设关置卡，征收关市税。关市税由此得到发展，成为国家税制结构中的一个重要税种。

当时各国的关市税制度极不统一，征收政策也不相同，如齐国为充分地利用本国的资源优势，繁荣本国经济，促进与诸侯国的贸易往来，管仲曾实行"关市讥而不征"的政策，其后也轻税关市。《管子》中载"征于关者，勿征于市，征于市者，勿征于关，虚车勿索，徒负勿入，以来远人"。这段话反映了两个问题，其一，按规定对已征收关税的货物，不再征收市税，对已征收市税的货物,不再征收关税,实行税不重征的原则。其二,当时各国的关卡,时有苛索行为发生,甚至征及行旅。所以,齐国严禁苛索,力主轻税,以有利于商货的流通。

关市税的税率,一般也不高。据《管子》所载,值百取一,即为1%。齐恒公十五年,改为五十取一,即使如此,也比白圭的"二十而取一"低得多,可见关税征收是不多的,然而其财政性目的也是比较明确的。

晋文公即位后,所实行的三大财经政策"薄敛、轻关、宽农"。所谓"轻关易道"就是减轻关市税,平整通商道路,便利经商行旅,繁荣商业,宽裕财富。

总之,春秋初期的关市之征尚在轻税之列,较有节制。

战国时期,劳动生产率有了很大的提高,商业发展更为迅速,都市的兴起和大市场的出现,使境内外贸易一片繁荣,税源非常可观。但这一时期正值各国兼并战争连年不断,军费开支庞大,为弥补国用不足,各国遍设关卡,关市之征随之扩大和提高。于是滥施征课,厚敛无度,税无定制,额外派征。商人不堪负担,商业发展艰难。孟子指责说:"古之为关也,将以御暴;今之为关也,将以为暴"①。关市之征成为这一时期的苛敛暴政。

官府在关卡所征之税,分为关市税和军市税。关市税用以增加国君和封君的收入;军市税形成幕府的收入,用以军费和赏赐支出。

这一时期的关市税主要是呈多元化、多种类方向发展。关市税按内容分,即有关税、市税和通过税。关市税按性质分,即有关市税和军市税。

六、盐铁专卖制度

盐铁专卖首创于齐国,上文已述。管仲相齐不主张采用征税办法,而坚持以国家经济收入取代税收收入,即为"官山海"政策,对盐铁实行专卖。管仲认为,盐为人人必需,铁为生产生活的基本用具。盐铁消费较大,收益颇丰,可寓税于价,推行的阻力小,见效快,民不惊扰,优于直接征税。故盐铁专卖为齐国首创,晋楚随之而行。

齐国食盐专卖的具体操作,是采取官府与民间相结合的方法,即农忙时,农民下地务农;农闲时,命农制盐。盐价上涨时,官府运盐于各地,在非盐区售盐,寓税于价,齐国获利丰厚,真可谓"煮沸水以籍天下",得来全不费工夫。

---

① 《孟子·尽心下》。

汉代桑弘羊对春秋时期的盐铁专卖制度给予很高的评价,他说:"盐铁之利,所以佐百姓之急,足军旅之费,务蓄积以备乏绝,所给甚众","征敌伐国,攘地斥境,不赋百姓而师以赡,故利用不竭而民不知,地尽西河而民不苦","有益于国,无害于人"①。可见盐铁专卖之作用。

七、山泽税制度

春秋时期,山泽产品,包括薪炭、建筑、棺椁等森林之木材,民间百姓均可采用,国家只收租费。然而,管仲认为山泽薮泽必须由国家来管理,定期开放,限制开采,以获得多种形式的收入。战国时期,山泽之利基本有国家垄断。商鞅变法力主"一山泽"②。汉代桑弘羊对此评价:"外设百倍之利,收山泽之税,国富民强,器械完饰,蓄积有余。"③ 显然,这一时期山泽税不可忽视的,其在国家财政收入中的地位日趋重要。但有碍于各地自然条件和物产种类,故各国山泽税制度不尽相同。

八、人头税制度

口赋,即人头税。齐国管仲实行盐铁专卖,就有人头税议论,即盐专卖每月就可轻易得到6000万钱的收入,相当于加倍征收的人头税。铁专卖30根针、5把刀、3把铁耜就等于1个人的人头税。但古代人头税真正实行则始于战国时期的秦国。

商鞅于公元前348年颁布"初为赋",这是改革中的一项重要内容,但这个"赋"绝不是按亩征税之赋,而是以人口作为课税对象,按人口征税,就是所谓人头税。《史记·商君列传》计有"民有二男以上不分异者,倍其赋",这一史料证明"倍其赋"的依据是人口,而不是土地,这是完整意义上的人头税。

"初为赋"在当时的积极意义在于,"倍其赋"迫令两男以上分家,改变秦国聚族而居的落后习惯,发展一家一户小生产,而这一小农经济形态正是整个封建制度的基础;其次课征人头税,对没有土地的工商业者起到一定的限制作用,这是重本抑末政策的具体体现。

---

① 《盐铁论·非鞅》。
② 《商君书·垦令》。
③ 《盐铁论·非鞅》。

秦国由于封建经济的发展，土地由奴隶制国有转为封建土地私有，一方面由于土地自由买卖，使广大劳动者"贫无立锥之地"，另一方面又出现了一些富商大贾，这两部分人均与土地无关。如果继续采用按亩征税的办法，显然对国家有百害而无一利。因此，在秦国出现"初租禾"后，紧接着出现"初为赋"，这不仅表现政策的连贯性和完整性，而且在封建经济的范围，其税制结构已日趋完善化，除了按亩征税以外，还有按人征赋。自此，田租（土地税）和口赋（人头税）就成为中国封建社会两种结伴而行的赋税，构成封建国家赋税结构中的两大部分。而商鞅变法灵活地运用了人头税政策的特殊性，为秦国的政治经济目的服务。

九、徭役制度

徭役，即力役之征（属于力役税范畴）。自土地私有制形成后，就构成了封建国家财政的一个独立的极为重要的收入项目，成为古代封建制国家三大课征之一（田有粟米之征，户有布缕之征，人有力役之征）。

（一）徭役负担

春秋战国时期，战争频繁，征发徭役自然就很沉重，其表现在四个方面：（1）起征点低。应征年龄始于15岁的未成年人，即15岁至60岁的成年男子必须服役，起征点低应征面广，服役人数就显著增加。（2）应役量大。在应役范围内的劳动者，一俟政事、战事的需要，即刻全部前往应役，不得耽搁。（3）服役时间长。按先王之制，一年服役不过三天，而春秋战国时期则无时间限制，短者数月，长者终年，致使夫妻难得相聚，父子不得团圆。（4）徭役课及妇女、儿童、老人。史籍《孟子》、《楚策》、《墨子》、《商君书》等中不乏上述类似记载。

墨子认为，民有三忧，"饥者不得食，寒者不得衣，劳者不得息"①。"其使民劳，其籍敛厚，民财不足，冻饿死者，不可胜数也"②。又如，商鞅反对国家滥兴徭役，"征不烦，民不劳，则农多日。农多日，征不烦，业不败，则草必垦矣"③。民不疲于徭役，才有充足的时间忙于耕作，增加粮食产量。所以官府必须减少劳役，不误农时。孟子则认为，徭役"夺其民时，使不得耕

---

① 《墨子·非乐上》。
② 《墨子·节用上》。
③ 《商君书·垦令》。

耨以养其父母，父母冻饿，兄弟妻子离散"①。故徭役征发必须"不违农时"。

（二）徭役分类

徭役可以分为兵役和力役。

1. 兵役

春秋战国时期，在兼并称霸的政治局势促动下，军事编制不断扩大。周代兵制规定，天子拥有六军，大国三军，次国二军、小国一军，每军12000人。但春秋时期，战争频繁，各国都在扩军备战。晋国原定制一军，后扩大到六军；鲁国原定制一军，后扩大到三军；齐国原定制二军，管仲相齐则扩为三军；楚国原是子男之国，并非列侯，后加速征兵扩军，其兵力与晋国不分上下；秦国初始尚无定制，后扩为三军。到了战国时，兵力最少的韩国，拥军20万人，魏国为36万，赵国为70万，秦国号称100万，七国总兵力为春秋时期的数十倍之多。说到征兵数量庞大，如韩国仅宜阳一城就征兵10万，而齐国临淄一城，征兵高达21万；楚国为同齐国对抗，一下子就征兵30万，秦国为长平之战，就征发了中原所有15岁以上的男子，故战国时期各国拥兵都在几十万到上百万之间，可见兵役之沉重。

2. 力役

力役主要从事修筑宫室台榭，建造陵墓，更多的却充作战争后勤，如齐宣王造宫殿，征发役人，三年尚未修成。《商君书》记，秦国成年男子充兵役，女子负责构筑工事，老人、孩子则为军队运送粮草，足见力役苛繁。

"起一人之（徭），百亩不举，起十人之徭，千亩不举"沉重的徭役，严重地影响了农业生产，影响了劳动者的生计，横征暴敛促使农民重新失去土地，沦为新兴地主的佃农。

春秋战国时期徭役之沉重可见一斑。

第三节 春秋战国时期的赋税管理制度

一、财税管理体制

平王东迁后，统一的周王朝已不复存在，周代以王室为中心的分权制财税

---

① 《孟子·梁惠王上》。

体制被春秋战国时期完全独立的四级制财税体制所取代，所谓"四级制财税体制"即为"天下、国、家、邑"。"天下"为东周王室之财税，"国"为诸侯之财税，"家"为卿、大夫之财税，"邑"为宰臣之财税。这一财税体制的基本特征：

一是无论哪一级财税都与其家族收支紧密地结合在一起，即所谓公财政和私财政不分。

二是除东周王室以外，无论哪一级财税，除了负有一定的贡纳义务外，完全是独立的收支体系。

三是这一时期所谓的国家财税仅仅是名义上的概念，根本不存在统一的财税。所谓国家财税就是许多大大小小财税的混合体，这就是春秋战国时期的财税体制。

这一财税体制是就春秋战国时期的政治经济形势而言的，但就各国财税体制改革发展的总体趋势则完全是一致的。

因为新兴的地主阶级刚刚登上历史舞台，奴隶主贵族的残余势力还很强大，要巩固地主阶级的统治，就必须建立一个强有力的中央集权制财税体制，特别是进入战国时期后，称霸战争转变为统一战争，要确保巨额的军费需要，只有集权制财税才能办到。另外，生产力的发展，商品经济的扩大，土地私有制的确立，迫切要求国家运用统一的财税政策，调节、影响和干预社会经济的发展。因此，战国时期各国财税体制改革的方向是十分明确的，就是迅速地实行中央集权制财税体制，这是生产关系变革的要求，也是社会历史发展的要求。

二、财税管理组织

春秋时期，诸侯各国的财税管理制度还是比较纷乱，财税管理机构尚未独立出来，故财税组织和职官制度也就不可能统一，各国各自为政，各行其事，互不相涉。但财税制度、财税政策、财税组织机构等方面却是相互影响、相互促进、取长补短、共同发展的。

如：《周礼》记载，司职财税收入的"地官"系统，即主管井地之经地，人民职业之编配，人口及其财产登记，与贡赋、兵赋、徒役之分配各种事务。

如：《荀子·王制》记载，宰爵、司徒、司马、大师、司空、治田、虞师、乡师、工师、治市等。这些官员都与财税有关，其中司徒应是中央主管财税的首脑，治田、虞师、治市等为征收田赋、山泽税、关市税的赋税之官员。

又如：《战国策》、《左传》、《史记》等史籍中所记载的司徒、方府、九府、仓廪吏、田部吏、虞人等职官，均为诸侯各国的理财官员。

三、财税管理原则

春秋战国时期，由于生产力的发展，生产关系的变革，从奴隶制桎梏下解放出来的劳动者的生产积极性被充分的调动起来。私田源源不断地被开垦出来，垦殖面积扩大，农业基础扎实，促进了手工业发展和商业的繁荣。社会经济的全面提升，为增加国家收入开辟了广阔的财源，这正是这一时期税收收入大幅度增长的经济基础。

但春秋战国时期政治局势剧烈地动荡，促使各国之间的兼并战争连年不断，战争经费直线上升，支出增长十分惊人。开支扩大急需收入增加，才能维持财政平衡。因此，各国相继实行"量出收赋"，即"量出为入"的财政原则，即为了弥补支出而大幅度调整收入。这一财政原则的推行，使春秋战国时期各国普遍增加税赋，执行重税政策，人民负担日渐加重。

四、财税管理政策

（一）专卖政策

管仲相齐理财，主张轻税无税政策。他认为，税收危害有三：其一，妨碍国民积极生产；其二，剥夺了人民正常所得；其三，招致国民不满。故坚持以国家的经济收入取代税收收入，竭力推行"官山海"政策，即专卖政策，寓税于价，取之无形"不见夺之理"，既不苛扰于民，又有利于生产发展，真正做到"利出一孔"，把收入合理地尽快地集中到国家手中，故以专卖收取代直接向人民征税，这是我国财税发展史上的一大建树。

（二）均输法

均输法为齐国管仲首创。所谓"均输法"，即国家为巩固改革取得的成果，稳定小农经济，打击商人肆意牟利，由政府根据市场主要商品的供求关系和物价波动情况，在贱处买进，到贵处卖出，以多余补不足，即调节供求，平抑物价，又增加了国家财政收入。

均输法，可谓"一举三得。敛之以轻，散之以重，对社会商品的流通有好处，一也；封建国家于贱价时敛积之，而于贵价时散行之，一买一卖，可以获取暴利若干倍，二也；同时借此可以起到平衡物价的作用，三也"①。

（三）平籴法

平籴法为魏国李悝首创。李悝认为，粮贵伤民，谷贱伤农，伤民则离散，伤农是困贫。治国理财，要善于调节粮价，使"民无伤而农劝益"，保证农业生产能够持久稳定地发展。为此，他提出"平籴法"其意即，丰年（分为三等：上熟、中熟和下熟）国家平价收购粮食，不致粮多而价格暴跌，荒年（分三等：大饥、中饥和小饥）国家平价粜出粮食，不致粮少而价格暴涨，大熟补大饥，中熟补中饥，小熟补小饥，"取有余补不足"，"籴不贵而民不散"，这就是平籴法。

平籴法的意义在于国家储粮备荒，调节市场，平抑物价，打击商人牟利，相应地维护农民的生产生活，稳定小农经济，巩固封建统治的基础。此后，封建王朝多次采用李悝平籴法，收效依然不错。

五、上计制度

据史载，西周时期已有上计制度，《礼记·王制》、《国语·鲁语》等文献均有记载。春秋战国时期，诸侯各国为了维护和巩固自己的统治利益，对所属的郡县仍坚持定期的上计制度，并加以规范化和制度化。特别是在诸侯各国财政日趋困难、支出日益扩张，而以赋税收入作为考核下级长官和财税官员任内政绩好坏的主要标准，足以说明上计制度的重要意义。

商鞅认为，一个国家必须清楚地了解本国的仓口之数，壮男壮女之数，老弱病残之数，牛马之数，粮草之数，赋税之数等，这些都是上计制度统计的主要内容，他强调，即使一个强国，如果不了解这些基本数据，则"地虽利，民虽众，国愈弱至削"②。史载："秦昭王召王稽，拜为河东守，三年，岁不上计。"这说明秦国已普遍推行上计制度，不按时上计，是不合规定的。

《韩非子》记载着西门豹维护上计制度的史迹。另有"魏文侯时，东阳上计钱布十倍"③。"解扁为东封，上计而入三倍"④，"李兑治中山，苦径令上计而入多"⑤。这反映了上计制度在魏国普遍的执行情况。可见，春秋战国时期

---

① 胡寄窗、谈敏：《中国财政思想史》，中国财政经济出版社1989年版，第160页。
② 《商君书·去强》。
③ 《七国考·魏琐征》。
④ 《韩非子·主道》。
⑤ 《韩非子·难二》。

各国上计制度日益完善，日趋成熟。

上计制度不仅有利于国家视全局形势作出必要的妥善的经济筹划，而且对加强财税收支情况的考核，力争财政平衡，具有特别重要的意义。因此，上计制度也可以说是早期的一项"预决算制度"。

六、财税征收管理法制化

春秋战国时期，各国的政治经济改革接踵而至，伴随改革而来的法令、法律、法规不断涌现，各国相继公布了一系列成文法，采用严峻的法制来推行政治经济改革。

齐国最先实行财税立法，即有"相地而衰征"制度和盐铁专卖法；晋国公布的"作爰田"；鲁国颁布的"初税亩"、"作丘甲"、"用田赋"的财税法令；楚国的"书土田"、"量入修赋"；郑国的"作封洫"、"作丘赋"等。春秋时期，社会政治经济的深刻变化促进了法律法规制度变化，财税法制形式的产生，成为各国推行财政经济改革和变法的重要工具。特别值得一书的是郑（国）子产在改革田制和税制的基础上，把制定的刑书铸在鼎上，公布于众，这是我国首部公布的成文法，自此财税法制构成了成文法的重要内容之一。

战国时期，七国兼并和争雄的局面，促使其相继展开以财税制度为中心的变法活动，先后出现了楚国的《宪令》、赵国的《国律》、齐国的《七法》、韩国的《韩符》、魏国的《魏宪》等，从立法上保护和发展封建经济和财税制度，促进变法活动的深入展开。值得一书的是，魏国李悝主持制定和颁布的《法经》，这是我国历史上第一部系统地封建成文法典，该法典支持和维护了财税法制的重要性。其后秦国也制定了《秦律》，有关财税法制的有《田律》、《关市律》、《金布律》、《徭律》、《工律》、《仓律》、《厩苑律》等。

这一时期财政经济的改革立足于法制化建设，使赋税的改革、征收和管理纳入法制化轨道，在调整赋税法律所确认的国家与纳税人的权利和义务关系，推动封建法律制度的形成和确立，维护税法的严肃性和威慑性，都有着历史的前瞻性和社会的进步性。

第四章

秦代的赋税制度

第一节 概 述

一、秦的统一与中央集权制财税体制

封建制度取代奴隶制度,这是社会历史发展过程中的一次重大飞跃。春秋战国的历史是恢宏壮观的,然而也是极其沉重的,这一漫长的过渡时期的巨大阵痛,表现为被剥削者血泪和生命的付出。灾难深重的劳动人民在备受压迫和剥削的同时,完成了社会生产关系的巨大变革,推动着封建割据走向国家统一,他们是社会的主人,是历史前进的火车头。

封建经济的迅速发展,人民渴望统一的不懈斗争及变法后各国政治经济发展的不平衡状况,客观形势表明酝酿已久的封建统一的条件已经完全成熟,秦始皇顺应历史发展的潮流,于公元前221年完成统一全国的大业,结束了长达数百年的战争割据状态,建立起幅员辽阔的多民族的专制主义中央集权的国家——秦。

秦始皇统一中国后,为巩固和加强专制主义中央集权,采取了一系列政治经济措施。秦始皇自称"始皇帝",期望"后世以计数""二世、三世""至于万世,传之无穷";"皇"为"天人之总称";"帝"乃"得天之道者为帝",这就是至高无上的专制独裁者。为完善国家的统治机构,秦王朝在中央设置了"三公"即丞相、太尉和御史大夫,分掌职事,三公之下设九卿,各行其职。秦代废除分封制,将天下分设36郡,郡下置县,郡守和县令,由中央政府直接任免,随时可以调动。同时还建立了一整套适应封建统一国家所需要的官僚

机构和职官制度，废除了"食邑制"，推行官俸制度，以官品和爵位获得相应的俸碌。秦代"明法度，定律令"，确立了封建土地制度，统一了户籍制度，统一了度量衡、货币和文字，整治了交通，构筑了以咸阳为中心的四通八达的驿道网。

秦始皇彻底废除了先秦时代地方财税分权的局面，建立起完整的统一的国家一级制财税体制。中央统一制定与颁布财税制度、财税法令和财税政策；中央统一决定赋税的征收、减免和入库；中央统一决定税种的创立和变更、徭役的征发和管理；中央统一决策政府的开支、军费的拨付和官俸的发给；全国一切赋税收入必须解缴中央政府，全国各级财政赋税官员必须由国家统一任命。各地财政机构依法行事，严守上计制度，统一向中央负责。

同时也以法律形式规定了田赋制度、口赋制度、徭役制度、关市税制度以及工商杂税制度，基本确立了封建制国家的财税法律体系。

秦统一后，所采取的这些措施，对清除封建割据，加强中央集权，巩固多民族国家的统治都有着极为深远的意义，对战后封建经济的恢复和发展起了十分重要的作用。

二、秦代赋税制度的历史地位

秦的建立开创了中国古代史上的一个崭新的时期，也是我国进入封建社会后的第一个重要阶段。

战国与秦均属地主阶级统治，所不同的是：前者为群雄割据；后者为统一专制。但是秦代毕竟不同于战国，其政治、经济和文化的发展在中国古代史上占有特殊的地位，因秦代处于我国历史的重大转折点上，它是旧时代的结束者，又是新时代的开拓者；它是我国古代财税制度的集大成者，又是封建中央集权制财税体系的首创者。

秦代的赋税制度，无论是从中央集权制赋税体系，还是重农抑商赋税政策，抑或从机构设置、制度建设、赋税征收及其管理诸方面，都有其独特的历史建树和时代的开创性，并对此后历代封建国家的财税都产生深远的影响。

就二千多年的封建财税关系而言，秦代首创了中国封建模式的赋税结构——赋税与徭役并行制，钱剑夫先生指出："赋税徭役并行""是中国封建社会在经济制度方面的最大特征"，它既是"封建国家机器赖以存在并能运行的重要经济支柱，也是封建统治阶级剥削广大农民和一般平民的主要手段。与此同时，又是封建统治阶级在经济上调节其阶级矛盾和内部矛盾的重要工具"①。赋税徭役并行制，一般统称为赋役制度，实为秦代之首创。

秦代的赋税制度在中国财税制度发展史上无疑占有十分重要的地位。

第二节 秦代的田租口赋制度

"田租口赋"，也就是秦代国家向土地占有者（地主和自耕农）征收的土地税，即田租，这是秦代赋税收入的最主要部分；口赋亦称口钱，即人头税，计口征税，也是秦代国家的一项大宗财政收入。

一、田赋制度

秦代的田赋制度包括田租与刍藁两种形式。

土地私有化后，土地所有权归于地主，国家只能采取征税的手段，土地税得以产生。"且"原本作"藉"，藉田以力，其字从"力"从"且"构成"助"；改征实物税后，其字从"禾"从"且"构成"租"。这里从汉字的形义发展，就可以看出土地税的演进过程，即为劳役地租，实物地租，货币地租直至赋税形态。

（一）田租

在封建社会中，田制和税制是紧密相连的，有什么样的田制，就有什么样的税制，田制决定税制。

公元前408年，秦简公七年，终于因田制变化而实行税制改革，颁布了"初租禾"，国家承认私田的合法性，土地私有权被确认，但私田必须依法纳税。公元前359年开始的"商鞅变法"是秦国一场更为彻底的封建革命，变法最终废除奴隶制所有制，使封建土地所有制在秦国健康、蓬勃、迅速地发展起来。

田制既定，就论税制。秦统一中国后，秦始皇于公元前216年颁布"使黔首自实田"法令，规定土地占有者必须如实向政府呈报实际占田亩数，国家保护土地私有制，并依法征税。

广大的自耕农和中小地主必须按秦律规定，以"受田之数"缴纳赋税，

---

① 钱剑夫：《秦汉赋役制度考略》，湖北人民出版社1984年版，第2—3页。

即田租。史称田租"二十倍于古"①,"收泰半之赋"②,说明自耕农至少有一半以上的劳动产品被封建政府掠夺而去,至于中小地主也要将剥削收入的一部分以田租的形式交纳给国家,尽管中小地主缴纳的田租最终出自农民,并也可转嫁给农民,但这至少说明田租不仅课于农民,也课于统治阶级内部——中小地主。至于依附农民,不管是佃农,还是雇农,都遭受到了双重剥削,即地主的经济剥削(地租)和国家的超经济剥削(赋税)。

再论及秦代田租税率,史称"收泰半之赋",即为三分取二,这实际上是承袭六国旧制。史学家认为,秦在统一中国前后的这一段时期内,粮食亩产量已不是平均一石了,而是六石四斗,即令三分取二,剩余所得二石一斗多,所以秦的田租丝毫没有减轻,而且在绝对额上只有加重,但是广大劳动者在发展生产,提高劳动生产率的基础上,大幅度地提高了农业收成,所以如此负担尚能承受。秦的田租制度为什么能有如此效果,这在于商鞅推行的寓垦于征的课税制度。

秦国地广人稀,发展生产富国强民,当务之急就是开垦土地,商鞅采取"诱三晋之民,以尽地利,任其所耕,不限多少"③,商鞅变法前和变法初是不税田亩。另则商鞅变法又规定:"民有两男以上,不分异者,倍其赋。"④ 这些措施刺激了拓荒开地,又有助于整个社会的发展,这充分说明秦代的寓垦于征的土地税课征制度较于其他各国更胜一筹。

同时还应说明,秦代实行封建土地私有制,以促进地主经济的发展,土地可以自由地买卖,土地兼并受国家法律保护,故土地迅速向地主豪绅集中,出现了"富者田连仟佰,贫者亡(无)立锥之地"⑤。失去土地的农民不得不租种"见税什五"⑥的"豪民之田",把劳动产品的一半交给地主,此外还要向国家纳税服役。可见,劳动者承受的负担更加重了。史载"男子力耕不足粮饷,女子纺绩不足衣服"⑦,"故贫民常衣牛马之衣,而食犬彘之食"⑧,这是秦代地主阶级横征暴敛之下劳动者悲惨生活的真实写照。

---

① 《汉书·食货志》。
② 同上注。
③ 《通典》卷一《食货·田制》。
④ 《史记·商君列传》。
⑤ 《汉书·食货志》。
⑥ 同上注。
⑦ 同上注。
⑧ 同上注。

（二）刍藁

刍藁是秦代土地附加税,与田租并行征收。刍藁就是牧草禾秆,也就是平时所说的稻草,征收刍藁主要是为了供给官府马匹和牲畜的饲料。刍藁又名"藁税",史载"人刍藁之税,以供国用"①,可见,刍藁既是秦代国家的一项大宗财政收入,也为广大农民的一项沉重的负担。

刍藁之税,可以追溯到奴隶制时代,及至春秋战国时期刍藁交纳已基本定型,秦承旧制,也对农民课征刍藁。

（三）复除制度

复除就是依据法律规定或为帝王临时诏令,免除劳动者应纳的租税和应服的徭役。最初名为"施舍",即统治阶级对劳动者的一种恩赐,此后更名为复除。复除制度是伴随赋税制度而来。

秦的复除,见于商鞅相秦,他在变法中施行复除制度,其根本目的在于鼓励农业生产,发展秦国经济。即法令规定：凡属致力于农业生产而使粮食和布帛增产者免纳租税,免服徭役。商鞅之所以如此做,是由于当时秦国拥有极为广阔而丰富的土地资源,但却缺乏足够的劳动力,秦国本身人口较少又忙于应付战争,所以最好的办法,就是招募三晋之民来秦国开垦土地,发展农业生产,给他们住宅,复除他们三代的赋税,免服徭役,提高他们的生产积极性。无疑,商鞅的政策是成功的。可是当统一中国的大业完成后,秦始皇的暴政早已推行,复除既不是三代,也不是全家或终身了。自然,复除制度也就完成了它的使命。

二、口赋制度

口赋,又称口钱,即人头税。云梦竹简《秦律》上多有"口赋"和"户赋"的记载。秦代的口赋制度可追溯到春秋时期。早先对于不耕种、不劳动及游手好闲者课征的人头税,目的旨在鼓励生产,促进经济发展。商鞅变法没有落俗,严格地把握了口赋的特殊性,为其政治经济的目的服务。由此,田租（土地税）和口赋（人头税）构成了封建社会初期国家赋税结构中的的两大主体部分。

然而,战国时代,封建制度逐渐形成,口赋遂向恶税转化。秦统一了中国以后,横征暴敛代替了合理的税收,故有秦代"田租口赋,盐铁之利,二十

---

① 《淮南子·氾论训》（高诱注）。

倍于古"之说,所谓"头会箕敛,以供军费"①,就是绝好的注释。头会,即按人头出钱,就是人头税;箕敛,即征税时装钱的畚箕。高诱注"头会随民口数,人责其秘(税),箕赋,似箕然,敛人财多取意也"②。可见,秦代的口赋课征数量之大给广大劳动者造成了沉重的负担,秦代民谣有"渭水不洗,口赋洗"这表明劳动人民对口赋的憎恶感情。

口赋,计口出钱,《秦律·金布律》规定"官府受钱者,千钱一畚"。所以口赋征收的是货币,课征时"吏到其家",以户为单位,逐户收取,所以秦代的口赋,又称为户赋。

第三节 秦代的徭役制度

一、徭役

秦代徭役有三,更卒、正卒和戍卒。

(一)更卒

古制,服徭役者为"卒"。更卒,即为服徭役有一定的期限,到期更换,原服役者止役。更卒徭役,源于春秋末期,战国普及,这和土地制度、赋税制度变化有关,也就是说,徭役是封建私有制确立后的产物。

秦代,主要是秦始皇统一中国前后这一阶段,其徭役情况如何?董仲舒言:"又如,月为更卒。已复,为正一岁,力役三十倍于古。"这是历代抨击秦代役使人民这一大罪状的铁证。近来历史学家们发觉这一句读显然错了,特别是三十倍于古,古制标准是什么,董仲舒、班氏父子绝不至于如此不通,如果重新断句,更改句读,则为"又,如月为更卒,已,复为正一岁,屯戍一岁,力役三十倍于古"。那么一切问题就解决了,译为:又加以创立每年服役一月的更卒,止役后又要充任正卒徭役,三十倍于古。这一比较是针对古制"役民不过三日"而言,三日显然是大谎话,董仲舒意在批判秦代的力役制度,实际上却替秦代说明了"轻徭改革"的问题,这也是秦为什么能得到全国人民拥护进而完成统一大业的基本原因之一。

---

① 《汉书·张耳陈余列传》。
② 《淮南子·氾论训》。

云梦《秦简》中《法律问答》有"赀徭三旬",所谓"月为更卒"不就验证了更卒徭役每年为一个月（三旬）嘛。

另外,我们还可以比较一下起役和止役年龄,根据史料,战国时代劳动者起役年龄为15岁,止役年龄另为65岁。而秦代呢？史学界依据出土文物云梦《秦简》加以考证,明确秦的起役年龄17岁,止役年龄有爵者56岁,无爵者60岁。无证据表明秦代改变这一政策。

上述史料同时证明秦代徭役既课于无爵者（劳动人民）,也课于有爵者（中小地主）。

秦代更卒徭役,法定服役时间为每年一个月,服役地点为本郡县,主要从事繁重而劳累的修建工程。诸如修筑城垣、修筑驰道、整治河渠、漕运委输、营缮宫苑、修筑陵寝等。

（二）正卒

正卒徭役是相对更卒和戍卒而言。更卒一月而更,本县应役,戍卒则在边境地区。秦代服于郡国或京师的兵役,称正卒。正卒是在服更卒三年后起役,服役期二年。第一年充任"材官、骑士、楼船",同时进行军事训练,服役地点在郡国。第二年轮到征调者则称为"卫士",服役地点在京师。

所谓"材官",是指勇武有力,能开强弓之士卒,战国时期称为"材士",秦代才正名为"材官"。所谓"骑士",指马上之士卒,能单骑,也能车战,秦代列入正卒徭役,称为"骑士"。所谓"楼船",指水上之士卒,源于春秋,实为水兵,秦代"楼船"尤为强悍,作为新型兵种,以遍布境内水域。

故正卒"兵种"有三：步兵（材官）、骑兵（骑士）、水兵（楼船）。

凡正卒应役材官、骑士和楼船,一年服役期满,即予除役,以待征发,或为卫士,或去戍边,法定的服役期也是一年,当然被征召入伍从事战争的正卒,就没有时间的限制,战争结束才可除役。

卫士,是服役于宫廷和中央各官府的正卒,卫士制度起源于春秋时代,秦代称"卫卒",由卫尉主管,卫士必须先经"材官,骑士和楼船"的严格训练,方可从任。卫士服役期一年,役满就应调换,只是在特殊的情况下,自愿留任,才能继续服役一年。

卫士徭役,因其所担负戍守京师特别是保卫宫廷的重任,统治阶级对卫士也较其他役卒更为重视和优待,故卫士徭役基本能够保证法定的服役期限。

（三）戍卒

戍边即为守卫边境,戍边徭役源于春秋时期,当时规定为期一年。秦承春秋战国制度，戍期也为一年。但秦代对戍卒制度有所改进，其戍卒徭役不仅征发一般劳动者，同时也包括发配者，即谪遣戍边的各种违法人员，如重罪轻判、轻罪重判的治狱官吏；更卒徭役逃亡者；不服管教的"盗贼"；不能"立户"、不能"受田"以及不能"为官"的贱民等等。因"谪罚"而戍边的，按秦代法律规定，其戍期自然就要延长，短则一二年，长则三四年。这是秦代法律的一种特殊规定。

秦代戍卒徭役，设有专法，即《秦简》中的《戍律》，尽管只存有两条，但也能概知一些规定。

其一，凡应役戍卒，不能全家同去，否则处罚职掌役征的官吏。

其二，戍卒镇守边防要塞，也负有修筑城垣的义务，所筑城垣保用期一年，否则处罚主修人员。戍卒修筑城垣，就不得派服其他劳役，否则处罚主政人员。

应征戍卒徭役的限期，按《徭律》规定：朝廷征发戍卒徭役，如耽搁没有执行，罚二甲。延期三天到五天，斥责；六天到十天，罚一盾；超过十天，罚一甲。所征发人数应及时送达戍所，如遇雨天，则免除这次征发。按《徭律》规定，超期十天也只是处罚。但司马迁则认为，失期者当斩。

专家们认为，秦代的徭役制度越来越苛刻，司马迁所言断然无误。即《戍律》，条文极为严酷，稍有闪失，或治罪，或斩首。

戍卒徭役的主要任务是驻守边疆，服役于烽燧、亭候、邮驿等。

二、秦代滥兴徭役的后果

秦代的徭役制度，法律规定是一回事，实际役使则是另一回事，秦代徭役苛重，可谓国家与劳动者之不幸。秦始皇统一全国后，对外用兵扩张，对内大兴土木，横征民力，滥兴徭役，筑长城，造宫殿，建皇陵，修驰道，挖河渠，发漕运。据史籍记载，营缮宫室，征用劳力70万人；修筑秦始皇陵征用劳力70万人；北防匈奴用兵30万人；北筑长城40万人；戍守岭南用兵50万人，仅此几项累计就达260万人，占秦代全国总人口2000万的13%强，这还不包括其他杂役。故有"戍者死于边，转者偾（仆）于道"，"秦民见行，如往弃市"[1]，"赋敛愈重，戍徭无已"[2]。秦王朝把全国变成了一个徭役大监狱。其

---

[1] 《汉书·晁错传》。
[2] 《史记·秦始皇本纪》。

至男子不足，致使徭役课及妇女。《史记·秦二世本纪》载："丁男被甲，丁女转输"，妇女也被征发去转运粮草。

为确保徭役的征发，秦始皇制定了严峻的刑罚，如《秦律十八种》和《秦律杂抄》中的《徭律》、《戍律》、《田律》等，就是专门征发力役与兵役的法律，律文中严厉的惩罚措施使人望而生畏。如此滥兴徭役，毁灭生产力，把社会经济推向了崩溃和灾难的边缘。广大劳动者断了生计，只能离乡背井，逃亡山林水泽，寻求栖身之处。反秦斗争的序幕已拉开，如英布聚集的是骊山之囚徒；刘邦率领的是被押送的服役农民；公元前209年，陈胜、吴广率领900名戍卒进发渔阳，在大泽乡因雨困阻，无法如期赴到，按秦律失期者斩，于是就在大泽乡，陈胜、吴广终于擎起了中国历史上第一次大规模农民革命战争的旗帜，秦王朝就在秦末农民大起义的暴风雨中灭亡了。

第四节　秦代的工商税制度

一、市租

市租源于春秋，战国时期成了重要税种。秦代工商业发达，市场规模宏大，自"献公立七年初行为市"。①，市场发展更为迅速，如富平西南25里的直市，即为秦文公所建。"物无二价，故以直市为名。"② 富商大贾及商业组织均已出现，商业都市繁荣，商品交易兴盛。有关这一方面的史料较多，可见秦代市场之兴旺发达。

官府在市场专设市官，严格市场管理，对市场商品交易采用实物与货币并行课征的方法。

有关秦代市租的征收制度，缺乏史料，据云梦秦简中零散记载：商人在交易过程中以及官吏在收取市租时，都不允许"择行钱布"，否则论罪处罚；又"为作务及官府，受钱必辄入其钱缿中，令市者见其入，不从令者赀一甲"③。这是收取市租时的具体规定。如果说，对收钱环节都规定的如此详尽，那么市

---

① 《史记·秦始皇本纪》。
② 《三辅黄图》卷三。
③ 《睡虎地秦墓竹简·关市律》。

租制度应该是相当完备的。

根据出土《秦简·金布律》，特别是《秦简·关市律》可以确认秦代市租制度不仅存在，而且比较完备。按秦代理财原则"不农之征必多，市利之租必重"①，故市租负担不会很轻。

二、盐铁之课

盐铁之政兴于春秋，这与铁器广泛使用以及冶铁技术相应发展有密切的关系。盐铁之课的主要形式是官营专卖，各诸侯国通过强买豪夺，进行超经济剥削。而新兴地主阶级为争夺民心，用盐铁之利从宽惠民，故战国时期盐铁遂为民间经营，官府征税。所以，韩非子托言齐景公说：盐铁改由民营，官家课税，此乃大势所趋。

秦承六国旧制，盐铁皆由民营，政府只是设官课税，秦有盐官，也有铁官。《史记·太史公自序》中就载明司马迁的先人曾"为秦主铁官"。又《秦简》中也有"左采盐，右采铁"，这指的都是盐官、铁官。

《说苑·臣术篇》载"秦穆公使贾人载盐，征诸贾人"。这是官府征税的明证。盐铁课的税率已缺失，但其税负十分苛重却是事实。《汉书》言秦"盐铁之利二十倍于古"。

秦代民营盐铁获利甚厚，动辄数千巨万，故盐铁之课自然亦较重。

三、酒课

酒类课征，亦如盐铁之课，秦承六国旧制，民间经营，官府征税，税率高，负担重。《商君书·垦令篇》载："贵酒肉之价，重其租，令十倍其朴，然则商贾少，农不能喜酣奭，大臣不为荒饱"，注："朴，本也，谓加酒肉之税，令十倍其原价"。分析商鞅变法时的整个形势和变法措施，酒税十倍其本的解释是完全正确的，况且商鞅变法在于奖励耕战，重本抑末，故秦征"十倍其朴"的酒税是可信的，直至秦末这个法令没有改变。

此外，秦代法律规定：凡是居住的农村的百姓是不得卖酒的，违者获罪。这说明秦代对酒类经营还是有限制的。

---

① 《商君书·御盗》。

四、山泽税

先秦时代,"工商食官"。战国时期社会经济发生了急剧的变化,"工商食官"逐渐转变为工商民营,官府征税,税率为30%,由工官职掌。这一改革有效地调动了工商业者的生产经营积极性,官府也因此得到更多的税收。

秦代对山泽之利的工矿产品,实行官府专营,但也允许私人开发,国家专设官员就场征税,采取实物和货币并行征收的方法。《盐铁论》载"昔商君相秦也,内立法度,严刑罚,饬政教,奸伪无所容。外设百倍之利,收山泽之税,国富民强,器械完备,蓄积有余"。

五、关税

春秋时期,尽管关税征收不多,但其财政性目的比较明确。战国时期,由于兼并战争连年不断,军费开支庞大,为弥补国用不足,各国遍设关卡,关市之征随之而扩大,厚敛无度。

秦的统一,结束了长达数百年的战争割据状态,建立了幅员辽阔的多民族的专制主义中央集权的国家。秦代废除了分封制,实行郡县制。拆除了战国时代各国的道关路卡和各国边邻地区的堡垒、要塞,整治了交通,为商业的发展铺平了道路。

秦统一中国后,随着诸侯国国界消失了,原有的边关也消失了。但作为秦代陆地边境的关卡依然存在,如陇关、萧关、散关等。秦代设关,据史料分析,目的是为了检查商旅往来,防止违禁事件的发生。关卡均设关都尉,主要负责边防,也执行管理进出境人员、货物等海关职责,重点是治安,而不是为征税。可见,这时所设的关,还是国防意义大于财政意义。但秦承六国旧制,关税始终是存在的,亦是国家财政收入的一个来源,如《秦简·关市律》载"为作务及官府市,受钱必辄入其钱缿中,令市者见其入。不从令者,赀一甲"。《关市律》一定包括关税的征收和管理,只因残缺,尚未发现。但是仅从这一条文考察,足见关税存在。贾谊《新书·过秦论》不仅说明秦代是设关征税,而且关税负担还是不轻的。

第五节 秦代的赋税管理制度

一、财税管理体制

先秦时代,财税公私不分,相互混淆,严重地影响了国家机器的正常运行。自秦统一后,封建生产关系基本成熟,土地私有制的确立、财税法制的完善以及财税管理体制的发展,促使国家财税与皇室财税彻底分开,两者分辟财源、分清用途,分设官职,分别管理。

国家财税收入主要有田租、口赋;皇室财税收入主要有市租、山泽税、盐铁之课、酒税(专卖时归属国家财政)、关市税。

国家财税由治粟内史主管,国家财税的收入与支出,国家库藏的调度和拨付均由治粟内史负责。地方管理机构,各郡由太守总揽大权,仓曹橡分管财税;各县由县令总负责,典知仓狱分管财税;乡有三老、由啬夫,乡佐负责征收之职。

皇室财税由少府主管,一切皇室财税的收入与支出由少府负责。

国家财税与皇室财税划分明确,自成体系,各行其事,各司其职,并逐渐形成两大收支管理机构,促进了财税体制与财税管理的完善化、规范化和制度化,这是秦代财税管理体制的一大特色。

二、财税立法与赋税法律制度

(一)财税立法

秦王朝为了加强对全国的统治,巩固统一的成果,实行专制主义中央集权制统治。财税以政权为依托,建立了高度中央集权制的财税管理体制,立法统一了国家的赋税制度,诸如:赋税法律制度、财税管理体制、财税管理制度、户籍管理制度等等,这不仅规范和发展了当时的赋税制度,影响了此后封建制赋税法制的框架和走向,同时也为我国两千多年的封建制赋税法律体系奠定了坚实的基础。

秦代财税立法有四种形式:其一是律。这是在"六律"的基础上,经补充而完善,由中央政府发布的法律条文,具有最高的法律效力。从《秦简》中可知主要是一些财税的单行条例,如《田律》、《仓律》、《关市律》、《金布律》等；其二是皇帝颁布的诏令、诏书，为律的补充，与律有同等效力；其三是法律解释，如云梦秦简中的"法律问答"，这是对秦律的官方解释和补充，实际与律有同等效力。其四是地方政府发布的文告，这是各地政府根据当地的情况，对秦律作出的具体补充，同样具有法律效力，如云梦秦简《南郡守腾文书》。

（二）赋税法律制度

1975年在湖北发掘云梦秦简所涉及的财税法律主要有：《田律》、《仓律》、《效律》、《徭律》、《司空律》、《关市律》、《金布律》、《厩苑律》、《工律》、《为官之道》、《传食律》、《戍律》、《傅律》、《内史杂》等等。

（1）《田律》六条。这是规范土地分配（授田）和赋税征收的法律制度。

（2）《仓律》二十六条。这是规范粮草、兵甲、财帛等物品仓库管理的法律制度（包括仓储制度，簿记制度，交接制度，赔偿制度，核验制度，上报制度，奖惩制度等）。

（3）《徭律》一条。《秦律》中《徭律》、《戍律》、《傅律》是规范徭役征发的法律制度。

（4）《关市律》一条。这是规范关卡管理和市场课税的法律制度。

（5）《效律》二十六条。这是规范官员所负有的对官府财产物资保存、出纳和管理的法律制度，即簿记和会计制度。

（6）《为官之道》。这是规范官吏对于国家征发赋税、徭役、兵役的职责，规范对财税官员考核、奖惩的法律制度。

（7）《司空律》十三条。这是规范刑徒劳役、奴婢劳役和一般劳役征发的法律制度。

（8）《金布律》十五条。这是规范货币流通、国家财税金库和地方金库管理的法律制度。

（9）《厩苑律》十五条。这是规范饲养牲畜的厩圈和苑囿以及放牧"公牛马"的法律制度。

（10）《工律》六条。这是规范官营手工业生产的法律制度。

其他还有《内史杂》、《军爵律》、《传食律》、《魏户率》、《工人程》、《均工》、《除吏律》等等。

（三）赋税刑事法律[①]（见表4-1）

[①] 孔庆明：《秦汉法律史》，陕西人民出版社1992年版，第57—58页。

表 4-1　　　　秦代违反税法所应承担的法律责任

罪　名	刑　罚
粮仓粮不足数，粮食有差错不报，弄虚作假	主管官吏与盗窃同论
会计差错超过限度和私自销账	按价值多少赀官啬夫
会计计算人口、牛马差错为大罪	赀盾甲
检点和会计物资差错	按不足额价值、谇、赀官啬夫甲盾
市场征税受钱不入陶罐	赀一甲
征发徭役不报到	笞打
徭役不到、游荡一年捕获	加笞打
逋事（征发徭役逃亡）	里典伍老赎耐
乏徭（已到服役点逃亡）	里典伍老赎耐
匿田、匿户	里典伍老赎耐
成人不登记、不服徭役、不缴户赋、免老作假，里典、伍老、同伍人连坐，不告发有罪	赀盾甲，加以流放
地方官征发徭役稽吕	赀二甲
征发徭役失败	谇、赀盾甲
县令、尉和士吏不依法征发边戍	赀二甲
让服边戍者作其他事务	赀二甲
估算工程不实，造成徭役、赢员、减员	罚司空和匠人
匿成童即十五岁以上，二十岁以下男子	里典、伍老赎耐
部佐匿田，收田赋不上报	赀盾甲
大夫服役逃亡	赀一盾仍旧服役

秦代刑罚分为三种：一是"赀"，即罚款罚物罚徭役；二是"没"，没收财产；三是"劳役徒刑"。

第五章

汉代的赋税制度

第一节 概 述

一、汉代的政治经济概况

公元前206年西汉王朝建立,历史掀开了长达四百余年的崭新篇章。

汉初,经历了秦末暴风骤雨般的农民起义以及四年的楚汉相争,中原大地,一贫如洗,百里无烟,哀鸿遍野。"丁壮苦军旅,老弱罢转漕",人口逃亡,"大城名都,散亡户口,可得而数者十二三"[①]。秦时有2000万人口,汉初仅剩650万。

经济凋敝,生产停滞,百姓无物可盖,无粮可藏,物价飞涨,粮食奇缺,"凡米石五千,人相食,死者过半"[②]。更有"米至石万钱"[③]。高祖二年六月,"关中大饥,米斛万钱,人相食。令民就食蜀、汉"[④]。

战争的硝烟刚散去,为了安定社会秩序,抚恤民众、振兴农业,医治战争的创伤,培养国家的元气,新王朝颁布了一系列诏令和政策,罢兵归农,复除徭役;释放奴隶,安置流民;轻徭薄赋,奖励农耕;打击商人,和亲匈奴;迁徙大族,友善南越。王朝统治者为了稳定政局,所采取一系列措施,让成千上万的农民尽快地重新回到土地上去。这就是汉初"与民休息"的治国宗旨。

---

① 《史记·高祖功臣侯者年表序》。
② 《汉书·食货志》。
③ 《史记·平准书》。
④ 《汉书·高帝纪》。

经过汉初几十年的艰苦奋斗,惠吕之时,民务稼穑,衣食滋殖,户口寖息,刑罚罕用。文景之世,生产发展,经济繁荣,国库充实,天下晏然。这就是所谓的汉代著名盛世"文景之治"。两汉生产关系的变革,促进了生产力的进步和发展。

首先是农业生产的发展。

西汉时期,经济区域进一步扩大,农业经济延伸到了西北边境。随着农耕技术和移民屯垦的发展,原有的牧区始向半农半牧区转变,而半农半牧区则向农业区转变,这是我国封建农业经济发展的一个十分重要转折点。

汉代冶铁业的发展和冶铁技术的进步,使铁制农具不仅成为主要生产工具,而且更加普及化,新型农具不断的涌现,极大地提高了农业劳动生产率。

汉初,牛耕已经相当普遍,并逐渐推广到边远地区,并在农业生产中发挥出巨大的作用,故有"牛乃耕农之本,百姓所仰为用最大,国家为之强弱"[①]。

汉代的农业生产发展与水利事业密切相关。汉代规模最大的治水工程就是整治黄河。东汉时,委派著名的水利专家,集中大量的人力物力和财力,对黄河进行治理。此后八百余年,黄河长期暗流灾患大幅度地减少。汉代所修筑的大型水利工程,诸如白渠、漕渠、龙首渠、六辅渠、成国渠、灵轵渠等等,引水灌田,富饶天下,使关中地区形成了一个庞大的水利灌溉网络。

汉代农业生产技术发展的突出代表就是赵过发明和推广的代田法,代田法充分地挖掘了土地的潜力,提高了土地的利用效率,极大地增强了农作物的抗灾抗旱能力,推进了农业生产的发展。汉代耕地面积已达 827 万顷,粮食亩产普遍提高 30% 到 50%。

其次是手工业的发展。

西汉时期各经济区域的形成,直接促进了工商业的发展。关中地区是富庶的农业区域;陇右地区是著名畜牧业区域;巴蜀地区,铜铁竹木,蜀刀蜀布均负盛名;三河地区为"天下之中","王者所更居也",这里是货物云集之地,商品集散中心;燕赵地区,"有鱼盐枣栗之饶";东南部农业发达,山区山货特多;齐鲁地区,有发达的农业和手工业。如此丰富的物产,又带有浓厚的地方性和区域性,这为手工业和商业的发展提供了非常广阔的前景。

在农业发展的基础上,汉代手工业生产逐渐地向纵深发展,其酿造业、制陶业、造船业、竹木加工业、采矿业、金属制造业、雕刻业、皮革业、漆器

---

① 《风俗通义校释·佚文三》。

业、纺织业、编织业、食品加工业、造纸业、煮盐业等,构成了一个门类齐全、涉及各行各业的手工业加工体系。

汉代的手工业分为官营、私营和个体。官营手工业经营的目的主要为了满足皇室和贵族的消费需求。个体家庭手工业,生产的目的主要是为了满足自身的需求,劳动者也会把一部分产品拿到市场出售,以换取自己需要的商品。私营手工业则完全属于商品生产和商品经营,并以商品生产者面貌进入经济领域。因此,私营手工业的所涉及的行业就比较广泛,诸如车船竹木、陶器瓷器、酿酒煮盐、金属器皿、布帛皮革、百货杂物等生活生产用品,应有尽有。

再者是商业与城市的发展。

汉初仍实行"重本抑末"政策,但汉代商业政策既有约束的一面,又有放任的一面。高祖八年发布的贱商令,就是从政治上打击商人。但是,西汉王朝又对商人采取放任的政策。如"汉兴,海内为一,开关梁,弛山泽之禁"[1],这就是"重农抑商"政策下首次对商业的松弛与放任,这给商业的发展和商人的兴起提供了非常难得的契机。

因此,放任百姓为生存而奔忙。故而,当时就有"夫用贫求富,农不如工,工不如商,刺绣文不如倚门市,此言末业,贫者之资也"[2]。所以,商业政策的转变,经济环境较为宽松,汉代商业的发展就比较迅速了。

汉代商业兴旺发展有着三个方面的特征,一是商业经营不再限于生活中可有可无的奢侈品、装饰品和高档消费品,而是扩大到民间百姓生产生活的方方面面,凡是有市场就有商业活动;二是国家统一,关卡撤并,内部壁垒减少,商业运输更加灵活方便。商贾"周流天下,交易之物莫不通,得其所欲"[3];三是商品的交易种类和数量大幅度增加。

随着社会经济的恢复和繁荣,在商业利润的刺激下,越来越多的人弃农经商、"舍本逐末"。前店后场的小业主日夜辛劳,穿街走巷的小商贩络绎不绝。其中,尤善经营者自然脱颖而出,很快涌现出一大批财累千金、万金,乃至数十万金的富商大贾,从而形成了新兴的商人阶层。

商业发展促进了城市发展和繁荣,汉代国家统治的中心城市,交通运输条件十分便捷,这又为商品的集散提供了前提条件。西汉最为著名的大城市就有

---

[1] 《史记·货殖列传》。
[2] 同上注。
[3] 同上注。

六个,即京都——长安、陪都——洛阳、东方最大的商业都市——临淄、黄河北岸最大的商业中心——邯郸、黄河以南最大的商业中心——南阳(宛)与西南最大的商业都市——成都。

其他新兴的城市,诸如平阳、扬、温、轵、陶、睢阳、江陵、陈、吴、寿春、合肥、彭城、番禺、桂林、珠崖、象郡等。这足以说明汉代社会经济的繁荣与国家的昌盛。

汉代的对外贸易,陆上经丝绸之路可通达西域各国,海上贸易尽管限于运输工具,特别是航海技术,但贸易渠道已经开通,与南海、印度洋诸国建立了经常性的贸易关系。汉代海上贸易最远抵达西亚和欧洲地区。

二、汉代战时财税的概况

汉初,匈奴已日益强盛,不时扰边,掠夺财富,破坏生产。鉴于天下初平,满目疮痍,经济几近崩溃,当时的社会政治经济状况决定了西汉王朝只能采取抚边和亲的政策,苟且图安,以求国力的恢复和发展。

武帝即位时,汉代已踏入经济繁荣的时期,国力强盛已与汉初不可同日而语。反观匈奴,则"反复无信,百约百叛"[1]。故而,对匈奴只"可以武折而不可以德怀"[2],只能"兴义兵以诛暴强"[3]。为巩固西汉地主阶级政权,汉武帝决定大兴文治武功,坚决抗击匈奴入侵。

汉武帝在位53年,对外用兵长达40年,但是大规模的长时期的战争,使汉初70年苦心经营而发展起来的强盛国力难以为继,财政入不敷出,军费捉襟见肘,国库告急,财用匮乏。于是,武帝任用桑弘羊等人从事战时财税的改革,故有扩大税种、提高税率;设官营、立专卖;进而卖官鬻爵、纳金赎罪、捐献没收,遂有算缗、告缗、算商车之举,由此逐渐形成一整套较为完善的财税制度。

第二节 汉代的田赋制度

汉代的田赋,仍称作田租,是国家向土地所有者课征的土地税,属收益

---

[1] 《盐铁论·和亲》。
[2] 《盐铁论·结和》。
[3] 同上注。

税，其课税对象为土地，课税标准为土地总收获量，纳税人为土地所有者。

两汉的田赋制度由田租、刍藁、附加和减免四部分组成。

一、田租

汉初坚持"轻田租"的原则，是其"与民休养生息"政策的主要措施之一。故"什五而税一"，其间虽有兴废，但一俟经济好转，仍恢复原制。文帝二年（公元前178年）为推行重农务本的政策，曾减半征收当年田租，即为"三十而税一"。文帝十二年（公元前168年）采用晁错建议，把田租减为"三十税一"。文帝十三年（公元前167年）全免当年田租。景帝元年（公元前156年）又恢复"三十税一"。自此，"三十税一"基本上成为两汉田租税率的定制。

东汉光武帝即位之初，应战事而改行"什一之税"，至建武六年，他又下诏"见租三十税一，如旧制"[1]，足见三十税一为"汉家经常之制"。宋人感概，田租"在昔独两汉为最轻，非后世不可及，虽三代亦所不及焉"[2]。今人评述"三十税一的田赋在旧中国历史上是最轻的"[3]。

两汉田租在法律上按三十税一的比例计征，其课征方法是纳税人自行申报耕作的土地和其总收获量，经乡官啬夫审查核准，然后按评定的产量、田亩及税率，计征税额。这种征收方法异常繁琐。故而，地方在实际征收时，往往不论年成的丰歉，税亩定额，各地税亩定额则采取数年间的平均亩产量乘以三十分之一而得。

到了东汉章帝建初三年（公元78年）秦彭在山阳实行田租改革，按土地的肥瘠，分为三等，每等规定了相应的税额。由此可知，实际存在的田租定额化最终有了合法的性质。

二、刍藁

汉承秦制，不但继续征收刍藁，而且其在国家财政收入中的重要性逐渐上升，史载："已奉谷租，又出藁税"[4]，又"田租刍藁，以给经用"[5]。两汉坚

---

[1] 《后汉书·光武帝纪》。
[2] 周密：《齐东野语》卷一《汉租最轻》。
[3] 本书编委会：《中国农民负担史》第1卷，中国财政经济出版社1991年版，第49页。
[4] 《汉书·贡禹传》。
[5] 《续汉书·百官志三》。

持田租刍藁并行。可见，刍藁不能仅仅看作稻草，用作饲料，它是极其重要的"军实"，所谓"兵马未动，粮草先行"就是这个道理。田租与刍藁是封建王朝极为重要的两大赋税收入，已为地主阶级政权及其理财者高度重视。

根据1973年湖北江陵凤凰山十号汉墓出土的简牍所透露的信息可知，西汉的刍藁之征还可区分为"户刍"和"田刍"，而且"户刍"的征收总量大大超过了"田刍"。据推测可能由于"刍"为一般的饲草，品种较多，来源较广，故按户缴纳的"户刍"理当就多，而"田刍"是指禾杆，来源就少多了，故定额就少。

刍藁的征收，一般以"束"或"石"为单位。其税率如何，则不得知。刍藁可以"折纳"，即可纳钱。史载"刍藁钱若干万"①。

刍藁之征，当属土地税或土地附加税之列。但"户刍"则有可能属于人头税。

三、附加

汉代田租还有临时附加。东汉桓帝延熹八年（公元165年）"初令郡国有田者，亩敛税钱"（注：亩十钱也）②。亦即下令每年加征十钱。灵帝中平二年（公元185年）"南宫大灾火，半月乃灭，已亥广阳门外屋自坏。税天下田，亩十钱"③，即下令每亩加征十钱用以修筑宫殿。这两次临时附加都为田租额外之征，实属横征暴敛。

四、复除制度（减免制度）

复除为依法规定或为帝王临时诏令免除劳动者应纳的租税和应服的徭役。汉代田租刍藁的减免，有关史料记载较多，大致分为以下几种类型。

（一）灾荒减免

汉代灾荒一般指水灾、旱灾、蝗灾、风灾、地震、疾疫等。一旦遇上灾荒，王朝政府视灾情实施减免，减免方法多种多样。有受灾郡国全部免税；有受灾地区按实际受灾面积分别免税，如受灾面积达十分之四或二分之一以上则全免田租，不满十分之四或二分之一的，受灾几成则按比例减免。因此，两汉

---

① 《后汉书·光武纪》。
② 《后汉书·桓帝纪》。
③ 《后汉书·灵帝纪》。

减免原则即重灾全免,轻灾按受灾成数减免。

(二) 抚慰减免

汉代政府为巩固地主阶级政权给予纳税人的某种减免。仅以高祖时期为例:高祖二年(公元前205年),"令蜀汉民给军事劳苦,复勿租税二岁;关中卒从军者,复家二岁"。高祖八年(公元前199年),"令吏卒从军至平城、及守城邑者,皆复终身勿事"。高祖十一年(公元前196年),"诸县坚守不降反寇者,复租赋三岁"①。这些受益者都为刘家王朝夺取政权立下汗马功劳,故给予免除,无非是激励他们继续为王朝出力卖命而已。这是有非常明确政治目的的免除。且看,高祖五年(公元前202年),对于"诸侯子在关中者","复之十二岁;其归者,半之"。"诸侯子"就是原六国贵族的后人,给予长达12年的复除,就是为达到政治引诱招降和军事防范内乱的双重目的。

(三) 恩幸减免

这是王朝政府出于各种政治目的以笼络人心所采取的减免措施。建武十九年(公元43年)刘秀回到老家南顿县,免去南顿田租六年。汉惠帝以太子即皇位,"减田租"。汉武帝元封五年,皇帝巡幸所过之县免除当年租赋等等。

(四) 贫困减免

对贫困农民实行减免,是一种临时措施。这要取决于阶级力量对比以及统治阶级对政治经济形势的判断。如成帝鸿嘉四年(公元前17年)下令,受灾十分之四以上,家产不满三万者,免其租税。哀帝绥和二年(公元前7年)下令,受灾十分之四以上,家产不满十万者,免其租税。贫困减免往往和灾荒减免结合在一起,酌情施行。顺帝阳嘉二年(公元132年)"禀冀州尤贫民,勿收今年更租口赋"②。

汉代以赀限而酌情减免赋税的措施,主要是民赀不满两万的家庭才能"勿出租赋",一般中等家庭不能享受这一优待。显然,这一政策有"抑富济贫"的意义,是汉代的一项善政。

---

① 《汉书·高帝纪》。
② 《后汉书·顺帝纪》。

第三节 汉代的人头税制度

一、算赋

汉承秦制,汉代的算赋与口赋由秦代的口赋演变而来,属于人头税。

算赋是课于成年人的人头税。汉高祖四年（公元前203年）"初为算赋",规定凡年龄在15岁以上至56岁的成年男女,每人每年要向国家缴纳120钱,即一算的人头税,算赋收入形成军备基金,专项用于购置战车、军马,武器装备,汉代的算赋自此开始。

算赋在汉代变化不大,初行时规定一算120钱。文帝时曾作调整,"民赋四十"①,这就是说算赋削减了三分之二,改为一算40钱,时间并不长。汉代算赋减免一般都是就一时一事的具体情况所施行的措施,如建元元年（公元前140年）武帝即位,免80岁以上老人二算；汉宣帝地节三年（公元前67年）免去还乡流民的算赋,使其各安生业；甘露二年（公元前52年）大赦天下,"减民算三十",即以九十钱为一算。汉代算赋减免甚少,漫长四百年,事例寥寥,可见算赋在汉代赋税收入中所占的重要地位。

汉代算赋课征,服从国家的政策调整,在汉初政治经济政策的推行和落实过程中确实发挥了较大的作用。主要表现在二个方面：

（一）重农抑商,打击豪强

《汉律》规定"人出一算,算百二十钱,唯贾人与奴婢倍算"②,意即对商人与畜奴豪强加倍征纳二算即240钱。至惠帝时,亦用"贾人倍算",打击商贾。另外,汉代豪强权贵之家大量畜奴,少则几十人,多则数百人,上千人。汉代限制畜奴,对畜奴者课以重税,不但可以打击蓄奴者,同时也充裕了国家财税收入。总之,汉代的算赋在打击富商豪强方面确实发挥了作用。

（二）倡导早婚,鼓励生育

惠帝六年（公元前189年）规定"女子年十五以上,至三十不嫁,五

---

① 《汉书·贾捐之传》。
② 《汉书·惠帝记》应劭注引。

算"①。汉初人口稀少，"大城名都，民人散亡，户口可得而数，裁什二三"②。劳力极度匮乏，直接影响了国家兵力扩展、徭役征调和农业劳动力的充实。为此，政府倡导早婚，鼓励生育是一项极为紧迫的国策。故对女子15岁到30岁不嫁人，分成五等，每上升一等，加征一算，到30岁加征五算，即缴纳600钱，以此措施促使男女及早婚配，生儿育女，从而增加人口。可见，这是一种累进制的人头税，对汉初人口的增长确实起到一定的促进作用。

二、口赋

口赋即口钱，是课于儿童的人头税。《后汉书》载："民年七岁至十四岁，出口钱。人二十，以供天子。"③ 意即凡是7岁到14岁的儿童，每人每年向国家缴纳20钱的人头税，口赋收入为皇室"私奉养"。"至武帝时，又口加3钱，以补车骑马。"④ 这就是说，汉武帝时，每人口赋加征3钱，以补军费开支不足。

口赋，虽然每人每年只纳二三钱，但对国家赋税收入来说却相当重要，据推算，当时全国的口赋收入约占岁入总额的7.5%，自然是一项不可忽视的大宗收入，故政府对口赋抓得很紧，减免也不多，往往减了口赋，不免算赋。

汉代课征口赋既不合理，也不得人心。按汉代法律规定，劳动者自20岁起役，15岁以上却要纳算赋，7岁到14岁的孩子应该是既无役征亦不税征的，而官府仍然课征口赋，可见汉代统治者贪婪到何种程度！

汉代算赋与口赋的征收，规定在每年八月举行。这是因为八月要"案户比民"，即由地方官吏检索户口，统计民数，核实年龄，修正户籍制度，作为课征依据。算赋口赋课征货币，不得以实物代纳。

秦汉以前，对于人身只有役，没有税。秦汉始，即有役，又有税，农民负担显然加重了。

三、户赋

户赋，原界定为汉代封邑之地按户征收的赋税，属人头税性质，但曾有较大争议。

---

① 《汉书·惠帝纪》。
② 《汉书·高惠高后文功臣表》。
③ 《后汉书·光武纪》李贤注引《汉仪注》。
④ 同上注。

目前学术界的观点比较一致，即认为宋人徐天麟在《西汉会要》立有"户赋"的条目，把"岁率户二百"错误地理解为"户赋"的税率，即每户每年缴纳户赋200钱。此前，一直被确认的每户每年纳200钱作为封君列候"私奉养"的"户赋"被否定了。但是史料中多有"户赋"的提及。要解决这一课题，需要一定的时间和翔实的史料，目前暂拟先放一下。

四、献费

献费是地方官吏为诸侯朝觐需要而课征的一种人头税。

初时，献费征收没有制度约束，贪官污吏乘机敛财，贻害乡里，鱼肉百姓。为统一规制，汉高祖才下令加以限制，各地当以人口数计算，每人每年征收63钱，作为献费，朝觐中所需要的一切费用，均由此开支。这是一笔可观的收入，按当时全国人口5000万计，就达31亿钱，实为劳动者的一项沉重负担。

第四节 汉代的徭役制度

一、役制规定

徭役一般分为兵役与力役，但汉承秦制，兵力合一，统称兵役。封建社会初期，兵役就是广义的力役，实为奴隶制在役制上的残余。汉代徭役仍分为更卒、正卒和戍卒。关于起役年龄，秦代劳动者傅籍的法定年龄标准为17岁，汉初循而未改。景帝二年（公元前155年）"令天下男子年二十始傅"，即以20岁为成丁始役年龄，把起役年龄推迟了三年。昭帝时又把起役年龄推迟了三年，改为"二十三始傅，五十六而免"[①]，自此成为定制，历经西汉中后期与东汉而无变化。

（一）更卒

汉代，凡年满20岁至56岁的成年男子，每年都要在郡县服一个月的徭役，期满止役更换，故称更卒。更卒又有卒更、践更、过更之分，所谓"卒

---

① 《盐铁论·未通篇》。

更"，即"一月一更，是谓卒更也"①；所谓"践更"，是指正在服行更卒徭役；所谓"过更"，就是说已经服过了更卒徭役。

更卒主要从事各种苦役。如修筑宫殿陵墓，建造边境要塞，整治江河，转运粮食等。

（二）正卒

正卒即正式的兵役，就是到京师各官府服役的人。

按汉代法律规定，凡年满23岁的男子，必须服兵役二年，第一年在郡县，根据各地特点，充当步兵、骑兵或水军，接受基本军事训练；第二年到京师充当"卫士"，役满就调换，特殊情况，可继续服役一年。所有服过"正卒"的劳动者，一直保持军士的身份，如有军事需要，随时可能被征调，直至56岁，才能免去军役义务。

（三）戍卒

汉代法律规定，成年男子一生中要到边疆去屯戍一年，即为戍卒。

屯戍一年仅是汉代的法律规定，但实际执行，要依据边事的情况而定。史料说明，汉代戍期有延长半年的，也有延长一年的。

倘若边境无战事，官府只须送少数人前往戍边即可，而绝大多数劳动者则必须缴纳代役金。当然，如果农民无法筹措到这笔钱，则按法律规定，还是应去边境服役一年。

汉代戍卒徭役所从事的具体内容基本沿袭秦代，主要任务是驻守边疆，其基本职责就是烽燧、亭候、邮驿、屯田等等。

二、免役制度

汉代的免役制度基本有四种类型：

（一）高官勋爵的优免

汉代的爵位等级："爵，一级曰公士；二、上造；三、簪袅；四、不更；五、大夫；六、官大夫；七、公大夫；八、公乘；九、五大夫；十、左庶长；十一、右庶长；十二、左更；十三、中更；十四、右更；十五、少上造；十六、大上造；十七、驷车庶长；十八、大庶长；十九、关内候；二十、彻候。"② 汉代律制规定爵位至"不更"以上者，可以免除"更卒徭役"。

---

① 《汉书·昭帝纪》如淳注。
② 《汉书·百官公卿表》。

(二)"买复"优免

"买复"优免,就是所谓的"入粟拜爵",即通过买爵至五大夫以上,就有一人可获免役权。《汉书·食货志》载:"令民入粟边六百石,爵上造;稍增至四千,为五大夫;万二千石,为大庶长;各以多少,级数为差。"

武帝时曾置武功爵十一级,其买卖规则:"级十七万,凡直三十余万金。诸请买武功爵官首者试补吏,先除千夫如五大夫。"① 这里比较文帝和武帝时爵位买卖的价格情况②(参见表5-1):

表 5-1

级 别	文 帝 时 期		武 帝 时 期	
	爵 名	售价(谷物石)	爵 名	售价(黄金斤)
第一级	公士		造士	170000
第二级	上造	600	闲舆卫	190000
第三级	簪袅	1100	良士	210000
第四级	不更	1600	元戎士	230000
第五级	大夫	2100	官首	250000
第六级	官大夫	2600	秉铎	270000
第七级	公大夫	3100	千夫	290000
第八级	公乘	3600	乐卿	310000
第九级	五大夫	4000	执戎	330000
第十级	左庶长	4500	政戾庶长	350000
第十一级	右庶长	5000	军卫	370000

武帝时中等田地亩产不过四石,以每个农民"治田百亩"计算,即便风调雨顺,一年收获充其量四百石,尚若除去赋税地租和农家开支,就谈不到免役问题了。显然,有能力"买复"的,大多数是地主豪强。

(三)特殊性优免

"陛下即位,亲自勉以厚天下,礼高年。九十者,一子不事;八十者,二子不算"③,严师古注"一子不事,蠲其赋役"。这属于高龄优免。

武帝劝学兴礼,"为置博士弟子五十人,复其身"。"招下县子弟,以为学

---

① 《汉书·食货志》。
② 钱剑夫:《秦汉赋役制度考略》,湖北人民出版社1984年,第258页。
③ 《汉书·贾山传》。

官子弟，为除徭役。"① "自掾子孙，皆令诣学受业，复其徭役。"② 这属于奖学劝学优免。

（四）临时性优免

高祖七年"令民产子，复勿事二岁"③。地节三年诏"流民还归者，假公田，贷种食，且勿算事"④。"元帝好儒，能通一经者皆复。"⑤ 此外，出宫归家者、"耆宿"、"贞妇"、"贤母"、"死义"等等，均可"皆复其子孙"。这些只能属于临时性优免了。

三、更赋

更赋是对应服役而又未服役的人所课征的代役金。

汉代劳动者如期应役，称践更，应役完毕，继续留下代替别人服役，被代役者应该付给其代役金，或称雇更钱，月2000钱。这笔钱由地方官吏代收代付，至于谁去践役，则由官府安排。因此，这笔钱是以一定的收入抵充一定的支出，不构成国家赋税收入，应该是费，而不是税。

关键的问题在于人到了起役年龄，只说明应该服役，并不等于马上服役。应役情况要视整个国家的政治军事经济形势而定，如果风调雨顺，国泰民安，何须滥发徭役，役者也要生存，国家岂能养役？显然，当国家无需大批征发徭役时，尽可以对负有服役义务的农民课征代役钱，以税代役，扩大国家赋税收入，所以更赋是税，而不是费。

事实上，从西汉末到东汉末，历届政府都把更赋当作国家赋税收入的一项重要来源。如西汉成帝议及财政困难时，反复提及更赋收入的重要性；又如东汉仲长统倡议税制改革，坚持"更赋如旧"。可见更赋在两汉赋税收入中所占的地位。

更赋的征收标准是：更卒徭役，出钱二千则可免役；戍卒徭役，出钱三百则可免役。更赋的纳税人，一是不愿服役而愿纳钱代役的；二是疾病残疾者不能服役的，也要纳钱代役。

---

① 《汉书·文翁传》。
② 《后汉书·任延传》。
③ 《汉书·高帝纪》。
④ 《汉书·宣帝纪》。
⑤ 《汉书·贾谊传》。

第五节　汉代的财产税制度

一、算缗钱与算车船

算缗钱与算车船始于西汉武帝时期，属临时性课征。

算车船是对车船所有者课征的财产税。武帝元光六年（公元前 129 年）"初算商车"①，李奇注："始税商贾车、船，令出算。"可见最初仅仅只是对商人的车船征税。

算缗钱是对商人和高利贷者课征的财产税。"缗"就是串钱用的丝线或绳子，"缗钱"就是成串或成贯的钱，一贯或一串为 1000 钱。

武帝元狩四年（公元前 119 年），由于连年自然灾害和大规模移民，国家急需用度，但府库空虚，财用拮据，加之币制多变，商人乘机囤积居奇，私货逐利，大发横财，重农抑商图有虚名，农民只能弃农经商，动摇了封建政权基础。为此，政府发布了算缗令，其具体内容概括如下：

（1）商人和高利贷者就其全部货物财产，折价计钱，自行呈报官府，每 2000 钱出一算，一算 120 钱，税率为 6%。（2）手工业者及金属冶炼者的货物，折价计钱，每 4000 钱出一算，税率为 3%。（3）一般人拥有的车辆，每辆出一算（即 120 钱），商人拥有的车辆加倍出二算（即 240 钱）。（4）船长五丈以上，每船出一算（即 120 钱）。

从上述的条文可以看出，"算缗令"决不是对原有税制的简单修正，而是一次税制的重大改革。首先，课征范围扩大。原来仅对商人手持缗钱课税，即对货币资本（商业资本）课税，武帝扩大到对商人持有的全部资本课税。除资本以外，又把课税范围扩大到所有车船等运输工具。其次，税率提高。劳动者的算缗钱税率为 3%；而商人和高利贷者的算缗钱税率为 6%。再者，加强征管，发动旁人检举告发。

"算缗令"旨在打击囤积居奇、哄抬物价、扰乱社会正常秩序的富商巨贾，严格贯彻重农抑商政策，然而商人、高利贷者拒不合作，纷纷隐匿财物，迟迟不愿呈报，想方设法逃避税收。为此，汉武帝于元狩六年（公元前 117

---

① 《汉书·武帝纪》。

年）颁布告缗令，并任命扬可主持告缗工作，专司检举告发之事。武帝又于元鼎三年（公元前 114 年）再次颁令强调"令民告缗者以其半与之"①，动员更多的人参与检举揭发，终于形成"扬可告缗遍天下，中家以上大氐皆遇告。杜周治之，狱少反者"②的局面。

告缗确实沉重地打击了富商巨贾，为西汉王朝带来了巨额的国家收入，缓解王朝的政治经济局势。但告缗也给社会经济的发展造成了严重的后果，商人破产，商业萎缩，国内经济交流受阻，物资短缺，物价飞涨。而百姓只图眼前安逸，与其置产业朝不保夕，还不如吃光用尽为好，这对于社会生产力的发展，无疑是一种巨大的破坏力。

二、税民赀（或赀税）

税民赀或称赀税，是对人民财产总额所课征的一般财产税。

西汉政府规定，家赀有 10 万钱，每万钱纳税 127 钱，方能做官。景帝时改为，家赀有 4 万钱，纳税后方可为官，目的是为了让廉士也能做官。显然，这个赀税是富人财产等级的标志，也是富人政治权力的象征，税票就是官票，商人不得为官，穷人受财产限制，更没有做官的机会。

汉代赀税的计征，其税额经常在变动，总的趋势就是税率在不断地提高。

三、牲畜税

牲畜税是汉代对饲养六畜所课征的税。

牲畜税源于武帝时，因对外用兵，师旅之费，不可胜计，国库空虚，用度不足，乃"租及六畜"③。六畜是泛指马、牛、羊、猪、狗、鸡。但从文献上看，主要是指马、牛、羊。汉成帝时有"算马牛羊"，据史载"算千输二十"，即按牲畜价值课税，税率为 2%。

第六节 汉代的工商税制度

汉代的工商税包括了财产税，上述将财产税单独成节，其余各税就全部归

---

① 《汉书·武帝纪》。
② 《汉书·食货志》。
③ 《汉书·西域传》。

入此节。

一、所得税（一般收益税）

新莽始建国元年（公元4年），王莽新政时曾创设一个纯收益税，类似于现代的个人所得税和经营所得税。

《汉书·食货志》详细地记载了这一新税种，从税制要素来分析，王莽政权推行的所得税已具备以下内容：第一，以从事各种经营活动取得纯收入的人为纳税人；第二，以纯盈利额为征税对象；第三，税额是按纯所得的十分之一计征，即税率为10%；第四，征管方法是自行申报，官府核实；第五，罚则完整，对隐瞒不报或申报不实的违章情况，不仅没收全部收入，并拘捕服役或罚服劳役。

王莽创设的所得税，课征范围之广，几乎无所不包；征税之烦杂，更是不嫌其苛细；罚则之苛重，一夜即可倾家荡产。法律的繁缛，为贪官污吏法外横取、敲诈勒索大开方便之门，老百姓举手投足，就得纳税，随便干点什么，不缴税就犯法，致使劳动者"力作所得，不足以贡税。"逼得百姓走投无路而群起反抗，王莽政权还能走多远呢？

二、贳贷税

贳贷税是对出借粮食或货币收取的利息所课征的税，属资本利息税或利息所得税范畴。

汉代推行抑商政策，重税商人，但商人势力一直较强，正如晁错所言"今法律贱商人，商人已富贵矣"，商人几经打击，但很快就会发展起来，高利贷业繁荣就是其一大特征。

高利贷业及高利贷者是汉代社会的一大强势利益集团，他们多为富商巨贾、豪强地主、贪官污吏，他们采矿煮盐、占田置地，积聚了大量钱财，拥有巨额资本，从事高利贷盘剥。

汉代高利贷活动不仅苛薄与损害农民利益，也危及国家的经济利益和政治稳定。为限制高利贷活动的发展，汉代政府规定，凡100万钱本金，只允许收取利息20万，利息率限制在20%以内，"取息过律"要受到法律的惩处。但是，汉代官府的放债利率，月息三分，即3%，年息36%。官府放债利率如此，私人放债利率恐怕不会低于此限。

《汉书·食货志》载，高利贷有百分之百的利息，这是说借一还二。《史记·货殖列传》记载，吴楚七国起兵，长安列侯封君均出十倍（即 1000%）的利息取得贷款。

官府按高利贷获取的利息课征贳贷税，因为当时"算缗令"和"告缗令"正在执行中，按规定商以取利者，"率缗钱二千而一算"，一算 120 钱，税率为 6%。

三、关税

汉代关税包括内地关税和国境关税。内地关税是指课于通过内地关卡货物的税收；国境关税是指课于通过边境与匈奴等少数民族交易货物的税收。

汉初，为恢复经济，厉行"开关梁，弛山泽之禁，是以富商大贾周流天下，交易之物莫不通，得其所欲"① 的政策。积极发展生产，加强商货交流，活跃城乡经济。

汉代设关较多，而且都集中在北部和西北部，主要是防范匈奴入侵。所以设关只是为了稽察来往商旅和行人，维护国家的安全，并无课征关税之责。

汉武帝太初四年（公元前 101 年）始征关税，史载"徙弘农都尉治武关，税出入者，以给关吏卒食"②。说明武帝时征收关税，主要解决守关官兵的衣食费用问题，不作为国家税收。

汉代关税始终存在，但目前尚无详细系统的史料。东汉末年汉献帝逊位，曹丕即位后，为振兴国家经济，于延康元年（公元 220 年）即下庚戌令"轻关津之税，皆复什一"。从中可看出东汉末年的关税税率是较高的，故而予以减轻，恢复"什一"之税。

总的来说，两汉的关税还是较轻的，只是到了东汉末年，由于政治经济形势的恶化，封建武装割据，国家财政入不敷出，关税才日趋苛重。

四、市租

市租是对市场商品交易额所课征的税收。"市租，谓所卖之物出税。"③

汉代的市场，按其属性大致可分为市肆、集市、军市、关市、"胡市"和"羌市"。

---

① 《汉书·货殖列传》。
② 《汉书·武帝纪》。
③ 《史记·齐悼惠王世家》。

据《汉书·地理志》记载，西汉时有郡国、县邑、道、侯国达1700多个，东汉略少，也有1200余个，所有这些大中小城有都设有市肆和集市。京都长安就是当时全国最繁华的商业都市。国家在大都市设有市吏，在中小城市设有啬夫，由其负责整饬市场，维持秩序，登记市籍，征收市租。

汉代市租课征分两种情况：第一，对市肆中有市籍的商贾，官府采取定期或不定期征税方法，把一定时期内的应纳税收，集中登记，汇总征课，一并缴纳。第二，对无市籍的商贩、农民、手工业者在集市上的交易，官府就其商品交易额即时课税。

市租的税率如何，史无记载，据专家考证，可能是2%，但市租收入恐怕不会少，史载屡有"市租千金"、"日得千金"之说，虽有夸大不实之处，却也佐证了汉代的市场繁荣和交易兴旺。

市租收入的归属，《汉书·食货志》曰："皆为私奉养"，其具体收入的性质要看市肆和集市设在何处，如设在封君之地，则为封君私收入；如设在郡县，则属皇室收入。

五、山泽园池税

（一）山泽税

山泽所出，丰富多样，诸如竹木、土特产、珍禽异兽、矿产、食盐等，故山泽税还包含了特产税、矿产税和盐税。

汉初，山泽税在诸侯封君的赋税收入中占有特殊的地位。汉代冶铁致富，煮盐起家，大有人在。故汉代政府特别重视盐铁之利，大凡全国出铁之处都设有铁官，出盐之处设有盐官，在盐铁实行专卖之前，或停止专卖期间，就由盐官铁官就地课税，其收入归属皇室收入或封君私收入。

（二）海租

海租，即渔税，又称海税。江河湖海出产颇丰，鱼类、贝类、野禽、菱、莲、藕、芦苇等各种水栖动植物应有尽有。

两汉在江河湖海，"有水池及鱼利多者，置水官，主平水收渔税"[1]。故汉代多有水官、陂官、湖官、云梦官等等。这些专职官吏除了行政管理以外，就是征收渔税。

汉宣帝时，耿寿昌曾建议把海租提高三倍，遭到渔民的激烈反抗。汉平帝

---

[1]《后汉书·百官志》。

元始元年（公元1年）"置少府海丞、果丞各一人"。海丞主课海租，果丞主课果品税，都是少府属官，其收入划归皇室财政。

（三）假税

假税，在当今的赋税史专家学者中是一个极有争议的税种。郑学檬先生认为[①]：假税是汉代政府开放山林陂池等自然资源让百姓从事渔采而征收的特定税种。其性质类似现代的资源税，这里主要指的是皇室林园、农田和牧场等等，假税收入应属皇室收入。

园囿陂池收入是皇室的一大财源。园囿陂池是指专供皇帝游幸、玩乐、狩猎的场所。这里占地面积较广，有自然风光，也有人造景观，种植了既有较高的观赏价值，也带来较大的经济收入的作物，其收获物除供皇帝消费、祭祀和赏赐外，其余都直接形成皇室财政收入。

此外，皇室还占有较多的农田和牧场，汉代经常把这些土地与牧场，租借给农民耕种，并收取地租，这种地租就叫假税，也是皇室收入的一项重要来源。

总之，两汉的山泽园池收入数量不少，有时是非常可观的，据汉代桓谭记述，归少府收取的山泽园池税约占国家岁入的三分之一。

第七节 汉代的专卖制度

一、盐铁专卖

汉承秦制，初年对盐铁仍行征税制，故盐铁之税属于山泽税范畴，构成皇室收入和诸侯封君的私奉养。汉武帝对盐铁实行专卖制度后，其收入归属国家财政。两汉对盐铁实行专卖，是我国封建赋税史上的一件大事，对后世历代王朝的财税政策都产生了较大的影响。

（一）盐铁专卖的原因

1．筹措国防军费

自秦、汉初以来，直至汉武帝即位的几十年间，匈奴势力空前强大，北方边境一直未得平静。汉初慑于匈奴强盛，只能采取和亲政策，以求得暂时安

---

① 郑学檬：《中国赋役制度史》，上海人民出版社2000年版。

宁，换取与民休养生息，振兴国力的时机。但匈奴并未收敛，自恃骄横，连年入侵汉地，掠夺人口、牲畜和财产，"小入则小利，大入则大利"，如此恶性循环，严重地威胁着西汉国家的安全，影响了王朝的政治稳定和经济发展。

汉景帝时，国力日渐强盛，双方的力量对比发生了质的变化。汉武帝天光二年（公元前133年），西汉王朝终于发动了对匈奴的大规模的反侵略战争，由于多年用兵，国力损耗巨大，一年费用动辄就是数十亿钱至百亿钱[1]，边境用度吃紧，国家财政又极端困难。"故兴盐铁，设酒榷，置均输，蓄货长财，以佐助边费。"[2] 这是汉代专卖的源头。

2. 打击商人兼并

汉初，为恢复农业生产，发展社会经济，巩固地主阶级政权，实行与民"休养生息"的政策。经济上无为而治，财政上轻徭薄赋，在"弛山泽之禁"[3]，"纵民得冶铁煮盐"[4] 的放任纵容下，加之盐业生产带有一定的垄断性，获利丰厚。这就使大盐商、大铁商很快地主宰了盐铁的生产与流通，从中积累起上亿的家财，成了"富至巨万"的地方恶霸，"上争王者之利，下锢乔民之业"[5]。财富高度集中，扰乱汉初的社会经济，也严重地威胁着皇权。

因此，兴盐铁之利，实行国家专卖，"将以建本抑末，离朋党、禁淫佚、绝兼并之路也"[6]。可见盐铁专卖意在打击富商兼并，防止富商大族聚众作乱，削弱地方豪强割据势力的重要举措。

（二）盐铁专卖的可行性

首先，盐是人们生存的必需品，是基本的生活资料，而盐业生产的垄断性决定了，盐业由私人经营则暴利尽入私囊；由国家经营，等于增加一笔人头税。食盐资源为国家所有，盐利归公，不仅是当时国情所需，更是社会发展大势所趋。

其次是铁，一个政治上统一稳定的大帝国更有利于铁制品的发展与推广，铁制工具是当时生产领域中使用的主要生产工具，特别是农业劳动者都离不开它，其消费量和土地耕种面积成正比例，因此，说铁专卖带有准人头税性质，

---

[1] 《汉书·食货志》。
[2] 《盐铁论·本议》。
[3] 《史记·货殖列传》
[4] 《盐铁论·错币》。
[5] 《史记·货殖列传》。
[6] 《盐铁论·复古》。

无疑是正确的。

（三）盐铁专卖的策略

西汉王朝要夺回盐铁之利，政治上要面对大盐商、大铁商的激烈挑战和反抗，业务上又缺乏具有实际专卖经验的经办人员，其阻力之大可想而知。因此，为化解阻力，畅通专卖，汉武帝采用了从中央到地方，凡盐铁专卖的主办官员一律从盐铁富商中择人充任的策略，以高官厚禄换取盐铁商人的合作与支持。政治上的妥协，显然为了照顾地方实权派的利益，以至任命了富至千金的大盐商东郭咸阳和大铁商孔仅，连同专卖创议者即武帝近臣桑弘羊一起组织实施盐铁专卖[①]。

（四）盐铁专卖的经营

汉武帝元狩四年（公元119年）在全国28郡国36县，出盐之地共置盐官36处，普设盐务经营管理机构，元狩六年颁布盐法，实行专卖。

汉代的食盐专卖，是由官府招募盐民自费制盐，制盐所用的锅盆设备，由官府供给，盐煮成后，国家按官定的价格，将其全部收购，然后由官府以统一价格运销各地。故而，汉代食盐专卖属于"民制、官收、官运、官卖"制，当然也有"民制、官收、商运、官卖"制。

铁专卖，元狩四年（公元119年）即在全国出铁之地，共没铁官44处；以管理铁的生产、运销、收入与分配。元狩六年颁布铁专卖法，与盐同时实行专卖。铁的专卖比较复杂，它包括三个环节：矿山开采，铁矿冶炼和铁器铸造。

矿山开采即开矿，是非常繁重艰苦的劳动，官府对其人员调备一般是吏卒徒，"吏"是管理人员；"卒"是服徭役劳动者（按戍卒待遇，月给钱二千）；"徒"是被判处徒刑的罪犯。铁矿冶炼和铁器铸造，则由雇佣的工匠和卒徒一起参与，技术问题由工匠主持和掌握，其报酬是按工艺等级发放。铁器产品有铁官全部收购，并由官府统一销售。故而，汉代的铁专卖从生产到销售，都由官府负责。

汉代对违反专卖法令者规定了严格的惩处措施，"敢私铸铁器鬻盐者，钛左趾，没入其器物"。意即对触犯法律者，不仅没收器物财产，还要判处刑徒。

汉代的盐铁专卖政策，尽管存在不少问题，但是从总体上看仍然是成功

---

① 《史记·平准书》。

的,它不仅解决了当时财政的极度困难,保证了军政费用的需求,充实了国库,而且抑制了富商豪强的兼并,对汉代社会经济的发展,对加强统一的多民族国家的凝聚力,是有较大贡献的。

二、酒专卖与酒税

汉代禁酒更为严厉,《汉律》条文规定:"三人以上,无故群饮酒,罚金四两。"① 景帝中元三年"大旱",于是"禁酤酒",时间长达四年。

酒专卖始于汉武帝天汉三年(公元前98年)"初榷酒酤"。原因也是为了解决国家财政困难。但酒专卖不比盐铁专卖,盐铁专卖即有前例,又是人人负担,而酒在当时并非生活必需品,贫困农民无法享用,它只是有钱人的奢侈品。实行专卖,等于是向有钱人课征一笔消费税,故遭到官僚地主阶级的暗中抵制和激烈反抗。因此,酒专卖仅行使了17年,就不得不改专卖为征税,每升酒税四钱。

但从财政角度评价,桑弘羊建议实行酒专卖无疑是一个创举,他为后世理财家新辟了一项十分重要的财源,为专卖政策及其结构的发展作了一次有益的尝试,在中国财政经济史上应占重要地位。

酒专卖,当时称为"榷酤"、"榷酒酤"等。榷,即独木桥,表示官府独家专卖的意思,酤就是卖酒,实行酒专卖政策,即为禁止民间自由地酿酒卖酒,由政府统一控制酒的生产与流通。酒专卖除了增加国家财政收入,剥夺大酒商的经济利益外,还可直接由官府依据粮食生产的丰歉来调节酒的生产与消费,这也是实行榷酒政策的一大功能。

第八节 汉代的均输与平准制度

均输与平准政策就其实质来说应列入财政政策范畴,但较多的专家学者却把其放在中国工商税或赋役制度栏目中。著者考虑到这一制度是以贡赋为基础,并以官府经营为主,而且古代对官营和专卖尚无准确界定,故本节简略阐述,意在对汉代的赋税制度可作多面的观察。

---

① 《史记·孝文本纪》。

一、均输

桑弘羊在元鼎二年（公元前 115 年）就任大农中丞时，就以贡赋为基础，官商贸易运作，调剂各地物资余缺，借此打击富商大贾，新辟财源。

元封元年（公元前 110 年）桑弘羊被任命为治粟都尉领大农事后，便在全国推广均输法。汉代规定，各郡国诸侯进献给王朝的土特产品，直接发运京师。但源源不断的大批量的贡品使王朝根本无法接纳。而且各种贡品长途运输，费时费力，消耗颇大，尤其是一般贡品，价值不抵运费。为此，王朝决定在各郡国设立均输官，就地收取贡物，转卖于价格昂贵之地，收入归国家。京师所需之物，则就近收购。如此，省时省费，官得其利，民得其便。这对当时国家财税不失为一项有效举措。这就是所谓的"均输"。

二、平准

元封元年（公元前 110 年）始行平准法，这是与均输法相互配套，借以调节物资供求，平抑市场物价的重要措施。汉代官府于京师长安设立"平准"机构，由平准官职掌，专门接受各地均输货物，视长安市场物价涨落情况，贱时买入，贵时卖出，调剂有无，平抑物价，满足市场需求。这样，既打击富商囤积居奇，敲诈勒索，又增加国家财政收入，官民两利，这就是"平准"。

汉代实行均输和平准，成效显著，既减轻了各郡国的负担，又充裕了国库收入。据载：均输和平准开办的一年之中，王朝"诸均输帛五百万匹，民不益赋而天下用饶"[①]。

三、"五均六筦"法

王莽始建国二年（公元 10 年）始行"五均赊贷"和"六筦法"。

所谓"五均赊贷"，即在京师长安及洛阳、邯郸、临淄、宛、成都等五大都市设立五均官，主持五事，即制定市价、收纳滞物、调剂物价、掌握赊贷和征收税款。其征税管理方法规定，凡在山林川泽有所获取或在市肆贩卖营利者，必须向所在地官府申报产销经营状况，扣除投入本钱，按纯利润征收十分之一的收益税。

所谓"六筦法"就是由国家垄断经营盐、铁、酒、山泽、铸钱和办理五

---

① 《汉书·食货志》。

均赊贷等六种经济事业。王莽欲通过"五均六筦"达到"齐众庶，抑兼并"，打击富商巨贾，阻止高利贷盘剥，增加国家收入的目的。但因西汉末年政治腐败，官商勾结，剥夺经营者，鱼肉人民。结果，事与愿违，阶级矛盾日趋激化，从而加速了新莽王朝的崩溃。

第九节 汉代的税收管理制度

一、财税管理体制

（一）汉代的赋税体系

汉代国家在总结前代税制的基础上，努力发掘税基，开辟税源，促使赋税形态的多元化和税种的多样化，赋税体系的延伸和发展，反映了封建赋税体系的基本框架已经形成（参见表5-2）。

表5-2　　　　　　　　　汉代的赋税体系构成表

土地收益税类	人头税类	财产税类	工商税类	所得税类
田租	算赋	算缗钱	关税	所得税
刍藁	口赋	算车船	市租	贳贷税
田赋附加	更赋	税民资	山泽园池税	工商营利所得税
海租	户赋	牲畜税	盐铁酒专卖	
	献费			

从表5-2可以看出，秦汉以前单一的土地收益税体系已经不能适应国家机器运转的需要，因此，形成多形态多税种的复合赋税体系，是税制发展的要求，也是历史发展的必然。

（二）中央集权制财政的确立

汉承秦制，汉代继承、巩固而且发展了秦代的中央集权制财税体制。

汉代归属国家财政的赋税收入有田租、算赋、更赋、算缗钱、算车船、牲畜税、税民资、贳贷税、盐铁专卖、酒专卖及税、均输平准等。几乎囊括了土地收益税、人头税、财产税以及专卖收入。归属皇室财政的赋税收入有口赋、山泽园地税、盐铁酒税（专卖时归属国家收入）、关市税、渔税、贡献酎金、献费、海租等。

汉代国家财税与皇室财税分立，两者分辟财源、分清用途，分设官职，分别管理，自成体系，各司其职。这是有利于促进财税体制与财税管理的完善化、规范化和制度化。

财权的统一是政权统一的基础，故汉武帝坚持把盐铁之利收归国家；汉光武帝则把大量皇室土地拨归国家，进而又撤消了主管皇室财税的少府职权，将皇室收入移归大司农统一管理，促使国家财税趋向高度集中。

（三）财税管理机构

汉代，国家财税与皇室财税彻底分立、遂成两大收支管理机构。汉初，由治粟内史主管国家财税，武帝时改为大司农。国家财政的收入与支出，国家库藏的调度和拨付均由大司农负责，一切财税事项，均由大司农汇总，年终造册上报皇帝。

大司农的下属官员有太仓令主粮谷，部丞主钱财，均输令主均输，平准令主平准，籍田令主籍田，斡官、铁市两长丞主盐铁酒专卖事宜。大司农在各郡国还设有仓监、农监和都水，分别执掌仓储、农事和水利事业。

地方管理机构，各郡由太守总揽大权，仓曹橼分管财税。各县由县令（长）总负责，典知仓狱分管财税。县下设乡，乡有三老，即有秩、啬夫和游徼，其中啬夫主管赋税、派遣徭役。乡下设乡佐，负责具体的征收事宜。

皇室财税由少府主管，一切皇室财税的收入与支出由少府负责，年终上报皇帝。

二、财税管理制度

（一）上计制度

汉代的上计制度日趋规范，并受到王朝政府的重视。西汉初，萧何为相国，以张苍为计相，主持郡国的上计事务。各郡在太守之下设有上计吏，主持计政。

上计吏主持各郡财政经济的统计汇总和综合分析工作。年初上计吏就根据本地区实际情况和所掌握数据，确定一年的财税收入数字，写在本券上，经中央认可后，一剖为二，右券留中央备核，左券带回执行。岁末，各县按规定将各自的土地、人口、户口、农事收成、岁入、开支、仓储、徭役等，一并核实，编造成册，上报郡国，由各郡汇总，责成上计吏晋京向皇帝呈报。皇帝一般都在比较隆重的仪式上接受上计吏的汇报，而且还要亲自询问查点，可见汉代对上计的重视程度!

上计汇报是与治郡治县的政绩考核结合进行,对上计工作有显著成绩者给予嘉奖和升迁,对上计不实胡乱造假者,免官处罚,追究责任。东汉时光武帝刘秀重整上计制度,明确规定:岁末上计吏晋京汇报,应为一条永不变更的制度。

(二)审计制度

审计制度是监察制度的组成部分,汉代中央监察机关为御史府,由御史大夫总揽监察大权,下属官员有御史中丞,侍御史和御史丞,负责监理中央和地方的政治和财赋。地方设有刺史或州牧,下属审计官员有簿曹和簿书,负责审计各郡国的财赋。

汉代还特别加强了赋税的审计工作,按簿记规定一切收入,不论谷物和钱财均要记账,并经常抽查核对,加强监督。如发现账实不符,由主管人员共同赔偿。汉代御史府对上计工作的监督与审核是其主要任务之一,每有违制,亦由御史负责纠察与处置。

三、税收法律制度

汉代的财税法律形式有律、令、科、比四种[①]。

律:即财税法律。主要有《上计律》、《钱律》、《田律》、《徭律》、《金布律》、《田租税律》、《户律》、《赐律》、《关市律》、《均输律》等。总之,汉代的财税法律法律比较完备。

令:即诏令,也是汉代重要的法律形式。令可以改变、补充以至取消现行的某些法律条款。其法律的效力源于至高无上的皇权。西汉在财税方面主要有《田令》、《金布令》、《缗钱令》、《秩禄令》、《赎刑令》、《卖爵令》等。

科:是关于规定犯罪与刑罚的一种条文,也叫科条。

比:凡律无正条者,比附以为罪,它是律的重要补充,在司法审判中起着重要作用。

汉武帝时期所实行的较为著名的财税法律,如"禁绝私铸法"、盐法、铁专卖法、酒专卖与酒税法、均输法、平准法、算缗告缗法等,从本质说都是国家对于赋税征收的各种规章制度的法制化建设。这也为后人在完善国家财税制度和财税法律方面奠定了良好的基础。

---

① 傅光明:《中国财政法制史》,经济科学出版社2002年版,第66页。

第六章

三国时期的赋税制度

第一节 概 述

一、三国时期的政治概况

三国时期是由统一走向分裂、再由分裂复归短期统一的过渡时期。曹丕灭汉自立为魏王,历经5世,计34年(公元220—254年)。东吴自孙权即位,历经4世,计58年(公元222—280年)。蜀汉由刘备称王,仅历2世,计42年(公元221—263年)。最后归于西晋的统一,即司马氏王朝。

汉末,土地私有制迅速发展,世族豪强占有了大片土地和大量劳力,并在组织起私人军事武装的基础上,萌生出众多的地主坞堡组织,这种结垒自固的坞堡武装日益发展,由此构成了封建割据的社会基础。在镇压黄巾起义的过程中,各地军阀充分利用坞堡组织,乘机扩张自己势力,图谋称王称霸。

北方军阀曹操劫持了汉献帝,挟天子以令诸侯,政治地位突现,并在官渡之战中一举歼灭袁氏兄弟,统一了北方。孙氏父子在东南大地主势力的支持下,攻取了江东各郡,以吴越之众,三江之固,奠定了孙氏政权的基础。刘备得益于诸葛亮的辅助,占据荆益两州,逐渐控制了巴、蜀和汉中。建安十三年(公元208年)赤壁之战,曹操大败而北还,始成三国鼎立局面。这一时期自给自足的自然经济占统治地位,战乱促使经济态势趋向封闭和割据,而南方经济的发展又给军阀割据势力提供了理想的经济条件。

二、三国时期的经济概况

汉末以来，群雄割据，政局动荡，战争频发，社会经济遭到极大的破坏，洛阳、长安和中原的其他大城市，满目疮痍，惨不忍睹，"宫室烧尽，街陌荒芜"①，"百里无烟，城邑空虚，道殣相望"②。史载："以及今日，名都空而不居，百里绝而无民者，不可胜数。"③ 特别是劳动力损失和户口减耗更为惊人，至西晋平吴后，户数不及东汉末年的四分之一，口数不及三分之一。兵荒马乱，生灵涂炭，生产解体，土地荒芜，中原经济近于崩溃。

在这样一个时期只要存在战争间隙或局势和缓，三国时期的各国统治者都致力于恢复生产，发展经济，积蓄力量，富国强兵，力图完成统一大业。

（一）农业概况

三国时期政局动荡，经济崩溃，所急之务是调整生产关系，恢复农业生产。当时首先要解决流民与荒地的问题，要把土地和劳动者有效结合起来，屯田制度无疑具有非常重大的现实意义。三国时期各国普遍推行屯田制，而曹魏的屯田最为普遍，效果也最为突出。

随着屯田的推广，修渠堰，筑堤塘，引水灌田，带动了北方水利灌溉事业的发展。同时，屯田的推广也促进了农业耕作技术的进步。三国时期马钧造翻车，引低处水灌田，这是农业生产及灌溉技术上的一项重大创新。

曹魏农业生产的恢复和发展，不仅是垦殖面积的不断扩大，更主要的是农业亩产量的提高。西晋傅玄评述：魏初"白田收至十余斛，水田收数十斛"④。这说明了曹魏屯田对恢复中原地区的农业生产、促进社会经济的发展则是历史的事实。

蜀汉地处"天府之国"的西川，又得益于诸葛亮的精心治理，力图"务农殖谷，闭关息民"。故蜀汉的农业生产还是有所发展的。东吴地处江南，受战争影响较小，经济持续发展，汉末以来，北方人口大量南迁，不仅带来大批劳动力，还带来了先进的农业生产技术，直接促进了东吴农业生产的发展。

（二）手工业概况

三国时，曹魏的纺织业在中原地区较为普遍，由于马钧改进了织绫机，使

---

① 《三国志·董卓传》。
② 《乐府诗集》卷三十六。
③ 《后汉书·仲长统传》。
④ 《晋书·傅玄传》。

生产效率提高了四、五倍,产量日增。在冶铸业方面,韩暨所创卧轮式水排,"计其利益,三倍于前"①。曹魏对冶铸业,设有专职官员进行管理,生产有序,效率也有了显著提高。

蜀汉的丝织业特别是织锦业在三国时期最为发达,蜀锦名扬天下,质量上乘,畅销各地。由此,蜀锦构成了蜀汉国家经济的主要支柱,其财政意义不可低估。

东吴的手工业也有一定的发展。丝织业虽有"八蚕之锦",却不及中原和西蜀,但葛布、麻布的生产当属国内首屈一指。东吴的造船业最为发达,建安郡设有较大规模的造船工场,制作工艺十分精湛。其他如烧瓷业、煮盐业、酿酒业等都有较大的发展。

(三) 商业概况

三国时期军阀割据,战争频繁,都市屡遭破坏,经济发展受到严重影响,商业几乎处于停滞状况,货币信用丧失,人们不得不废钱币而用谷帛交易。

曹魏在农业发展的基础上,力促恢复工商业,发展都市,开辟市场。当时的五都(洛阳、邺、许昌、长安和谯)经过重新修建,又从别处迁来大量人户居住,市场有所恢复,虽然说不上繁荣,但还是热闹了许多。农村的商品交换也日渐出现,农民为换取所需要的生产资料和生活资料,也在出售自己的余粮、副食品和畜产品。这一时期曹魏与西域少数民族的交换往来也有一定发展。

由于蜀汉的农业未受战争破坏,故工商业发展较快,市场交换要比中原活跃得多。巴蜀和南中的土特产集中在成都的市场上,等候商人运往各地。交市之时,人群川流不息、熙熙攘攘,市场繁荣胜于曹魏都城。

东吴商业比较繁荣,又因水陆交通便捷,为商品流通提供了十分有利的条件。东吴商业发展的一个特色,就是新兴都市和商业城镇的增加。另外,东吴政权关注新设郡县的城郭建设发展。这些小城镇自然成为一个区域内的交易中心,迅速地填补了广大三吴地区的商业空白点。

最后,三国之间的"互市"贸易也比较发达。各地还设有"军市",贸易以供军中所需,但军市往往侵夺百姓利益。

---

① 《三国志·魏书·韩暨传》。

第二节　三国时期的田赋制度

一、租调制

租调制亦称田租户调制，是沿袭秦汉的田租口赋制度演变而来的，它创始于曹魏，成为唐代租庸调制的先导。租调制是封建土地私有制基础上对小农经济的一种课征，是魏晋南北朝时期的主要赋税制度。

田租当属田赋，户调当属工商税，实为税制的两个不同范畴。这里将其合并于田赋制度而阐述，原因是，首先租调制作为这一历史时期的主要赋税制度是一个不可分割的整体。其次，当时颁布的法令也是一个完整的体系，分而述之，缺乏整体概念，效果不佳。

东汉末年，地主豪强分裂割据，屯坞堡建土围，广占部曲私属，大量地隐匿户口，与国家争夺人力、物力和财力。而国家财政因土地荒芜，人口逃亡，户籍损坏，"田租口赋"制形同虚设。为解决财政的极度匮乏，保障军政需要，曹魏将田租口赋制改为租调制，既然无法按人丁征税，那么按户调取帛，则比较稳妥可靠。自此田租户调制产生。

曹操统一北方后，于建安九年（公元204年）九月颁布了《收田租令》。这个法令的主要含义有三：其一是，曹操强调抑制豪强兼并；其二是，确定田租户调制度，即田租每年亩纳四升，户调每年户纳绢二匹，绵二斤，租调之外不得有其他征课；其三是，告诫各州郡官员加强监督，严禁豪强逃税或迫使弱民代纳赋税。

（一）田租

"收田租亩四升"的法令特点及意义在于：

其一，将两汉的比例税率改为定额税率。在比例税率下，亩产税额是一个变量，产量高则税重，产量低则税轻，增收即增税。在战争动乱之中，这样的政策会挫伤农民的生产积极性。故而采用定额税率，每亩土地的税额是固定的，增产不增税，调动了农民的劳动意愿。

其二，将刍藁等田赋附加并入正税，实行低税征收。税率高低首先取决于当时每亩土地的收获量。据专家们考证，东汉时产量为每亩三斛，按三十税一的标准计算，即亩税一斗。曹魏时战祸连绵，产量自然不高，故亩税四升，相对东汉来说，税率要低得多。

其三，定额征收免除了贪官污吏税外盘剥。赋税定额征收，田租总量为固定税额，无需评估农田亩产，遏制了官吏弄虚造假、高估虚估的弊病，至少在一定程度上免除了劳动者税外盘剥。

（二）户调

曹魏所发布的"租调令"是有其一定历史渊源的。

"调"出自两汉时期，当时中央与地方、地方与地方之间的财政调度，称为"调"。这是以郡国库藏为基础的，反映的只是财政拨付关系。但当国家财政收不抵支，而各郡国或部门又无物可调时，大司农的调度则成了额外加征，横调萌生了。

东汉时，"调"已成为人民的经常性的负担。一旦国库空虚，大司农的调度就只能是额外加征。汉魏之际，曾出现户调，至建安九年，曹魏颁布《收田租令》，整顿赋税制度，才将算赋、口赋和各种杂税合并为户调，即"户出绢二匹，绵二斤"，与"田租亩四升"一起正式确立了租调制度。

"调"的课征方法既非按田亩，也非按丁口，而是按户定税。因为"调"的产生就是采取按户摊派的方式，故为曹魏的法令所沿袭。

户调的基础农业和家庭手工业相结合的自然经济，户调的课税对象是家庭手工业，故其有工商税性质。

户调的特点和意义在于：

其一，户调征收采取实物形态。虽说户调是从算赋口赋演变而来，但是算赋口赋征收的是货币，而户调征收的是实物。三国时期兵荒马乱、战争连绵，市场萎缩，商品经济受到严重的摧残，农业劳动者不仅无法寻找市场，就连小农经济本身也日趋破产。赋税制度的改革必须与小农经济的市场条件和生产方式相结合，实物征收应该是最佳的选择。

其二，户调征收采取定额税率。户调是按户征收，不论每户人口多少，定额出"绢二匹，绵二斤"，这显然是在调动劳动者的生产积极性，户调的税额是固定的，与人口多少、产量高低毫不相关，增人不增税，增产不增税，增加的收入属于劳动者，因此，赋税制度改革意在鼓励人们勤奋劳作，提高产量，改善生活。

总之，曹魏租调制的性质具体表现在三个方面：

第一，租调与屯田收入不同，屯田收入属收获分成制，为租税合一；而租调则为单一赋税制。

第二,租调制在本质上依然是对小农经济的课征。自然经济社会的特征是农业与家庭手工业的结合,小农经济自然是田租户调的主要承担者。

第三,田租户调为按田出租,按户出调,严厉查办地主逃税或转嫁赋税,有效地抑制了土地兼并,打击了豪强势力,对战后中原社会经济的恢复和发展起了积极的作用。

曹魏的租调制,适应了当时的社会政治和经济情况,符合均平和"强兵足食"的原则,既保证了国家的赋税收入,又兼顾了人民的负担能力。

二、复除制度

三国时期的复除制度,主要是身份性复除。建安九年(204年)九月,曹魏改革赋役制度,自然少不了蠲免。

曹魏和孙吴都实行给客制度。所谓"给客",就是将屯田户赐给有功的将士,为其私家僮仆。"复客"即免除客的租调或徭役。"复田"则为免除田租。

曹魏末年的给客制度非常普遍,因为给客无需承担户调和徭役,所以百姓"多乐为之",地主豪强也乘机大量募客,扩展势力。孙吴的给客制度实行的较早,也比较普遍。据史载,"复客二百家"[1]、"复客三百家"[2]的凡例较多,不一一而述。

另外,也时有一般性减免。诸如延康元年"其复谯租税二年"[3];青龙元年"鳏寡孤独无出今年租赋"[4];景元四年"特赦益州士民,复除租赋之半五年"[5],等等。

第三节 三国时期的徭役制度

一、正役

正役,指法令规定的成年男子每年应服固定天数的徭役,主要是为官府修

---

[1] 《三国志·吴书·陈武传》。
[2] 《三国志·吴书·潘璋传》。
[3] 《三国志·魏书·文帝纪》。
[4] 《三国志·魏书·明帝纪》。
[5] 《三国志·魏书·少帝纪》。

筑宫殿城池，营建苑囿园林，开凿沟渠塘坝，建造道观寺庙等活动。

三国时期，魏、吴、蜀均有徭役之征，但服役年龄与役期没有明确的史料记载。高敏先生认为，曹魏成丁的始役年龄有可能提前到 16 岁。另外，东吴孙亮亲政时所立的亲兵，就是从拥有兵籍的家庭中挑选的，而标准的年龄为 15 岁到 18 岁。因而，魏、吴徭役和兵役的始役年龄回复到秦和汉初的 15 岁。这反映了三国时期，战争连年不断，人口锐减，而徭役兵役却有增无减的情况①。至于服役期限，不再可能遵循旧时"每岁役不过二十日"的规定了。

这一时期，百姓的徭役负担是十分沉重的。魏明帝诏书就说："百役繁兴，作者数万，公卿以下至于学生莫不尽力"②。"上下劳役，疾病凶荒，耕稼者寡，饥馑荐臻，无以卒岁"③。"民穷于役，农业有废，百姓嚣然"④。曹魏由于徭役繁盛，故有"百役"之称⑤。

东吴徭役较之魏国有过之而无不及。孙权自己也说"军兴日久，民离农畔，父子夫妇，不听相恤"⑥，故下令"宽息"。孙权临死前还又下令"省徭役、减征赋"⑦。可见徭役苛索至极。

二、徭役性兵役

徭役性兵役，即指以兵充役，士兵服徭役，或以民充兵，服屯戍之役。

以兵充役在三国时期已习以为常。如曹魏的士兵，除应负有戍守、屯田和打仗外，还必须负担土木建筑工程等劳役；蜀国诸葛亮一般就以军队承担运送粮食的劳役；东吴的士兵可什么都要干，诸如建宫室、筑陵墓、修堤坝、治江河、运粮草、输兵械。史料中有关这样的事例所载很多。

三、运役与匠役

运役，是因政务或军务需要而专门负责输送粮食和装备等活动的徭役。匠役，则是以百工身份服役于官府。

曹操经常调丁夫给汉中前线运送军粮，东吴则调派农夫运送粮食供给武昌

---

① 高敏：《中国经济通史》（魏晋南北朝经济卷），经济日报出版社 1998 年版，第 601—603 页。
② 《三国志·魏书·高堂隆传》。
③ 同上注。
④ 《三国志·魏书·和洽传》。
⑤ 《三国志·魏书·高堂隆传》。
⑥ 《三国志·吴书·孙权传》。
⑦ 同上注。

的日常需求。《三国志》史料不乏这样的记载。百工在三国时期，另立户籍，当属"役门"，不为良民之列，完全受官府控制，成了官府奴役的主要对象。

三国时期除了一般民户承担的正役之外，还有杂徭。曹魏黄初年间的小徭即"杂徭"，读书人可免除，那么其他人自然不能"复除"。这说明杂徭是存在的。

三国时期政局不稳，战祸不息，各国役制因需而设，无法可依，故这一时期徭役的特点是无休止的兵役，沉重的力役和频繁的杂役随军事形势的发展而日趋沉重，百姓不胜负担。

第四节　三国时期的专卖与工商税制度

一、专卖制度

（一）盐专卖

食盐是人民生活中的必需品，西汉武帝时的专卖效果有目共睹，其利之大，成为政府必争之物。曹操早年就对盐铁之利甚为重视，他曾说："察观先贤之论，多以盐铁之利，足赡军国之用。"[①] 汉献帝建安初年，由于战争动乱，人口流亡，国家财政入不敷出，陷入困境。建安四年（公元199年）曹操接受了尚书郎卫觊的建议，对食盐实行专卖。

曹魏的专卖措施是由政府设置盐官，监卖食盐，属民制官卖制度。并以食盐专卖收入购置耕牛，招还流民回乡生产，对恢复和发展关中地区的农业经济，起到了积极的作用。

蜀汉对盐也行专卖，而且司盐"利入甚多，有裨国用"[②]。孙吴对盐利更为重视，并设置了司盐校尉总揽盐务。"煮海为盐，境内富饶。"[③] 盐利构成孙吴政权赋税收入的重要组成部分，是不争的事实。

（二）铁专卖

东汉末年连年战乱，破坏了冶铁生产，铁器十分匮乏，曹魏即设司金中郎

---

① 《三国志·魏书·王脩传》注引《魏略》。
② 《三国志·蜀书·王连传》。
③ 《三国志·吴书·周瑜传》。

将、司金都尉等官职，对铁实行专卖。由此，国家基本控制了铁的开采、冶炼和销售，官营冶铁机构垄断了冶铁业和铁器的流通渠道。同时，官员韩暨有效地革新了冶铁方法，短短几年时间，就改变了曹魏的铁器供给状况，国家赋税收入因此而大幅度增长。

蜀汉对铁也行专卖，建国之初，就以司盐校尉兼管铁器的生产和专卖。不久就设置了"司金中郎将，典作农战之器"[1]，专职管理铁器专卖。

孙吴矿产资源丰富，盛产铜铁。为此，孙吴设置了冶令或冶丞，专职铁器的专卖。其铁器专卖分为兵器和农器，政府下令兵器"勿上市"，"山出铜铁，自铸甲兵"[2]。一般农器也由官府制造和经营。可见，孙吴铁器专卖之严格。

（三）酒专卖

自汉昭帝罢榷酤官，废置酒专卖后，曹魏蜀汉的史料很少有酒类专卖的记载。郑学檬先生认为，曹魏还实行过酒专卖[3]，经查证确有一段史料佐证，史载"《魏名臣传》：中书监刘放言：官贩苦酒，与百姓争锥刀之末，请停之"[4]。蜀汉禁酒甚严，"蜀先主时，以天旱禁酒，酿者有刑"[5]，未见专卖之举。吴国对酒实行专卖。孙权黄武四年（公元225年）就有"遂造作榷酤障管之利"[6]。凤凰元年（公元272年）孙皓时，何定就任楼下都尉"典知酤籴事"[7]，主持酒专卖。

二、工商税制度

（一）关税

关税是对过往商旅携带的货物，通过政府所设关卡（这里主要指内陆关卡）时课征的税。关卡又分为陆关和水关，陆关指陆上交通要冲所设置的关，又称为关津；水关则指水上渡口所设置的关，又称为渚。陆关与水关都有官吏把守，向过往关卡的商旅征税。

自东汉后，战乱频繁，商货流通不畅，严重地影响了经济的发展。曹丕称

---

[1] 《三国志·蜀书·张裔传》。
[2] 《三国志·蜀书·诸葛恪传》。
[3] 郑学檬：《中国赋役制度史》，上海人民出版社2000年版，第117页。
[4] 《三国会要》卷二十七。
[5] 《册府元龟》卷五〇四。
[6] 《三国志·吴书·顾雍传》。
[7] 《三国志·吴书·孙浩传》注引《江表传》。

帝后，遂下令"除池籞之禁，轻关津之税，皆复什一"①，即减轻关津之税，过往商品一律从价计征，十分取一。孙吴也征关税，据史书记载：诸葛恪辅政时，"息校官，原逋责，除关税，事崇恩泽，众莫不悦"②，这说明诸葛恪辅政之前，孙吴是征收关税，但税率多少未见记载。

（二）市税

市税是对行商所征收的入市税和对坐贾所征收的店辅税。

三国时期均无市税记载，但曹魏肯定征收过市税，司马炎代魏曾免除天下关市之税一年，说明曹魏是征收关市税的。三国鼎立后，市场繁荣，商业活跃，商贾云集，交易频繁。特别是孙吴国都建康，为促进商业贸易而设置了四大市场，同时还有专职市场管理的官吏，由此可见，孙吴完全有征收"市税"的基本条件，然而，史籍却缺乏明确的记载。

第五节 三国时期的杂税制度

一、牛肉税

三国曹魏明帝时，"度支经用，更每不足，牛肉小赋，前后相继"③。因战争连绵，军费支出浩繁，财政入不敷出，便开牛肉税之征，而且牛肉税额是在不断地增加。但其时牛肉税如何征收，税率多少，史书记载不祥。

二、渔税

渔税是向捕鱼的渔民所课征的税。三国时曹魏和孙吴都征收渔税。

《三国志·魏书》载孙吴"黄鱼一枚收稻一斛"。税吏乘机借收渔税之名向百姓敲诈勒索，以至，激起民变。《三国志·王昶传》注："家贫卖鱼，会官税鱼，鱼贵数倍。"因征收渔税而使鱼价上涨数倍，足见渔税税率之高。渔税的征收，直至孙吴末年不变。

---

① 《三国志·魏书·文帝纪》。
② 《三国志·吴书·诸葛恪传》。
③ 《三国志·魏书·高堂隆传》。

三、算缗

算缗原为秦汉时期田租口赋制下的人头税，相对于三国时期的租调制而言，算缗实属典型杂税之一。但孙吴却在继续征收。史载，会稽太守车浚在本郡遭受旱灾、民无资粮的情况下，请求免除本郡百姓的算缗，却被孙皓无故斩首。并将其人头在诸郡悬挂示众，只能说明算缗不仅不能免，而且还得进一步苛征。

四、税再熟稻

税再熟稻为孙吴杂税之一，左思《吴都赋》载："国税再熟之稻"，即为再生之稻也要征税。可谓无所不征了。

五、蒿秸铚粟之调

蒿秸铚粟之调为租调制的附加税，类似秦汉时期的刍蒿税。《三国志·高堂隆传》有详细记载，曹魏明帝时，众役并兴，不堪劳苦，然者，财政入不敷出，故征蒿秸铚粟之调。

六、杂征

杂征，即所谓政府根据需要，向民间税取杂物。课税依据可以是财产，也可以是物产，既无定制，也无定额。人民有什么就输什么，官府需要什么就征什么。《华阳国志》载，诸葛亮平定南中后，"出其金、银、丹漆、耕牛、战马，给军国用"。蜀汉"姜维每北征，羌胡出马、牛、羊、毡、牦及义谷裨军"①。

第六节 三国时期的税收管理制度

一、财税管理机构

三国时期的赋税管理机构虽沿袭了汉代制度，但因战争动乱，割据时间较

---

① 《三国志·蜀书·姜维传》。

长,各国各自为政,这使赋税制度的建设、赋税机构的改革等方面,都具有明显的地域性和临时性。

魏晋南北朝时期的中央职官制度已由三公九卿制向三省六部制过渡。以前拥有重权的三公渐成虚设,权力归于尚书、中书、门下三省,其中尚书省已成为帝王独裁的辅助机构,全面职掌军国大事。尚书省下设六部尚书,其度支尚书是管理国家财税的最高官员,三国时期"魏文帝置度支尚书寺,专掌军国支计"①。

度支尚书的属官,曹魏"又有度支、金部、虞曹、比部、库部、农部、水部、食部、民曹等郎,皆主食货之事。蜀吴多如旧制"②。

另外还设司金都尉和司金中郎将、司盐都尉和司盐盐丞、典农中郎将和典农都尉,职掌国家的铁器、食盐、农田、屯田诸事。

这一时期财税管理机构变化较大的是财税主管官员由度支尚书取代前代的大司农,尽管大司农官职犹在,但其职权已退缩为只管屯田及收粟。而度支尚书则率领各部,管理全国的财税行政事务。孙吴称度支尚书为户曹尚书,主计算。

二、库藏制度

三国时期的库藏制度沿袭汉制,钱入少府,谷入司农。少府专职收纳钱银,掌管钱库。其内设中藏府令丞,为兼备御用,平准令仍属少府。受粟之官则为大农,后改为司农。曹魏时的大司农已成为专职收受粟米,总督仓场事务者。其属官有太仓、籍田,导官三令。

三、赋税征管制度

曹魏职官制度,中央设置三十三尚书郎。度支尚书为国家最高财税机构,度支尚书郎为国家最高财税官员。度支尚书专职国家赋税的征收和管理,负责制定有关税收的政策和法令。

田租和户调是三国时期的主要赋税收入,具体的征收管理由地方行政长官负责,即州之最高长官刺史、县之最高长官县令、乡之里正、村之保甲等。

---

① 《册府元龟》卷四八三。
② 同上注。

食盐是国家的重要税源之一，三国时期，曹魏为控制盐政和盐税，实行严格的盐专卖政策，国家设置了司盐校尉、盐府校尉、盐池都将、掌盐、司盐、盐丞、盐官等一系列盐政官员和专门机构，对盐务实行分级管理，与豪强贵族争夺盐利，确保国家的赋税收入。

第七章

两晋时期的赋税制度

第一节 概 述

一、两晋时期的政治概况

曹魏后期,大权旁落司马氏家族。嘉平三年(公元251年)司马懿病死,其长子司马师执掌大政,集曹魏军政大权于一身。正元二年(公元255年)司马师病殁,其弟司马昭代兄辅政,至咸熙元年(公元264年)他完成了取代曹氏帝位的一切准备工作。然而,他还未来得及戴上皇冠就病死了。司马炎于泰始元年(公元265年)代魏称帝,国号晋。两晋王朝历时156年。前52年建都洛阳,史称"西晋"(公元265—316年);后104年建都建康,史称"东晋"(公元317—420年)。

太康元年(公元280年)西晋平吴统一了中国。国家长期的分裂复归统一,社会的长期动乱趋向稳定,生产力逐渐恢复,"太康之治",虽谈不上"太平盛世",但百姓至少还能安居乐业。

然而,西晋王朝开国之初,在诸多重大政治问题上处置失误,缺乏深谋远虑和长治久安之策。特别是门阀世族势力发展和封国制度盛行,形成了各自的经济体系、行政机制和法律框架,更有自己的军事力量,这是典型的地方割据。封国制度直接导致中央集权和地方分权的斗争,和地方分权势力互相争夺中央皇权的斗争,最终酿成了延续十六年之久的"八王之乱"。

这场皇族同室操戈的战乱,不仅直接削弱了西晋王朝的政治统治,促成了西晋政权的短命,同时也摧毁了刚刚恢复和发展起来的的生产力,战乱促使阶级矛盾与民族矛盾空前的尖锐和激化，农民起义风起云涌，民族战争相继爆发。西晋王朝已经走到了历史的尽头。

西晋末年匈奴贵族起兵反晋。公元 311 年，汉军攻陷洛阳，晋怀帝被俘，公元 316 年汉军又攻陷长安，愍帝出降，西晋灭亡。皇室贵族司马睿在中原门阀世族和江东世族的拥护和支持下，于公元 317 年在建康（今南京）称帝，是为元帝，史称东晋。

偏安江南的东晋小朝廷，由于政治昏暗，官场腐败，官宦结党营私，百姓痛苦不堪；门阀世族势力发展，挟藏户口，兼并土地，加速了农民破产。在阶级矛盾和统治阶级内部矛盾日趋尖锐与激化中，爆发了孙恩领导的农民起义。尽管起义被统治阶级镇压了，但东晋王朝也摇摇欲坠，日薄西山了。而北方地区众多割据势力却在刀光剑影、兼并火拼，战乱相继不息，政权更迭频繁，始成十六国兴亡。

二、两晋时期的经济概况

西晋初，王朝强调"省徭务本"、"以均政役"，劝课农功。泰始五年（公元 269 年）西晋王朝下令"四海之内，弃末返本，竞农务功"[①]。为扩大耕地面积，增加农业人口，恢复和发展农业生产，西晋王朝实行了占田课田制，调整了土地占有关系，鼓励垦荒，将劳动力和土地有效地结合起来，既缓和了阶级矛盾，又促进了社会经济的发展。

两晋时期农业生产发展的一个显著标志就是水利工程的大量兴建。有关这一时期的水利建设、水利灌溉、水利管理、运渠开凿等方面的历史记载非常丰富，可以说这一时期是我国水利灌溉事业发展的高峰期。水利事业的发展不仅提高了屯田和郡县民田的粮食产量，也促进了整个农业经济的迅速发展。

但从西晋"八王之乱"、"永嘉之乱"后，各少数民族渐进中原，烽火连天，战乱频繁，北方进入群雄纷起的十六国时期，农业经济的发展由此遭到了沉重的打击。北方大批农民为逃避战祸，纷纷南迁，直接导致北方人口的又一次大迁移。

南方经济的崛起，与人口大迁移有关，而两晋当属关键时期。东晋统治者重视农业，劝课农桑，劳动者垦辟荒地，共修水利，引水灌田，使南方优越的自然条件得以充分发挥，南方农业经济亦日趋发达。

---

① 《晋书·齐王攸传》。

两晋时期手工业，综合来看还是有所发展的。两晋时期租调制度规定，农民纳调必须用绢，帝王赏赐也普遍用绢，可以说西晋的丝织业还是比较发达的。东晋时期，南方织布业发展更为显著，而近代考古所发现的晋代青瓷器，青釉匀称，色泽光润，造型生动，品质上乘，烧造技术已经达到了较高的水平。造船业是东晋手工业发达的基本标志，湘州是当时造船基地之一，"湘州七郡，大艑之所出，皆受万斛"①，当时的万斛大船在南方水域并不罕见。

西晋商业曾有过一段繁荣时期，特别是官僚经商尤为普遍，皇亲国戚竟相操持商业，但为时不长，这可谓西晋商业畸形扭曲发展的直白素描。东晋商业发展较为规范，都城建康（南京）是当时最大的商业城市。川蜀的成都，湖北的江陵，江苏的京口等都是当时的商业大都市，官府在市场设有市令等官进行有效管理。

第二节 两晋时期的田赋制度

一、西晋的田租户调制

（一）租调制的内容

西晋武帝于太康元年（公元280年）颁布了占田法令，在实行占田制的同时，颁布了租调制，其主要内容简述如下：

第一，"凡民丁课田，夫五十亩，收租四斛"，四斛即四石，合每亩八升，意即田赋的征收额是每亩八升。纳税人不仅是丁男，还包括丁女和次丁男。课税对象不仅包括丁男，还应包括丁女和次丁男。可见，西晋沿袭了曹魏的租调制，只不过田赋由每亩四升提高到每亩八升，户调增加了绢一匹，绵一斤。

第二，西晋租调的征收，按课田制规定每亩八升，这只是一个平均定额，实际征收时，地方政府，按本地区课田总亩数，计算出应征总额，然后视各户贫富差距分为九等，按等征税，户等高的多征；户等低的，则少征，此为"九品相通"。

第三，凡属诸侯封地内的民户，每亩田租扣除一升，以抵充诸侯秩的绢，以谷代绢，每户一匹为标准。另外，再从民户的田租中扣除二斛，作为诸侯的

---

① 《太平御览·舟部》。

俸禄。剩余部分即为国家的赋税收入。

（二）租调制的积极影响

这里还要注释一下占田与课田的关系：按占田制规定，丁男占田70亩，这是占田的最高限额，至于能否达到这个限额，政府并不过问；按课田制规定，丁男课田50亩，这是课田的最低限额，故而，无论农户耕种多少土地，政府一律以课田亩数为征收依据。如果农户耕种70亩土地，只需缴纳50亩土地的田赋；如果耕种土地少于50亩，则仍然按50亩土地征收田赋。

由此，可以看出占田与课田的关系。"课"中有"劝"，"劝"中带"课"、"寓劝于课"，即在占田的限额内，多种不多缴，少种不少缴，拟用定额课税作为经济杠杆，推动耕地面积的扩大和农业生产的发展，确保国家赋税收入的增长。

与曹魏的租调制相比，西晋的占田课田制要完善得多，自然劳动者的负担也要重一些，田租高出一倍，户调增加三分之一。但是总的来说西晋的占田课田制是成功的，在执行中也取得了一定的效果。史载："是时天下无事，赋税平均，人咸安其生而乐其事"①。国家从分裂复归统一，社会从动乱趋向安定，这既是历史的进步，也是历史发展的必然规律。然而，这短暂的恢复和发展，却被"八王之乱"所打断，北方经济又一次遭受到严重的破坏。

（三）西晋租调制的流弊

租调制的特征是，田租从丁征，户调从户征。随着租调制的推广和发展，劳动者的赋役负担不断加重，租调制的缺陷日益暴露，流弊甚大，其消极影响表现在：

第一，田租从丁征。西晋田租从曹魏时每亩四升增加到每亩八升，整整提高了一倍。关键在于它并不是按亩征税，而是按丁课征，把田租变成了丁租。于是，少田或无田的丁男、丁女和次丁男，必须按法定的课田数缴纳田租，而田多丁少的世族地主，其缴纳的田租要少得多。故而，西晋田租制度的本质就是对小农经济的实行超经济剥夺。

第二，户调从户征。以户为计征标准，尽管有"九品相通"法，按等定户征收，但其流弊甚多。其一，从户课征，对广大劳动者制约较严，一般贫苦农民为规避税收，只能累世而居，数代同堂，因为一户之家，只纳一户之税。其二，从户课征，无论怎么按等定户，原则上总是以户为标准，官僚地主占田

————————

① 《晋书·食货志》。

多,占客多,财产也多,只纳一户税,贫苦农民占田少,甚至无田,也必须纳一户之税,故税负不公平,负担倚轻倚重。其三,从户课征,税户不税田,使无田之户特别是广大小手工业者、小商贩也得缴纳田租户调,从按亩征税演变到按户课租、无田有户则有租,实为勒索之举。

二、东晋的田租户调制

东晋的田租制度,据史载:"咸和五年(公元330年)成帝始度百姓田,去十分之一,率亩税米三升","哀帝即位(公元362年)乃减田租,亩收二升。孝武太元二年(公元377年),除度田收租之制,王公以下口税三斛,唯蠲在役之身。八年(公元383年),又增税米,口五石"①。由于缺乏史料,东晋田租制度叙述不清。

东晋偏安江南,仍行租调制,由于土地兼并甚为激烈,原先的占田课田制已无法实行。故而,在较长的一段时期内,军国所需不得不采取临时摊派的做法。直至成帝咸和五年(公元330年)颁布度田收租制,即按原来的土地册籍规定按亩征税,每亩税米三升。可见,东晋的田租,由从丁改为从田,征粟改为征米。这一改革显然触犯了世族地主集团利益,因而遭到他们激烈的反对,使田赋积欠达50余万石之多。哀帝即位,不得不对其作出妥协和让步,下令减田租,亩收2升。

孝武太元二年(公元377年),又废除度田收租制,改行除王公和服役者外,每口征收三斛。太元八年(公元383年)又增至每口五石。从按户课征到按亩征收,又"舍地税人",不论男女老少,有无田地,都要等量缴纳田租,劳动者的负担日趋加重。

东晋的户调基本沿袭西晋,但课征范围则有所区别,男女年龄从17岁到60岁为正课,13岁到16岁、61岁到65岁为半课,65岁以上免课,女出嫁为丁,未出嫁20岁以上为丁,故东晋户调的征收较西晋为轻。

总之,东晋租调制的特点是税无定制,征收混乱,只考虑国家的赋税收入,不顾及人民的负担,是一种竭泽而渔的赋税政策。

三、十六国的田租户调制

十六国大部为内迁的北方少数民族政权,史籍也鲜有记载,可以查阅的租

---

① 《晋书·食货志》。

调记录，只有两条史料：其一，成汉时期"其赋男丁岁谷三斛，女丁半之，户调绢不过数丈，绵数两。事少役稀，百姓富实，闾门不闭，无相侵盗"①。其二，后赵石勒占领幽州后，下令各州郡"阅实人户，户赀二匹，租三斛"②。

这里可以知道，就田租而言，成汉课征基于"丁"；后赵课征基于"户"。就户调而言，成汉既有"女丁半之"，则户调有"半课"之理；后赵既有"户赀"，则户调与财产有关，这也说明十六国基本沿袭魏晋的租调制度，但其具体的征收方法，史无记载。

四、复除制度

（一）身份性蠲免

两晋十六国时期的复除制度，主要是身份性复除。也就是官僚阶层享有免租免役的特权。

西晋的复除制度在《晋书·食货志》有详细记载，其蠲免对象主要为品官和士人；品官荫复亲属的范围，"多者及九族，少者三世"；品官荫复食客1—3人、荫佃客1—15户；品官荫复的具体内容，为蠲免田租和徭役。东晋的复除原则与西晋基本一致，但蠲免范围有了扩大，品官荫复佃客的数量有了大幅度增加。

（二）侨户蠲免

西晋永嘉之乱后，中原人口大量迁徙江南，东晋政府为安置侨户，先后在江淮地区设置了许多侨州、侨郡、侨县，使侨户居之。而侨户与土著居民的入籍制度不同，土著居民实行黄籍制度，侨户实行的是白籍制度。故有"黄籍"和"白籍"之分，"黄籍"是纳税服役的实籍户籍，"白籍"是免税免役的虚籍户籍。这是一种权宜之计，但也属蠲免范围。

（三）其他蠲免

两晋时期的其他蠲免，包括：

第一，僧道蠲免。未见法令有此规定，但事实上僧尼享有免租免役的特权。

第二，"孝友"蠲免。以孝友著称者，王朝偶尔也敕赐免租免役的特权。

第三，政治性蠲免。两晋十六国时期，各国统治者出于各种目的，对局部

---

① 《晋书·李雄载记》。
② 《晋书·石勒载记》。

地区实行蠲免。如,对皇家出生地或发迹地的蠲免等。

(四) 灾荒贫困蠲免

战争动乱时期,努力恢复生产,发展国民经济,稳定社会秩序,积蓄力量,富国强兵,是各国统治者的当务之急。而蠲免无法制度化,一事一议也是不争事实,两晋时期的灾荒贫困蠲免,可分为灾荒减免和临时减免两类,这在《晋书》多有记载。

第三节 两晋时期的徭役制度

一、役龄

西晋的服役年龄,据《晋书·食货志》载:"男女年十六以上至六十为正丁",即全役;"十五以下至十三、六十一以上至六十五为次丁",即半役;"十二以下,六十六以上免役"。

西晋平吴后,则把起役年龄降低到16岁,而把免役年龄提升到65岁。东晋的服役年龄与西晋基本相同,十六国役制也一脉相承。与两晋相比,十六国时期,把起役年龄降到15岁,而把免役年龄延伸到66岁。

二、役期

西晋初年,"〈武〉帝诏天下罢军役,示海内大安"①,余音袅绕,尚在耳边,瞬息之间,八王之乱竟使王朝下令:"一品已下不从征者男子十三以上皆从役"②。役期如何?史无记载。

东晋的徭役,其法定役期为每丁每年充役20天,又十八人出一运丁。但范宁上疏揭露了役期无止的事实,印证了东晋徭役之苛重。

十六国时期徭役更是没有期限的约束,以至各国征发徭役不及,纷纷采用"三五发卒"③、"三五占兵"④、"三五取丁"⑤。意即三丁取一,五丁取二。后

---

① 《晋书·王戎传》。
② 《晋书·惠帝纪》。
③ 《晋书·石季龙载记》。
④ 《晋书·慕容儁载记》。
⑤ 《晋书·苻坚载记》。

赵建武六年（公元340年）石虎竟下令"五丁取三，四丁取二"。

三、役制内容

（一）正役

正役，即法令明确规定的劳动者每人每年应服固定之徭役。一般法定为每年20天，特殊情况例外。

西晋的正役较之三国有过之而无不及，故时人傅玄说："加以服役为兵，不得耕稼，当农者之半"，因徭役严重地影响了农业生产，故有"并官省事、静事息役"之呼声。

东晋时期，孝武帝为了赶修新宫，"日役六千人"，从太元三年二月到七月，日日不息。

十六国的正役更为苛重。这一时期史书不绝的就是："役繁赋重"[①]、"人不堪役，叛者连城"[②]、"赋役繁数，人不堪命"[③]、"赋敛繁多，事役殷苦"[④]。

（二）运役

两晋十六国时期，烽火连天，战争不断，运役长盛不衰。东晋时，成帝咸和六年（公元331年）"以海贼寇抄，运漕不断，发王公以下余丁，各运米六斛"[⑤]。晋穆帝升平三年（公元359年）三月，"诏以比年出军，粮运不继，王公已下十三户借一人，一年助运"。

所谓"役劳日久"，就是说运役造成百姓心理上的极端疲惫和厌恶。运役繁兴，民生艰难。王羲之说："千里馈粮，自古为难，况今转运供继，西输许洛，北入黄河。虽秦政之弊，未至于此，而十室之忧，便以交至。今运无还期，征求日重"。运役凄惨艰难可见一斑。

（三）匠役

"匠役"在魏晋以前，还是有人身自由的，有的工匠还是十分受人尊重的。然而，两晋十六国时期，晋武帝泰始八年（公元272年）干脆下诏书："申明律令：诸士卒、百工以上，所服乘皆不得违制"[⑥]，就连穿戴衣服都不能

[①] 《晋书·沮渠蒙逊载记》。
[②] 《晋书·吕光载记》。
[③] 《晋书·冯跋载记》。
[④] 《晋书·慕容超载记》。
[⑤] 《晋书·食货志》。
[⑥] 《晋书·李重传》。

违制,足见工匠的身份之低微。

《晋书·王羲之传》曾载"百工医寺,死亡绝役,家户空尽,差代无所,上命不绝"!"百工"世代劳作,父亡子接,代代"差代",以至"家户空尽",这就是两晋十六国的匠役。

(四)杂役

杂役是没有固定的应役期限、没有固定的应役范围、没有固定的应役任务,更没有规范章程的徭役。大凡官府强制应役者从事各种法定徭役之外的徭役,都可以称为杂役。

杂役均为五花八门,名目繁多。开路挖河、筑塘治坝、养马护车、押送财物、传递书信,官府待命,"或供厨账,或供厩车,或遣使命,或待宾客"等等,不一而足。

第四节 两晋时期的专卖制度

一、盐专卖(征税)制度

西晋沿袭曹魏,官府独占盐利,严禁私民煮盐,犯者从严惩处。国家专设司盐都尉和司盐监丞等官职,专职食盐专卖。晋令规定"凡民不得私煮盐,犯者四岁刑,主吏二岁刑"①。

东晋时仍强调"盐者,国之重利"②,维护盐禁,实行专卖。但事实上官府已无法垄断食盐,豪门贵族不顾法令,侵占山川,专擅盐利;民间煮盐现象也很普遍。这都严重地影响了食盐专卖。官府既无法控制,只能放任民间煮盐,改行征税制,盐利大都落入私人之手。

十六国时期,"后秦主姚兴,以国用不足,增关津之税,盐、竹、木皆有赋"③。可见后秦对盐是实行征税制的。

二、酒专卖(征税)制度

西晋时,既无禁酒之令,也不实行专卖,可能实行征税制。东晋承袭西

---

① 《晋中兴书》太元三年诏,引自《渊鉴类函》。
② 同上注。
③ 《晋书·姚兴载传》。

晋，允许私人酿酒出售，政府向酿酒出售者征税。孝武帝太元八年（公元383年）开酒禁之令，允许民间酿酒，官府征税。十六国时，基本废除了酒专卖，除了赵国为确保军需民食，曾下令禁止酿酒。一般允许私人酿酒出售，官府课以酒税。

三、铁专卖（征税）制度

两晋时期，开矿和冶炼基本上由官府控制。西晋官府对铁实行严格的垄断经营。东晋时，除官营冶铁业外，私营冶铁业也占相当比重，并时常发生世族豪强霸占山林川泽，坐享其利，影响官府专卖之事。为此，东晋咸康成帝二年（公元336年）颁布"壬辰诏书"，坚持实行专卖。

第五节 两晋时期的工商税制度

一、估税与散估

估税，即课于市场交易行为的税。它分为估税和散估两种，对立有文契的大型交易行为所课征的税，叫做估税。对一般交易行为所课征的税，则叫做散估。

估税只是对大型或贵重商品买卖（并立有文券），如买卖奴婢，马牛、房屋、田产之类，按交易额征收，税率为4%，卖方负担3%，买方负担1%。立文券，实为官府承认其买卖的合法性并予以保护之意。这种按文契交易而课征的估税，即为后世契税的起源。而散估，则是对小额零星商品交易所课征的税收，税率也为4%，这就是一般商品交易税了。

估税产生的原因有两个方面：其一，江南经济的飞速发展，商业发达，市场繁荣，商品交换异常活跃，于是对商品交易行为课税，就有了坚实的物质基础。其二，战争动乱，人口变动，就必然导致房产、地产、畜产的买卖和交易，这些大型贵重商品的交换，一般都得立有文券或凭证，以此得到官府的认可和保护。

估税应时而生，盛行于东晋南朝各代。它可以说既是战时经济的阴影，又可以说是江南经济发展，市场逐渐繁荣，交易日趋大型化的产物。估税既反映了私有财产交易的发达和奴婢作为商品的大量存在，也反映了家庭手工业产品涌入市场的兴旺景象。

二、关市税

(一) 关税

关税是官府对过往商旅携带货物通过关卡时所课征的税。

西晋承袭了曹魏关税制度，税率为十分之一，泰始元年（公元265年）司马炎代魏时，曾"复天下租赋及关市之税一年"①，此后依然征收。

东晋时期，关（津）税仍按十分之一征收。大凡在全国交通要冲，只要有市的地方，便设有关津，关市之征自然少不了。

十六国时期的前秦、后秦等均有"关津之税"记载，其他各国情况不明。由于关津税课税对象过于广泛，涉及寻常百姓家庭的生活必需品，而且税率较高，有碍各地的经济交流和百姓的生活起居。

(二) 市税

市税，即课于行商的入市税和住贾的店铺税。

西晋承袭曹魏旧制，曾有免征市税一年之记载。那么，西晋应该有市税之征。

东晋时，江南经济发展，商业发达、市场繁荣，故市税也繁苛。当时"淮水北有大市百余，小市十余所。大市备置百官，税敛既重，时甚苦之"②。永初元年（公元420年）南朝宋武帝刘裕代晋即位，就因当时"市税繁苦"下令"优量减降"③。说明市税繁重在整个东晋时期自始至终是一个问题。

三、通行税

(一) 牛埭税

牛埭税，即对经过水埭的商旅所课征的税收，源于东晋，盛行南朝。

所谓"埭"，即为水坝，于水急处为备水患而筑，却使行船不便，故于水坝两岸树木为栅，系以绳缆，官府多备牛力，船过坝时，以牛力引绳，牵船过埭，故名牛埭。

行船过埭需交少许使用费，公私两便，并无课税之意。时人曾评说：官府

---

① 《晋书·武帝纪》。
② 《隋书·食货志》。
③ 《宋书·武帝纪》。

设立牛埭，意在通航，并非强迫商贾为过埭而纳税。《晋书·孔严传》曾有王奕曾以牛埭税取代使用费，但未允准的记录。

牛埭收费，行之既久，守埭官吏为增加收入，就不断提高收费标准，甚至过埭船只不用官府牛力牵船也要缴纳使用费，遂成牛埭税。

（二）四桁税

桁税，即对通过水上浮桥的商旅所课征的税，源于东晋时期。

所谓"桁"，就是河上的浮桥。始设浮桥是为了方便人民通过河道，只收取少量的使用费，行之既久，收费标准不断提高，遂成"桁税"。东晋成帝时，在秦淮河上架设了24座浮桥，以供行人往来，其中对丹杨、竹格、朱雀、骠骑四座浮桥征税，故又称"四桁税"。四桁税扰民惊商，恶名在外。至宁康元年（公元373年）孝武帝下令"诏除丹杨、竹格等四桁税"①。

第六节 两晋时期的杂税制度

一、春税与樀税

（一）春税

春税，即官府出租水碓给人们舂米所收取的使用费或对民间出租水碓者所课征的税。可见春税是租税合一而成。

两晋时代水碓盛行，出租水碓，收取租金大有人在。官府自然不甘落后，利用水碓课征春税，其收入非常可观。但因师出无名，概为苛捐杂税。

（二）樀税

樀税，即对住宿官府客房的商旅所收取的费用。

"樀"为官府在驰道旁所修建的客舍，客商住宿，官府收费，应是天经地义。然而客舍为官府独家经营，收费极高，贪官污吏乘机敲诈勒索，害民不浅，时人谓之"贱吏疲人，独专樀税，管开闭之权，藉不校之势，此道路之蠹，好利所殖也"②。

---

① 《晋书·孝武帝纪》。
② 《晋书·潘岳传》。

二、渔税

渔税是向捕鱼的渔民所课征的税。

东晋初，甘卓督沔北诸军，"州境所有鱼池，先恒责税，卓不收其利，皆给贫民，西土称为惠政"①。甘卓镇襄阳是在东晋初，由此可知，西晋时南方是征收渔税的。

三、口钱

口钱是对劳动者课征的一种人头税，类似汉代的算赋口赋，不过算赋口赋已并入户调，从户而征，再生口钱实为税外之税。口钱始于十六国时期的成汉国，口出钱40文视为定律。

四、修城钱

修城钱是以修城为名向人民课征的一种税，盛行于东晋和南朝前期，按规定，凡受官者每20日上交修城钱二千，"泰始初，军役大起，受官者万数，兵戎机急，事有未遑，自是令仆以下，并不输送"②。此时因有战事，修城钱暂不征收，但此后依然课征。

第七节　两晋时期的税收管理制度

一、赋税管理机构

两晋沿袭曹魏制度，尚书省下设六部尚书，其度支尚书是管理国家财税的最高官员，西晋设有度支尚书，职掌国家算计。

度支尚书为六曹尚书之一。其六曹为三公、吏部、客曹、驾部、屯田和度支。

度支尚书下设金部、仓部、驾部、屯田、度支、运部等三十五曹。

东晋时改为吏部、祠部、五兵、左民和度支五尚书，及金部、仓部、度支

---

① 《晋书·甘卓传》。
② 《南史·齐本纪》。

等十五曹。

两晋库藏也分为钱、谷二部,钱入少府,谷入司农。少府负责收纳银钱,大司农为受粟之官,太仓令总管仓储。

二、赋税管理制度

两晋十六国,除西晋短暂的统一外,基本处于分裂割据状态,政治动荡,战争频繁,赋税管理难度较大,财税政策不易制度化,政策缺乏连续性与统一性。但这一时期的赋税管理还是有所发展。

(一)田制与田赋的管理

西晋统一后,废除了屯田制度,实行占田课田制,调整了土地关系,鼓励农民尽力耕种土地,将土地和劳动力进行重新组合,推动西晋初期农业生产发展,促进社会经济恢复。

而占田与课田的关系,则是在占田的限额内,多种不多缴,少种不少缴,拟用定额课税作为经济杠杆,推动耕地面积的扩大和农业生产的发展,确保国家赋税收入的增长。

(二)户籍管理

户籍是割据政权征收赋役的主要依据。两晋时期都设有专门的机构,配备专职官吏管理户籍。东晋时期的户籍管理更为严密,纵观东晋一朝,前后共进行了四次"土断"。把南下的侨居人户和流民人户编入国家户籍,同土著民户一样成为国家的正式编户,承担相同的赋税和徭役。东晋王朝的历次土断,都把检括隐户放在首要地位,沉重地打击了隐匿人户的豪强,确保国家赋税收入的稳定增长。

(三)盐铁管理

两晋时期,对盐铁依然实行官府控制,国家专设司盐都尉和司盐监丞等官职,负责管理食盐专卖,并由卫尉兼管冶铁业。但两晋时期没有汉代的政治氛围和经济基础,其专卖也不可能像汉代强硬和统一。

(四)关市税管理

两晋时期的关市税,因受制于战争和割据等方面的因素,自然大不如前期王朝,但是赋税管理仍然是有条不紊的。在关津设置了津主、贼曹、直水等,以检察禁物,课征关税。在大小市场设市令、市长,加强对市场的管理和市税的征收。

三、财税法律制度

晋武帝泰始四年（公元268年）《泰始律》即《晋律》修订完毕，颁行天下。《晋律》共20篇，620条，27657言，基本囊括了财税法律的内容。

两晋的财税法律形式，主要有以下几种：

第一，律。《晋律》。涉及财税的有《户律》、《厩律》、《杂律》、《擅兴律》、《关市》等。

第二，令。据《九朝律考·晋律考》载，涉及财税的有《户令》、《官品令》、《吏员令》、《俸廪令》、《户调令》、《佃令》、《复除令》、《关市令》以及田赋等法令。

第三，式。单行财税法规。如"户调之式"，包括了户调、占田、课田等内容。

第八章

南朝时期的赋税制度

第一节 概　述

一、南朝时期的政治概况

刘裕（公元363—422年）早年以耕地、渔樵、贩履为业，其后投入加北府兵，"是起自民间的英雄人物，是一个杰出的军事家，善于料敌制胜，以寡克众，临阵身先士卒，有勇往直前不畏艰险的拼搏精神"[①]。他在镇压孙恩、卢循起义以及王朝内部的政治纷争中，取得了东晋政权。晋元熙二年（公元420年）六月，刘裕在都城建康称帝，国号为宋，改元永初。史家一般就以此作为南朝的开始，同时也是南北朝对峙的开始，历经宋（公元420—479年）、齐（公元479—520年）、梁（公元520—551年）、陈（公元557—589年）四个王朝，至公元589年隋文帝统一中国，历时170年。

南朝是继东晋之后偏安江南的汉族政权，虽然历经宋、齐、梁、陈四个短命王朝，但是它们的基本政治价值取向还是一致的，即封建统治阶级的上层——世族门阀势力逐渐衰落，寒门庶族地主兴起，形成世族庶族联合执掌政权的局面。刘宋王朝的建立就意味着世族门阀势力日渐衰弱，庶族势力已经走上政治舞台。

刘裕在称帝前后的十多年间，独树一帜，力除东晋的积弊，对政治、经济和赋税等方面进行了大力的整顿和改革，并推出一系列的措施，整饬朝纲，抑

[①]　本书编委会：《中国农民负担史》第1卷，中国财政经济出版社1991年版，第175页。

制豪强；督课农桑，奖励力田；"息民简役"，改革赋役制度；休养民力，恢复国力。

刘裕称帝不到两年就病死，其后文帝刘义隆在刘裕改革的基础上，拓宽了改革的范围，加大了改革的力度，改革给长江流域特别是江南地区社会经济发展带来了丰硕的成果。

刘宋的改革有效地缓和了阶级矛盾，客观上有利于当时社会经济的恢复和发展，在南北对峙、战乱不断的社会大环境下所形成的元嘉小康盛世局面，不能不说是刘宋政治的一大功绩。刘宋的改革是南朝社会政治发展的基点，同时也决定并制约着南朝经济发展的基本方向。

二、南朝时期的经济概况

南朝社会经济发展的基本特点：其一，南方经济的崛起和发展；其二，南朝的社会经济特别是农业的发展还是十分缓慢的。由于国土面积相对狭小，偏安政权极端腐朽没落，赋调云起，徭役无度。因此，南朝人民的生活状况是十分悲苦的，这是南方经济发展始终不能如愿以偿的根本原因。

（一）农业的发展

南朝时期，南方经济有了一定的发展，由于人口增加，垦殖面积迅速扩张，带动了农业耕作方式、农业生产工具和生产技术的革命。

首先，牛耕是春秋战国时期农业革命的产物，而江南地区直到两汉才逐步采用，南朝时期大力发展牛耕犁田，这是农业生产力提高的一个显著标志。在生产工具方面，斧、镰、椎、凿、犁、锄等魏晋时已有的工具，在江南地区得以普及①。其次，南朝已知预防农作物病虫害的方法，特别是《齐民要术·水稻篇》中大量记载了南方水稻的生产方法。再者，南朝各代均有兴修水利工程设施的记载，特别是在陂塘渠堰上修建水门以便合理利用水源，这是一个不小的创新。南朝水利灌溉事业的发展，有力地促进了南朝农业生产的发展。

（二）手工业的发展

1. 炼钢术

南朝首创的灌钢法，一直为后世沿用，这是炼钢技术的一大进步。南朝铁和铁器的产量是相当高的，史载：梁武帝时作浮山堰，用东西冶铁器"数千

---

① 韩国磐：《魏晋南北朝史纲》，人民出版社1983年版，第344页。

万斤，沉于堰所"①，仅东西二冶一下子就能拿出数千万斤铁器，那么南朝境内的铁器产量理应要高得多。

2. 造纸术

造纸是古代中国对世界文化事业的一大贡献。南朝时，北方出现了五色彩纸，而南方造纸技术则有了更大的发展，既能制造麻纸，还能制造藤纸。剡溪（浙江嵊县）一带四五百里盛产藤，取藤皮造纸，质地极佳。麻纸别称布纸，质地精美，因防蛀技术的突破，在纸上涂上一层黄色防蠹药物就称为黄纸。南朝时期，纸张彻底的取代了竹简。

3. 造船业

南朝时造船业更加发达，史载"宋孝武度六合，龙舟翔凤以下，三千四十五艘，舟航之盛，三代二京无比"②。陈朝的华皎，曾在湘州造金翅大船二百艘。大抵荆湘江扬诸州和交广闽越一带，都有造船场所。民间造船亦多，隋文帝杨坚平陈后，为了巩固他的政权，竟下令没收民间大船，可见南朝时民间船舶之多。而且这时大船的载重量一般都在万斛到二万斛。

4. 制瓷业

南朝的制瓷业亦非常发达，我国的制瓷业是在这一时期转入成熟的初期。南朝瓷器"釉质温润沉静，其中玻璃釉的一种，嫩绿微黄、晶莹明澈。东晋以来，青釉瓷上常加上酱色釉彩斑，晕入釉质，鲜润绚丽，实为单色釉加釉之嚆矢"③。越瓷已成为这一时期当地的一种主要手工业种类，而且声名日趋远扬，唐代陆羽《茶经》盛赞了越瓷的精美与名贵。

其他还有纺织业、制盐业、漆器业、制茶业等各项手工业都有较大的发展。

（三）商业的发达

南朝商业发达较之前代有了很大的发展，南朝"人竞商贩，不为田业"④。

南朝商业发达主要取决于三个方面原因：其一，三国东晋时期对江南的开发和发展，特别是这一时期农业和手工业的发展为商业的发展打下了有利的基础。其二，南方社会相对比较稳定，战争波及范围较小，有利于商业活动的发展；其三，南方地区江河湖泊纵横交错，水上交通网络发达，便于商品的长途

---

① 《梁书·康绚传》。
② 《初学记》卷二十五《舟》。
③ 《近年来江苏省出土文物》，《文物》1959 年第 4 期。
④ 《隋书·食货志》。

运输和跨地区交易。

南朝商业的发展有其自身的特点：

首先，商贸市场不断增加。如建康原有三个市，其后又增设了一个市。另外在秦淮河岸增设不少市，"水北有大市，自余小市十余所，备置官司"。各地区基本形成本地的商业中心，是时商人往返不绝、川流不息，商贸交流空前活跃。

其次，官府对市场的管理比较规范。各地市场设有市令、市长、市丞等官吏对市场秩序和商业交易进行有效监管。同时将同类商品买卖的店铺集中在一起，这称为"肆"，并冠以商品名称，如"葱肆"等。大城市的市场全天开市；县和县以下的市场定期开市，一般称为会市；民间百姓在郊外和交通要道自设的市场称为草市。

再者，市场商品交易规模显著扩大。由于江南水陆交通便利，价格低廉，各地商品交流规模不断扩大，一次交易数额可达数百万钱。

最后，商业畸形发展，贵族官僚，竞为商贩。南朝社会上自皇帝，下至地方官吏，文武百官利用职权竞为商贩，鱼肉百姓，捞取不义钱财。

第二节 南朝时期的田赋制度

一、宋、齐的租调制度

南朝宋、齐时期的租调，亦称租布。户调绢绵变成了户调麻布。调改为布的原因在于，北方产绢，南方出布，所以北方调以绢绵纳，南方调以麻布缴。故"租布"就是"租调"。

南朝宋、齐时期的租调制，基本上沿袭了东晋旧制，又有所改进。这一时期田租的变化繁杂多变，但其主要趋势是按丁口税米制方向发展。

首先是负担赋役的年龄。南朝刘宋初沿晋制，以 16 岁至 60 岁为正丁，13 至 15 岁、61 至 65 岁为次丁。宋武帝大明时，接受王弘的建议，15 至 16 岁为半丁，17 岁以上为全丁。梁陈时又改为 18 岁始为全丁，16 至 18 岁、61 至 65 岁为半丁。赋役的征课规则，是全丁全课、半丁半课。

东晋孝武帝太元二年（公元 377 年），废除度田收租制，改行丁口税米制，税率由每口三斛增至每口五石。南朝宋、齐时期仍行丁口税米制。

宋、齐的户调征收对象、征收方式皆承西晋旧制。西晋法定"户调绢三匹",而宋大明五年(公元461年)规定:"天下民户岁输布四匹。"① 显然,征收数量有所增加,原来三匹,现在变成了四匹,足足增加了三分之一。

南北朝时期,常年战祸连绵,社会经济动荡不安,而江南商品经济发展较快,故南朝各王朝政府大兴铸钱,前后达12次之多,由于对货币制度措置不当,使通货膨胀和通货紧缩交替发生。货币制度变化逐渐影响财税,赋税征收方式也就产生了"折变"。所谓"折变",法令原定户调以布缴纳,却将布折钱征收,反之,又将钱折布。折变标准为实物与货币之比价,取其贵者而行之。物价昂贵时,"官布一匹,直钱一千,而民间所输,听为九百"。物价转贱时,"一匹直钱百余文,而民间犹需按五百文交纳"。"折变"加重了人民的租调负担。

二、梁、陈的租调制度

梁、陈时期的租调制,据《隋书·食货志》载:"其课,丁男调布、绢各二丈,丝三两,绵八两,禄绢八尺,禄绵三两二分,租米五石,禄米二石,丁女并半之。男女年十六以上至六十为丁。男年十六亦半课,年十八正课,六十六免课。女以嫁者为丁,若在室者,年二十乃为丁。……其田,亩税米二斗,盖大率如此也。"依据上述记载,可作详细说明:

其一,这里的租调是按丁征收,而不是按户计赀征收,即户调征收丁调化。所谓"计丁为布",即按户内"丁"的多少计算应纳布的多少。丁少则调少,丁多则调多。显然,"计丁为布"或许给劳动者带来不仅仅是负担,更是一场灾难。

其二,引文之所以把亩税二升的田税与田租分开记载,是说明这一田税不是租调制中的田租(即丁租),也就是说梁、陈的田税和丁租并存的。按丁征收的田租与按亩收取的田税是同时并征的,足见农民的负担日趋苛重。

其三,魏晋、宋、齐的户调比较简单,根本没有禄绢、禄绵等名目。而梁、陈在户调中新创了许多税目,诸如禄米是对丁租的加征,而禄绢、禄布、禄丝、禄绵等是对丁调的加征。此外还有附加田税亩税二升。南朝梁、陈时期的田租户调是对劳动者的残忍榨取和无情掠夺,直接导致了农民阶级的绝对贫困化。

---

① 《宋书·孝武帝纪》。

南朝租调制度演变的最大特征，一是田租的丁租化；二是户调之丁调化；三是田租、户调的加重，包括二者附加税的征收。

第三节 南朝时期的徭役制度

一、役龄

东晋时役制规定，16岁为全丁，13至15岁为半丁。刘宋的服役的法定年龄：17至60岁为全丁、全役；15至16岁、60至65岁为半丁、半役；14岁以下、66岁以上免役。

南齐役制，据永明时（公元483—493年）规定，男子18至60岁，每岁服役20日，16至17岁、61至65岁服半役。另外又规定："率十八人出一运丁役之。"①

梁、陈的服役年龄是：18至60岁为全丁，服全役；16至17岁、61至65岁为半丁，服半役；15岁以下、66岁以上免役。"又率十八人出一运丁役之"②。

南朝时期调发民丁，又有"发民三五"③，或"三五属官"的做法，即三丁抽一，五丁抽二。有时甚至三丁抽二，五丁抽三。还有募役老人和孩子，更有甚者，役及妇女，这在史籍中均有记载。

二、役期

南朝法律规定，"其男丁，岁役不过二十日"，或"公获二旬"④，即每丁每年服役20天。但是在宋、齐的史籍中根本找不到徭役只服20天的记载。刘宋时，发会稽民丁从事兵运，"前后征战，每兵运不充"，乃"悉发倩士庶"⑤，这里除非战争结束，否则绝不会止役。至于梁、陈两朝官府从未有"二十日"的践约，有服役数月半年的，更有役期长达二三年之久的。就连梁

---

① 《隋书·食货志》。
② 同上注。
③ 《南史·循吏·郭祖深传》。
④ 《南齐书·海陵王纪》。
⑤ 《宋书·谢方明传》。

武帝本人也有"役人淹久"之叹①。

三、役制内容

南朝的役制主要包括：正役、运役、匠役、杂役和吏役。有关正役、运役和匠役在前文中已有论述，就不再重复了。这里主要谈谈"吏役"。

"吏役"，显然是以"吏"的身份出现的服役者。然而，这种"吏"仅仅是特殊服役者的名称而已，不是官吏之"吏"，而是在官府打杂干活的"职事吏"，实际上是一种职役。如同在官府驾车的叫"骑吏"，打杂的叫"干吏"一样，随着其社会地位不断降低，早已沦为与卒、徒并列，却又滋生出各种各样的"吏"名，如："亭吏"、"门吏"、"津吏"、"桥吏"、"鼓吏"、"油库吏"、"典菜吏"、"文吏"、"武吏"、"白衣吏"等。作为吏，他们有许多不同的称呼，但是"服役"则是他们的共同点。"吏"有专门的户籍，一旦入"吏籍"，就世代为"吏"，吏户既要服兵役，又要服徭役，更主要就是耕种公田。王弘曾建议把所募之"吏"，"回以配农"②。陶潜也主张"公田悉令吏种秫稻"③。可见，吏役的主要职责是耕作公田，即所谓的"并耕稼穑"④。

四、役制影响

南朝的役制繁杂，负担苛重，后果严重。刘宋时，"运役无已"，农人"家无私积"⑤。南齐时竟出现"四野百县，路无男人，耕田载租，皆取女弱，自古酷虐，未闻于此"⑥。萧梁时，（役者）"夏日疾疫，死者相枕"，"是冬又寒甚，淮、泗尽冻，士卒死者十七八"。可见役使的残忍。

为逃避服役或致残，或逃亡，或铤而走险，官府的严酷刑法使人毛骨悚然，衙门使用追捕、连坐法。一人犯法，株连九族。故郭祖深说到"一人有犯，则合村皆空"。

南朝的徭役制度直接摧残了有生劳动力，严重地阻碍了社会生产力的发展。南朝时期在籍户数和人口，从100万户和500万人，到陈亡时仅剩60万

---

① 《梁书·康绚传》。
② 《宋书·王弘传》。
③ 《宋书·陶潜传》。
④ 《魏书·王朗传》。
⑤ 《宋书·范泰传》。
⑥ 《南齐书·柳世隆传》。

户和200万人,足见人口死亡之多,生产力毁灭之严重,这就是南朝徭役制度所造成的直接后果。

第四节 南朝时期的专卖制度

一、盐税与盐专卖

南朝刘宋时,豪门贵族封略山湖,抢占盐利。故而,官府严禁止豪强独霸,恢复民间煮盐,官府征税。而南齐也对盐实行征税制。史载:"上有南兖州盐亭一百二十三所,县人以鱼盐为业"①。发达的制盐业和穿梭不息商运,对王朝而言,盐税还是一笔较大的收入。

二、酒税与酒专卖

南朝刘宋初时,为确保军需民食曾实行禁酒,至元嘉二十二年(公元445年)才开酒禁,实行专卖制。由于豪强富商,特别是达官贵人乘机私自售酒牟取暴利,官府不得不取消专卖,改行征税制。

南齐时,对酒亦行征税制,但酒税甚重,民间不堪负担。南齐永元三年,萧宝卷宠爱潘妃,用度奢侈至极,于是"都下酒租,皆折输金,以供杂用"②。如此肆意课征酒税,酒价岂能不高,民间岂敢饮酒。

梁承齐制,陈初沿梁制,到了天嘉二年(公元561年)"以国用不足,奏立煮海盐赋及榷酤之科,诏并施行"。自此,对酒实行专卖制。

三、铁专卖

南朝刘宋时严禁民间冶铁铸器,实行普遍专卖制。其铁冶隶属于少府,诸铁冶除铸造兵器外,还铸造农具和日常生活用具,因为专卖价格过高,引起百姓骚乱。

南齐的铁冶更发达一些,梁武帝时沉于浮山堰"数千万斤"的铁器,就是东(安徽贵池)西(湖北武昌)二冶所铸。这类铁制器具,无论是官铸官

---

① 《太平寰宇记·南兖州记》。
② 《南史·齐本纪下》。

销，还是官铸商销，都为专卖形式。同样，南齐铁器专卖价格过高，劳动者不堪负担，既妨碍了农业生产，也严重地影响了人民的生活，所以南齐高帝诏书才有"盐铁妨民"之说。

第五节 南朝时期的工商税制度

一、关市税

（一）关税

南朝时期的关税，一般均指内陆关税。宋、齐、梁、陈各王朝都课征关税。

刘宋时课征的"道中杂税"[1]，即指内陆关卡之税。大凡设置内陆关卡的地方，都有关税之征。

据史载，刘宋王朝既置关税，却无制度，征课则随心所欲。官府豢养了一群奸猾豺狼，殚精竭虑地搜刮民脂民膏，适时设关、就地置卡，随时随地课征，更有甚者，经关者"罪无大小，横没资载"[2]。孝武帝明白其中原曲，对遭受灾荒的地区，只能停征关卡税收，以利粮食流通，有助度过荒年。

南齐时，关卡密集，关吏横行，关税特重。永明十一年（公元493年）武帝所下诏："关市征赋，务从优减"[3]。但关卡重课，一应如常。南齐政府不得不于次年，即明帝建武元年（公元494年）再次下诏，务从优减。足见南齐关税积弊之深，王法难治。

梁的关税沿袭南齐，据史载，天监十五年（公元516年）下诏："优减旧格。"[4] 即"优减"以往制度和规定的税赋。大同十一年（公元545年）又下诏令除省关税和其他杂税，以减轻人民的负担。

南陈关税沿袭齐梁，南方经济发展，商贸繁荣，其关税征收范围也肆意扩大，税吏乘机营私舞弊，中饱私囊。陈宣帝是发现了问题，于太建十一年（公元579年）下诏训斥。并要求拟定制度，张榜公布。南陈末年，"税江税

---

[1] 《宋书·孝武帝纪》。
[2] 《文献通考·田赋考》。
[3] 《南齐书·郁林王纪》。
[4] 《梁书·武帝纪》。

市，征取百端"①。关税制度破坏殆尽。

（二）市税

市税是对行商所征收的入市税和对坐贾所征收的店铺税。南朝的市税沿袭两晋，但其工商业较之前代有了较大的发展，所以宋、齐、梁、陈各王朝更为重视市税的课征。

南朝刘宋于建国之初，即永初元年（公元420年）就下令"市税繁苦，优量减降"②。此后，刘宋的市税稍有轻减，这对当时南朝工商业的发展确有较大的益处。

宋齐之际，制度渐毁，市税兴盛，课征烦苛。南齐萧嶷着力整治市税，改革规章制度，抑制官吏经商，受到了百姓的拥戴。永明十一年（公元493年）诏曰："关市征赋，务从优减"③，强令减轻市税，以利商品流通，稳定社会治安。

此时，南齐在市税征管上首创了包税制，承包者为获得包税权，竞相提高税额，然后为转嫁税负，擅自加重征课。商人为规避税负，只有提高商品售价。于是物价日益腾贵，百姓望而生畏，遂使市场萎缩，商品销售萎缩，造成大量积压，税收日趋减少，包税者无法完成包税定额，被籍没财产，家毁人亡。南齐包税制的弊端种种，危国害民。

南陈市税的特点，税收繁杂苛重，税吏中饱私囊，人民怨声载道，市税收入平平。为此，陈宣帝下令："所由具为条格，标榜宜示。"当然拟定制度，张榜公布，世人皆知，总是好事。

二、通行税

南朝时期的通行税包括牛埭税与桁渡税，沿袭东晋而来，因南朝的埭和桁已演变为关津，故通行税就具有内地关税性质。

（一）牛埭税

牛埭税，即对经过水埭的商旅所课征的税收。牛埭税源于东晋，盛行南朝，且有不断加重的趋势。

东晋始创牛埭税，南朝顺势而为，不断推波助澜，重课商旅。以致商人宁

---

① 《南史·陈本纪下》。
② 《宋书·武帝纪下》。
③ 《南齐书·郁林王纪》。

择远道，必绕牛埭。但官府对策更甚，商旅绕埭而行，均要纳税；总之有牛埭的地方，肯定有牛埭税。南齐武帝永明六年（公元488年），西陵牛埭税，官定日收3500文，一年就是120万文，足见牛埭税收入之可观。

南梁时，牛埭税曾行包税制，因不堪扰民，梁武帝大同十一年（公元545年）三月下诏，令尚书州郡各速条上，随言除省，以舒民患。

（二）桁渡税

桁渡税，亦称桁税，即对通过水上浮桥的商旅所课征的税，源于东晋时期，南朝沿袭，并推而广之。

刘宋孝武帝大明八年（公元464年）下诏："可停道中杂税"。这里的"道中杂税"，自然包括货物运输过程中的桁渡税。刘宋桁税扰民惊商，臭名远扬。南梁大同十一年（公元545年）春三月下诏，明令除省桁税及其他杂税，以减轻人民的负担。

三、估税

估税，即课于市场交易行为的税。估税源于东晋时期，"历宋、齐、梁、陈，如此以为常"[①]。刘宋元嘉十七年（公元440年）文帝之诏曰，"又州郡估税，所在市调，多有繁刻"[②]。南齐建元五年竟陵文宣王子良上疏："顷市司驱扇，租估过刻"[③]。南陈太建十一年（公元579年）宣帝诏曰："市估津税，军令国章，更须详定，唯务平允。"[④] 这说明南朝各代均行估税。南朝的估税与市税、津税、商税等划分不清，你中有我，我中有你，繁杂繁琐，故而国人怨声载道，估税在南朝自始自终是一个较大的问题。

四、矿冶税

矿冶税，这是对民间开矿和冶炼所课征的税。

金银矿冶一般为官府独占，民间不得染指。刘宋初，规定民间可以自由采矿，官府课征矿税，同时为便利私民纳税，官府准采银课米。

---

① 《隋书·食货志》。
② 《宋书·文帝纪》。
③ 《南齐书·竟陵文宣王子良传》。
④ 《陈书·宣帝纪》。

第六节 南朝时期的杂税制度

一、塘丁税

塘丁税源于塘丁役（钱），是官府名为修筑、管理塘、埭、桥、桁向沿海、沿河、沿湖地区人民征收的一种税，实为暴敛百姓资财。

沿海沿湖一带人民，为防水患侵袭，自己组织起来，出钱出力，修塘筑埭，以维持生产和生活。至于出钱多少，如何摊役、均由民间自行决定，自主安排，官府不加过问。

南齐永明二年后，会稽太守王敬则，见湖海民丁，按夫交钱，以供修理塘埭桥桁，就上疏王朝政府，要求塘丁钱转作塘丁税，纳入国库。尽管竟陵王萧子良激烈反对，然而，官府还是接受了王敬则的建议，并且推广到其他地区。自此，塘丁役和塘丁钱就真正变成了"塘丁税"。

早在建元初年之前就课征"塘丁钱"了。只不过由地方掌握，"民自为用"，"并不入官"。故王敬则的建议，只是上缴国库而已。但建元初年后，因军事用度不足，浙东五郡课征塘丁税，每丁出钱一千，致使百姓质卖妻儿，苦不堪言。永元三年（公元501年）十二月，南齐官府又将塘丁役按工值折成现钱，令百姓以塘丁税缴纳。

塘丁税，可谓一怪，百姓自己出钱出役，修筑埭塘桥桁，以便生产生活。然而官府却横加一道塘丁税，南朝的苛捐杂税可见一斑。

二、渔税

渔税，亦称鱼典税或鱼宰税，这是向渔民所课征的税。南朝沿袭魏晋之制，并对渔税行包税制。史载梁朝征虏将军萧颖达，向渔民包征渔税，一年可收50万钱。因遭御史中丞任昉反对，才废除了包税制。南陈也征收渔税，合州刺史陈衮，"赃訏狼藉，遣使就渚敛鱼"[①]。

---

① 《陈书·宋元饶传》。

三、口钱

口钱,即人头税。南朝时,南齐高帝建元二年(公元 480 年)"以谷过贱,听民以米当口钱,优评斛一百"①,这里说了以米抵纳口钱,也佐证了刘宋是征收口钱的。

南梁天监元年(公元 502 年)武帝上台伊始就下诏:"通布、口钱、宿债勿复收",这里只说了不能重复课征口钱。那么,在此之前,口钱不仅征收,而且是重复征收的。

四、赀税

赀税,亦称借民钱,即对私人拥有的财产所课征的一种税,属财产税性质。

赀税始于南朝,刘宋文帝元嘉二十七年(公元 450 年),因北魏大举进攻,战争激烈,刘宋国用不足,故令"扬、南徐、兖、江四州富有之家赀满五十万、僧尼满二十万者,并四分借一。过此率计,事息即还"②。

赀税的纳税人是"家赀满五十万、僧尼满二十万者",税率为 25%,这是王朝政府的临时征借,名为借贷,实为强制性的摊派。

五、店肆税

店肆税,亦称邸店税,即对店肆拥有者所课征的税,具有市税性质。店肆为城镇所设邸店和存放物品的货栈。

《册府元龟》载南梁的税务官制中有少府卿,其下有"南塘邸税库",既有主管邸税的专门机构,那么南梁课征邸店税是无疑。

六、修城钱

修城钱是以修城为名向人民课征的一种税,盛行于南朝前期。

南齐建元四年(公元 482 年)三月诏,建元四年之前,修城的徭役,因管理松弛,拖欠的"修城钱"就一概不追征了。这说明以钱代役之制早已实行。

---

① 《南齐书·豫章文献王嶷传》。
② 《通典》卷十一《杂税》。

刘宋初时就有了修城钱，按规定，凡受官者每20日上交修城钱二千，纳税人是大大小小的官吏，与民无关。但建元四年三月诏免修城钱，还是让百姓着实地高兴了一阵，为什么呢？这无非说明了"修城钱"是由百姓出钱，官吏缴纳的。

七、乐输

乐输，是南朝对未入州县编户的中原南渡移民和本地流民、荫户所课征的税收。

乐输，税额不一定多，随意性较大，但一般来说，税收轻于州县编户。但这些人户是南朝土断的对象，一旦编入民户，就承担官府的正式赋役。乐输，作为土断之前对南渡移民和本地流民的税收，是南朝政府基本税种，只是不同于编户的正课。

八、对少数民族的税收

少数民族的税收不同于汉族，有较大的随意性，但赋税仍然依法征收。

史载："岭外酋帅，因生口、翡翠、明珠、犀、象之饶，雄于乡曲者，朝廷多因而署之，以收其利，历宋、齐、梁、陈，皆因而不改。"[①] 对少数民族的税收，不能说很重，但是贪官污吏从中敲诈勒索，中饱私囊，其负担就不轻了。

九、杂调杂征

杂调杂征，就是向人民税取的杂物。据元人胡三省的说法"三调为调粟调帛及杂调"，则杂调就是一个税目。杂调课取何物？官府认为有用的乱七八糟的东西均可。梁武帝大同七年诏书有注释："至于民间诛万端，或供厨账，或供厩库，或遣使命，或待宾客，皆无自费，取给于民。"[②]

杂调杂征既是税收，却没有法定的时限，也没有法定的课征对象，不受税制约束，随需随取，贪官污吏乘机横征暴敛，人民受害更是雪上加霜。

总之，南朝的苛捐杂税远不止上述所举，此外还有桥役钱、桁役钱、埭役钱、池籞税等等，南朝时期杂税制度反映了这样几个趋势。其一的杂税税目不

---

① 《隋书·食货志》。
② 《梁书·武帝纪》。

断增加；其二是杂税的负担不断加重；其三是杂税中商税的比重日益提高。

第七节 南朝时期的税收管理制度

一、赋税管理机构

南朝，宋齐梁陈四朝执掌国家财税机关者均为度支尚书。

刘宋，度支尚书领度支、金部、仓部、起部四曹。有大司农一人，丞一人，掌九谷六畜之供，属官有太仓、导官、籍田等令丞。又有少府一人，丞一人，掌服御之物，领左右尚方、御府、东冶、平准等令丞。

南齐沿袭刘宋，设官一致。梁陈时，又增加了左户尚书，掌管户籍，兼管工部之事。

刘宋时设置了"台使"。所谓"台使"就是中央政府派遣到地方的税收检察官吏，以检察和监督地方的租调和税收的征收情况。

地方税务官吏，州有刺史，职掌所辖地区的军政大权，主管税收的属官各朝不一，一般以曹主其事；郡有太守，职掌一郡之军政大权，主管税收的属官有西曹、户曹、金曹、租曹等；县有县令，其主管税收的属官有西曹、户曹、金曹、租曹等。乡有啬夫，村有保甲，主赋税诸事。

二、库藏制度

南朝库藏也分为钱、谷二部，钱入少府，谷入司农。少府负责收纳银钱，大司农为受粟之官，太仓令总管仓储。

三、赋税管理

（一）田制管理

土地制度是赋役制度的基础，土地制度决定赋役制度。南朝时期江南世族豪强、官僚地主的经济力量不断增长，他们广占田地、"封山锢泽"，因而与南朝政府在分割劳动力和自然资源等生产要素方面存在着深刻的矛盾。

封建社会的最高原则就是"普天之下，莫非王土"，山林川泽等自然资源在法律上属于帝皇所有，属于封建国家所有。刘裕曾于义熙九年（公元413年）下令禁止豪强封锢山泽。其后屡次下诏：严禁强占"江海田池"、"名山大川",但大多不了了之。

就在此时,刘宋王朝出台了"占山法令"。这是中国封建史第一次从法律上承认私人占有一定数量山林川泽的权利,是山林川泽私有化的一个重大标志。这一法令的双重性在于,它既承认私人占有的合法性,又试图限制私人过度占有国家自然资源,同时也表明封建国家仍然掌握着土地的最高支配权。从这一角度说,刘宋的"占山法令"还是有历史的借鉴意义。

(二) 户籍管理

户籍是国家征收赋役的主要依据,由于战争动乱,人户流亡,国家逐渐对户籍失去了控制,故南朝政府整顿赋役制度,就必须加强对户籍制度的管理。

南朝沿袭了东晋的黄籍与白籍制度,但这种户籍制度不仅使官府失去了对民户的有效控制,同时也流失了大量的赋税收入。这就促使南朝政府继东晋之后,继续进行大规模的土断和检括户口,以确保国家对民户的绝对控制。土断的对象也从南渡侨民,扩大到本土流民。其检括户口的方法也多种多样。

符伍连坐法,是南朝检括户口的基本一种方法。其基层行政组织法规定:"五家为伍,伍长主之;二伍为什,什长主之;十什为里,里魁主之,十里为亭,亭长主之;十亭为乡,……。"① 如果伍、里有人逃亡,同伍同里的者要负责追捕;逃者不获,同伍同里者代为负担赋役,这就叫"符伍连坐法",其残忍在于,往往"一人有犯,则合村皆空"②。

校订户籍,防止奸伪,是南朝检括户口的又一种方法。南朝豪门士族,享有特权,寒门庶族就冒充士族规避赋役,贫苦农民投奔士族为荫户,受其保护。南朝政府就设置了专门检校簿籍的官吏,校定户籍,将冒充士族、诈称爵位,伪注病亡,假托隶役的人检索出来,使其编户,成为赋役负担者;并将伪造户籍者谪戍淮水一带十年。

再者,就下诏赦免逃亡人户,招诱浮浪人附籍。"不问往罪,流移他乡听复业宅,蠲课五年"③。经过多次的土断和检括户口,白籍人户基本并入黄籍,同时也不断有逃户、荫户、浮浪人口编入户籍,国家编户大增。

(三) 盐税管理

南朝沿袭东晋征税制,放任民间煮盐,官府收税。南朝的食盐产量十分丰

---

① 《宋书·百官志下》。
② 《南史·郭祖深传》。
③ 《梁书·武帝纪下》。

富，不仅东南产盐，而内地井盐和岩盐的收入也异常诱人，但南朝统治者苦于无法专卖，盐利均落豪强私囊。虽然，官府控制一些盐亭和盐场，但绝大多数操纵在贵族官僚之手，政府只能汲取蝇头小利。这是南朝皇权削弱，"主弱臣强"的权利分配格局所致。梁末，历时四年之久的侯景之乱，其后果之一，就是给予了南梁豪门贵族以沉重的打击，皇权在一定时期得到"有限度的恢复"。至此南朝才又开始了食盐专卖。

第九章

北朝时期的赋税制度

第一节 概 述

一、北朝时期的政治概况

南方东晋为南朝所取代时，北方十六国的纷争也落下帷幕，从草原上走出来的鲜卑族拓跋氏此时已站在历史的制高点上，他们以其深谋远虑的战略和骁勇善战气概，建立了自己的王朝，定都平城（山西大同），史称北魏。公元439年北魏统一了北方，这就是北朝的开端。

孝文帝五岁登上了皇位，他的祖母太皇太后是一位颇有才干的政治家，在她听政时期，曾以孝文帝的名义颁布了"俸禄制"、"三长制"和"均田制"，这些政治经济方面的改革，巩固了北方的政治秩序，社会经济得以逐渐恢复。

公元490年孝文帝亲掌朝政，并结合迁都和南征，发动了自上而下的大规模的变革运动，北魏的改革成果给后续王朝留下了巨大的制度性财富，其历史意义是不能忽视的。

孝文帝死后几十年，北魏王朝政治日趋腐败，政权旁落到了高欢手中。公元534年高欢在洛阳另立了傀儡皇帝，即孝静帝元善见，史称东魏（公元534—550年）。而关陇地区的军阀宇文泰在长安也立了皇帝，史称西魏（公元535—556年）。这样统一的北魏就分裂成东魏和西魏。公元550年高欢的儿子高洋废掉了孝静帝，改国号为"齐"，史称"北齐"。公元557年，宇文泰的儿子宇文觉也废掉了西魏的皇帝，改国号为周，史称北周。

东魏与北齐一脉相承，主要推行汉人鲜卑化政策，而西魏与北周推行的则是鲜卑人汉化政策，这顺应了历史发展的潮流。特别是宇文泰执掌政权时期，注重学习中原政治，吸收汉人士族从政，扩大其统治基础，并任用当时著名政治家苏绰进行了政治、军事、经济、文化等诸方面的改革，提升了西魏的综合国力。周武帝即位后，继续进行了多方面的改革，在他一系列政策措施和治国方略的影响下，北周逐渐的强盛起来，它已具备了统一北方进而统一中国的基本条件。

二、北朝时期的经济概况

（一）农业生产的发展

北魏政府要发展农业生产，摆脱经济困境，扩大财政收入，就必须与世族豪强争夺土地和劳动人口。因此，这一时期经济发展的主要目标就是生产关系的调整，特别是公元 485 年前后北魏所颁布的三长制和均田制，对于限制豪强兼并，解放劳动人口，减轻农民负担，提高农业劳动生产力，促进北朝社会经济的恢复和发展，无疑发挥了较大的作用。

北朝农业生产的发展突出地表现在生产工具和生产技术的进步上。据农学经典著作《齐民要术》所载，仅北魏的耕犁就有三脚耧犁、两脚耧犁、一脚耧犁，长辕犁和蔚犁等。其他如耙、锄、镰等农业工具均有发展，而且相当齐全。其次是生产技术的进步和生产经验的积累，如犁田要求"务遣深细，不得趁多"①。植谷要求"山田种强苗，以避风霜，泽地种弱苗，以求华实"。《齐民要术》对各种农产品的耕作技术都有详尽的记载。再者就是施肥方法的进步，北朝的田间肥料有踏粪、绿肥、蚕矢和粪肥等。主要的施肥方法有踏粪法和绿肥法，《齐民要术》详细记载了这两种施肥方法的操作过程。

北朝生产关系的变革适应了生产力的发展，农业生产的日趋发达就是最突出的表现。

（二）手工业生产的情况

北朝的手工业依然分为官府手工业和民间手工业。官府手工业利用政府行政资源，占据了绝对的优势地位。北朝历代政府都设有大量的职官机构执掌各项手工业的生产和调度，并对手工业者实行轮番服役的制度。北朝手工业在原有基础上有所发展。

1. 冶炼业的发展

---

① 《齐民要术·杂说》。

据史料记载，北朝与南朝差不多同时创造了灌钢法，是中国冶炼史上是一大进步。而用煤碳冶炼钢铁又是北朝的一大发明，这是我国冶炼业的跨越式发展。而矿冶铸造业也随之有所发展。元宏延兴年间，"其铸铁为农器兵刃，在所有之。然以相州牵口冶为工，故常炼锻为刀，送于武库"①。这正说明各地广为冶铸农具兵器等。至于金银器皿的制造，更为精致，堪称一绝。如拓跋焘曾令"作黄金合盘十二具，径二尺二寸，镂以白银，钿以玫瑰"，"锻以紫金，镂以白银，范围拟载，吐耀含真，纤文丽质，若化若神"②。

2. 造船业的进步

北朝的造船业远不及南朝，所造之船也比南方的小得多，但所造之船还是不少的。如神䴥三年（公元430年），刘宋欲攻击北魏，世祖拓跋焘"乃诏冀定相三州，造船三千艘"③。又"薄骨律镇将刁雍，在镇造船二百艘，每船可载谷二千斛，自薄骨律镇运粮至沃野镇，计运六十万斛，比较车运，可省人工十倍"④。此外，北朝漕运或转运中州粮饷器械之船舶，均为自己所营造。

3. 丝织业的发展

北朝的世家豪族，一般"家有十余机织锦"⑤的现象是比较普遍的，丝织业的发展与发达可见一斑。拓跋焘时一次就能拿出20万匹绫锦供赐赏之用。灵太后时，曾听任百官入左藏库扛取布绢，少者百余匹，多者200匹⑥。这可以说明北朝占据中原后，丝织业在原有的基础上有了进一步的发展。

4. 制盐业

北朝的制盐主要有池盐和海盐。池盐取自河东郡的盐池，海盐制造则更进一步，史载"自迁邺后，于沧瀛幽青四州之境，傍海煮盐。沧州置灶一千四百八十四，瀛州置灶四百五十二，幽州置灶一百八十，青州置灶五百四十六，又于邯郸置灶四。计终岁合收盐二十万九千七百二斛四升，军国所资，得以周赡"⑦。可见北朝的制盐规模还是较大的。

其他手工业诸如酿酒业、水碾水硙业、建筑业、陶瓷业、瓦器业等等，北朝的手工业可能不是很发达，但或多或少还是有所发展的。

---

① 《魏书·食货志》。
② 同上注。
③ 《魏书·世祖纪上》。
④ 韩国磐：《魏晋南北朝史纲》，人民出版社1983年版，第461页。
⑤ 《北齐书·毕义云传》。
⑥ 同注④，第459页。
⑦ 同注①。

(三) 商业的恢复和发展

北朝初期商业非常落后，太和年以后，社会相对比较安定，生产有所恢复，商业也就逐渐活跃起来，特别是民间商业的发展更为显著。"《洛阳伽蓝记》一书中记载了洛阳商业繁盛的情况，如宣阳门外的慕化里和慕义里集中了天下难得之货。西阳门外的大市是商贾云集之地，'凡此十里，多诸工商货殖之民，千金比屋，层楼对出，重门启扇，阁道交通，迭相临望。金银锦绣，奴婢缇衣；五味八珍，仆隶毕口。神龟中，以工商上僭，议不听金银锦绣。虽立此制，竟不施行'"①。这已可见北朝商业的发达情况了。

北朝官商盛行，太和年以前，北魏官吏无俸，官商即利用官府的钱财牟取暴利，孝文帝元宏时诏令"始班俸禄，罢诸商人"，官吏生活无忧，自然要罢官商。法令将官俸和商人联系在一起，可见官商横行猖獗。官商是既得利益者，并不因为班禄而有所收敛，王朝政府三令五申，严加禁止，但收效甚微。官商的发展，导致官职本身也成了商品。史载"纳货用官，皆有定价，大郡二千匹，次郡一千匹，下郡五百匹，其余官职各有差。天下号曰'市曹'"②。官吏经商牟利，商人花钱买官，至北齐、北周这一情况日趋严重。这是北朝商业的一大特征。

第二节 北朝时期的田赋制度

一、北魏均田制实施之前的租调制

北魏自拓跋珪入主中原后，就开始实行租调制，但税制尚未规范化和制度化，随意性较大。一般而言，多用"太和之制"，即"太和八年（公元484年），始准古班百官之禄，以品第各有差。先是，天下户以九品混通，户调帛二匹，絮二斤，丝一斤，粟二十石"③。

北魏前期的租调征收，仍然沿袭魏晋的"九品混通"法，即租调征收，先召集县乡三老，按贫富程度把本地农户分为九等，然后将规定征收总额，按

---

① 韩国磐：《魏晋南北朝史纲》，人民出版社1983年版，第466页。
② 《北史·常山王遵传附元晖传》。
③ 《魏书·食货志》。

户等分摊，户等高的负担多，户等低的负担少，各户负担不尽相同。"因民贫富，为三等九品之制，千里内纳粟，千里外纳米；上三品户入京师，中三品入他州要仓，下三品入本州。"①

这里说一下"调外之费"。北魏官吏无俸，其收入主要依靠经商、苛敛和公入私囊取得，这一制度流弊很深，故太和八年始行官俸制度。百官俸禄取之租调，每户增收帛三匹、调外之帛二匹，粟二石九斗。

至此，根据规定每户劳动者要向国家缴纳帛八匹半，絮二斤、丝一斤，粟二十二石九斗。而世族豪强（包括庇荫户和浮游户）享有免税免役特权。这一超逾以往任何封建王朝的租调负担就全部落在中小农户上。苛重的赋税，随时导致中等农户破产转为荫附，而下等农户只能一贫如洗，亡命他乡，国家税源不断湮灭，财政收支入不敷出。为此，北魏政府只得改革田制税制，另谋出路。

二、北魏均田制实施后的租调制

均田制实行后，新的租调制，是与三长制同时颁布。史载："其民调一夫一妇帛一匹，粟二石。民年十五以上未娶者，四人出一夫一妇之调；奴任耕、婢任绩者，八口当未娶者四；耕牛二十头，奴婢八。其麻布之乡，一夫一妇布一匹，下至牛，以此为降。大率十匹为公调，二匹为调外费，三匹为内外百官俸。此外杂调。民年八十以上，听一子不从役。孤独、癃老、笃疾、贫穷不能自存者，三长内迭养食之。"②

上述记载，可以看出均田制实施后的租调制所具有的特征：

其一，租调制是建立在均田制基础上。均田制的授田对象和租调制的课征对象基本一致，这说明田制决定税制。这应是历史发展的一种必然趋势。

其二，租调制按丁按户课征，即从丁征和从户征。租调制取决于均田制。授田多少与租调多少，有一定的数量关系，但没有比例关系。如奴婢受田，其租调要比一般人少得多；耕牛受田不少，但租调课征却不多。故租调的征收体现既按丁又从户的特点。

其三，租调制有负担均衡的作用。租调制是以一夫一妇为课征单位，即主要是按丁口课征，这与均田制按丁口授田是相一致的。这就改变了过去那种以

---

① 《魏书·食货志》。
② 同上注。

大户为征收单位而出现的负担畸重畸轻的现象，起到了均衡负担的作用。况且，"民年八十以上，听一子不从役"，这是对成丁的免役措施；对失去劳动能力的人，"三长内迭养食之"，这是考虑到了纳税人的负担能力，应是较为公平合理的。

其四，租调制执行"轻税入官"的政策。按租调规定，以一夫一妇有田60亩，岁纳帛1匹，粟2石，以每亩收获1石计算，60亩收获60石，岁纳粟2石，税额就是三十分之一，恰如汉代的田租，与实行均田制之前的租调相比，税额相差竟达18倍之多，当然，这是对独立的小农经济而言的。租调制奉行"轻税入官"政策，使北魏政府在与地主豪强争夺荫附浮游人户、争取民户时，处于更为优势、更加积极主动的地位。

其五，租调制维护了地主阶级的根本利益。租调制规定："未娶者，四人出一夫一妇之调"，那么依此计算，奴婢一人所负担的租调仅仅是一夫一妇负担的八分之一，即奴婢一人应纳帛1/8匹，粟1/4石。其次又规定："耕牛二十头，奴婢八"。那么依此计算，一头耕牛所负担的租调仅仅是一夫一妇负担的二十分之一，即一头耕牛应纳帛二十分之一匹，粟十分之一石。

拥有奴婢和耕牛的人，无疑都是贵族地主之类，劳动者是无法沾光的。政策的制定者注定是政策的受益者。制度和政策的倾向性是社会运行的基本准则，不可能改变。如果说均田制下租调制实行的是轻税政策，那么，不难明白轻税政策的聚焦点是在哪儿了。

均田后赋役负担面迅速扩大，一夫一妇的租调虽轻，北魏政府的收入却大为增加，故有北魏库藏盈满之盛况。这又促使荫附人户和浮游人口纷纷脱离世族豪门，转为国家的编户百姓，从而政府掌握了更多的人户，既能"均役省赋"，又可增加赋税收入，可谓社会经济之良性循环。

三、北齐的租调制

北齐的租调规定，一夫一妇为一床，以床为计征单位，一床调绢一匹，绵八两，凡十斤绵中折一斤作丝，垦租二石，义租五斗。较之北魏，租增五斗，调增八两。耕牛的租调，较之北魏，租增五斗，调增十倍。总之，北齐的租调负担有所增加。

北齐按租调将民户分成上、中、下三枭（即三等），三个等级只是决定租调输纳者的输纳路途的远近，与租调额多少无关。同时准许以钱折绢缴纳赋税。

四、北周的租调制

北周租调制，仍然从床计征，岁不过一绢，绵八两、粟五斛。较之北齐，租增一倍，调量持平。未婚男子减半，奴婢耕牛则免纳赋税。此外，丰年缴纳全赋，中年只纳一半，下年就交三分之一，灾荒饥寒则免纳租调。

第三节 北朝时期的徭役制度

一、役龄

北魏前期徭役的征发既无定制，也无起役标准。大抵是有人即役，见人就发，所以北魏前期课派徭役，只说"发人"或"发民"，而不说"发丁"或"发夫"。

北魏自均田令颁布后，其徭役制度规定：15—60 岁为正丁，服全役；12—14 岁、60—69 岁为次丁，服半役；11 岁以下为小、70 岁以上为老，免役。

北齐役龄较之北魏有了松动，其役龄规定：18—65 岁为丁，16—17 岁为中，66 岁以上为老，15 岁以下为小。18 岁受田输租调，20 岁充兵，60 岁免力役，66 岁退田免租调。可知，北齐以 20—60 岁为正丁、服全役。

北周的役龄规定：18—59 岁服全役。故而，北周徭役不仅较前代为宽松，而且趋向合理，较得民心，故周武帝能在建德六年（公元 577 年）灭北齐统一北方，决非偶然。

二、役期

北朝法定的役期为每年 40 天，北齐和北周的役期有一个半月，更有二个月的，而且都有延长的迹象。故"丰年不过三旬，中年则二旬，下年则一旬"①的规定，则为粉饰之辞。

尽管如此，北朝的役期还是出现了新的变化，诸如北魏道武帝天赐三年

---

① 《隋书·食货志》。

（公元406年）六月任役，"三十日罢"①。天赐四年（公元407年）七月任役，"三旬而罢"②。宣武帝景明二年（公元501年）九月任役，"四旬而罢"③。东魏兴和元年（公元539年）九月任役，"四十日罢"④。这些零星的记载不能说明全部情况，但这毕竟是一个转折，从毫无节制的徭役征发到有一定的时间限制，这是一个历史的进步。

三、役制内容

（一）正役

正役内容有修长城、筑宫殿等。史载：天保六年（公元555年）"发夫一百八十万人筑长城，自幽州北夏口至恒州九百余里"⑤。又，天保六年六月，"修广三台宫殿"，前后二年有余，以至出现"赋敛日重，徭役日烦，人力既殚，帑藏空竭"⑥的状况。

（二）运役

所谓运役，就是运输田租户调、各种土特贡物以及军事粮草或装备等劳役。运役历代都有，但在战争连绵，动荡不安的背景下，运役就染上了很浓的军事色彩，为保障前方的军事需求，运役必然就有强制性和苛求性。所以说，运役是最难以忍受的。

运役凄惨艰难，世人皆知。拓跋氏入主中原，横征民力，滥兴运役，屡废农业，致使百姓不能自赡，民不聊生，怨声载道。为缓和运役存在的尖锐矛盾，北魏献文帝时，官府颁布了运送租谷新规定："遂因民贫富，为租输三等九品之制。千里内纳粟，千里外纳米；上三品户入京师，中三品入他州要仓，下三品入本州。"⑦这是力图使贫富有差，以路途远近来平衡运役之苦，甚至给运役者"复租算一年"的优待，但仍不能解决运役问题。

而北齐则用"垦租皆依贫富为三梟"，"上梟输远处，中梟输次远，下梟输当州仓。三年一校焉。租入台者，五百里内输粟，五百里外输米。入州镇者

---

① 《魏书·太祖纪》。
② 同上注。
③ 《魏书·世宗纪》。
④ 《魏书·孝静帝纪》。
⑤ 《北齐书·文宣帝纪》。
⑥ 《北史·齐本纪下》。
⑦ 《魏书·食货志》。

输粟"①。但还是解决不了运役问题。

(三) 匠役

匠役，是以工匠身份应役的徭役。北魏初建就把大批中原地区的手工业者强迫迁移到平城，并以军事组织形式把他们编制起来，称为杂户、营户，直属户帅统辖。王朝法令规定，匠役终身服役，并在国家严格的控制之下。

随着对工匠的奴役程度加深，逃亡和隐匿户籍的工匠越来越多。工匠不断解脱其伎巧户籍，走上私营手工业者道路，有的竟混入仕途。于是，官府不得不放松了对工匠的直接控制，允许"工商杂伎，尽听赴农"②。

至北周时期，对工匠正式实行轮番制，于是就有了"役丁十二番，匠则六番"③的规定，尽管工匠服役的期限是普通百姓役期的两倍，但最终是打破了工匠终身服役的制度，这不能不说这是阶级反抗的结果。

(四) 杂徭

所谓杂徭，是指在北朝官府中供官吏或官府驱使的一些介于吏与役之间的职役性人员的劳役，而那些纯属服役者的人群或阶层，也属服杂徭之列，如"力"、"事力"、"兵力"、"渔猎户"、"荫丁"、"食干"、"别户"、"盐户"等。杂徭是没有固定的应役期限、应役范围、应役任务，更没有规范章程的徭役。

北朝的杂徭在国家徭役制度中占有很重要的地位。这些职业性杂役、服役性杂役等，五花八门，名目繁多，可谓应有尽有。较之南朝杂役，增加了不少内容。北朝徭役之所以特别苛重，是和北朝前期的奴隶制奴役有着千丝万缕的联系，落后的生产方式所带来的负面影响是有其历史的延续性的，绝不可能一下子消失殆尽。

第四节　北朝时期的专卖制度

一、盐税与盐专卖

北魏前期，官府掌管河东池盐，"立官司，以收税利"④，即实行食盐专卖

---

① 《隋书·食货志》。
② 《魏书·高祖纪》。
③ 同注①。
④ 同注①。

政策。

献文帝皇兴四年（公元470年）十一月，"诏弛山泽之禁"①，废除专卖，听民自采，但因富强者专擅其用，百姓反而深受其害。于是又行专卖制。其后，时而专卖，时而征税，北魏的盐法始终没有定制。河东盐利甚厚，政府与豪强争夺盐利的斗争就异常激烈，盐制的罢立，反反复复，也就成为必然。

东魏时，实行食盐专卖制，"计终岁合收盐二十万九千七百二斛四升。军国所资，得以周赡矣"②。北齐取代东魏，继续实行专卖制。北周盐制，史载："掌盐掌四盐之政令。一曰散盐，煮海以成之；二曰盬盐，引池以化之；三曰形盐，物地而出之；四曰饴盐，于戎以取之。凡盬盐形盐，每地为之禁，百姓取之，皆税焉。"③ 这里说是"皆税焉"，名为征税制，实为专卖制。

二、酒税与酒专卖

北魏的酿酒业，发展较快。《水经注·河水注》记载了河东郡所酿造的著名的桑落酒。《洛阳伽蓝记》不仅记载了百姓擅长酿酒，更反映出酿酒者聚居成市的繁荣景象，北魏酿酒业发达可见一斑。北魏初"始设酒禁"④，自酿、自饮者有罪。献文帝即位，即"开酒禁"⑤，允许民间酿酒出售，政府征收酒税。此后又行禁酒。

东魏元象元年（公元538年）开酒禁，实行征税制。此制一直沿续到北齐帝天保八年（公元557年），才改行专卖制。北周时，"先是，尚依周末之弊，官署酒坊收利，盐池盐井禁百姓采用"⑥。可知，曾有"官置酒坊收利"之事，也就是说北周末期实行的是酒专卖制度。

三、铁税与铁专卖

北魏重视冶铁业，早在太祖拓跋珪时，就"置山东诸冶，发州郡徒谪造兵甲"⑦，实行铁专卖制。北魏的铁冶，以官营为主，但也时有罢禁，允许百姓自由开采，私商销售，官府征税。

---

① 《魏书·高祖纪》。
② 同上注。
③ 《隋书·食货志》。
④ 《魏书·刑法志》。
⑤ 同上注。
⑥ 同注③。
⑦ 《魏书·太祖纪》。

第五节　北朝时期的工商杂税制度

一、关税

北魏虽然逐步地统一北部中国，农业经济也日渐得到恢复，但其社会经济主要还是依赖于畜牧业，而被官府严厉控制的工商业，则完全处于奄奄一息状态。因此，北魏在很长一段时期内，是不征关市税的。故北魏和北周都无征收关税的记载。

北齐后主时，财政拮据，入不敷出，始征收关税。后主武平六年（公元575年）"以军国资用不足，税关市、舟车、山泽、盐铁、店肆，轻重各有差"[1]，只是以关税收入，供御府声色之费。其后"给事黄门侍郎颜之推奏请立关市邸店之税，开府邓长颙赞成之，后主大悦"[2]。可见即将亡国的后主依然关心"立关市邸店之税"。

二、市税

市税，是对行商所征收的入市税和对坐贾所征收的店铺税。"市税"包括了"入市税"和"店铺税"。"入市税"这时有"市门税"、"入门税"；"店铺税"则有"邸店税"、"邸税"、"店肆税"。

（一）入市税

北魏后期孝昌二年（公元526年）冬，"又税市，人者人一钱，其店舍又为五等，收税有差"[3]。北齐后主武平年前后都有税关市、邸店税的记载。

北周时期，孝闵帝立国就"初除市门税"[4]，故这一时期基本不征入市税。只是到了宣帝大成元年（公元579年），"复兴入市之税"[5]，凡入市者，每人纳一钱，但仅仅课征了一年，静帝大象二年（公元580年）又罢

---

[1] 《北史·齐本纪》。
[2] 《隋书·食货志》。
[3] 《魏书·食货志》。
[4] 《周书·孝闵帝纪》。
[5] 同注[2]。

入市税钱。这是北周末年对入市税的一征一免，次年也就亡国了。

（二）店肆税

店肆税，就纳税人于城内拥有或开设的旅店和货栈所课征的税收，又称店铺税、邸店税，亦属市税性质。

北魏孝昌年间店肆税的征收方法，是将店肆分为五个等级，每个等级设置相应的税率，官府按等级课征赋税。北齐后主（武平六年）"以军国资用不足，税关市、舟车、山泽、盐铁、店肆，轻重各有差"[①]。不知此法令是否真正落实。武平之后，"给事黄门侍郎颜之推奏请立关市邸店之税"[②]，自此始征店肆税。

北周的店肆是否征税，史无记载。但总的来说，北朝的市税时兴时废，较南朝为轻。

三、矿冶税

北朝的矿冶，时而官营，时而罢禁。官营列入专卖，罢禁划入征税。

北魏延昌（公元514年）三年以前，银矿、锡矿包括淘金是由百姓自由开采和经营，并向官府纳税的。延昌三年后，才置官采铸，改为官营。显然，由于官府不断加强对矿冶的管理，官营事业的发展还是比较迅速的。然而，官营时间不长，政策就发生重大变化，神龟元年（公元518年）"开恒州银山之禁，与民共之"[③]，即取消官营，改为征税制。

四、舂税

舂税，即官府出租水碓所收取的使用费或对民间出租水碓者所征收的税。可见舂税是租税合一而成。舂税盛行两晋时代，北魏沿续而行之。

北魏时，官府经营的水碾水碓，而民间水碾水碓更不在少数，北魏高祐就曾令"一家之中，自立一碓；五家之外，共造一井"[④]，可贵的是，此时碾硙基本是利用"水功"作为动力的。当然，舂税收入不会多，否则不会忽略。

---

① 《北史·齐本纪》。
② 《隋书·食货志》。
③ 《魏书·肃宗纪》。
④ 《魏书·高祐传》。

五、牲畜税

牲畜税，因南下入侵的军事需要而直接向人民征发的戎马，有军赋之嫌。

北魏永兴五年（公元413年）正月，"诏诸州，六十户出戎马一匹"①。常泰六年（公元421年）二月，"又诏天下户二十户，输戎马一匹，大牛一头；制六部民，羊满百口者，输戎马一匹"②。如此看来，牲畜税当属军赋之列。

六、赀税

赀税，或称献金，又称借贷，即对私人拥有的财产所课征的一种税，属财产税性质。

赀税始于南朝，北朝沿续而行之。北齐后主，将天下民户划分为九等，六等以上的富户，被强令按户等高低出钱，实为财产税之课征。

七、僧尼税

北齐曾税僧尼，史载："税僧尼，令曰：僧尼坐受供养，游食四方，损害不少，虽有薄敛，何足为也。"③ 税僧尼的理由可谓强词夺理之冠。

北朝的商业远不及南朝发达，故工商税的税种、税目要比南朝少得多。北朝统治者在汉化的过程中，不免带有旧式生产关系的痕迹，特别是税制缺乏规范性和固定性，其人为的意志或随意性较强，这使得北朝的苛捐杂税众生，各种临时加派、多种横调杂调，越废越多，越除越杂，正是"野火烧不尽，春风吹又生"。

第六节 北朝时期的税收管理制度

一、赋税管理机构

北朝时北魏置度支尚书，是为国家财税的最高管理机关，所谓"度支,主计算

---

① 《魏书·太宗纪》。
② 同上注。
③ 《通典·食货·杂税》。

之官也"。其"度支尚书之属统度支，掌计令，凡军国损益及军役粮廪事；仓部掌诸仓账出入事；左户掌天下计椽户籍等事；右户掌天下公私田宅、租调等事；金部掌权衡、度量、内外诸库藏支账等事；库部掌戎仗器用所须事"①。

北周财税管理机构略有变化："后周司农上士一人，掌三农九谷稼穑之政令，输大司徒。大府有中大夫掌贡赋货贿以供国用，属大冢宰。又有计部大夫，其户部度支，金部、仓部、工部、屯田、虞部、水部，咸准六官，各以其差次属焉。"② 又设司赋，职掌制定国家赋税法令和政策。至于库藏，北朝三代都由太府掌管。

二、赋税征收管理

（一）整顿户籍，检括户口

北魏政府重视户籍管理，如太延元年（公元435年）、延兴三年（公元473年）等曾多次下令检括户口，也屡有成效。但北魏政府为与地主豪强、坞堡宗主争夺劳动者，争取编户百姓，采取了更为有力的措施，即实行三长制的户籍制度。太和十年（公元486年），三长制正式实施后，有组织的检括户口，整顿户籍，清查隐匿人口，使大量的庇荫户、依附、浮游人口转化为官府的编户，国家的税源扩大，百姓的负担减轻，豪强地主以及宗主的势力受到了限制和削弱，对稳定北魏政权的统治局势起到了重要的作用。

（二）工商税管理

由于频繁的战乱所致，北朝的工商业的发展屡屡受挫，致使工商税基础薄弱，税收政策朝令夕改。故而，各项专卖制度禁罢不已，关市税政策游移不定，杂税丛生，加派频仍，政策的随意性较强，这使税收的管理难度加大，管理效率低下。同时也由于政权更迭频繁，影响了税收政策的连贯性和稳定性，而社会经济机制运行不畅，又促使政权更替更加频繁。

北朝的市场管理和市税的征收，由司州牧领市署令丞具体职掌。北周时市税的管理得以强化，官府在市场入口处，置司市下大夫；在京市内置肆长四十人，职掌市税管理，纵观整个北朝的市税，多少还是有所发展的。

三、货币制度管理

货币制度与财税制度关系密切，中国财税史上，历代统治者都利用货币铸

---

① 《册府元龟·邦计部总序》。
② 同上注。

造和发行，利用货币法规和政策，直接为国家财政赋税目标服务。因此，封建社会的货币管理隶属财政管理，是国家财政税收管理的一个重要组成部分。

北魏立国一百年间，始终未铸钱币，这与当时的社会经济发展严重脱节，铸造钱币势在必然。太和十九年（公元 495 年）孝文帝始铸五铢钱，在官府铸钱的同时，又在各地设置铸炉，"听民铸之"。然而，铜钱的流通范围十分狭小，始终未能成为流通全国的统一货币。推行新币困难重重，以致新币只能退至京师一带流通。

熙平二年（公元 517 年）北魏政府采取断然措施，广开铜矿铸钱，允许民间私铸钱币。永安之后，钱法滥恶，货币大小不一，轻重有差，劣钱充斥市场，物价腾贵，通货膨胀，严重影响了人民生产和生活，影响了国家的财税收支。币制的混乱直接制约了王朝财政的发展，国家赋税不得不课以实物，严重的影响了官府的库藏、国家的资用、军费的调拨、官俸发放和赏赐等等，也阻碍了社会经济的发展。

四、财税法律制度

（一）有关田制的刑罚制度

第一，均田令定："诸应还之田，不得种桑、榆、枣、果，种者以违令论，地入还分"。即不按法令履行义务者，夺其地。

第二，均田令定："诸宰民之官，各随地给公田，刺史十五顷，太守十顷，治中、别驾各八顷，县令、郡丞各六顷。更代相付。卖者坐如律"。地方官吏受田，严禁买卖，违者犯律。

第三，"主将参僚，专擅腴美，瘠土荒畴给百姓，因此困敝，日月滋甚。诸镇水田，请依地令，分给细民，先贫后富。若分付不平，令一人怨讼者，镇将以下连署之官，各夺一时之禄；四人以上，夺禄一周"[1]。即均田不平者，罚禄处之。

（二）有关户籍的刑罚制度

第一，诏令：太延元年（公元 435 年）"自今以后，亡匿避难，羁旅他乡，皆当归还旧居，不问前罪"[2]。即诏令发布自日起，更改者不问前罪。

第二，诏令：延兴三年（公元 473 年）"诏遣使者十人循行州郡，检括户

---

[1] 《魏书·源贺传附源怀传》。
[2] 《魏书·太祖纪》。

口，其有仍隐不出者，州、郡、县、户主并论如律"①。即隐漏荫庇人口者有罪，以及州、郡、县、户主并论涉罪。

第三，诏令：太和十四年（公元490年）"依准丘井之式，遣使与州郡宣行条制，隐口漏丁，即听附实。若朋附豪势，凌抑孤弱，罪有常刑"②。即隐漏荫庇人口有罪。

（三）有关租调的刑罚制度

第一，太平真君四年（公元443年）六月下诏，训诫各级官吏，征发有度，否则举劾治罪。

第二，延兴五年（公元475年）四月下诏，要求专人负责对赋调的运送调拨，违者罢官。

第三，和平二年（公元461年）正月下诏，对征发租调中，乘机混水摸鱼，火中取栗者，十匹以上处死刑。

第四，太和八年（公元484年）六月下诏，贪官污吏获赃一匹者，处死刑。

（四）有关徭役的刑罚制度

第一，和平四年（公元463年）三月下诏："今内外诸司，州镇守宰，侵使兵民，劳役非一。自今擅有召役，逼雇不程，皆论同枉法"③。其意为擅兴徭役，以犯法论处。

第二，神龟元年（公元518年）正月："诏以杂役之户或冒入清流，所在职人，皆五人相保，无人任保者夺官还役"④。

第三，太和十六年（公元492年）五月"诏群臣于皇信堂更定律条，流徒限制，帝亲临决之"⑤。帝王参与修改徭役法律，表示对劳役的重视。

---

① 《魏书·太祖纪》。
② 同上注。
③ 同上注。
④ 同上注。
⑤ 同上注。

第十章

隋代的赋税制度

第一节 概 述

公元581年，北周的丞相杨坚夺取了北周政权，自立为帝，建国号为隋，改元开皇，并于589年灭陈，统一了全国。隋的统一，结束了魏晋南北朝以来长达360年分裂割据的动荡局面。这是政治趋向稳定，经济得以发展，国力日益强盛，中国封建社会走向全盛时期的转折点。

历经360年的分裂割据，国民经济几近崩溃，再生产衰退、劳动力短缺、商品经济萎缩以及财政拮据。面对这重重的政治经济危机，以隋文帝杨坚为首的封建统治集团励精图治，除旧布新，十几年间，成效斐然。封建经济不仅从危机中走出来，促成了开皇中期的小康局面，而且"隋富（隋代富裕）"为历代莫如的程度，特别是其赋税收入仅以租调徭役为主，基本废除了专卖、工商税、杂税以及各种各样的杂征。历经千年逐步发展的中国税制体系，在隋代有戛然而止的感觉。是什么原因造就了"隋富"？隋代国家财政充裕为历代所不及，"隋富"究竟是一个什么概念？隋时"百姓承平日久，虽数遭水旱，而户口岁增。诸州调物，每岁河南自潼关，河北自蒲坂，达于京师，相属于路，昼夜不绝者数月"[1]。"人庶殷繁，帑藏充实。"[2] 隋代曾修建了许多著名的大粮仓，"隋氏西京太仓、东京含嘉仓、洛口仓，华州永丰仓，陕州太原仓，储米

---

[1] 《隋书·食货志》。
[2] 《隋书·高祖纪》。

粟多者千万石，少者不减数百万石，天下义仓又皆充满"①。"开皇十七年，户口滋盛，中外仓库，无不盈积"②，"计天下储积，得供五六十年"③，现代考古发掘亦证实了史载完全可靠。隋代财政之富裕确实为前代所未有。

开皇十二年（公元592年）隋文帝说，我既没有加重赋敛，轻税于人，也没有特别节省支出，怎么会有如此赢余？文帝本人亦感到奇怪，后人更难以解释。马端临曾就此提问："按古今称国计之富者，莫如隋。然考之史传，未见其有富国之术也"。

详考隋史，其赋税收入几乎就只局限于租调，除此之外，没有其他什么税课，即使租调之征也大为减轻。这就需要综合地研究考察隋代高度繁荣与政治经济诸方面改革的关系。

隋代政治经济改革的深度和广度，是以往所不能比拟的，它涉及到法制、官制、政制、吏制、兵制、田制、户制、税制、役制等等，彼此纵横交错，繁简交织，改革的目标则是发展社会经济，巩固中央集权。这将中国封建社会推向辉煌和全盛的起点。

一、官制改革

隋文帝废除了北周时期的六官制度，随即确立了三省六部制度。三省就是尚书省、门下省和内史省，尚书省是处理日常政务的机构，长官是尚书令；门下省是审议机关，长官是纳言；内史省是决策机关，长官是内史令。三省之间互相制约，共同行使职权，由此组成中央最高的统治机构。

尚书省下设吏部、礼部、兵部、度支（后改为户部）、都官（后改为刑部）、工部，是为六部。六部尚书分掌全国政务，自隋定型。全国各地大小官吏都由中央任命，规定地方长官每年到中央报告工作，由吏部考核，评定考绩。中央随时派员去各地巡视，以强化皇权及对官吏的控制和纠察，提高行政效率，保持政务畅通。

隋代创设三省六部制是加强中央集权的一项重要的政治制度，也是职官制度的一项重大改革。

---

① 《通典》卷七《丁中》条注文。
② 《隋书·高祖纪》。
③ 《贞观政要》。

二、政制改革

隋初曾沿续北朝州郡县三级地方体制，可谓机构重迭，冗官冗吏充斥，冗费庞杂，政令不畅，行政效率低下，官僚主义盛行，财政不堪负担。

大臣杨尚希就天下州郡过多，建议文帝实行改革。开皇三年，隋文帝采纳了杨尚希的建议，本着"存要去闲，并小为大"的原则，下诏废除郡一级，改行州县二级制。这是郡县制的一大改革。精简机构后，彻底改变了隋初"民少官多，十羊九牧"的冗滥现象，行政体制的面貌焕然一新，县以上的行政单位比北朝时期减少了三分之一，裁减（并）地方冗官172000人，节约俸米79万石①，财政负担大为减轻。为政治经济改革创造了一个非常有利的氛围。

三、兵制改革

隋代在军事上彻底地改革了北朝的府兵制，将原来单独编制的府兵户籍划归地方管理，兵籍与民户同隶州县，改变了过去军民分治的现象。士兵如同民户，按照均田法令同样可以分得一份土地，从事农业生产，并享有免纳租调，免服徭役。有利于发展社会经济，有利于强化中央集权。

府兵制改革的意义在于：第一，军民共籍，兵农合一，共籍分职，制度规范，既增加国家赋税收入，又减少人口荫庇现象，可谓一举二得。第二，府兵制的特征是：农时生产，闲时训练，战时出征。不违农时，不耗劳力，不费军费。寓兵于农，既加强了军队的战斗力，又节省了大量的财政开支。第三，府兵制的经济机制是国家没有军费开支，士兵免征租调徭役。这在一定程度上减轻了农民的服役负担，这对于恢复农业生产和发展社会经济大有裨益。

四、首创科举制度

隋初代在选拔官吏方面，废除九品中正制，首创科举取士制度。重才学，次门第，以考试的方式量"才"取士，这一选士制度打破了豪门世族垄断政权的局面，反映了庶族地主经济发展，要求参政的强烈愿望，同时也标志着封建王权企图集中整个地主阶级的力量来加强统治。当然，科举

---

① 李炜光：《中国财政史述论稿》，中国财政经济出版社1999年版，第158页。

制度存在着各种流弊，但这不能不说是一个巨大的历史性的进步。

五、法制整饬

整饬法制，严肃法纪，杜绝两晋北朝以来的官场腐败、颓废之风。隋文帝崇尚俭朴，对贪官污吏深痛恶绝，特别重视革除贪污奢侈之弊，其即位就着手制定新律，两年后就颁布了《开皇律》。由律、诏和令构成严密的法制体系，以确保改革的顺利进行。

（1）诏令规定公卿以下各级官吏按品级分给职分田，以作养廉之用。但法律又明确规定豪强官吏不得侵夺民间财物，凡有贪污受贿营私舞弊者，处以极刑。

（2）隋政府经常派员巡视各地法制与吏治状况。隋文帝三子杨俊，私造宫室，即被敕令归第禁闭；太子杨勇也因奢侈好色，而被废黜。对官吏违法渎职，小罪重罚，以儆效尤。

（3）对基层官员，厉行法制，严肃法纪，赏罚分明。对执法认真者，文帝亲自召见并布告天下嘉奖。对冒伪舞弊渎职者，或流配，或重刑。经过整饬，隋初的政治比较清明，法制健全，吏治整肃，社会风气有所改进。

六、实行轻徭薄赋政策

隋初废除了北朝所有的苛捐杂税，国家的赋税收入几乎完全依赖于"租调役"，即对农业（租）、家庭手工业（调）和农业劳动者本身（役）的课征。可以说隋代的赋税，基本就是单一的土地农业税制形态。

开皇三年（公元583年），将成丁年龄由18岁提高到21岁，男子服役推迟了3年，服役日数，由30天减为20天；调绢1匹由四丈减为2丈。轻徭薄赋的政策，还表现在多次蠲免赋税上，从开皇七年到开皇十八年，计12年时间，重大蠲免就达6次之多，这为我国历史上所罕见。

隋文帝兢兢业业，励精图治，他在开皇年间改革措施，不仅促进了隋代社会生产力的发展，赢得了"开皇盛世"，而且为整个隋唐政治经济文化的繁荣奠定了坚实的基础。故有史书称隋文帝杨坚是中国封建社会最杰出的改革家之一。

第二节 隋代的赋税制度

一、田赋制度

隋代的田赋制度是建立在均田制基础上的,据《隋书·食货志》记载,开皇元年(公元581年)隋文帝颁发新令,规定:"丁男一床,租粟三石。桑土调以绢絁,麻土以布。绢以匹(每匹长四丈),加绵三两。布以端(每端长五丈),加麻三斤。单丁及仆隶各半之。未受地者皆不课。有品爵及孝子、顺孙、义夫、节妇,并免课役。"

隋代的计税单位是"床",即一夫一妇为一床,按床纳税。开皇三年(公元583年)又规定每丁"减调绢一匹为二丈(布亦当减为二丈五尺)"①。开皇三年(公元583年)正月,"帝入新宫。初令军人以二十一成丁"②。成丁年龄从18岁提高到21岁,而授田年龄不变,仍是18岁,那么百姓达到授田年龄后,就有3年时间免征租调徭役。

一般来说,租调的负担不能算重,相比以往各王朝,应该是减轻了不少,这得益于均田制的推广。隋代均田制的最大特点是扩大了实施范围,按规定隋代府兵可以如同均田户那样分得土地。府兵得到土地,自然负有纳税义务,相应地减少国家的财政支出,特别是军费支出。这对隋代实行"轻徭薄赋"或"轻税"政策,具有重要的意义。

隋仁寿四年(公元604年)隋炀帝继位时,田赋制度出现了一个大的变化。隋炀帝鉴于:"户口溢多,府库盈溢,乃除妇人及奴婢、部曲之课"③。这一诏令是我国古代赋役史上的一大变革,从此,妇女在法律上正式由课口变为不课口,其意义非常深远,对民户的赋役负担影响也很大,特别对于无男丁的贫弱女户,更是求得一线生存的机缘。

二、田赋减免

开皇九年(公元589年),"帝以江表初定给复十年,自余诸州,并免当

---

① 《隋书·食货志》。
② 同上注。
③ 同上注。

年租税"①；开皇十年（公元590年），"又以宇内无事，益宽徭赋，百姓年五十者，输庸停放"②。即免役收庸，允许以布帛代替力役；开皇十二年（公元592年）下诏："河北、河东今年田租三分减一，兵减半功（徭役减半），调全免"③；开皇十六年，蠲免全国赋税；这些减免措施，史籍多有记载。

这里，可以看出隋代确实是通过各种途径减征调绢，宽限免征租调年限，免去妇女和奴婢的租调，包括实行大范围、长时间的蠲免等等，这对隋代的社会经济发展和财政充裕，具有较大的促进作用。

三、义仓税

开皇三年（公元583年），度支部尚书长孙平见天下百姓因遭受水旱之灾，生活不能自给，奏令民间每秋家出粟麦一石以下，皆按贫富差等计算，储之闾巷，以备凶年，名曰义仓，也叫社仓。隋文帝采纳了他的这个建议。

义仓设立后，民户自储自救，官府代为管理。开皇十五年（公元595年），隋文帝指责义仓管理不善，把义仓的管理权限从乡村基层的社司转移到州仓曹手中。开皇十六年（公元596年）二月，又诏社仓，"准上中下三等税，上户不过一石，中户不过七斗，下户不过四斗"④。自此，义仓粮就由自愿交纳变成了强制按户征收，近乎"税"的性质。

第三节 隋代的徭役制度

一、役龄与役期

隋代的徭役，据隋代规定，起役年龄为18岁，免役年龄为60岁，每年服役30天。

开皇三年（公元583年）"初令军人以二十一成丁，减十二番每岁为二十日役"⑤。按此规定，起役年龄推迟了3年，即为21岁；每年服役日数由30

---

① 《通典》卷五。
② 同上注。
③ 《隋书·食货志》。
④ 同上注。
⑤ 同上注。

天减为20天。开皇十年（公元590年）令："六月辛酉制，人年五十，免役收庸"①，即50岁以上丁男可免徭役，但须纳钱代役或纳物代役，叫做庸。

二、徭役负担

隋初的徭役主要是以修筑长城为重点，兼有水利工程。开皇元年（公元581年）四月，"发稽胡修筑长城，二旬而罢"②。开皇六年（公元586年）二月，"发丁男十一万修筑长城，二旬而罢"③。开皇七年（公元581年）二月，"发丁男十万余修筑长城，二旬而罢"④。开皇二年（公元582年）六月，在长安城东、渭水南岸营建新都大兴城，至翌年年初竣工。开皇四年（公元584年）"命宇文恺率水工凿渠，引渭水，自大兴城东至潼关，三百余里，名曰广通渠"⑤。

隋代立国37年，其中隋文帝在位24年，他对征发徭役，较有节制，能依法行事，也未见超期征发的记录，因此农民的徭役负担大为减轻。

隋炀帝即位后，即免妇人及奴婢部曲之课，又将男子成丁年龄推迟到22岁，民户的徭役负担理应更为减轻。但事实却大相径庭，隋代的重大工程（役使），几乎都集中在大业年间，隋炀帝为营建东都洛阳、修筑长城、开凿运河、建筑驰道、出征高丽，滥用民财、滥役民力，苛役胜秦代。

三、役制影响

大业年间的徭役，唐高祖李渊于武德六年（公元623年）颁布的《简徭役诏》中曾有评说："自隋氏失驭，刑政板荡，豺狼竞起，肆行凶虐，征求无度，侵夺任己，下民困扰，各靡卿生，丧乱之余，百不存一。"⑥ 真可谓一针见血。

大业年间的徭役特征：首先，超时延期。炀帝时频繁征发的徭役，几乎从未限定工期和役期，其时限远远超过二旬。其次，徭役课及妇女。他自己下诏免去妇女之课，可出尔反尔。再者，徭役苛重。炀帝时的徭役均为大型项目，

---

① 《隋书·高祖纪》。
② 同上注。
③ 同上注。
④ 同上注。
⑤ 《隋书·食货志》。
⑥ 《唐大诏令集》卷一百十一。

劳动强度极高,生活条件极差,命官执法极严,役丁死亡率极高。如:长城之役,"死者太半"①。修船之役,"官吏督役,昼夜立水中,略不敢息,自腰以下皆生蛆,死者什三四"②。大业年间的徭役苛政为历代所罕见。隋代,因徭役使"天下死于役而伤于财"③。专家评说:"中国古代历史上,因滥用民力,直接导致大规模的农民起义与朝代更迭,也只见有隋一朝。"④

第四节 隋代的税收管理制度

一、财税管理机构

隋文帝废除了北周的六官之制,确立了三省六部制度。隋代度支部为六部之一,是尚书省领导下的最高财税管理机关,下设度支、仓部、左户、右户、金部、库部等六部。度支职掌计会、事役、粮仓等;仓部职掌全国各大粮仓出入;左户职掌天下户口、户籍;右户职掌天下公私土地的租调;金部职掌全国度量衡和珠宝物资的库藏;库部职掌兵器、仪仗等器用。

地方行政机构,由原来的州、郡、县三级,裁减为州、县两级制,州设刺史,县置县令。地方财税管理机构有户曹司户参军和仓曹司户参军。户曹司户参军职掌户籍、计账、道路、蠲符、杂徭等;和仓曹司户参军职掌公廨、度量、仓库、租调征收等。

县以下基层行政组织的设置,按规定,畿内设制为保、闾、族三级:五家为保,保有保长;五保为闾,闾有闾正;四闾为族,族有族正。畿外设制为保、里、党三级:五家为保,保有保长;五保为里,里有里正;四里为党,党有党长。里正等同闾正,党长等同族正。族正和党长都管辖着一百家民户,由他们或选派富户负责核对户口,征收租调。

二、库藏管理制度

(一)粮仓

---

① 《隋书·食货志》。
② 《资治通鉴》卷一八一。
③ 《隋书·食货志》。
④ 郑学檬:《中国服役制度史》上海人民出版社2000年版,第201页。

隋代粮仓甚多，分布较广，而且仓储盈溢，储量较大，史载："隋氏西京太仓，东京含嘉仓、洛口仓，华州永丰仓，陕州太源仓，储米粟多者千万石，少者不减数百万石，天下义仓，又皆充满。"①

1969年，我国考古工作者在隋代大业年间创建的含嘉仓遗址考古中发觉，这是隋代储纳和转运租米的大型粮仓之一，粮仓周围有城墙，墙基最宽处达17米，城墙东西长612米，南北长750米，整个仓城面积达45万多平方米；有大小259座地下储粮仓窖，其中一座还保留着满仓碳化了的粮食，约有25万公斤。

这说明在1300年前，我国劳动者积累了极为丰富仓储管理水平与储粮经验。

（二）沿河仓储

漕运，是封建财政的主要工作之一，把全国各地、特别是南方的粮食通过水路运往京师，就是所谓的漕运。因涉及河流大小宽窄深浅，就需要沿途中转，国家就在沿河重要地段设置粮仓，以维持漕运的正常运行，这是隋代仓储事业的不可或缺的部分。

漕运仓储与义仓、国库仓储管理方式略有区别，漕运仓储具有较大的流动性，吞吐量巨大，而且十分频繁，除了一般管理水平外，还必须具有较强的综合管理能力和完善的管理制度。隋代在仓储管理方面确实有较高水平。

三、货币管理

隋初的货币管理尽管困难较大，但还是日趋规范。隋代为推行"开皇五铢"，三令五申，并颁行一整套法令和管理办法，如严禁私铸、罚没入官、县令夺半年禄等，持之以恒，法制严明，令行禁止，终于打开了"开皇五铢"的通行局面，币值稳定，百姓便之。这次币制改革，在中国封建货币史上占有一定的地位。但隋炀帝即位后，私铸成风，恶币充斥，甚至铁针、裁皮、糊纸都可以当作钱。隋还能不亡吗？

四、度量衡管理制度

自古以来，度量衡的变化总是不断放大，尽管是不知不觉，然而在暗中剥夺了百姓的财产和血汗。范文澜先生认为"以古度量衡（王莽时期定）为标

---

① 《通典》卷七。

准，南朝尺增大不到一寸，北朝增大二寸到三寸。南朝，齐一斗等于古一斗五升，一斤等于古一斤八两。梁、陈两朝恢复古斗秤。北朝，魏、齐一斗等于古二斗，一斤等于古二斤；北周一斗比古斗仅大百分之六，一斤比古秤仅多二两"①。因此，官吏要攫取民脂民膏，中饱私囊，其最快捷的方法就是不断地随心所欲地改变度量衡标准。

隋文帝实施的改革，要平抑物价，繁荣市场，发展社会经济，巩固封建统治，钦定度量衡制度就是重要的一环。开皇年间，隋文帝对度量衡进行了改革，规定：一尺等于古一尺二寸八分，一斗等于古三斗，一斤等于古三斤。虽标准放大，但混乱了几百年后复归统一，顾炎武亦认为："三代以来权量之制，自隋文帝一变。"② 故而，还是有较大的社会意义的。

五、财税法律制度

开皇元年（公元 581 年）隋文帝即位后就令高颎、郑译、杨素、常明、韩浚等人着手制定新律，二年后就颁布了《开皇律》。

《开皇律》以律、令、格、式并行，以律为主，律、诏和令构成严密的法制体系。

《开皇律》分为 12 篇，涉及财税的有户婚篇、擅兴篇和厩库篇。刑罚分为三种：一是死刑，分为斩首、绞刑；二是流刑，分为一千里、一千五百里、二千里共三等；三是徒刑，分为一年、一年半、二年、二年半、三年共五等。

《开皇律》比较前代的法律，其进步性表现在：其一，刑罚的人道化，取消了宫刑、辕刑、枭刑、鞭刑等极其野蛮残酷的刑罚。其二，缩小处罚范围，废除死罪八十一条，流罪一百五十四条，徒罪若干条。其三，重视刑罚对象，除去孥戮、连坐等危害他人的酷刑。其四，尽可能保持判决的公正性，在诉讼程序上，允许百姓越级上诉，直至朝廷。其五，死刑犯，要经大理寺复审，异地处决。

在财税法律制度上，首先，是强调财税法制的统一性，其在官制、政制、吏制、兵制、田制、户制、税制、役制、币制、俸禄制、科举制、貌阅制、输籍制等方方面面，一丝不苟，尽可能完善财税法制建设，有法必依，违法必

---

① 范文澜：《中国通史简编》第三编，第一册，人民出版社 1965 年版，第 14 页。
② 顾炎武：《日知录》。

究，以达到生产发展、财力充裕，国家富强之目的。其次，是强调财税立法要"取适于时"，简单易行，负担适度。就此，隋代租调较之前代为轻，同时又取消了几乎所有的工商杂税，立法和执法还是比较一致的。故专家评述："开皇律"的颁布是我国古代法制史上的一大进步[①]。当然，这是一部封建统治阶级所颁布的法律，其阶级局限性和阶级倾向性是不言而喻的。否则，怎么会是一个短命的王朝，三十七年而亡呢？

---

① 陈凡：《隋唐五代卷》，太白文艺出版社1994年版，第16页。

第十一章

唐代的赋税制度

第一节 概 述

一、唐代的政治概况

唐代（公元618—907）是中华民族史上的黄金时代，是古代东方帝国的伟大象征。公元618年，隋末太原留守李渊在农民大起义中伺机夺取了政权，建立了李唐王朝，公元624年统一全国。公元626年经"玄午门之变"，中国历史上杰出的政治家唐太宗李世民终于登上了历史舞台。唐太宗即位后，励精图治，以巩固封建统治，强化中央集权，发展社会经济。

政治上首先进一步改革国家行政管理机构，继续实行三省六部制，各部门相互制约，互为补充，使组织系统更为完善，权力更加集中。其次，继续改革府兵制，在均田制基础上，实行三时务农，一时教战，兵农合一，既减少国家财政开支，又强化国家武装力量。再者，唐代彻底打破了魏晋南北朝以来的门阀世族垄断仕途的局面，完善了隋代创立的科举制度，使一般中小庶族地主阶级子弟都有通过考试做官的机会。最后，唐代政府又着力加强法制建没，先后颁布了《武德律》、《贞观律》以及中国封建社会史上较为完备的一部法典《唐律》。这些改革措施是唐初逐渐富强，并促成"贞观之治"的政治基础。

武则天被册封为皇后，实际执掌了李唐王朝的政权，其著名的"建言十二事"，是中国封建社会政治史上罕有的真知灼见，对推动了唐代政治经济的发展多少还是有所贡献的。唐玄宗李隆基即位后，继承了"贞观之治"的治国方略，并在原有基础进行了全方位的改革，这些改革措施则是形成"开元之治"的政治基础。

唐玄宗天宝十四年（公元755年），由于统治阶级内部矛盾的激化，爆发的"安史之乱"前后长达8年之久，这是唐代由盛而衰的历史转折点，自此大唐帝国开始走向了衰弱。安史之乱后，由于各种社会矛盾日益加深，连年的天灾人祸和官府的横征暴敛，农民起义和农民革命风起云涌。唐僖宗乾符元年（公元874年），王仙芝、黄巢领导的农民大起义声势浩大，发展迅速，于广明元年（公元880年）十一月攻克东都洛阳，十二月攻克京都长安。尽管其后起义军虽被残酷镇压，但唐政权也趋于瓦解。开平元年（公元907年）唐将朱温自立为帝，改国号为后梁，唐亡，遂进入五代十国时期。

二、唐代的经济概况

唐代长期坚持轻徭薄赋、富国强民的政策，120年不改变。故而，唐初的社会经济在各个方面都取得了较大较快的发展。

（一）农业的发展

唐太宗坚持农本思想，在发展农业的同时，十分注意兴修水利。据史载，唐代自太宗至玄宗的130年内，全国共兴建重大水利工程达153项（次）。唐代水利工程的基本特色是北方注重开渠引水，而南方则修建堤堰陂塘，其灌溉面积少者千百顷、多达万余顷，这对唐代农业的发展起了十分重要的作用。

唐代农业生产工具的进步突出地表现在耕犁和灌溉工具上，唐代的耕犁已向小型化和多样化发展。同时，唐代已发明了筒车、高转筒车、立井水车等非常先进的灌溉工具。水车的运用和推广，不仅节省了劳力，而且可引水上山，扩大了山田灌溉面积。唐代农田水利事业发展，直接影响就是耕地面积的扩大、人口的增加和粮食亩产日趋提高。

唐代的实际耕地面积在800万顷至850万顷，比汉代大约增加了50万顷到90万顷[①]。据史载，唐代亩产已达一石五斗，一般地主储粮，可食用几年。贞观初年的一匹绢才得一斗米，贞观十六年天下粟价率计斗直五钱，其尤贱处，计斗直三钱。据专家推测，唐代农业劳动生产率较之汉代整整提高了20%[②]，这是贞观年间社会经济发展的主要标志。

（二）手工业的发展

---

① 宁可主编：《中国经济通史》（隋唐五代经济卷），经济日报出版社2000年版，第30页。
② 同上，第34页。

唐代手工业主要分为官营手工业、私营手工业和家庭副业。其类型齐全，管理层次分明，管理体制完善。

官营手工业又分为中央政府经营、地方政府经营和军队直接经营。工部是主管手工业的最高行政官署。地方政府也设有专门的手工业作坊，以生产具有地方特色的手工业品。

官营手工业在手工业体系中占主导地位，门类齐全，规模巨大。私营手工业和家庭副业发展迅速，其生产规模不断扩大，产品种类逐渐增加，部门分工日趋精细。由于手工业者就业人数迅速增加，开始形成手工业者的行会组织，同时也出现了各地区具有独特优势的特种产品，而新兴的手工业部门则不断的涌现。

唐代的纺织业、有着"天上采样人间织"美称，而著名的"唐三彩"则是我国陶瓷艺术中的珍品，在世界艺术史上也享有较高的地位；造船技术的突破特别是踏轮鼓水，成为现代轮船的先驱。其他诸如矿冶铸造业、印刷业、造纸业、制茶业、制盐业、食品加工业、建筑业等都有相当大的发展，生产规模、技术水平和产品种类都超过了以往各代。

（三）商业的发展

唐初，官府对市场的管理是十分严格，传统的坊市制度也更为系统、更加完善。唐中期后，商业的发展突破了指定的市场区域和指定的交易时间，市区之外形成了新的市场，民间集市和草市大量涌现，夜市的出现和繁荣，冲破了宵禁制度，也彻底摧毁了传统的坊市。此外，各种专业市场正在逐渐形成，商业网点覆盖面日趋扩大，营业时间不断延长，商品流通范围和流通数量急剧增长，这一切都充分说明了唐代商业的长足进步和空前发展。

唐代商业的繁荣还具体地表现在市场商品满目琳琅，品种多样化，品质个性化。百姓日常生活所需商品，应有尽有。此外尚有满足达官贵人所需要的特殊商品、四海珍奇以及奢侈品。商人贾客则穿三江，过五海，商品经济潜入穷乡僻壤，更是促进了商业的兴盛。

长安作为我国古都到唐代已有 700 年的历史，而盛唐却是它最辉煌的岁月。洛阳是仅次于长安的大都市，其地理位置以及经济发达的优势，具有全国性的经济辐射能力。扬州位于长江北岸，扼运河南北交通要冲，是全国货物的转运中心，又是东亚贸易往来的主要港口，经济意义十分重要。其他商业大都市以及新兴的城市如雨后春笋般地涌现，诸如成都、益州、幽州、汴州、荆州、苏州、梁州、沙州等，城市化的发展速度十分惊人。

唐代除了商业都市的发展外,更多的是墟市、集市、草市、集镇或市镇,特别是"草市"的普及尤为重要,草市是由农村集市发展而来,它是沟通城乡经济的纽带。草市的兴起与商品经济的发展相适应,江南草市的大量涌现,不仅冲击了传统坊市制度,同时也是我国经济中心南移的主要标志之一。

（四）水陆交通的发展

唐代的陆路交通以长安为中心,四通八达。特别是唐代的驿传制度非常完善,在各主要交通干线上都设有"驿传","凡三十里一驿。天下凡一千六百三十有九所：二百六十所水驿、一千二百九十七所陆驿,八十六所水陆相兼。若地势险阻及须依水草,不必三十里"①。驿有旅店,供往来客商歇宿,并备有舟船马匹,供传递官方文书或供商贾行人之用。每个驿站置驿长一人,负责全面管理。食宿行旅方便,交通传递便捷。

唐代的水上交通也相当发达,以长安为起点的水路干线主要利用大运河沟通了黄河、淮河、长江三大水系,使南北河运畅通,商旅无阻。北上路线可循渭水抵达洛阳,再循永济渠直达幽州。东南路线则循通济渠,经淮水抵达扬州,然后利用南方发达的水运线路,辗转东南各州。南下路线可以经丹江、汉水到达长江,经湘江、灵渠、桂江、珠江抵达广州。可见唐代水上交通是十分便捷的。

江南地区的水路交通更为发达,史载："凡东南郡邑,无不通水,故天下货利,舟楫居多"②。水运繁忙可见一斑。"江淮商贾,业在舟船"③。江南地区的货物转运以及船只往来已是经济交流的主要形式。

（五）对外贸易的发展

唐代发达的对外交通条件,方便了各国与唐代的经济文化交流,促进了唐代对外贸易的发展,唐初,西来的胡人就遍布全国各地,甚至连地处偏僻的村野农舍也有胡人驻足夜宿,长安、洛阳集聚了众多远道而来的外商,这里市场繁荣、商货荟萃、人物华盛,胡人也开店设铺,经营着金银、珠宝、香药等异国商品。

唐代与南亚、波斯（伊朗）、大食（阿拉伯帝国）诸国的贸易关系十分密切。由波斯输入中国的商品主要有宝石、珊瑚、玛瑙、香料、药品、胡桃、胡

---

① 《唐六典》卷五《兵部驾部郎中员外郎》。
② 《唐语林》卷八。
③ 《全唐文》卷八九僖宗《车驾还京师德音》。

麻等；大食商人输入中国的有香料、药材、犀象、宝珠、琉璃、火油、鸦片、丁香等。由中国输往波斯、大食的有丝织品、纸张、药材、丝绸、瓷器等商品。唐代与南亚天竺诸国包括今天的尼泊尔、缅甸、印度尼西亚、印度、巴基斯坦、斯里兰卡、柬埔寨、越南等都有贸易和友好往来关系。

唐代发达的对外贸易，使"冠吴越之繁华"的广州的作用日趋重要，唐代政府还专门设置了市舶使，管理对外贸易。

唐代日益繁盛的对外贸易，为境内各大都市增添了异国风情，也为唐代在中华民族发展史上铭刻下最辉煌的篇章。

第二节 唐代的田赋制度

一、租庸调制

（一）租庸调制的内容

唐前期的租庸调制（法）曾明令颁布过三次。

第一次是在唐立国之初，鉴于隋亡的深刻教训，面对战乱初定，经济亟待复苏，赋调力役从宽简，以示体恤。故于武德二年（公元619年）"初定租、庸、调法"①，"每丁租二石，绢二丈、绵三两。自兹之外，不得横有调敛"②。

第二次是武德七年（公元624年），在颁布均田法时正式颁布租庸调法。史载："武德七年，始定律令"，"赋役之法：每丁岁入租粟二石，调则随乡土所产，绫、绢、絁各二丈，布加五分之一。输绫、绢、絁者，兼调绵三两；输布者，麻三斤。凡丁，岁役二旬，若不役，则收其佣，每日三尺。有事而加役者，旬有五日免其调，三旬则租调俱免。通正役，并不过五十日"③。第三次是在开元二十五年（公元737年），具体内容与前二次基本相同。

租庸调制的减免规定相对比较宽容；(1) 自然灾害减免。"十分损四以上免租，损六以上免租调，损七以上课役俱免。若桑麻损尽者，各免调。若已役已输者，听免其来年。"④ (2) 迁居和外蕃来人的减免。"诸人居狭乡乐迁就宽

---

① 《通典》卷六。
② 《唐会要》卷八十三。
③ 《旧唐书·食货志》。
④ 《唐六典》卷三。

乡者，去本居千里外，复三年；五百里外，复二年，三百里外，复一年。一迁之后，不复更移。诸没落外籍得还者，一年以上复三年，二年以上复四年，三年以上复五年。外蕃之人投化者，复十年。诸部曲奴婢放附户贯，复三年"①。(3) 新附户的减免。"凡丁新附于籍账者，春附则课役并征，夏附则免课从役，秋附则课役俱免"②。(4) 特殊减免。"若老及男废疾、笃疾、寡妻妾、部曲、客女、奴婢及九品以上官，不课"③。

租庸调制是建立在均田制基础上的，其课税对象是田、户、身，纳税形式是租、庸、调，恰如陆贽所说："有田则有租，有家则有调，有身则有庸"④。所以租庸调制是一种以丁为主，以丁定赋的赋税制度。

（二）租庸调制的特点

第一，施行租庸调制必须要有较完整的户籍制度。唐代在颁布均田令和赋役制度的同时进行了户口检索，户籍整理的工作。户籍制和均田制，租庸调制结合成一体，是发展封建经济，巩固中央集权统治的重要措施。

第二，授田年龄与负担赋役的年龄基本相一致。租庸调法规定对老男、笃疾、废疾、妻妾等免除赋役。中男 18 岁以上既受田，则课租调，有一定合理性。

第三，租庸调制的税制项目分解，有田则有租，有户则有调，有身则有庸，人人受田，个个纳税，纳税的项目和应役范围清晰明了。

第四，庸不是单纯的赋税，而是不愿服役者的一种折纳。唐代服役者的法定应役天数，都可输庸代役，以实物取代劳役，有助于发展农业生产，这是历史的一个进步。

第五，租庸调制的税负较轻。唐初田租几近四十税一略低于汉代的三十税一，役制廿日少于汉代 10 天，户调则远低于西晋北魏时期。特别是徭役制度规范化，一年 20 天，加役 15 天免调，加役 30 天则租调全免。这使唐代的轻徭薄赋政策得以具体化，有较大的积极意义。

唐代的租庸调制，自唐初制定，经太宗整顿，直至开元初，一直承袭未变。在这 100 多年时间里，人口激增，耕地扩大，政治稳定，经济发展，财税有余，国库充裕，唐代逐渐进入了它的全盛时期。

---

① 《通典》卷六。
② 《唐六典》卷三。
③ 《新唐书·食货志》。
④ 《陆宣公集》卷二二。

二、户税与地税

唐前期在租庸调制以外，还征收户税与地税。也就是说租庸调制与户税、地税是并存的两种税收制度。

（一）户税

户税，顾名思义是按户出税，课征钱币，所以也称"户税钱"。户税在唐前期不属正税，但在税制结构中始终占据一定的地位，至大历改制，其作用更是不能忽视。

武德六年（公元623年）令天下户量其资产，定为三等。贞观九年把三等中的每等更分为上中下，成为九等。立户等就是为了征户税。

一般认为，唐代户税出现在永徽年后，其时以户税充作官吏俸钱，当然还有其他用途，诸如：以供军国传驿及邮递之用；以供外官之月料，及公廨之用等等[①]。

唐代宗李豫大历四年（公元769年）下令："定天下百姓及王公以下每年税钱，分为九等：上上户（一等户）四千文，上中户（二等户）三千五百文，上下户（三等户）三千文，中上户（四等户）二千五百文，中中户（五等户）二千文，中下户（六等户）一千五百文，下上户（七等户）一千文，下中户（八等户）七百文，下下户（九等户）五百文。其见官（现任的官员），一品准上上户，九品准下下户，余品并准依此户等税。若一户数处任官，亦每处依品纳税。"[②]

大历四年户税改制的诏令有以下几个特点：

第一，课税范围扩大。户税诏令王公以下的各级官吏、地主、工商业者、寄庄户、寄住户、诸色浮客和诸道将士等一律纳税，即实行普遍征税。

第二，税率提高。大历改制各户等税率明显提高，而且户等越低增幅越大。

第三，官吏按品级纳税。现任官吏按品级比照相应的户等纳税，数处任官，则数处纳税。相对于租庸调的优免，户税显然是比较合理，也有利于增加国家赋税收入。

第四，游离户照章纳税。寄庄户、寄住户是一些规避赋税的群体，特别是

[①]《唐六典》卷三。
[②]《旧唐书·食货志》。

地主豪强在外购置田庄，实为避税。故诏令后，一律要加等纳税。

第五，将士从轻纳税。诏令规定将士也需纳税，为表示优抚，对他们则按最低户等征税。

大历四年的户税改革，规定了按户等纳税的原则和相应的税率，无论封建等级的高低、财产状况和职业状况，必须依法纳税，以增加国家的赋税收入，平衡财政收支的目的。

当然，囿于封建私有制生产关系，按户等纳税，则富商避税，官吏逃税，则应有皆有。尽管唐王朝三令五申，但这不会有任何效果的。

户税与租庸调的区别：

第一，课税对象不同。户税从资产课税；租庸调则从丁口课税。

第二，纳税人不同。户税规定全国民户一律纳税；租庸调则由均田的农民负担。

第三，课征形态不同。户税主要征收钱币；租庸调则课征实物。

第四，税率不同。户税采用累进差别税率；租庸调则为定额税率。

（二）地税

1. 地税概况

地税不同于户税，它是和租庸调并列的一种正式的税收。唐代地税由隋代的义仓发展而来，义仓主要从民间筹集粮食，储粮备荒，以供凶年救灾。故唐开元十三年（公元725年）诏令："元率地税，以置义仓，本防险（俭）年，赈给百姓"①。唐玄宗明确了地税出现的原因以及目的。

唐代地税始于贞观二年（公元628年）储粮备荒，设立义仓，"王公以下垦田，亩纳二升"②。得无饥馑，效果上佳。

唐开元二十五年，定每亩二升的税额，并规定商贾户无田或不足者也要按户等交纳地税。其税额，又"上上户税五石，上中以下递减一石，中中户一石五斗，中下户一石，下上七斗，下中五斗，下下户及全户逃散并夷獠薄税（少数民族轻税地区）并不在取限"③。这时，地税按亩征收，商贾则按户征收。

地税征管方法主要是，每年居户按照所受土地，耕种的田亩，编制成青苗

---

① 《册府元龟》卷四九〇。
② 《旧唐书·食货志》。
③ 《唐六典》卷三。

簿，由乡、里汇总上报于县，诸州在七月之前报于尚书省。然后于秋收时，据以征税，亩纳二升，作为义仓收入。宽乡按照实际耕种的土地面积，狭乡按照户籍登记的受田面积，据亩计征地税。若遭遇自然灾害，受灾达四成以上，免一半地税；七成以上，全免地税。

2. 地税性质

首先，地税加重了劳动者负担。地税的纳税人是王公以下的土地的拥有人，包括鳏、寡、孤、独者在内，而这些人在租庸调制下属免课户。在地税下是纳税户。地税的课税对象不仅是受田土地，而且还包括新垦荒地、承租地和典种公私土地。那么地税的负担显然是由那些无地少地的贫苦劳动者承受。至于工商业者按户等计税，负担自然由穿街走巷的小商小贩和打铁制物的工匠们来承受。

其次，地税实际用途的变化。早期地税基本上是用于赈济救灾，但自安史之乱到两税法实行的几十年里，地税名正言顺地列入国税，供官府衙门支用。

地税的收入，据杜佑估计，天宝中地税岁收1240万石，当时正租岁收1640万石，地税收入约当正租收入的四分之三，可知地税在地税全国赋税收入中的地位。

三、两税法

唐德宗建中元年（公元780年），新任宰相杨炎罢租庸调旧制，颁行"两税法"。这是唐代赋税制度的一项重大改革，对唐中期后的生产力和生产关系的调整起着十分重要的作用，同时也在我国赋税发展史上留下辉煌的，也是众述纷纭的一页。

（一）两税法实施的原因

1. 均田制的衰亡

首先是土地连续大量地兼并。"武周以后，事实上已无田可授"，"开元之际，均田制已等同瓦解"[1]。杜佑说："开元之季，天宝以来，法令弛坏，兼并之弊，有逾汉成哀之间。"[2] 安史之乱发生后，土地兼并日益猖獗，田产买卖逐渐盛行，这从根本上改变了土地所有制形式，国家掌握的土地越来越少，均田制日趋瓦解。

---

[1] 《全唐文》卷四一四、卷四三四。
[2] 《通典》卷二。

其次是均田制本身的缺陷。均田制以"凡天下丁男给田一顷"为出发点，但实际上农民受田又是不足额的，特别是经盛唐的发展，户籍人口激增，国家所掌握的有限土地，使均田制执行在客观上受到限制。据《中国农民负担史》和韩国磐《隋唐的均田制度》的分析，平均每丁的受田数不到 36 亩①。据统计，天宝年间全国垦田面积不足 6.23 亿亩，有 8914709 户，人 52919309 口，农民实际受田还不到应受田数的一半，即 50 亩。所以，受田不足，均田不均，均田制必然趋于衰亡，租庸调制也无法存在。

2. 赋役负担加重，农民大量逃亡

土地连续大量地兼并，以及均田制授田不足，赋役负担却不能酌减，这促使贫困农民卖掉土地，远走他乡。安史之乱爆发后，政府为筹集军需，又加重了人民负担，于是农户逃亡成了唐中期后的一个严重的社会问题。

史载："安史之乱，数年间，天下户口十亡八九，州县多为藩镇所据，贡赋不入，朝廷府库耗竭"②，兵食和军费都只能在朝廷所能控制的区域内加重征派。于是，贫苦百姓"朝餐是草根，暮食仍木皮"，甚至"江淮大饥，人相食"，"耕夫困于军旅，蚕妇疲于馈饷"③，百姓被迫大批逃亡。

根据唐代的规定，农户逃亡之后，该户所承担的赋役，就分摊于其他农户，这就是所谓"摊逃"。"摊逃"致使负担面变窄，每一课丁的负担额更重，结果造成了更多的农户逃亡，出现更多的"摊逃"，更重的赋役，这是一个恶性循环，改革赋税制度已迫在眉睫。

3. 财政失控，租庸调收入锐减

"安史之乱"（公元 755—763 年）历时近八年，这是一场人间罕见的浩劫，黄河流域备受蹂躏，社会经济严重衰退，赋税收入因之锐减，"王赋收入无几"④，府库无银，这是其一。

其二是藩镇割据，"以赋税自私，不朝献于廷"⑤。也就是说藩镇截留地方赋税拒绝上缴中央，唐政府能够控制的区域，只剩东南八道 49 州，约为盛唐时的四分之一，其赋税失控，使国家收入雪上加霜。

其三是国内局部战争不断，边境外敌骚乱连连。阶级压迫以及天灾人祸所

---

① 均引自本书编委会：《中国农民负担史》，中国财政经济出版社 1991 年版，第 319—321 页。
② 《资治通鉴》卷二四三。
③ 《唐大诏令集》卷一一六。
④ 《旧唐书·食货志》。
⑤ 《旧唐书·藩琅魏博列传序》。

激起的农民起义和农民战争正如火如荼的展开，江淮以南和关中人民所掀起的反封建反压迫的斗争，足以震慑唐王朝统治阶级。唐王朝浩繁的军费开支，早已使财政陷入空前的危机。

（二）两税法的内容

两税法的具体内容，据《旧唐书·杨炎传》记载，试作归纳如下：

其一，财政立法原则。杨炎的两税法明确规定以"量出以制入"，即"量出为入"作为财政原则。也就是先匡算出国家的财政支出的数额，然后结合当时的社会经济的实际情况，择定当时赋役课额最高的大历十四年数额作为基数，拟定出赋税收入总额，再将赋税总额分配到各地，向民户征收。

其二，课税主体。两税法明确载明，不分主户客户，不分课户不课户，一律以现居户为纳税人；荫户，诸色浮客户、权时寄住户等，一律在现居州县入籍，依法纳税；行商则按收入的三十分之一于所在州县纳税。鳏寡孤独者免征。

其三，课税标准。以民户的资产多寡确定税额高低。"资产少者则其税少，资产多者则其税多"①，税法以"资产为宗"。这是唐代税制的一大进步，对后世影响颇大。

其四，计征税率。以大历十四年（公元779年）垦田总数所纳钱粮作为基数，以原定额比例分摊各州县，再按各户贫富等级课征。

其五，纳税期限。两税法规定每年分夏秋两期征收，夏税不得超过六月，秋税不得超过十一月。征税的时间非常明确，而且带有季节性特点，有利于征收，有利于农事。

其六，征税形态。两税法的征收形态分为钱币和谷粟两大类。按户等交钱，按田亩纳粟。谷粟基于地税，即田亩之税；钱币基于户税，按户等征收。以资产定户等，而田亩是民户的主要资产，故两税法则以户税为主。这可以说明赋税征纳逐渐由实物形态向货币形态过渡。

（三）两税法的意义

两税法的实施，是我国封建社会赋税制度史上的一次重大改革，也是在封建大土地私有制日益发展的形势下，对社会产品再分配所作的一次较有特殊意义的变革，它适应了唐中期后社会生产力的发展和生产关系的变革，对封建社会经济的发展起到了一定的促进作用。两税法的积极意义主要表现在以下几个

---

① 《陆宣公集》卷二二。

方面：

1. 两税法实施是历史发展的趋势和时代的产物

唐代均田制崩溃后，租庸调制随之而动摇，安史之乱加速这一财政危机，税制改革已是箭在弦上。中唐后，均田已被私有田庄所代替，农民不断破产逃亡，使赋税大量流失，国家已无法垄断土地以控制税源。故而，两税法从根本上突破了传统的法规与制度约束，顺应了历史发展的总体趋势，其在中国赋税发展史的积极意义是不能低估。

2. 简化税制

两税法把租庸调和一切杂税合并为地、户两税，统一征收，税目简单、明确，计征固定、方便，百姓更易于接受和理解。两税法革除了自兵兴后的苛捐杂税以及贪官污吏的横征暴敛，集中了纳税时间，简化了纳税手续，便于农民缴纳，便于政府征收，"天下便之"。

3. 扩大了纳税面

两税法以"户无主客，以见居为簿，人无丁中，以贫富为差"为宗旨，规定不分主户客户，不分课户不课户，一律纳税。不仅官吏世族地主要纳税，连同被其庇荫的客户，不定居的商贾，甚至世代享有免税特权的寺院僧尼都要负担税收。纳税户迅速增加，扩大了纳税面，给国家带来了更多的财政收入。

4. 均平纳税负担

两税法以田亩资产为本，即"以贫富为差"，资产田亩多者则多征，资产田亩少者则少征，商人同农民一样纳税，致使被兼并的土地也必须负担相应的赋税，而且任何人不再享有免税特权，一律以贫富为差纳税。这种按贫富等级课税的方法，符合公平的原则，起到了均平纳税人负担的作用。

5. 缓解了国家财政危机

实行两税法后，国家的财政状况有了显著的改善。其一，入籍编户迅速增长。大历中（公元766—779年）为130万余户；建中元年（公元780年）即两税法颁布的那年，为380万余户。也就是说两税法实行后国家所掌握的纳税户迅速增加了。其二，纳税户增加，国家赋税也随之增加。史载：大历末年岁入总计为1200万贯，而盐利占了一半；建中元年岁入总计为1305万贯，而盐利还不在其中。其后，每年岁入总计都在3000万贯左右[①]。这显然比"安史之乱"后的赋税收入要多得多，对缓解国家财政危机具有力挽狂澜的作用。

---

① 《通典》卷六。

6. 加强了中央财政集权

实行两税法，除了给国家带来源源不断的赋税收入，缓解政府的财政危机外，同时还强化了国家的中央集权。这首先表现在，初行两税法时，中央派遣官吏前往各道，按比户口，按地收敛，检括隐户，将之重新编入政府户籍，沉重地打击了地主豪强的经济利益，缓和了阶级矛盾，巩固了中央集权。其次，两税法集财权于中央，有序地整饬了以前混乱不堪的财政局面，特别是有效地削弱了地方政府和州刺史在"安史之乱"中得以膨胀起来的财政，规范了中央和地方的财政分配形式，确保中央政府的赋税收入，同时也加强了对地方财权的控制。

（四）两税法的不足

1. 税负不合理

两税法创行不是为了减轻人民负担，而是为了缓解国家的财政危机，故而只是简单地把一切征敛总括在两税之内，并以大历十四年的垦田数为基准，各道各州按照所掌握的旧有数额进行摊派征收，根本就没有斟酌过地区之间的经济状况、税负的平衡调节。同样土地同等户第，税额却大相径庭，税负畸轻畸重，无视合理负担的原则。真可谓"总无名之暴赋以立恒规"[①]。

2. 立法犯法，法外加征

两税法失败的最直接最根本的原因，是立法者枉法。建中元年颁行《两税法》时，德宗的诏令可谓字字千金："自艰难以来，征赋名目颇多；今后除两税外，辄率一钱，以枉法论！"[②] 可是，下诏令者正是毁诏令者。建中二年两税法颁布的次年，财政入不敷出，德宗不仅提高了两税税额，还开征了新税。建中三年，淮南节度使陈少游奏请将本道两税钱每千钱增收200文，德宗不仅准奏，为此还下诏全国各道将正供税率一律提高20%，同时还把盐价每斗提高100钱[③]。闸门一开，各种苛捐杂税，犹如洪水猛兽，纷至沓来。立法者犯法，这是两税法失败之根由所在。

3. 折钱纳物，额外盘剥

初定两税法时，以货币计税，百姓必须以钱币纳税，但由于受到形势发展和现实条件的限制，实际纳税时，却采取定税计钱，折钱纳物的课征方式。如

---

① 《陆宣公集》卷二二。
② 《旧唐书·德宗纪》。
③ 《册府元龟》卷五一〇。

此，物价的变动对纳税人的负担就有很大的影响。

初行两税法，钱轻物重，才有计钱纳绢的规定。但贞元后，物价迅速下跌，则为钱重物轻，百姓就得负担更多的实物以满足赋税的货币额。可"自建中定两税，物轻钱重，民以为患"①，人民的两税负担屡屡加重，始成"新法既行，已重于旧"②，百姓自然苦不堪言。

4. "量出为入"导致"横征暴敛"

两税法第一次明确地提出"量出制入"的财政原则，这是财政思想史上的一大突破，具有不容忽视的历史意义和实践意义。然而，杨炎只是简单地提出这个原则，却没有深究实施这一原则的前提条件，制约这一原则的劳动者的负担能力以及具体的实施规定和细则。那么，"量出为入"原则就会很自然转变为统治阶级根据自己的需要而无限制地加征赋税的手段。一个很有价值的财政原则完全被扭曲了，支出毫无节制，收入日趋扩大，直接导致暴敛财赋。

总之，两税法的实施，反映了当时社会经济的深刻变化，既有一定的积极意义，也存在严重的缺陷，但它是历史发展的必然产物，对唐中期后的生产力和生产关系的调整，农业生产的发展还是起到了十分重要的作用。

四、田赋附加

（一）青苗钱

青苗钱，即青苗税，这是由于国库空虚，财政入不敷出，所课征的一种地税附加税。因为是在禾苗青绿时征收，故称为青苗钱。

安史之乱爆发，政局动荡，经济衰退，财源枯竭，官俸军费告急。唐代宗即位后，面对严重财政危机，即有大臣奏请"税亩有苗者"。广德二年（公元764年），决定"税天下地亩青苗钱"③。"七月庚子，初税青苗。"④

青苗钱的征收额，大历初，诸州府所税青苗钱，每亩10文。至大历三年（公元768年）十月，每亩增加5文，即每亩征收15文。关于青苗钱的收入，大历元年（公元766年），敛天下青苗钱，计得490万缗，足见青苗钱在国家赋税收入中的重要地位。

---

① 《新唐书·食货志》。
② 《李文公集》卷二二。
③ 《册府元龟》卷五〇六。
④ 《新唐书·代宗纪》。

另外，与青苗钱同时出现的，还有青苗地头钱，简称地头钱，亦作为地税的附加。地头钱的税额，据史载："地头钱，每亩二十。"① 另据《续通典》记载，青苗钱每亩征15文，地头钱亩征20文，共计35文，也就是说，地头钱税额比青苗钱更多。

一般来说，青苗钱是地税的附加税，而地头钱则是青苗钱的附加税，就是附加的附加，可谓叠床架屋了。田亩有苗，则征青苗钱，田亩荒芜，则征地头钱，这就是暴敛之本质。

两税法实行后，按税法规定，两税之外不准再税一钱，则青苗钱（包括地头钱）理应废除，但是青苗钱仍然继续课征，其税额大约为每亩18文。此外还有附加的地头钱。

（二）藁税（税草）

藁税，亦称税草，是田赋附加税，藁税征收刍藁，也就是禾杆和稻草，主要为了供给官家马匹和各处牲畜的饲料。藁税之课既是广大农民的沉重负担，也是封建王朝的大宗收入。

唐代的税草，始于太宗，作为地税的附加税，据青苗钱簿而每年征收。唐代政府一般将租庸和税草并列，这就充分说明官府对税草的重视以及税草在国家赋税收入中的地位。

唐代税草还分为"常税草"和"别税草"两种，常税草为东都的常制定额税草，别税草为皇帝临幸时而加征的税草。两都五百里内诸州，既纳常税草供闲厩马支用，又有别税草以备皇帝临幸。而两都五百里外之州县税草，纳于州县，以保证州县军事邮驿运输支用。每亩税草三束半，是个不小的数目，特别是税草运输较为困难，更能说明百姓税草负担的沉重②。

唐代政府的每年税草支出量有定额，税草的征收也因需求而定。全国税草总数，约略推算，以每亩税草一束计征，课征地税土地为620万顷，则课税草62000万束。这一收入足以确保军国马料之需要。

（三）脚租

脚租，亦称"脚钱"，即纳税人所负担的税粮运输费用，实为田租附加。劳动者向国家交租，先由本人运送到官府指定的地点，然后再由州县集中大批

---

① 《新唐书·食货志》。
② 《唐六典》卷十九。

租粮后，定期把它输送京师或朝廷指定的地点储藏，这笔由纳税人出资的运费，就称为"脚租"，边缘地区称为"脚价"。

脚租，就其课征形态的性质而言，可以分为租脚、庸调脚以及地税脚。

脚租的课征，自然需要考虑路程的险易远近和各地运费的高低。因此，唐政府对脚租的法律规定，只能是一个原则性的概数，具体执行还得视各地情况而言。

《唐六典》记载，河南、河北、河东、关内等四道诸州运租庸杂物等脚租，每驮100斤，100里100文；山阪处120文；车载1900文；黄河及洛水河运，上水16文，下水6文等等。唐代的脚租是劳动者的一项极为沉重的负担。论及双份征脚制度，唐玄宗自己也承认，"每计其运脚，数倍加钱"①。故于天宝四年（公元745年）曾下令"给百姓一年复"，即免除百姓一年赋役。

（四）加征两税钱

两税法实施之初，德宗曾诏令："今后除两税外，辄率一钱，以枉法论！"② 又敕："此外敛者，以枉法论。"③ 兴元元年（公元784年），唐德宗再次下诏："百姓两税外，征率一切并停。"④ "穆宗即位，一切罢之，两税外加率一钱者，以枉法赃论"⑤。如此诏令甚多。

可事实偏偏不是如此！建中"三年五月，淮南节度使陈少游请于本道两税钱每千增二百，因诏他州悉如之"⑥。就此全国的两税征收幅度一下子提高了20%。

浙江东、西节度使韩滉自建中后，每年续加61.6万贯。贞元八年（公元792年），剑南西川观察使"韦皋请什二而税"⑦，朝廷准奏。这是在以往加税的基础上，再加税20%。这都是有史可稽的，自然尚未被揭露的加税恐怕更多。

---

① 《旧唐书·食货志》。
② 《旧唐书·德宗纪》。
③ 《唐会要》卷八三。
④ 《册府元龟》卷一六二。
⑤ 《全唐文》卷六六。
⑥ 《旧唐书·食货志》。
⑦ 同上注。

第三节　唐代的徭役制度

一、役龄役期

唐代法律规定，男 4 岁以下为黄，4—15 岁为小，16—20 岁为中，21—59 岁为丁，60 岁以上为老。凡成丁每岁服役 20 天（闰月加两天），不愿服役者每天折绢 3 尺，是为庸。若有事加役满 15 天免调，加役 30 天则租调全免。故而庸不是单纯的赋税，而是一种折纳，凡是不愿服役者均收庸①。

唐代役制为什么要划分"中男"，其目的何在？均田制规定，中男与丁男同样受田，当然同样纳租调。但唐代"役以丁计"，则中男不服正役（即力役，包括兵役）。能不能说中男纳税不服役，不能，因为唐代法律又规定："丁谓正役，夫谓杂徭"②，即丁男应正役，中男服杂徭，杂徭在州县践役，但也可纳资代役。可见，唐代的徭役制度还是十分规范的。因此，讨论唐代的徭役制度，就必须分别阐述正役和杂徭。

二、庸

唐代租庸调法规定：凡是不愿服役者每天折绢 3 尺，即为庸。若有事加役满 15 天免调，加役 30 天则租调全免。这里有一个问题，即不服役者收庸，有事加役免租调，两者的数量关系如何？

法令规定 20 天正役外，加役 15 天免调，那么"调"是多少呢？二丈。即加役 15 天只抵"调" 2 丈。如果官府无需现役时，法定折役标准是每天折绢三尺，20 天折绢六十尺，合 6 丈。结论十分清楚，无需服役时，20 天征绢 6 丈，每天合 3 尺；必需加役时，15 天免绢 2 丈，每天合 1 尺 3 寸。这就是两者的数量关系，这只是说明唐政府对"庸"的偏爱程度。

唐玄宗时，力役折庸逐步推行，并且得到广泛实施。天宝年间，全国课丁820 余万，分别不同地区，以绢布课征庸调，纳入国家岁计，这意味着全国丁役基本由庸替代了。

---

① 《唐六典》卷三。
② 《唐律疏议》卷二八。

力役折庸，是赋役发展的必然趋势，也是赋税制度史的转折点。但是唐代力役折庸后，依然存在力役，役外有役，加重盘剥，普通劳动者对无休止的徭役是有着切肤之痛的。

三、役制内容

唐代徭役的名称应有尽有，但法律规定的只有正役与杂徭两种，即所谓"丁谓正役，夫谓杂徭"。

（一）正役

正役即指丁男每年服役 20 天（闰年加役两天）的法律规定。唐代正役是租庸调时期最重要最基本的役法。

唐代幅员辽阔，各地徭役征发不平衡当属自然。京师地区，官僚机构庞大，劳役繁杂，就近征调，迅速及时，所以徭役也最为苛重。为此，唐太宗不许长安畿内之民，迁移关外。唐政府对两京地区的控制要比其他州府严密得多。

唐代役法规定，丁男每年服役 20 天，但实际执行时却是另一回事，即使最受称道的唐太宗时期，百姓已视徭役危害甚于虎狼。唐高宗诏书也认为，穷人是被奴役的基本对象，"无钱则贫弱先充，有货则富强获免"[1]。所谓役法规定只有丁男应役，可在贞观盛世，就强迫中男服役。高宗时，已役及妇女了。

唐代劳动者避役的主要方法就是逃亡，早在唐初太宗时，这种现象就屡见不鲜。摆脱国家户籍管理，"王役不供，簿籍不挂"者，"百州千郡"所在多有。另外还有自残躯体以避役，以至多次出现农民聚众抗役。

两税法实施后，按规定"其租庸杂徭悉省"，该是没有徭役了，而事实恰恰相反。宰相陆贽上疏"所在徭赋，轻重相悬"，"今赋役已繁，人力已满"[2]。唐文宗敕曰："百役繁兴。"这些事实说明，唐代两税法实行的 127 年里（公元 780—907 年）始终存在着徭役的征发。这还不包括地方政府自行征发的徭役。

正役主要从事土木工程，唐太宗建宫筑殿绝不亚于前代君王，就是这位贤明君主临朝执政期间，修建了乾阳殿、洛阳宫、永安宫、襄城宫、飞山宫、九成宫、玉华宫、翠微宫等大批宫殿。至于皇陵建筑，只要看一看现存陕西渭水

---

[1] 《唐大诏令集》卷八二。
[2] 《陆宣公集》卷二二。

以北的唐朝十八陵座,就该知道哪里流淌着多少人民的血汗!再说运输之役,唐代自太宗起,崇尚武功,多次对边境少数族和邻国用兵,军事后勤运输和粮食漕运异常繁重。唐与吐蕃交兵、唐与突厥交恶,以致"安史之乱"长达八年,运役之害,扰民之深,终唐一代始终不断。

(二) 杂徭

唐代前期的赋役制度有四:"一曰租,二曰调,三曰役,四曰杂徭。"① 杂徭与租庸调是并列的,《唐律疏议》曰:"丁谓正役,夫谓杂徭。"服正役者为"丁",亦称"丁役";服杂徭者为"夫",亦称"夫役"。说明男子年满16岁就得服杂徭。

杂徭是国家法定的徭役制度之一,其法令规定:丁男服杂徭,40天免正役,70天免租,100天课役全免;中男服杂徭,40天课役全免,又可免户内一人丁租。

杂徭的第一个特点是名目繁杂。故而它又被称为"杂徭役"、"杂役"、"夫役"等等。

杂徭的第二个特点是"轻"。丁男服正役20天。中男服杂徭10天,就体现"轻";正役一天折合杂徭二天,服役地点一般就在本州县境内。

杂徭的第三个特点是临时性。地方的各种繁杂事务,应有尽有,而且随时发生,具有不定期性。因此,征发杂徭的临时性特点就比较突出。

杂徭的役使范围非常繁杂,诸如开河挖渠,修城筑墙,营种官田,缮理盐池,兴修水利,修整果园,运输杂物,充当门夫轿丁等,以至无法区分哪些是正役,哪些是杂徭。

唐德宗实施两税法时,宣布"丁租庸调,并入两税","租庸杂徭悉省"②。悉省的是官府法令,而杂徭压根儿就没取消过,宣宗时宰相上奏:"随户杂徭,久已成例"③。说明两税法时期,杂徭同样兴盛不已。

(三) 色役

色役始于唐代,并在唐代役法中占有十分重要的地位。然而唐代赋役制度,只有正役和杂徭,却无色役,法律上的无法解释,但这并不妨碍色役在唐代徭役中的重要性。

---

① 《唐会要》卷八三。
② 同上注。
③ 《全唐文》卷一〇二。

唐代，承担色役的人可免征正役和杂徭。然而，色役的情况又千差万别，有的色役较轻，有的色役畸重。色役的名目种类繁多，既存在于中央政权各机关部门，也存在于地方各州县。一般都是专供各级官府和官吏驱使的奴仆。

有些色役如三卫，执仗，执乘，亲事，账内等是官僚地主豪强及子弟极愿意承担的，此类色役乃是步入官场的阶梯。而一般贫苦劳动者担负的色役，只有如下种类：

（1）工匠：唐代从全国各地挑选出来集中于京师的身强力壮的能工巧匠。

（2）门夫：唐代派遣中男当州县城门和仓库门的看守，称之为门夫。

（3）白直、执衣：唐代州县官吏按官品高低配置的充役者，即供官吏驱使的奴仆。

（4）烽丁：负责烽事和报警，还得耕种烽地附近的营田，自然困苦异常。

（5）驿丁：负责侍奉往来官吏客商食宿，以及舟、车、马、驴等交通工具的维修和饲养。

此外尚有守桥丁、水手、旗子、牵夫、手力、随身、土力、套墓夫、陵户等等。

（四）差科

唐代还曾有过所谓的"差科"，它包含着两层意思：其一是对徭役的征发；其二是对物资的科敛。有了差科，还设置了"差科簿"作为征发服役的依据。

唐代有关"差科"的史料较多，如法令规定："凡差科，先富强，后贫弱；先多丁，后少丁。差科赋役违法及不均……各杖六十。"[①]

差科的情况究竟如何？差科与正役几乎没有什么区别，差科扩展到正役是顺其自然的事情，问题在于服差科，百姓还得出人出物，自备粮食。

差科繁重令人谈虎色变，故"狡猾者即多规避"，入仕为官，入教为僧，入军为伍，豪族、捉钱户、盐商、"明经出身"者，均可免除差科，剩下的只有贫困百姓了。

四、资课

资课即以资代役，役是指色役。色役，初期是轮番服役，其后不愿服役的人，可以缴纳代役金，免服色役，这就是纳资代役，亦称"资课"。

---

① 《唐律疏议》卷十三。

资课，唐初就有，不过当时分别称为"纳资"与"纳课"。所谓"纳资"，是文武散官所为；所谓"纳课"，是课丁男、中男所为。两者都是纳资代役，但性质完全不同。前者不是课口，无需服正役，所以服色役，无非是积累做官的资格。而丁男、中男则是被剥夺者，无论是输庸代役，还是纳资代役都是一样。

开元初年，资课已列入国家正式税收项目。唐代色役繁苛，纳资户身份复杂，故而资课的税额不一。资课的缴纳期限，每年征收一次，至十月末结束。资课原来征钱，其后出现折纳，先折纳粮食，后又折纳布帛。

《通典》卷六载天宝中，每年的资课与勾剥收入共470余万，其中资课收入多少，难以确认，但资课与勾剥约占全国财政收入的10%，足见资课的地位举足轻重。

五、复除制度

唐代的复除制度有三：其一是身份性复除；其二是灾害性复除；其三是特殊性复除。

（一）身份性复除

依据唐代法律，具有高贵身份的皇亲国戚、达官贵人均可免除课役。诸如：太皇太后、皇太后、皇后、文武职事三品以上、郡王、国公，五品以上职事官、勋官三以上有封者、内命官一品以上、国子、太学、四门学生、俊士、孝子、顺孙、义父、节妇，诸皇宗籍属宗正者、视九品以上官与勋官等等，这些人均可复除或放免。

（二）灾害性蠲免

《唐令·赋役令》载："凡水旱虫霜为灾害，则有分数，十分损四已上免租，损六已上免租调，损七已上课役具免。若桑麻损尽者，各免调，若已役已输者，听其来年。"[①]

蠲免的申请手续是，"据见营田，州县间实，具账申省"[②]，经官府审核批准后，方能实施。

（三）特殊性蠲免

特殊性复除就是每年每乡放免若干丁。开元二十四年（公元736年），据

---

① 《唐六典》卷三。
② 《白氏六帖事类集》卷二三。

唐政府规定，每年每乡放免10丁；至天宝年间增至每年每乡放免30丁。按天宝元年统计，全国有乡16829个，每乡放免30人，计放免50万人之多。

第四节 唐代的专卖制度

一、盐税与盐专卖

唐代的盐政发展，可分为三个时期。

（一）无税时期

隋代食盐无税，唐承隋制，对盐池盐井不加限制，官民共采。故而，从开皇三年（公元583年）到唐玄宗先天元年（公元712年）共130年，盐均无税，这是中国盐政史上的一大特色。

（二）征税时期

开元元年（公元713年），大臣上表献议税盐铁，富人煮海为盐，采山铸铁；穷人寒而无衣，饥而无食，国家应夺富人山海之利，免穷人调敛重徭，损有余而益不足，"盐铁之利，甚益国用"。唐玄宗采纳了这一建议，于开元十年（公元722年）始征盐税。"天宝、至德间，盐每斗十钱"[1]，这是食盐实行专卖前的盐价，一般认为还是比较便宜。

（三）专卖时期

肃宗乾元元年（公元758年），正值安史乱中，为筹措军费，第五琦创立盐法，推行食盐专卖，以盐利供军，结果取得了一定的成效。

第五琦所创盐法规定，官府在产盐地区设置"监院"，专门负责盐务工作。从事食盐生产的亭户，在"监院"入籍。亭户依法负担租庸，免征杂徭。亭户所产食盐除折纳租庸外，全部由"监院"按值收购，然后榷价而售。这为民制、官收、官运、官卖的方法。

食盐专卖后，盐价从一斗10钱涨到110钱，盐税10倍于盐价，一年盐税收入就达40万缗[2]。榷盐法为政府谋取大量赋税收入，但因盐价过高，民怨甚大。

---

[1]《新唐书·食货志》。
[2] 同上注。

宝应元年（公元762年），刘晏改革盐法，他在盐区设置盐官，负责食盐的生产和收购，然后转粜于商人。寓盐税于粜价之中，商人缴纳盐款后，自由运销，不受限制。这为就场专卖之始，即民制、官收、商运、商销的办法，这样既鼓励盐商运销，又减少了官府的费用开支。

刘晏还在商人不愿到达的偏远地区设置了常平盐仓，调节食盐的供给，以免商人垄断食盐，任意提高盐价，影响人民生活。

经刘晏的整顿和改革，盐法趋于合理，百姓食盐供应大为改善，国家盐税收入聚增，盐利由每年40万贯，增加到大历末年的600万贯，"天下之赋，盐利居半"[①]。

德宗建中元年（公元780年）杨炎诬杀刘晏，自此盐法渐乱，盐价日增。初时每斗盐价110文，贞元四年（公元788年），每斗310文，两池盐每斗达370文。盐价飞涨，富商巨贾乘机牟取暴利，贪官污吏中饱私囊，政府所得不多，百姓负担过重，自始盐法衰败。百姓买不起盐，又不能不吃盐，于是私盐充斥，政府严厉打击，刑法处置日重。动辄处以死刑。私盐遭禁，盐商要价水涨船高，几斗谷才能买一升盐，盐价腾贵。

二、茶税与茶专卖

（一）茶税溯源

我国是世界上最早产茶和饮茶的国家，其悠久的历史、风靡世界的茶道和堪称一绝的制茶工艺，在世界风情文化史上屡屡展示出中华民族独特的风格。

我国的茶饮，最早见于春秋时期，但两汉时期茶饮还是囿于上层统治阶级。魏晋南北朝时，饮茶风俗已流传到长江下游，唐代开始普及于全国，茶与丝绸并列为古代中国与世界经济交流的两大著名品牌商货。

唐代饮茶成风，民间百姓以茶待客，文人学士提倡茗饮，唐代大诗人给我们留下不少咏茶的千古绝唱。唐代政治、经济、文化的日益发达，饮茶的普及和制茶的发展，使茶叶的加工工艺更为精湛，品种类别更为丰富，上品茶叶已成为世界各国追逐的时尚商品。正是在这样的茶文化社会氛围下，茶叶突然闯进唐代赋税的大门，开始了茶税制度的独特历史。

（二）税茶与榷茶

茶税的课征始于唐代。两税法实施不久，建中四年"度支侍郎赵赞议常

[①] 《新唐书·食货志》。

平事,竹木茶漆尽税之,茶之有税,肇于此矣"①。

茶税征收方法,大凡在产茶之地或茶山之外交通要津设置茶税场,委托地方税吏,将茶叶分作三等估价,什一而税。

宪宗元和十三年(公元818年)盐铁使程异上奏,朝议榷茶,赡济军镇,一时无法实施。

穆宗时一年三变茶法:其一,对茶税"每贯除旧垫陌外,量抽五十文"②,这是不折不扣的税外之税。其二,下令茶税"亦与纳时估匹段及斛斗"③,折纳时物轻钱重自然加重了百姓的负担。其三,盐铁使王播企图邀宠于上,奏请增天下茶税,每100文增加50文,税率提高了50%。

唐文宗时,盐铁运转使王涯奏请改变茶法,于是他被任命为榷茶使,故史载:"茶之有榷税,自涯始也。"④而王涯确有惊人之举,他竟提出焚弃百姓私制茶叶,并移植民间茶树于官府茶场,垄断种茶制茶,然后榷价销售。致使民怨沸腾,几成大乱。

武宗即位后,又税增天下茶利,茶商运茶要交纳通过税,歇脚邸店,要交纳"塌地钱"。宣宗时又重税茶商,"每斤增税钱五,谓之'剩茶钱'"⑤。故茶税愈增,茶价愈高,私贩愈多,刑罚也愈重。从罚款、鞭笞发展到动辄就"论死"和"皆死"。

唐德宗时,年收茶税四五十万贯。宣宗时,茶钱为60万贯⑥。唐代实行茶专卖后,大获其利,举天下矿冶税收一年不过7万余贯,"不能当一县之茶税"⑦,足见茶税收入的重要性。

三、酒税与酒专卖

酿酒取材于粮,粮有余而酒溢香。唐代饮酒成风,特别是文人学士饮酒更甚于茶,唐代的大诗人留下了不少咏酒的千古绝唱。酒,以它悠远的历史、浓郁的芳香和民族的传统风俗,成了我国社会喜闻乐见的大众饮料,其消费量颇大,也为国家财政提供了丰富的税源。

---

① 《旧唐书·食货志》。
② 《旧唐书·穆宗纪》。
③ 《全唐文》卷六六。
④ 《旧唐书·文宗纪》。
⑤ 《新唐书·食货志》。
⑥ 吕夏卿:《唐书直笔》卷四。
⑦ 《新唐书·食货志》。

隋和唐初，酒是不征税，允许民间私酿。代宗广德二年（公元764年），恢复了酒课政策，行酤户法。诏令全国各地的酿酒户，按月交纳税课，合法酤酒。除此以外，不问公私酿造酤卖，一律禁止。大历六年（公元771年），把全国的酒户分成三等，按等纳税，同时允许将酒税折成布绢进奉朝廷，酒税法制进一步规范化。

建中元年（公元780年），诏令停止私人酒户酤酒。建中三年（公元782年），初行榷酒（即酒专卖），除京师长安以外，严禁全国各地私人酿酒酤卖，惟有官府置店可以售酒，酒税收入，用于军费开支。贞元二年（公元786年），严禁京师和畿县地区私人酿酒，由官府特许的酒肆酤酒，每斗酒价300文，纳榷酒钱150文，税率为50%，酒户免徭役，但酿酒所得无几。

宪宗元和六年（公元811年）在京师地区，无论是否酿酒或饮酒，一律按比例摊派榷酒钱，于是乎，榷酒钱又变成两税附加税。官府则别置酒店酤酒，再行酒课。

唐代的榷酒收入，史书少有记载。据文宗太和八年（公元834年）统计，"凡天下榷酒为钱百五十六万余缗"[①]。另据宣宗大中七年（公元853年）统计，榷酤钱是82万余缗[②]。即榷酒收入一般可达100万缗上下，仅次于食盐专卖收入，在唐代财政收入中占有十分重要的地位。

第五节 | 唐代的工商税制度

一、矿税

唐初的矿业已初具规模，却不为唐代政府所重视。

开元十五年（公元727年）"初税伊阳五重山银、锡"，所谓"初税"，当是唐代矿税的伊始。

一般而言，矿税的主要是铜铁，因为铸币要铜，兵器农具求铁，唐代盐铁使的地位十分重要，既征盐税，何故漏了铁税？史载盐铁使"尽榷天下盐"，就是不见铁。

---

① 《新唐书·食货志》。
② 《资治通鉴》卷二四九。

韩洄任职户部时，曾上言：江淮七监所铸之钱45000贯，每贯加工运输费用2000文，成本倍于利润，实在无利可图。他提出，说山泽之利应收归国有，由盐铁使职掌，金银铜铁皆为税课，德宗采纳了他的建议，将地方课征的矿税权一律收归中央。

文宗开成元年（公元836年）又将山泽之利复归州县主管。但诸州牟利以自殖，举天下不过7万余缗，不能当一县之茶税，可见唐代矿税收入甚微。

二、关税

唐代的关税分为内陆关税和国境关税。

（一）内陆关税

唐太宗即位，即令停废诸关，由商人自由运输货物，故无关市税。乾元元年（公元758年），李巨为东京留守，他于"城市桥梁税出入车牛等钱，以供国用"①。德宗建中三年（公元782年），户部侍郎赵赞以设置常平本钱为名，在诸道津要置吏税商货，每贯税20文（从价2%），竹木茶漆皆什分税一（从价10%），这就是关津税，即内陆关税。

唐代后期，内地关卡林立，贸易不畅，商民交困。天复元年（公元901年）昭宗下诏以通商货，但唐末藩镇割据，军阀混战，政令不出都门，诏令也就是一纸空文了。

（二）国境关税

盛唐国力强盛，水陆通衢，城乡物资交流繁忙，唐政府对外国商人采取开放的政策，对外贸易更十分发达。唐代政府在广州等通商口岸，设有市舶使，专门负责检查出入船舶，征收商（关）税。

"舶脚"为外国商船入境所纳之税，相当于现代吨税，当属国境关税性质。有关"舶脚"的税率，史无记载。但舶脚税率是由各地方官府自行决定则是肯定的，而且有的"率税犹重"，招致外商的怨恨，故唐文宗太和八年（公元834年）曾下诏予于匡正，明令外商交纳舶脚后，任其自由交易。

根据《苏列曼东游记》的记载，当时到过中国的阿拉伯商人叙述，中国政府对外籍商舶"提取十分之三的货物，把其余的十分之七交还商人"，税率约为30%。这是名副其实的国境关税。

---

① 《旧唐书·李巨传》。

广州是唐代对外贸易的最重要的港口之一，其外贸所得相当于两税收入，故对唐政府的赋税收入具有非常重要的作用。因此，唐代政府鼓励进出口贸易，并给予税率方面的优惠，借以加强联系，招徕外商。随着对外贸易事业的发展，前来盛唐的外国商船日渐增多，唐代的关税收入也日趋增长。

三、商税

商税，为课于商品交易之税收，或称市税，亦称营业税。

唐代商业发达，商品种类丰富，贸易交换频繁，市场供应充分，一般日常生活必需品应有尽有，高档特殊商品也层出不穷。商业的发展，理应为商税提供了滚滚的财源，但唐代自立国至开元之前，未见有关市税的记载。

自安史之乱始，唐政府无力统筹全国的赋税收入，即令诸道节度使、大提督"应须兵马、甲杖、器械、粮赐等，并于当路自供"[1]，于是乎"诸道节度使、观察使，多率税商贾以充军资杂用，或于津济要路及市肆间交易之处，计钱至一千以上，皆以分数税之"[2]。这里市肆之税，属商税，或市税。

同时，王朝因国用不足，也始税商贾，商税得以兴盛。曾有官员沿淮河"设防戍以税商贾"[3]；代宗大历四年，派"遣御史税商钱"[4]；大历六年，规定"别纳店铺课钱"[5]。这里有商税，也有通过税，因史料记载过于简略，故无法分述。

两税法规定，对商人征收3%的商税，但仅此一年，第二年税率就提高到10%，建中二年（公元781年）"以军兴，增商税为什一"[6]。

唐后期，对"商税"的概念已任意延伸了，如："诸处商税，有越常规。乃至草、木、虫、鱼，无不取税"，实际上这已不是商税，甚至连杂税都不是了。只因唐末藩镇割据，各地节度使擅自征商，这已是敲诈勒

---

[1] 《全唐文》卷三六六。
[2] 《通典》卷一一。
[3] 《旧唐书·穆宁传》。
[4] 《新唐书·代宗纪》。
[5] 《册府元龟》卷五〇六。
[6] 《通鉴》卷二二六。

索,肆意盘剥了。

第六节 唐代的杂税制度

一、间架税

间架税,是以房屋为课税对象,属财产税性质。

唐建中四年(公元783年)六月,由于藩镇叛乱,朝廷出师。按旧制军队出征,要给将士加发一些酒肉钱,以及家属粮,但财政却拿不出钱。于是根据户部侍郎判度支赵赞的建议,创行间架税和除陌钱以弥补军费不足。

按"间架税"规定:房屋两架为间,按房屋质量的好坏分为三等,上等每间税钱二千,中等每间税钱一千,下等每间税钱五百。官府指派税吏执笔握算,挨家挨户去计征,对那些房产不少,却少有其他资财的人来说,"出钱动数十万缗"[1],可谓"不胜其苦"。若有隐匿房屋不实报者,隐其一间,杖六十,并优厚奖赏告发者50缗。

此税扰民极深,街坊怨声载道。建中四年(公元783年)六月,泾原兵受命东征,路过长安,以伙食极差,又无奖赏而发动兵变,士兵在城中以废除间架税和除陌钱为口号,奔走呼吁,借以争取民心。唐政府于兴元元年(公元784年)停征间架税。

二、除陌钱

除陌钱,即对民间交易和公私给予所课征的税,属营业税性质。亦为赵赞所倡议,与间架税同时实行。

按"除陌钱"规定:除陌的含义有三,其一是指在商品买卖中,就交易额征税,如果是易货交易,则将货物折成钱币,再依率计征。其二是指公私之间发生的给予或支付,则按上述规定征收。其三是指彼此交换物品或相互送礼赠予也要按此规定计价征税。除陌钱税率,"每贯二十文"[2],即值百抽二。赵赞改征后每贯征收50文,税率为5%。

---

[1] 《旧唐书·食货志》。
[2] 《唐会要》卷六六。

其征收管理的方法为，买卖双方通过市场经纪人，即"市牙"或牙商来实现，市牙持有官府发给的印纸，对市场买卖随时登记，次日汇总纳税；单独交易不经过市牙的店铺，则由官府给以私簿登记每日的交易额，凭以计价纳税；没有这种账簿的商人，则根据交易额主动向官府申报纳税；互赠礼物也要折成钱币按规定纳税。

这一法令实行后，只有邸店主人和市牙可利用职权，肆意隐匿税款，一般商民则深受其害，而官府收入不得其半。故施行不久，因泾原兵变，与间架税同时废除。

三、埭程

埭程为唐代杂税之一，源于南北朝的牛埭税，为官府在水流湍急、船路险阻地段设埭，用牛或人力牵船过渡而向客商收取的费用，属通过税性质。

唐承前制，埭程主要在南方地区留存。唐前期，埭利所得，由下户分配，百姓得利。开元年间，原归下户分配的埭利转为政府收入，肃宗上元元年（公元760年），埭课正式成为国家正式税收"埭程"了。

四、率贷

率贷是指唐政府按富户资产总额课征一定比例的税收，具有临时财产税性质。

天宝末年，盗贼奔突，府库一空，用度不足，财政极度困难。肃宗即位（公元756年），即遣朝廷大员前往江淮、蜀汉等地，清查豪商富户家资，就其所有财货畜产征收五分之一的钱财，称为"率贷"。因其借而不还，故成20%的财产税。

其后各地节度使、观察使，纷纷效尤，"多率税商贾，以充军费杂用"。据此，率贷原为举债，后转为财产税，拟又转为通过税、营业税，几近敲诈勒索了。

五、借商

建中初，财政极端困难，于是便有大臣提出向富商借钱，筹款500万贯，以给军用。德宗准奏，并应允罢兵以后，用公款偿还所欠之债。

敕令一下，京师官吏横行不法，强行搜人财货，动辄恶骂毒打，以至逼死人命，京城如临大盗。仅此，才敛得88万贯。这是以借商为名，行强征勒索之实。唐代后期,借商之事,屡有发生。

率贷和借商区别在于,率贷是赤裸裸的强征;而借商是永不归还的课取,本质上都是对商人的剥夺。

六、"僦柜纳质"钱

"僦柜"是代人保管金银等贵重物品的柜房,自然要收取一定的保管费;"纳质"是以财物典当,到时赎回,付给一定的利息,类似现代当铺业务。德宗时"以僦柜纳质积钱货贮粟麦等,一切借四分之一"[①]。意即官府规定,按保管费和典当息钱的四分之一课征税收,税率为25%。

此法推行后,扰民极深,长安商民为之罢市,官府不得不改为钱不及百缗,米粟不足50斛者免征。

七、籍账钱

籍账钱是计账钱和籍口钱的合称。唐代政府对编造户籍,核对田亩及其审核、计账和更新工作十分重视,这是确保租庸调收入的基础。因此,对户籍计账的工本费来源,确定了一个对应的税种,即"籍账钱"。

唐代法律规定,每人每年出一钱编制户籍,故为"籍口钱";每户出一钱应造计账,故为"计账钱"。户籍是三年一造,但籍口钱和计账钱一样,每年一征。籍账钱属专款专用,以确保国家户籍计账的需要,所税不多,财源稳定,计征简捷,管理方便,收入亦可观。以天宝十四年为例,有户890余万,有口5290余万,籍账钱总收入为6万余贯。

八、口钱、贯率与口算

(一) 口钱

唐代的口钱实为人头税,按口出钱,以供百官俸食料钱。高宗仪凤三年(公元678年)诏:"令王公已下,百姓已上,率口出钱,以充防阁庶仆胥士白直,折冲府杖身,并封户内官人俸食等料"[②]。

防阁、庶仆、胥士、白直、折冲府、杖身、封户等,均为王公大臣以及边防卫戍长官的护卫仆从人员,这些人员的编制依据官员的品级而定,高宗时,

---

① 《旧唐书·卢杞传》。
② 《唐会要》卷九一。

按口出钱，作为其俸食。

（二）贯率与口算

唐代地方官府对资产、奴婢交易所课征的税，皆称"贯率"；对羊的交易所课征的税，称为"口算"。贯率和口算，均为地方性苛捐杂税，属交易税性质。因史料稀缺，不知其具体的内容和征收制度。

第七节 唐代的杂项收入制度

一、税僧尼

"久视元年（公元700年）八月十五日，将造大像，税天下僧尼人出一钱。"① 武则天造大像，财源何有？税僧尼。

与僧尼寺庙有关的尚有"度牒钱"。安史之乱，杨国忠职掌户部，明知国库盈积，却以筹措军费为名，创设"度牒钱"。度牒是僧尼的身份证明，取得度牒，才能入寺为僧，享有赋役豁免权。向僧尼课征度牒钱，旬日内取度牒钱百万。这都是税外之税，法外之征。

二、捉钱

唐武德元年，京师诸司置公廨本钱，诸州官府捉钱令史职掌，每月经营本钱为5万钱，但必须向诸司纳息四千，年息高达96%，此为"捉钱"。"捉钱令史"供职一年，期满授官。

"捉钱"性质是什么？是官府经商，也是高利贷；是卖官鬻爵，也是政府专卖；是营利事业，也是强制课征。其流毒甚广，害人不浅。

三、羡余

唐代各级官吏，特别是主政一方的节度使、观察使等，为得到帝皇的宠信，费尽心机重课百姓，搜刮钱财，然后以赋税盈余名义，贡献皇室，此称"羡余"。羡余有每月进奉，称为"月进"；有每日进奉，称为"日进"。唐高祖时下令停止贡献，进奉之风稍有收敛。武周以来，进奉日渐增多。皇帝参与

---

① 《唐会要》卷四九。

坐地分赃，直接鼓励地方官吏恣意盘剥，加重赋敛。此门一开，羡余自然愈多，进奉成风。

肃宗年间，曾多次下令，要求各地进奉，每逢元旦、冬至、端午和皇帝生辰，各州府"于常赋之外，竞为贡献"称为"四节进奉"。

羡余之物何来，朝廷认为是额外之财，可以起到"人不加赋而国用饶"。李翱说得明白："皆夺百姓之利也。"①

唐代政府中有许多似税非税的收入，这里不一一而述了。

第八节 唐代的税收管理制度

一、财税管理体制

唐代的财税管理制度，因土地制度及其赋税制度的变化，可以分为两个不同的阶段。

唐初由户部职掌全国的财政，户部下设户部、度支、金部、仓部四司。四司分工明确，相互配合，各司其职，彼此制约。

中央政府的财税管理不仅体现在对地方官吏的任免，同时还表现在对地方财税预算的编制、审核与批准以及适时的监察。财税制度，专卖政策，国家库藏，到赋役管理均由中央统一决策，统一部署，统一安排，国家财税运行机制日趋稳定有序，财权高度集中。

唐中时期，均田制瓦解，租庸调制崩溃。安史之乱爆发始成藩镇割据之局面。国家财税收入多为各地军阀所截留和支配，中央集权的财税管理体制被严重地削弱了，面对政治经济局势的变化，唐政府不得不变革财税管理体制，确立了度支、转运、户部三司的新机构。

由于藩镇割据的强大势力，使唐代中央政府为确保国家收入，不得不与地方势力妥协，实行两税三分，即上供、送使和留州，即确定了中央、藩镇和地方三级财政分配体制。据建中元年（公元780年）颁布的两税法可知，"上供"部分约占两税总收入的31.7%，"送使"和"留州"部分约占总数的68.3%。

---

① 《李文公集》卷九。

中央政府的赋税收入不及其支出的三分之一，中央预算严重失衡，财政入不敷出的阴影伴其始终。而地方政府实际操控了税收的决策权和减免权，中央政府无可奈何。为弥补中央财政的缺口，就只能法外加征，税外加税，于是苛捐杂税丛生，这是两税法不可能被严格执行的主要原因。

二、赋税管理机构

唐代中央政府行三省六部制体系，所谓三省，即中书省拟旨，门下省审议，尚书省执行。故尚书省为国家最高行政机关，总领全国一切行政事务。其下设六部，即吏部、户部、礼部、兵部、刑部和工部。尚书省设左右仆射各一员，领二十四司，六尚书各分领四司。

户部即为全国最高财税管理机关，设户部尚书一员，侍郎二员。尚书、侍郎之职，掌天下的田户、均输、钱谷之政令。其属有四：一曰户部，二曰度支，三曰金部，四曰仓部。

唐代的中央机构，于三省之外，还设有九寺，其中司农寺职掌邦国仓储委积之政令，太府寺职掌邦国财货之政令，这与财政关系密切。

安史之乱前后，为强化对赋税的征收和管理，增设了各种"使"，如盐铁使、转运使、租庸使、度支使、铸钱使、两税使等。由此户部统领四司逐渐演变为度支、转运、户部三司的新体制。

唐代政府为加强税收征管，还在中央户部、度支、盐铁三司下设置了场、监、院等机构专业负责对盐、茶、酒等赋税征收事宜。

地方行政机构分州、县两级，财税机构设置有户曹司户参军和仓曹司仓参军。县下设乡、乡下设里，百户为里，设里正一人，里正负责查核户口，办理赋税征收事务，是唐代实际催督纳税的人员。

三、预算制度

唐初始建预算制度，预算为一年一造。唐代预算编制的方法是由下而上，逐级汇编，最后由户部总成。预算编制后必须张榜公布，为民户所监督。

预算内容不仅包括了租庸、丁防、和籴、杂支、税收，年度收入总量预计等等，还列有各环节的执行职责、验收制度等，有较强的计划性和可操作性。

开元二十四年（公元736年），户部尚书李林甫秉政，认为每年编造一次预算，不仅工作麻烦，而且耗费了大量的人力、物力和财力，为提高预算编制质量，防止官吏从中作弊，他建议编制一种册籍，名为《长行旨符》，把政府预算中较稳定的项目纳入其中，作为征收的依据，无需每年编造一次。但如有临时性项目，仍须单独编造预算，这样可以简省许多。

安史之乱后，预算制度渐坏，至宣宗时，则完全停办预算。

四、审计制度

唐代为监督预算执行，还建立了一套较为完善的审计制度。当时的审计叫"勾覆"，审计机关称为比部，属刑部管辖，行使独立的审计稽查权，避免财税部门的干扰。比部的审计范围不仅限于京师各衙门，而且对地方各州府的有关财务收支活动，也要一律严加审计。按唐代呈报审计的期限规定：京师各机关的开支必须一月内报请审计；在外机关，2000里以内的一季一报，2000里以外的二季一报，5000里以外的一年一报，故比部的审计活动就有月审、季审和年审之分。

审核的主要内容包括赋税收入、经费支出、百官俸禄、公廨本钱、赏赐罚没、徭役课征、和籴、屯田收入、各种通欠之物、军用器械物资等等。

审计的重点是中央政府各直属机关部门的账目和各库藏出入账目，若审计出重大问题，则由御史台根据法律典章弹劾处治。可见，唐代的审计制度还是相当严密的。

五、国库管理制度

（一）国库与私库的划分

唐初，天下财赋统归户部掌管，所有收入都纳入太府寺的左藏库，其出入数字，由太府寺定期汇总，报告尚书，由比部进行勾覆审理。故而，左藏库就是国库，与帝王的私库即大盈库是分开管理的。

唐玄宗时，王鉷为户口色役使，他除将租庸正额纳入正库外，其他杂项收入一律纳入大盈库，以供皇室私用。如此，国库与私库已部分混合。安史之乱后，第五琦为度支盐铁使，掌管全国财政，鉴于京师豪强肆意侵吞国库财物，不得不建议将国家租赋收入贮于大盈内库，由宦官负责管理。自此，国库与私库完全混合，国家财税与王室收入不分，天下财赋尽为君主私藏，主管财税官员也无法掌握收支出纳情况。

大历十四年（公元799年），杨炎为相，奏请把归入大盈内库的租赋复纳左藏库，德宗准奏，于是将理财之权重归财政官吏，国库与私库又分开进行管理。

总之，唐代的国家财政与王室财政原则上还是相互独立、自成体系的。

（二）国库管理制度

唐代的国库管理制度已具有了较为完备较为健全的组织建制。

中央国库组织和部司之间，分工明确，责任清楚，并具有环环衔接的特点。户部司编制户籍计账，据以征收赋税；征收的钱帛纳入太府司左藏；凡钱帛出纳，必经金部签批，太府寺方可执行发放。度支司根据预算控制全国的财政收入，同时通过汇总核算和对会计报告的勾稽控制州府的会计。比部主管审计，御史职掌监察，对各级财计部门发挥监督作用。

唐代的国库系统，通过户部、金部、度支、比部、御史台五大部门建立了国库机构的内部制约关系，使得统计与会计、会计与出纳、出纳与税收、现金与实物、签证与发放、审计与监督都各自分管，又相互制约。从而使封建王朝能有效地控制国库收支，提高办事效率，达到经济集权之目的，又一定程度上抑制了贪污盗窃之弊。

唐代中央国库收支系统是一元化的，在中唐以前没有中央与地方的划分，国家赋税收入和费用支出，统由中央国库支配。地方各项支出，统一编列在中央预算之内，除按规定留给地方外，原则上一律上交国库。这样，确定了国库从上到下一贯到底，自成一个系统，从而使国库机构在整个封建行政组织中的地位与作用得到空前提高。

（三）国库管理机构

中央国库有左藏署和右藏署，这是独立于户部的太府寺的两个孪生署。左藏署职掌邦国库藏以及天下赋调之金钱、帛丝等。右藏署职掌国之宝货以及四方所献金玉、珠贝、玩好之物等。

除中央国库外，全国各州县设有正库，是国库的基层金库。诸州县官判史下设有佐官，称为"判司"，负责管理州库。诸县县令下设有佐官，称为"县尉"，负责管理县库，催征租赋，主簿财掌文书簿计。安史之乱后，州县二级建制变为道、州、县三级建制。

此外，中央在国库之外，针对某一经济领域，设置了专库储备制度。它包括军资库、延资府、少府监库、和籴库、常平库、青苗钱库、公廨钱库、内库、宣徽库、九成宫库、维城库、神策库等。建立专库便于加强专业管理，调剂国家经济活动。

六、货币管理制度

货币制度与赋税制度有着十分密切的关系，它直接或间接地影响着国家税收，是研究赋税问题不可或缺的一部分。

唐初仍沿用隋代五铢钱。武德四年（公元621年）宣布废除五铢钱，而行"开元通宝"钱币，新钱发行十分顺利，很快就取代了五铢钱的地位，行遍天下。自此，唐一代钱币基本就以"开元通宝"为定制。但唐代私铸成风，尽管严惩盗铸者，但私铸仍无法杜绝，恶钱流通甚多。

显庆五年（公元660年）、开元六年（公元718年）两次下令收进恶钱，熔破复铸。结果百姓喧然，物价动摇，百姓对政府铸钱缺乏信心，宁藏恶钱，以等"官禁之弛"。

唐肃宗乾元元年（公元758年），正值安史之乱后，国家财政拮据，于是铸钱使第五琦铸"乾元重宝"钱，按照一当十的比价与开元通宝钱并行流通。乾元二年，第五琦又更铸"重轮乾元钱"，与开元通宝钱比价为，以一兑换五十。于是"开元通宝"、"乾元重宝"与"重轮乾元钱"三钱并行，结果钱法屡易，物价腾贵，币制更为混乱。

这里附带说一下"飞钱"。宪宗时，为了解决钱荒，也为了携带和交易的方便，始行"飞钱"。所谓"飞钱"即是一种汇兑方式。其办理方法为：在京商人，将售货所得款项，交付各道驻京的进奏院、有关机关、各地设有联号的富商，由机关、商号发给半联票券，另半联票寄往各地有关机关、商号，商人回到本道后，合对票券取款。"飞钱"既是商品经济发展的产物，又促进了工商业经济发展，对各地经济交流起着巨大的推动作用。但是办理飞钱的官办机构，索取的报酬过高，又影响了飞钱的发展。

第十二章

五代十国时期的赋税制度

第一节 概 述

一、五代十国时期的政治概况

唐末农民大起义虽被镇压，但藩镇割据势力已成气候。开平元年（公元907年）唐将朱温自立为帝，改国号为梁，史称后梁，唐朝灭亡。至公元960年赵匡胤陈桥兵变，北宋王朝建立，期间共延续了53年，史称"五代十国"时期。所谓"五代"是指先后占据中原地区的五个王朝，即后梁、后唐、后晋、后汉、后周，其政局概况如下：

后梁王朝（公元907—922年），历2世，计16年。在镇压黄巢起义的过程中，新老军阀就开始了瓜分地盘的兼并战争。20余年的混战，朱温在中原脱颖而出，并控制了唐昭宗，于907年称帝代唐，建后梁。但血腥的战争和厮杀始终伴随着后梁王朝，直至梁亡。

后唐王朝（公元923—935年）历4世，计13年。李克用之子李存勖利用魏博兵变，推翻了后梁，建立后唐。统治阶级内部尔虞我诈、争权夺利，四代皇帝，最短的执皇权不足365天，骨肉相残，积弊丛生，遂至亡国。

后晋王朝（公元936—946年），历2世，计11年。石敬瑭原为后唐的大将，因宫廷皇位之争，被外放河东节度使。他却屈膝并借助契丹的力量，叛唐建后晋，继而统治了北方。儿皇帝受制于人，随着阶级矛盾和民族矛盾的加剧，契丹兵临城下，戎马相见，后晋岂能不亡。

后汉王朝（公元947—950年），历2世，计4年。刘知远初事后唐，再从后晋，暗中与契丹眉来眼去，深得契丹主欢心，呼其为儿。他利用契丹灭晋，立国建后汉，可无法稳定政局。酷吏执掌朝政，民心思安而不得。经济崩溃，三年而亡国。

后周王朝（公元951—960年）历2世，计10年。郭威原任后汉枢密使，主军事掌兵权，因宫廷内讧，家属被诛，发动兵变代汉，建后周。他力阻契丹，抗衡北汉，稳定局势，在内政、外交、军事上颇有建树。郭威和柴荣是五代史上较有作为的两位皇帝，惜时过短。

分裂割据时期的中原大地，政治混乱，战事频繁，兵革相见，生灵涂炭。五代政局亦就如走马灯似的，你方唱罢我登场，短者一两年，长者三五年，没有稳定的政局，何谈经济的发展？

所谓"十国"是指盘据在江淮以南的九个小国，即前蜀、后蜀、吴、南唐、吴越、闽、楚、荆南、南汉以及北汉。十国政局，其统治者在唐末乱世中割据称雄，为巩固统治地盘，对外保境安民，对内与民休养生息，确有稳定的迹象。但十国统治者仍不脱军阀习气，治国无方，专权有术，内乱不止，兵戈不息；聚敛无度，骨肉相残，阶级矛盾异常尖锐，农民的反抗与斗争一触即发。可谓治世不长，乱世不短，近50年时间，兵革战祸时有，内部纷争不断，谈何经济发展？

五代十国时期，几乎所有的开国皇帝都是节度使出身，带兵打仗，习武"立国"，军人在各国政治舞台上占据十分显著的地位，这也是各王朝政权频繁更迭之缘故了。可见，五代十国是唐末藩镇割据局面的延续和发展，是一个战乱纷争的时期，是一个阶级矛盾交织着民族矛盾并表现的异常尖锐的时期。

二、五代十国时期的经济概况

五代时期，各王朝政局混乱，战乱连年不息，阶级矛盾与民族矛盾交织在一起，使中原经济一蹶不振，国家财源枯竭，财政开支激增，于是苛捐杂税，额外之征，临时加派，纷至沓来，百姓负担沉重，生活极端困苦。

后梁为朱温篡唐所建，他执政后，对唐末的积弊进行了一些改革，百姓寄希望于他。但是，后梁统治者的战车碾破了百姓的愿望，粮饷吃紧，军费浩大，只能苛敛百姓。故而历史重蹈覆辙，苛捐杂税丛生，横征暴敛肆行。

后唐庄宗时，重用聚敛高手租庸使孔谦，加紧对人民的压榨和剥削，以满足少数人的贪欲，搞得社会怨声载道，而庄宗却赐孔谦"丰财赡国功臣"之称号。后唐国库有内府、外府之分，外府收藏经常性收入，供军政费用，内府储有各种贡献，供皇帝挥霍之用。但外府经常入不敷出，内府财物却堆积如山，以致引起军队不满。明宗即位，即斩孔谦，废苛敛之法，除积弊之政，实行一些必要改革，采取一些利民措施，促使经济有所恢复。

后晋是石敬瑭割献燕云十六州于契丹后所建立的政权，后晋王朝不择手段，巧立名目向人民横征暴敛，地方官吏更是骄横不法，鱼肉乡间，其后为太原节度使刘知远所灭。

后汉承袭后晋的税制，苛敛人民，并以酷刑胁迫，故其统治只有短短的四年就灭亡了。

后周为郭威所建，他与养子世宗柴荣竭力加强中央集权，整顿军队，惭复经济，并对财政进行了一系列的改革，废除苛捐杂税，减轻人民负担，停止贡献，改革营田，稳定征课，均平田租，兴修水利，振兴农业，这对后周社会经济的恢复与发展起到了促进作用，也为北宋的统一奠定了基础。

南方十国的情况与五代不同，战争相对较少，社会比较稳定，自然条件优越，加之北方人民不堪战乱的摧残，纷纷南逃避难，不仅带来北方先进的生产技术，也为南方增加了大量的有生劳动力，因而南方经济的发展，相对北方来说要好的多，但也仅仅是"相对"而言。

南方各国都比较注重减轻人民负担，发展农业生产，如杨行密初建吴国，便招抚流亡，保境安民，轻徭薄赋，劝励耕织，数年之内，公私富庶，二十余年不见战争。南唐政权初建时，就提出息兵安民政策，废除一切额外租税，鼓励农桑，减免赋役，较吴国又进了一步，出现国富民强的局面。太湖地区的吴越政权，十分重视兴修水利，开垦土田，发展农业，其时"米一石不过数十文"。闽国王审知执政时，倡勤俭，去浮费，奖励农耕，三十年境内安然无事。前蜀国"劝课农桑，轻省徭赋"，兴修水利，经济得以发展。后蜀国奉行安民劝农政策，农业发展较快，粮食产量大增，以致"百姓富庶，斗米三钱"。

由于南方经济的恢复和发展，各国统治者也不断地加重对农民的榨取，苛捐杂税日渐增多，农民负担日趋沉重。

第二节 五代十国时期的田赋制度

一、田赋整顿

五代基本上沿袭唐代的两税法，十国田赋没有统一制度，只是因时因事而定。

后梁"两税之法，咸因唐制"①。开平三年（公元909年）敕令：一切依定额为准，严守法制，不得分外苛求；后唐时，官府于同光二年（公元924年）、天成二年（公元927年）和长兴二年（公元931年）三次检视整顿田赋。

后周的"均定田租"最为著名，影响也最大。所谓"均定田租"就是按图索骥。按元稹提出的原则，使田亩与税额名副其实，纠正田多税少、人去税存等不合理现象，力求规范两税。周世宗柴荣为了均平赋役，巧制均田图，颁发各道，并派出三十四使者，始于诸州检定田亩民租。

这次"均定田租"是按计划实行的，这在较大的程度上改变了五代以来两税不均的状况，故而，其意义和影响较为深远。

二、田赋

五代两税的税额按亩计征，但每亩田税的实际征收数额史无记载。十国田税按亩征收，具体的情况略有一点资料。

吴国分三等定税钱，每亩上田21文、中田18文、下田15文，这使田税纳钱制度化，对南方各小国税制的影响较大。

南唐沿袭吴国的两税征收制度，米绢兼征。秋税征米，一般县份大约每亩四五升，但青阳县却每亩三斗。准许折绢交纳。

吴越田税比较重，每亩高达3斗。闽国王氏政权每亩秋米的征收额亦达数斗。南汉、后蜀据史载均用大斗取租，其税额恐怕不低。

五代两税交纳期限的各有变更和调整，特别是夏税，后唐采用"按节候差晚"，划区征收的办法，确有长处。后周最终统一了征收期限。显德三年

---

① 《册府元龟》卷四八八。

（公元956年）十月下令，"今后夏税以六月一日起征，秋税至十月一日起征，永为定制"，"民间便之"。

三、计亩税绢

五代十国时期田赋除了夏钱秋米外，还有计亩税绢。郑学檬先生对这一问题有独特的研究成果。

两税法实行后，在实际征收中的"租"和"钱"，由丁租、户税钱统一向田亩税发展；原来"户调"和"庸"的绢帛亦向田亩税靠拢，最后计亩征纳。

两税法取代租庸调法后，田租户调取消了，绢帛的征收仅以折纳的形式出现，而封建政府对绢帛却有较大的需求量，故两税法的钱、谷之征实际上只能是钱、谷、绢之征。所以，唐后期除继续实行折纳绢帛外，在一些地方，迳直改两税钱为两税绢帛，使绢帛实际上又成为两税的征收对象。

后梁开平元年（公元907年），"仍请每年上供定额每岁贡绢三万匹，以为常式"，这是河南府的两税绢帛。开平四年（公元910年）"魏博进绢四万匹为覜价"，这也是两税绢帛。

后唐同光三年，三司奏请："诸道上供税物，充士兵衣赐不足。其天下所纳斛斗及钱，除支赡外，请依时折纳绫罗绢帛"①。这就是说，五代两税绢帛还不是独立征收的名目。

但是在十国，情况略有不同。吴国田赋分等定税，改计亩税钱为"悉输谷帛"②，说明了吴国绢帛的征收，已和田亩税联系在一起了，当然，在这里，纳绢还有一点折纳的痕迹。楚国马氏政权时，"湘南民不事蚕桑，（高）郁命民输税者皆以帛代钱"③。后蜀"民所输两税，皆以匹帛充折，其后市价愈高，而官所收止依旧例"④；楚和后蜀令民两税纳绢帛是一种折纳，但这种折纳固定下来后，便成为正常的两税征收形式。

总之，两税的钱、谷在一定时期和地区改为固定折绢交纳，从而构成两税的钱、谷、绢三大色，分夏秋两季交，以钱折绢交纳的是夏绢，以谷折绢交纳的是秋绢。从唐建中年间到五代，及至北宋、南宋，调绢从正税中消失，又在两税钱、谷的折纳中复活，所以，唐两税法成立只能标志着户调制的结束，而

---

① 《旧五代史·食货志》。
② 《演繁露续集》卷二。
③ 《资治通鉴》卷二七四。
④ 《续资治通鉴长编》卷一四。

征调绢帛制度一直存在着。

所以,十国时期除了两税以外,绢帛之征又成了正常的田赋。

四、田赋附加

(一) 省耗

省耗,亦称"雀鼠耗"、"加耗",即官府因补偿粮食课征和贮运过程中的损耗而额外加征的税额,随两税一起交纳。

后梁时规定,每输田租一斛加征省耗一斗,后唐天成元年(公元926年)下敕,取消每斗一升之省耗。但长兴二年(公元931年),又恢复了省耗之征。不久,又下令"今后每石加二斗耗,以备鼠雀侵蠹。谓之鼠雀耗"。后汉隐帝时,王章为三司使,史载:旧制,田税每斛更输二升,谓之"雀鼠耗",(王)章始令更输二斗,谓之"省耗"[1]。即把省耗税率提高到20%,致使"百姓苦之"。后周太祖即位,即于广顺元年(公元951年)令不得滥征鼠耗。但显德二年(公元955年),又恢复了省耗,每斗征一升。柴荣认为:"转输之物,向来皆给斗耗,自汉以来,不与支破。仓廪所纳新物,尚破省耗,现水路所般,岂无损失,今后每石宜与耗一斗。"[2]

(二) 农器钱

农器钱是对农民自制农具所课征的税收。

五代初严禁民间私铸农具,但官府铸造的农具质次价高,农民不愿购置。故而,后唐明宗长兴二年(公元931年),除铁禁,"并许百姓逐便自铸造",但规定每亩纳农器钱一文五分,随两税一并交纳。农器钱历经后晋、后周,直至宋初都在参照沿用。

(三) 曲钱

曲钱为官府对民间自制酒曲所课征的税收。

五代初不禁民间制曲,后唐明宗天成三年(公元928年)规定,百姓造曲酿酒,于夏秋田苗上,每亩纳曲钱五文。两税之外,再按亩计征曲钱,分夏秋两季交纳,曲钱始成两税附加税。

(四) 布袋钱

布袋钱,即官府因补偿粮食征纳过程中,使用官府布袋以及其他损耗而额

---

[1] 《唐会要》卷二七。
[2] 《五代会要》卷二七。

外加征的税额，随两税一起交纳。

后唐天成二年（公元927年），户部规定民户交纳两税时，凡使用官府布袋装粮的，则每袋纳八文，其中五文作为布袋钱，三文弥补仓司损耗。如果没有使用官府布袋，也得每袋纳三文与仓司。故而，布袋钱就成了两税附加税。

宋代的头子钱正是五代的布袋钱发展而来的。

（五）牛皮税

五代时期，连年用兵，战祸不断，急需军旅装备，牛皮是制造衣甲的主要材料之一，故五代各朝都严禁民间买卖牛皮，由官府统一收购，付给少量钱币。其后，官府只收牛皮不给钱，最后不管有牛无牛，都强征牛皮税。

后汉时规定，凡私自买卖牛皮一寸者，处以死刑。后周太祖广顺二年（公元952年）敕文曰：牛皮税按亩摊派，每十顷交纳牛皮一张，不管有牛无牛，民户必须按亩自行向官府申报交纳。牛皮税遂成田赋附加。

（六）进际税

吴越国始创进际税。史载，钱氏占据两浙时，以进际为名，虚增税额，每田十亩虚增六亩，亩纳绢三尺四寸，米一斗五升二合。桑地十亩，虚增八亩，每亩纳绢四尺八寸二分。两宋时仍然沿用此税。

五代的两税及附加，包含了土地税、人头税、生产资料税（农具钱）、消费税（盐钱、曲钱）、杂税（牛皮税）。两税法颁布始，从中唐到五代十国，其两税的内容不断扩大，两税结构不断拓宽，五代的两税实际上就是一项以土地税为主要内容的综合税收。

第三节 五代十国时期的徭役制度

五代十国时期，藩镇割据，战祸连绵，徭役无度无章。另则，既为国家，不能没有法度，无法而不立国。所以，五代十国的役法，就反映了这个"千征百战"时代的基本特征。

一、役龄役期与免役规定

（一）役龄役期

五代十国的役制循唐旧制，混乱不堪，杂乱无章。

首先是役龄缺乏规制，编户必须服力役，是无疑的。役龄却没有规定。关于役期，后唐长兴三年（公元932年），征调丁夫时，明规定役期为15日。其他一些有关役期的记载，有20日或30日不等，可能因时因地而有变化。

（二）免役规定

五代十国时期的免役可分为法定蠲免、身份性蠲免和临时性蠲免，可未见灾荒性蠲免。

1. 法定蠲免

据后唐同光元年（公元923年）的大赦令宣布："民年八十已上，与免一子役"；同时规定："民有三世已上不分居者，与免杂徭"①。天成二年（公元927年）诏令："应有民年八十已上及家长者有废疾者，免一丁差役"②。

2. 身份性蠲免

后唐天成二年（公元927年）诏令：凡是富者贵者势要户，均免丁徭。后晋开运元年（公元944年），诏出钱一千贯以上者"与免科徭"。闽有"民赀百万以上者，令为试协律、奉礼郎，蠲其丁役"③。

3. 临时性蠲免

后唐天成四年（公元929年）下敕规定，"以讨王都之役，有辇运之劳"者，放免诸色差配。后周广顺二年（公元952年）诏令：在平叛之战中，有遭矢石死者，各给绢三匹，放免户下三年徭役。后周显德二年（公元955年）诏令，在战争中服役百姓为矢石所害致死者，本户除二税外，放免三年差役。

二、役制内容

五代十国时期的役制既循唐制，又纷繁杂乱。大致可分为正役、差役、杂役和色役。

五代十国的正役，即为力役，力役是依法征调；而差役是临时课征，但因五代时期临时科差十分普遍，故其差役等同于力役，力役与差役合而为一。五代尚有杂役和色役等。

（一）力役

五代十国时期的力役主要分为三个方面：军役或兵役；河工役以及工役。

1. 军役或兵役

---

① 《旧五代史·唐庄宗纪》。
② 《旧五代史·唐明宗纪》。
③ 《十国春秋》卷九三。

军役主要是指军事后勤,包括运送军粮等等。兵役,是指民户入伍充役。

后梁开平初年,就有所谓"养兵须藉于赋租,税粟尚烦于力役"①。战时调山东民馈军粮,连统治者也深叹:"攻战之势,难缓于寇围;飞輓之勤,实劳于人力。"②《五代史》亦惊呼"将士久于战征,黎庶疲于力役"③。

后唐与后梁交战时,李存勖竟"发魏博白丁三万从军,以供营栅之役"④。后唐明宗讨伐李彝超,"自陕以西,民运斗粟束刍,其费数千,人不堪命,道路愁苦"⑤。

后晋天福三年(公元938年)诏令亦叹息"属干戈之未戢,虑徭役之或烦"⑥。后晋末,屯军,因"漕运不继",令"百姓荷担累累于路"⑦。

后汉乾祐二年(公元949年)称"重念征讨已来,劳役滋甚,兵犹在野,民未息肩"⑧。

后周的军役更为兴盛,征北汉时,调山东丁夫数万。征淮南时,又调"丁夫数十万"。

至于"兵役",则是征调百姓出征的役制。

后梁末,规定"每七户出一兵"⑨。实际上当时征兵压根儿就没有法制约束,完全随军事行动需要而定。百姓为免兵役,"自残肌肤"⑩。后晋山南东道节度使扩军增兵,不仅招集亡命之徒,还拦截商贾,强行黥面充军。可后晋还以"兵士不足,取人之丁中"⑪。丁中,即中男,指十五六岁的孩子。

十国的军役和兵役较之五代相对缓和,这里就不一一例举了。

2. 河工役

唐末动乱至五代藩镇割据,天灾人祸,使黄河水患不断,统治者不得不征调河工,修堤筑坝,开河泄水,以恢复生产。

---

① 《旧五代史·梁太祖纪》。
② 《旧五代史·梁太祖纪》。
③ 《旧五代史·梁末帝纪》。
④ 《资治通鉴》卷二六九。
⑤ 《新五代史·李仁福传》。
⑥ 《旧五代史·晋高祖纪》。
⑦ 《旧五代史·张彦泽传》。
⑧ 《旧五代史·汉隐帝纪》。
⑨ 《旧五代史·史宏肇传》。
⑩ 《旧五代史·梁太祖纪》。
⑪ 《旧五代史·晋少帝纪》。

后梁与后唐交战，为了击溃后唐军，竟"决河堤引水东注至郓、濮"①，后唐同光二年（公元 924 年）不得不重修黄河大堤。长兴元年（公元 930 年），因河床增高，"河水连年溢堤"遂命重修河堤，"东西二百里"，"堤防一丈五尺"，耗费河工不详，但赋役负担决不言轻。

后晋时，黄河屡次决堤，天福六年（公元 941 年）九月，滑州决口，募民征夫，于次年堵决。开运元年（公元 944 年）六月，滑州地段再次决口，故不得不"大发丁夫"，"既而塞之"。

后周对治水一向比较重视，抢修抢堵也积累了一些经验，显德初，由于黄河东平县决口，宰相李谷亲自监治堤防，终使"水患少息"。

五代时期，黄河水患严重地威胁着人民生产生活，治水也确是人民的沉重的徭役负担。但无论怎么说，治水还有其积极社会意义，是值得肯定的。

3. 工役

五代十国时期的工役主要担负修城筑墙、建宫盖殿、营苑造囿等。工役主要集中于南方各国，《十国春秋》记载的史料足以说明。

吴越天宝三年（公元 910 年），"广杭州城，大修台馆，筑子城，南曰通越门，北曰只门。钱塘富庶由是盛于东南"。此后，继续营建，厅台楼阁，栉比鳞次。

南唐京都金陵，原为小城镇，二三年的持续扩建，"府舍甚盛"，"制度宏丽"。太和五年（公元 933 年），又于该城营造殿堂，修建宫室。昇元三年（公元 939 年）"诏罢营造力役，毋妨农事。"

闽王审知"筑南北夹城，谓之南北月城，合大城而为三，周二十六里四千八百丈"。闽后期，继续营建，修宝皇宫，筑水晶宫，其"东华宫，穷工极丽，宫中供匠作者万人"。

南汉"建殿阁秀华诸宫，务极攘丽。晚年作南薰殿，柱皆通透刻锁，础石各置炉燃香，有气无形"。

这些建筑工程的役工之多，难以计算。繁重的徭役迫使农民和手工业者破产，离乡背井，导致社会动乱和经济衰退。

（二）杂徭

杂徭在唐代是指正役（力役）以外的各种徭役，具有临时性、不定期性的特点，各种杂务，名目繁多，随时根据需要差配丁夫充役。五代十国承袭了

---

① 《旧五代史·唐庄宗纪》。

唐制，更多的时候称为杂差或杂差役。

据《旧五代史》记载，后梁朱温曾于开平三年（公元909年）下令："所在长吏，放杂差役，两税外，不得妄有科配。"后晋天福三年（公元938年）诏，逃户归来复业者，"仍放一年秋、夏租税，二年诸杂差徭"。后唐同光元年（公元923年）大赦令规定："民有三世已上不分居者，与免杂徭。"后周太祖临终遗言，"葬毕，募近陵民三十户，蠲其杂徭，使之守视"。可见五代十国时期基本沿袭了唐代的徭役制度。

五代时，杂徭的管辖权已属县级衙门职责，后周广顺二年（公元953年）诏："其婚田争讼，赋税丁徭，合是（县）令长之职"。

杂徭的役使，主要为皇帝及官吏过往提供赶车的、抬桥的、探路的、掌灯的、营膳的、运送物资的、清理道路的等等劳役。

（三）色役

色役是唐代专供各级官府和官吏驱使的奴仆，五代十国沿袭唐制，仍保留着这一役目。

色役的服役者有三：其一是普通民户，即两税户，自然包括各个户等，有贫也有富；其二是僧户；其三是徒。

五代十国时期的色役大致可以分为四类：

第一类为官府衙门之役。有专为官府所驱使的色役，可分为柴炭纸笔、车脚、采珠、递铺、驿丁、渡子等等。也有专供官吏本身驱使的色役，可分为白直、执衣、手力等。

第二类为乡里之役。里正，自秦汉以来直至唐中叶，就是所谓的"乡官"；而安史之乱后，其地位迅速下降为近乎衙门的"差役"了，史学家认为："唐代的里正已是不入流的人员。"五代十国时期，里正、村长是被强制充役，征税不足且要受罚。

第三类为贫苦劳动者负担的色役，主要为工匠、门夫、驿丁、陵户、营墓夫等。

第四类为刑徒所负担的重色役。

大凡整治水患的河工役和修宫建楼的工役中，都由刑徒出任重色役，也即最苦最累并带危险性的劳作。

第四节　五代十国时期的专卖制度

一、盐税与盐专卖

（一）盐产概况

五代十国时期仍以海盐为主，池盐次之，井盐、岩盐辅之。五代盐产主要在河北沿海和河东两池，特别是两池盐产有着悠久的历史，其盐利对王朝的财政收入影响甚大。其他尚有碱水煎煮盐、盐井产盐、陕西青白盐等。

十国盐产主要在沿海地区和前、后蜀之盐井。海盐遍及吴、南唐、吴越、闽、南汉等国，较为著名的有淮南盐和两浙盐。前、后蜀以井盐为多，历史悠久，盛名远扬。

海盐的生产者为亭户（亦称灶户），池盐生产者为池户，井盐的生产者为灶户。

（二）五代的盐税与盐专卖

后梁是否实行榷盐，专家意见不一。有的认为"实行的是征税制"；有的认为"是就场巢商制"；有的认为"没有实行统一的榷盐制度"，"局部地区榷盐是存在的"。

后唐同光二年（公元924年）二月诏令：整顿盐法，王朝决心重整榷盐制度，重建榷盐机构，严禁私盐，以恢复盐利收入，加强对两池盐的控制。另外，后唐还实行蚕盐制，所谓"蚕盐"，就是官盐的赊售制度，即官府在二月将官盐赊销给民户，夏收后向受盐民户收回盐钱，这当属食盐专卖。因食盐赊销期和育蚕期一致，故曰蚕盐。后唐还是实行较为严密的专卖制度。

为保证榷盐制度的实行，后唐的盐法规定甚严：第一，对食盐实行划区供应；第二，食用颗盐的供应规定；第三，食用末盐的供应规定；第四，对偷盗官盐的处罚。后唐的盐法，不仅严密，而且苛酷之极限，影响波及整个五代。

后晋盐法行征税制和禁榷制。石敬瑭即位之初，为了笼络人心，实行局部弛禁与减价的政策，故天福年间，盐禁比较松弛。官府实行配售制，诸道州府计户，每户1贯至200文，为五等配之，然后使人逐便兴贩，既不亏官，又益百姓。盐场远处每斤不过20文，近处不过10文。其后，官府重课盐商，（天福）七年十二月宣旨：食盐过税每斤7文，住税每斤10文。实行一盐二税，盐价飞涨，重税盐商，百姓深受其害。

后汉盐禁甚苛，盐税更重，青盐 1 石抽税 800 文，白盐 1 石抽税 500 文，另外还要征税，一盐二税，实为苛敛。其盐法严酷，令人不寒而栗。触犯盐法，不计斤两多少，一律处极刑。

后周王朝于广顺元年（公元 951 年）诏改盐法，凡犯 5 斤以上者处死，煎咸盐者犯 1 斤以上处死。广顺二年（公元 952 年）九月十八日，敕禁私盐曲法，即颁布盐禁条例。其规定：第一，违者处罚；第二，划区供应界定；第三，私自卖买盐的规定；第四，配盐与禁例。

（三）十国时期的盐税与盐专卖

十国时期的食盐实行榷盐制和征税制。一般来说十国盐的生产和销售情况比较平静，首先得益于盐资源较为丰富，淮南盐、两浙盐和井盐享有声誉。其次管理也较为得体，前蜀置井监管理各盐井，井监组成盐盟，井盟由井监使主持其事，管理专业、垂直。后蜀除置井监外，还置场征收东川盐的入境税，榷盐使统辖井监。各地榷盐使直属三司。

十国的榷盐制度不一。吴和南唐实行盐米制，即民户纳米，官府授盐，盐利尽在盐米之中。江南各国除榷盐以外，还征盐商过境税，一盐二税较为普遍。

二、酒税与酒专卖

（一）五代的酒税与酒专卖

五代时期，酒禁相对宽松，因而酒业也有所发展。后梁未有酒禁，听民造曲，自由酿酒，官府不加限制。后梁末，各节度使自置曲务，民有犯曲三斤者，置于死。但这只是各节度使的行为，不能作为国家的酒禁政策。

后唐时禁酒曲，实行酒专卖，对私曲五斤以上者处以死刑。东都留守孔循，将一个犯曲禁家庭人员全部诛杀，而"明宗知其冤，因诏天下除曲禁，许民得造曲"。天成三年（公元 928 年）诏令规定，把乡村榷酒钱改成了两税田赋附加税，每亩纳曲钱五文，一任百姓自造私曲；城镇酒户酤酒必须缴纳 20% 的酒税，作为榷酒钱。这对那些无需造曲和酿酒的百姓来说，无故陡增了一笔税收负担。

后晋、后汉基本沿袭后唐酒制，只是后汉的酒禁更为严酷，"虽丝毫滴沥，尽处极刑"①。

后周时，改革后汉犯禁即处死的规定，广顺二年（公元952年）诏令犯盐曲五斤以上者处死。

（二）十国时期的酒税与酒专卖

南方十国，气候宜人，盛产稻米，酿酒普遍。故酒税也成了是统治者的大宗财源之一。

吴、南唐之金陵城，酒家、酒肆、酒坊鳞次栉比，乡村野地，无处不闻酒香。吴、南唐酿酒业之兴盛，酤酒业繁荣，这与榷酒政策的宽松自然有关。

吴越酿酒业发达，官府对民间酿酒业实行禁榷政策，设有榷酿官吏，课征酒税，甚至"募民掌榷酤"，以全面控制酒税的征收和管理。

三、茶税与茶专卖

五代时期对茶叶实行禁榷制和征税制。华北地区不产茶，但人们又嗜好饮茶，市场需要茶，故五代官府都参与了茶叶的买卖，朝廷为此设立专门机构，选派三司官吏前往南方买茶，这就是官茶的主要来源。还有部分来源是南方吴越、闽、楚等国的贡茶，诸如吴越928年贡茶27000斤、936年贡茶24000斤、942年贡茶25000斤；楚在后梁时"岁贡茶二十五万斤"等等。但在官茶中所占的比例太小，无论怎么说，五代的官茶垄断了市场，这是榷茶的基础。

后唐同光二年（公元924年）敕：今则军需尚重，国力未充，惟有暂时保留茶盐等税，不能全部免去。后唐明宗天成元年（公元926年），诏省司及诸府，置税茶场院。

上述都是榷茶制，此外五代还行征税制。商运贩茶，州府征税，然则，后唐"自湖南至京六、七处纳税，以致商旅不通"②，官府处处设卡，层层课税，使茶叶交易不畅。

南方盛产茶叶，故官府十分重视茶利收入，其内地各国茶政有序，对内实行专卖（榷茶制），对外则是自由通商（征税制）。

地处湖南的楚国视茶税和茶专卖为国家主要税源，楚王马殷极力主张植茶，以茶叶换取缯纩战马而归，"湖南由是富赡"。南唐也用茶与契丹进行官方贸易，换回所需的战马。后蜀，则"五代之际，孟氏窃据蜀土，国用褊狭，

---

① 《新五代史·王章传》。
② 《续通典》卷一六。

始有榷茶之法"①。这是指后蜀的榷茶。南方其他各国的榷茶与税茶情况,史籍无记载。

四、铁专卖

五代十国初期,官府实行铁器专卖,这是包括了开矿、冶铁,铸造农具、器具等的全部专卖,并严禁民间私铸私造。

后唐明宗时,才解除铁禁,长兴二年(公元931年)宣敕:今后农具可以自由铸造,官府只管出生铁,乡村百姓,只于夏秋田亩上纳农器钱一文,五分足,随夏秋二税送纳。

后晋沿袭后唐制度,曾诏许百姓自铸农具。后汉时又严令禁铁,私铁者一律处死。后周则重开铁禁。

后蜀广政十八年(公元955年)后主孟昶,以"募并既多,用度不足,始铸铁钱,榷境内铁器,以专其利"②。后蜀的榷铁制度甚严,百姓苦不堪言。

第五节 五代十国时期的工商税制度

五代十国时期,商税为各国岁入的一大财源,故对商税都很重视。后唐设有"商税务",后汉设有"商税使",后周设有"商税院",负责征收商税事务。

一、关税

这一时期,无论是北方的五代,还是南方的十国,都纷纷设关置卡,苛征关津之税。既课出境商货,也征通关商旅。商贾不堪负担,商业发展艰难,弊病层出不穷,危害生产生活。

后唐天成元年(公元926年),仅湖南至京就有六七处纳税,官府处处设卡,层层课税,使商旅不畅。商人为了逃避关税,不走官府规定的路线,另僻山谷小径,贩运商货。租庸使孔谦上奏:要求各地关防障塞小道,重税商人。

后晋天福五年(公元942年)敕:"重其关市之征",食盐每斤征过税七

---

① 苏辙:《栾城集》卷三六《论蜀茶五害状》。
② 《十国春秋》卷四九。

文，征住税每斤十文。即关税市税，重复课征。

上述，一般称为内陆关税，这一时期亦有国境关税的史料。据载，闽王王审知"招来海中蛮夷商贾"①，其侄王延彬任泉州刺史，"每发蛮舶，无失坠者，时谓之'招宝侍郎'"②。既然是"招来"、"招宝"，则"舶脚之征"就比较优惠。这点史料，非常可贵，相当有研究价值。

二、市税

市税，在五代时期可谓典型的商税。各国所设"商税务"、"商税使"、"商税院"，均为征收商税的机构。可当时商税无法可依，"诸处商税，有越常规。乃至草、木、虫、鱼，无不取税"，"山泽陇亩之税，鱼、盐、蔬、果皆倍其算"，这几乎是逢物必税，只要有物就肯定有税，可见税收法制混乱一斑。

后唐明宗时，曾下诏令整顿税法，确定课征商品的税目，这是后唐的权宜之策，也不会有什么结果。五代时期，市税的税率约为3%。据史载："后周显德五年（公元958年），敕诸道州府，应有商贾与贩牛畜者，不计黄水牛，凡经过处，并不得抽税。如果货卖处，只仰据卖价，每一千抽税钱三十，不得别有邀难"③。

商税征收税目过滥，涉及面过广，严重影响百姓生产生活，也阻碍了各地区的经济交流。

三、通行税

五代十国时期的通行税，既课于商旅，又征于百姓。据《文献通考》载"五代时，有津渡之算，水或枯涸，改置桥梁，有司犹责主者备偿"，河阳管内人户，每亩征桥道钱五文。这是课于百姓的过桥税。

在南唐，"货鬻有征税，舟行有力胜"④，哪什么是"力胜"呢？"力胜者，计所载之多寡，以税其舟"⑤，对所载货物的舟船征税。"力胜"又怎么征

---

① 《新五代史·闽世家》。
② 《十国春秋》卷九四。
③ 《文献通考》卷一四。
④ 《南唐书》卷一四。
⑤ 《宋会要辑稿》卷一八。

收呢？空船过津要纳税，货船载货则加倍征课。真可谓"无税不加，为弊颇深"①。

四、屋税

屋税是以城镇居民住所作为课税对象的一种税，为五代创设，各代沿用。

据《五代史》载，东西两京"一百里内及京城，今年屋税并放一半"。可见，屋税征收并不限于城镇居民，还包括了城外一百里内的住户。后周诏令曾提到"州城县镇郭下人户，系屋税合请盐者"②，说明城、郭居民一视同仁。宋太祖乾德三年（公元965年）灭后蜀，宣布"居坊郭者，勿输半年屋税"③。说明屋税的征收对象包括了市内和城郊的居民住房。

后唐因库藏入不敷出，为犒赏军士，下令不管房屋自有，还是租借，均以现居者为准，强行课借五个月屋税。屋税是按月征收，但税率无史料说明。

第六节 五代十国时期的杂税制度

一、丁口钱

丁口钱，又称身丁钱、身丁米钱、身丁钱米绢麦等等，名称不一，实质相似。五代十国时期，既行两税法，则应无丁税，但南方九国大多存在丁税制度。

如吴国"有丁口钱"，"每丁纳钱二百"；吴越"每身钱三百六十"；南汉有丁赋；闽有身丁钱"民年十六（起征）至六十免放，后漳、泉二州折米五斗"；楚有"民丁钱"；南唐前有丁口盐钱，后有丁口绵绢。

各地丁口钱所征数目不一，睦州每丁695文，处州每丁594文，福州每丁325文。湖南平阳县，"自马氏时，税民丁钱，岁输银二万八千两"。四明一带，计口算缗钱，每丁年达数百文。在广西地区，"丁钱始于五季，每丁十文，既而加倍，至十倍、百倍，米亦如之"。更有甚者，五代以来妇女、寺

---

① 《册府元龟》卷九二。
② 《册府元龟》卷四九四。
③ 《续资治通鉴长编》卷六。

院、行者、摄官、盐亭户,甚至死丁都有丁税钱。丁口钱,按丁口计征,以米麦、绢帛、钱币缴纳,其本质应归属人头税。

二、牛租

牛租,顾名思义,租用耕牛而交纳的费用或租谷,属租赁费用。梁太祖进击淮南,掠得牛以千万计,租给东南诸州的百姓,并收取牛租,但多年后牛死租犹在,始成地方性杂税。后周太祖时"悉除租牛课"。百姓才得以免纳"牛租"。

三、买宴钱

买宴钱,即地方官吏进京朝觐所必须缴纳的费用。五代时期,历朝都有"买宴钱",地方官进京述职、朝觐、办事,必须买宴入朝。节度使侯章曾献买宴绢千匹,银五百两。甚至朝廷大臣也要交买宴钱。可谓自挖墙脚,自摧王朝。

四、犒赏钱

犒赏钱,应该是给于奋勇杀敌的有功将士的赏钱。但这里却解释为,为赏将士而对百姓课征的杂税。同光三年(公元925年)后唐灭前蜀,夺得64州,249县,劫掠铠仗,钱粮、金银、以千万计。可是,赏钱不见来源,只得另辟税源,开征"犒赏钱",向蜀国百姓筹资500万缗,听以金银绢帛充纳,给军之余,犹余200万缗。这可是算作对被征服地区民众的抢劫了。

五、拔丁钱

何谓"拔丁钱",后唐地方长官赵在礼,任职宋州,苛征百姓,竭泽而渔,民怨鼎沸。其后,赵在礼调任他处,百姓奔走相告,喜庆而言,总算拔了这个眼中钉,大快人心。赵在礼得知这一情况,又奏请回宋州任职一年。是年他向百姓征收惩罚性税收,即"拔丁钱",每丁税金千文,史载:"籍管内户口,不论主客,每岁一千,纳之于家"①。此税不得人心,扰民极深。

---

① 《旧五代史·赵在礼传》。

六、渠伊钱与㧓须钱

吴国庐州刺史张崇,入朝去见吴王,百姓对他恨之入骨,期望他不必归来,故有"渠伊(他)必不复来矣",可未料张崇硬是回来了,随即就向百姓课征"渠伊钱"[①]。其后,他又去见吴王,百姓以为这一次该调任了,故只能暗暗高兴,㧓须相庆,可张崇还是回来了,于是他又开征"㧓须钱"[②]。

看看十国杂税,足以知其法制混乱,征敛无度,科索无制,十国不亡,天理不容。

七、有名称的杂税

(1) 桑栽税:蜀中蚕市兴盛,王建顾左右曰,条桑甚多,如果课税,必厚获利。由是言出于外,民惧,尽伐其桑拓焉。

(2) 牛皮税:后唐禁止杀牛卖肉,死牛准例输皮入官。后周广顺二年(公元952年)诏,每秋、夏苗十顷,交纳连角牛皮一张,如果是黄牛,还要纳干筋四两,水牛则纳干筋半斤。后蜀规定"牛驴死者,革尽输官"。楚也征取民户牛革。

(3) 过桥税:五代时,有津渡之算,河阳管内人户,每亩征桥道钱五文。

(4) 油税:李茂贞居陕西凤翔,"以地狭赋薄,下令榷油"。

(5) 小绿豆税:后唐庄宗下令"小绿豆税每亩与减放三升"。

(6) 农器钱:后唐明宗时,"初税农具钱","人户每田亩纳农器钱一文五分"。

(7) 地税:楚国,州人每年出绢,称为"地税"。

(8) 入城钱:南汉刘鋹时,邑州地方官征收的入城钱,"邑民入城者,人输一钱"。

(9) 军租,后唐符习在汴州"厚赋民钱,以代纳墓,及纳军租"。

(10) 公用民钱:后汉刘铢在青州擅征民钱,秋苗一亩征3000钱、夏苗一再2000钱,以备公用。

(11) 两税外米:楚马希范的属官,征民两税外米,大县定额3000斛、中县1000斛、小县700斛,无米则输纳布帛。

[①] 《十国春秋》卷九。
[②] 《十国春秋》卷九。

（12）地皮税，"先是，江南诸州小民屑官地者，有地房钱"。

（13）场税："吉州缘江地虽沦没，犹纳勾栏地钱，编木浮居者名水场钱"。

（14）资产税；前蜀王建所创立的"绫一匹一百文，绢一匹七十文，布一匹四十文"，属资产税。后蜀的资妆税、铁器榷税，也属资产税。

（15）前蜀还征收的猪税，"猪每头一百文"；楚有"茗算"，即向茶农征收的茶税。

此外还有匹帛钱、鞋钱、地头钱、市舶之征等等，大凡叫得出名称的商物，"皆纳官钱"，税款"悉加故额数倍"。

八、无名称的杂税

五代时期，为了增加赋税收入，把蔬菜瓜果也列入了征课范围。中原"诸处商税，有越常规。乃至草、木、虫、鱼，无不取税"。在江南九国，则大增算商之法。

后周时，常思出镇宋州（河南商丘），年得丝十余万两。后晋时，有人奏称，"所在县令，有差配百姓纸、笔"。后周，两税附加杂税，由每亩16文增至45文。而且每亩还征配柴五围，炭三秤。

闽国，"沿征白配钱米"。"增山泽陇亩之税，鱼、盐、蔬、果皆倍其算"。"凡江湖陂塘皆有赋"。闽国陈匡范"增算商贸数情，务以聚敛得上心，人不堪其苦"。

吴越国的鸡鱼卵菜箕帚等均有税。钱氏据两浙，地狭民众，赋敛苛暴，肩鱼卵菜，纤悉收取。钱俶时"凡薪粒、蔬果、箕帚之恳悉收算。"

南唐"民间鹅生双子，柳条结絮、结税之"。袁州，鬻竹木、柴炭者皆也有税。同时"货鬻有征"。

南汉在广州，猪、羊、鹅、鹿、鱼、果，并外场课利，均收税。邑州人民赶集时"货卖柴米者，人收一钱"。南汉刘銀时，广南诸州民输税米入"每石白配百六十钱"，而"琼州米斗税五钱"。

前蜀置征督院，重征百姓。后蜀宰臣张业"虐征商税"。

张方平评述："今二税之外，诸色沿纳，其月日陪钱地钱、食盐钱、牛皮钱、蒿钱、鞋钱。如此杂料之类，大约出于五代之季。急征横敛，因而著籍，遂以为常。"①

五代十国的杂税之多，无法一一列举。

第七节 五代十国时期的税收管理制度

一、职官制度

五代十国时期的职官制度基本上沿袭了唐制，仍行三省六部制，但因各王朝的具体政治历史条件不同，故其作用也不尽相同。

三省（即尚书省、中书省和门下省）的长官即尚书令、中书令和侍中，一般都是兼职官员，主要用于笼络地方藩镇和重臣宿将。

宰相名义上仍为百官之首，官品为正二品。宰相之权，因受枢密使、翰林学士、宦官、外戚等人的牵制而被削弱。

五代十国时期枢密使职权膨胀，"权兼内外"、侵蚀宰相之权，是这一时期的普遍现象。枢密使插手军事，主持征伐，肆夺军权。枢密使已从内官转变成事实上的朝官。

地方官制也沿袭唐代，首先为节度使，凡置军的地方均设节度使，节度使兼理军政，从而使地方的州、县两级制成为事实上的节度使、州、县三级制。

各州设刺史，但刺史多为武将，或由节度使兼任，或由其部将任职。刺史权力很大，肆意干预州县政务，造成地方吏治败坏。

县级官制，县令仍为一县之长，县丞、主簿为县令之佐官。

二、财税管理机构

五代时期赋税管理机构与唐后期则有所不同。唐末五代初，随着节度使在政治上的强大，使用其幕职掌管本道财赋，始成与政治上割据局面相适应的财税管理机构。

后梁朱温即是这一过渡时代的典型。朱温当时为宣武、宣义、天平、护国节度使，可谓大藩强镇之王，随命裴迪为从事负责"四镇租赋、兵籍、帑廪、

---

① 《乐全集》卷二五《论免役钱札子》。

官吏、狱讼、赏罚、经费、运漕"等，"事无巨细，皆得专之"①，尽管当时朝廷仍有支使之设，但财税大权已落到从事裴迪的手里。

五代时建昌宫（院）为全国最高财税管理机关，由建昌宫使总领，同时设判建昌宫事、副使。建昌宫使负责财税预算、钱帛谷物的出纳和调运。

后梁乾化二年（公元912年），废建昌宫，设国计使，主政财税。后唐明宗诛孔谦，改革财税管理制度，合并了唐以来户部、度支和盐铁三司，首次设置了三司使一职，由三司使总理财税事务，加强财税管理。三司制度为后唐、后晋、后汉、后周等王朝所沿袭。

三司使主政两税的指挥、调度、协调、管理，而诸道节度使、观察使、各州刺史、县令及其有关官吏具体负责两税的征收、调运、上解等工作。三司使设立后，保留了诸道盐铁转运使。三司和三司使制度的确立，标志着唐至宋代的财税管理机构改革基本完成。

十国的财税管理机构，闽、吴越、楚和荆南奉中原正宗，故仿效五代王朝，又有自己的特点。吴、南唐、前后蜀、南汉、北汉属独立一隅的王朝，仍沿袭唐制。户部为全国最高财税管理机构，下设户部、度支、金部、仓部等，并设有盐铁使等。但总得来说，其中央财税机构设置始终不完整。

---

① 《旧五代史·梁太祖纪》。

第十三章

宋代的赋税制度

第一节 概 述

一、宋代的基本政治格局与施政要略

后周显德七年（公元960年），禁军统帅赵匡胤在陈桥发动兵变，夺取政权，建立了北宋王朝，并经过十多年的军事征服和政治瓦解，终于结束了五代十国50多年的分裂割据的局面，基本上重新统一了中国。但宋代始终没有恢复到隋唐时的疆域，终其一代，不曾一统海内。公元1127年，金人南侵，汴京失陷，北宋政权遂告结束。宋钦宗之弟赵构于应天府即位，是为宋高宗，遂迁都杭州，史称南宋，1279年为元所灭。

（一）宋代民族矛盾的发展

宋王朝曾先后与辽（契丹）、西夏（党项）、金（女真）、蒙古等少数民族政权相峙鼎足，民族矛盾异常剧烈，它所面临的军事环境甚为严峻，外部的政治压力是十分沉重的。

宋景德元年（公元1004年），契丹率兵南侵，大军长驱直入，以武力胁迫宋王朝签下了丧权辱国的"澶渊之盟"，规定宋每年向契丹国朝贡白银丝绢，这就是所谓"岁币"支出。接着西夏也复制了"澶渊之盟"，大有斩获。此外还有蒙古族的骚扰和入侵，以及金国的铁蹄践踏着大江南北。这就是宋代政府所谓的"外患"。

（二）宋代阶级矛盾的激化

宋代立国之初，就有意识地依靠官绅豪强、地主商人作为阶级统治的基

础。政府采取"不立田制"、"不抑兼并"的政策,纵容他们肆意兼并土地。占当时全国人口不足1%的形势户(指官绅豪强)却占有了全国土地的70%。他们凭借政治特权,既不向政府缴纳赋税,也无需充服差役。而在其奴役之下的劳动者,却衣不遮体,食不果腹,繁重的赋税与催命的徭役,使劳动者倾家荡产,横尸野外。因此,挣扎在死亡线上的劳动者对北宋王朝及地主阶级充满了强烈的政治仇恨,自11世纪40年代起,在全国各地先后爆发了大大小小农民革命战争,星星之火,可以燎原。这就是宋代政府所谓的"内忧"。

(三)宋代的施政要略

1. 强化中央集权制

因"陈桥兵变"而皇袍加身的宋初统治者,深谙"兵权所在"[①]是巩固政权的关键。故其治国,就是强化中央集权,分化事权为特征,主要采取四个方面的措施:第一,集中兵权。使兵将分离,兵不认将,将不识兵,将帅无法拥兵割据,以维护统一局面;第二,加强皇权。中央政府由皇帝亲政,大小京官由其任命,地方官员由其委派;第三,分割相权。设置政事堂和枢密院,即"二府""对掌大政",财权归三司,兵权属枢密院,宰相只是行政首脑,各主管行政机构之间相互制约;第四,限制吏权。通过官、职、差遣制度来限制官吏的权力,御史台和谏院负责加强对百官的监督。

2. 缜密的供养政策

宋代强化封建专制主义集权政治的施政策略,就是所谓"供养政策",也即"三养政策"。

第一"养兵"。宋代沿用并发展了唐后期的雇佣兵制度,随时随地把破产的农民收容到军队中去,用军纪严加约束,以免他们"铤而走险"策动农民起义。宋代"养兵"是基于社会政策,而不是国防政策。

第二,"养官"。宋代养官分两个方面:其一,宋太祖对拥立他做了皇帝的有权有势的高级将领,一律赐于庭院宅第和大片良田,给予优裕的生活待遇,但释去兵权,以解决"君轻臣重"的内患。其二,为巩固中央政权,加强皇权,从中央到地方设置培训了一支庞大的,同时也在不断扩充官僚集团队伍。

第三,"养士"。宋政府对士,给官做,给优厚的待遇,但却必须忠心拥护朝廷。宋代"养士"和"养官"密切相关,及第授官,两宋政府极力扩大

---

① 范浚:《香溪集》卷四《五代论》。

仕途就是扩大统治基础。

总之，宋王朝的政治格局和强化封建专制主义中央集权的施政方针、内外政策必然地结出两大恶果——"三冗"（冗兵、冗官、冗费）和"二积"（积贫、积弱），这严重地影响了宋代的政治、经济和财政状况，进而也决定了宋代的赋税收入、赋税结构及其发展趋向。

二、宋代的经济概况

（一）农业的发展

宋代农业的发展呈综合性、多元化和专业化的特征，具体表现在以下几个方面：

首先是垦殖面积的增加。从太平兴国元年（公元976年）到天禧五年（公元1021年）的40多年间，垦田面积增加了200多万顷。同样的垦殖发展程度，唐代用了110年时间。宋代垦田的另一个特点就是充分利用土地，湖边圩田、山坡梯田、江海滩地、包括架田、淤田、荷田等都得到开垦，土地利用率甚高。

其次是生产工具与农业技术的进步。宋代是我国古代冶铁技术和铁制工具第二次变革的重要时期，灌钢法、百炼钢法等广泛使用、犁的改革和铁刃农具的创新，先进生产工具的推广和使用，较大幅度地提高了农业劳动生产率。特别是农业生产技术从土地、肥料、种子到田间管理、水利灌溉等这一整套合理经营方法，在宋代日趋完善，并最终定型。

再者是水利事业的发展。宋代对水利事业十分重视，并把农田水利建设作为地方官员考核标准的一个方面。特别是王安石变法，把"农田水利法"单独作为一项法令颁布，推动了全国的农田水利事业建设，这一成就不仅在两宋时期，就是在整个封建时代也是罕见的。

最后是粮食亩产明显提高。宋代粮食亩产一般可达二至三石，以江浙为例，北宋末亩产为三四石，南宋中期亩产已达五六石，经济发达地区亩产可达六七石，宋代粮食亩产远超隋唐。粮食产量提高为宋代经济发展奠定了扎实的基础。

（二）手工业的发展

宋代农业的发展促进了手工业的进步。宋代手工业无论是经营规模、生产分工、生产技术，还是产品的品种、产量、质量都远远地超越了隋唐，其手工业发展的特点分述如下：

（1）手工业经营规模扩大。不仅手工业者占总人口的比重大有增长，而且经营规模较之唐代有明显扩大。（2）手工业产量大为提高。润州织罗务年产万匹以上；煤的开采量，使当时"汴都数百万家，尽仰石炭，无一家燃薪者"①；宋代铜铁金银产量被认为是"当时世界上产量最高的国家"②。（3）生产技术进步。冶炼上"灌铜炼钢法""胆水浸铜法"的运用、盐业中的"桌筒"开采法、纺织机械中的32锭大纺车、精湛的造船技术等，都是宋代先进手工业的集中体现。（4）"行"的确立。技术进步与细密分工相关，专业分工的突出表现是"行"的发展，宋代是我国"古代工商业诸行的定型时期"③，集中反映了宋代手工业专业化程度的提高。

（三）商业与海外贸易的发展

宋代农业的发展、手工业的进一步分工促进了商业繁荣，主要表现在以下几个方面：

第一，坊市制度的衰弱。宋代商品经济的高速发展，突破了坊市制度的限制，坊市不分，到处有市，日夜有市，贸易无阻。市场的培育与发展，完善了市场机制的功能。

第二，草市、墟市和集镇的增加。商业的发展，国内市场的扩大，特别是农民与市场联系的加强，商业区域延伸到城外，就称为"草市"。农村中定期定点的交易场所，称为"墟市"或"集市"。随着商业的发达，集市演变为固定的集镇，而集镇是城乡联系的纽带，有着十分重要的经济意义。

第三，新型小城镇的出现和大都市的形成。宋代商品贸易的发达和市场经济的发展，各地雨后春笋般地涌现出许多新型的小城镇。唐代10万户以上城市只有十几个，而宋代则增加到四十余个。北宋的汴京和南宋的临安，是继长安、洛阳、南京之后出现的第四、第五个百万人口的大城市。

第四，海外贸易的发展。随着造船业的发达和指南针在航海中的运用，宋代海外贸易出现了非常迅猛地发展。其贸易范围十分广泛，东起日本和朝鲜半岛，西至阿拉伯和非洲东岸不下五六十个国家和地区。

（四）货币关系的发展

商品经济的繁荣必然带来货币关系的发展。北宋开封城内，"每一交易，

---

① 庄季裕：《鸡肋编》卷中。
② 周宝珠等：《简明宋史》，人民出版社1985年版，第102页。
③ 傅筑夫：《中国经济史论丛》，三联书店1980年版，第433页。

动即千万"[①]，货币流通的需求量不断上升。宋代铜币铸造额在宋神宗时期达到顶峰，但仍不能满足流通的需要，"钱荒"问题严重地影响了社会经济的发展。

宋代的通货以铜币为主，同时辅以铁钱和白银，不同币材的货币并行流通，是宋代货币关系的特点。由于铁钱作为通货，特别是唐代以来"飞钱"和盐引、茶引等有价证券的流通，促使了纸币的产生。公元10世纪末，在通行铁币的四川地区产生了中国最早的纸币——交子。纸币的产生是划时代的大事，纸币发行对商品流通有着积极的促进作用。宋代纸币的发行，始有准备金，其后渐滥，往往做为政府弥补财政赤字的重要手段，通贷膨胀给人民带来了沉重的灾难，货币问题成了宋代社会生活的重大问题。

第二节 宋代的田赋制度

一、田赋

（一）田赋税目

宋承唐制，其田赋主要是两税及附加。两税为正税，附加繁杂多变，往往超过正税数倍。

宋代的田赋按其税目分为五类：

（1）公田之赋，指公田佃户所交纳的地租，但租外有税，租税合计负担并不轻。

（2）民田之赋，指国家对私有土地课征的赋税，即二税，这是田赋的主要部分。

（3）城廓之赋，指对城镇百姓的店宅和园地所课之税。

（4）丁口之赋，指身丁米钱，纯属人头税，仅行使于南方地区。

（5）杂变之赋。正赋之外的苛杂收入。凡折征的各地土特产品，通称"杂变"。

（二）田赋税额

宋代田赋征收，以田亩为标准，田亩按土质、色泽分等定级，按等级定税

---

① 《东京梦华录》卷二。

率,分夏秋两次交纳,夏税以钱计,秋税以米计,故又称夏税秋米。

宋代的两税正额,一般"每亩在一斗上下"①。故有"亩税一斗,天下之通法"②的说法。这应该是北宋前期田赋的一般水平。实际上宋代并无统一的定额税则,各路各州各县的田赋税额均不相同,田赋负担的轻重有许多不确定因素,特别是宋初田赋只分中、下两等,其后田赋分为五等、九等、十等,税则日益细密,税负自然日趋沉重。

至于南宋,田赋税则变动更为频繁。仅福州实行经界法时,一乡之土,就分成九等、七等、六等、三等,田赋负担轻重当然不一。

关于田赋(两税)收入数,据专家们推算,至道末年,两税收入折钱为1897万贯,折粮为6323万石;而天禧末年两税收入折钱为2132万贯,折粮为7107万石。建炎三年(公元1129年)林勋上奏曾说"本朝二税之数,视唐曾至七倍"③,可见当时农民负担之重。

(三)田赋课征形态与纳税期限

宋代田赋的课征形态,随着经济的发展,遂向多种类、多品目方向延伸和扩大。宋代赋税征收,采用物币兼行的方法,主要税赋之物有粮食、绢帛、金属和物产四类。其计量单位的规定:"凡岁赋,谷以石计,钱以缗计,帛以匹计,金银、丝绵以两计,秸、薪蒿以围计,他物各以其数计"④。

两税的纳税期限,宋初各地规定不一,其后按照后周制度,统一规定为夏税以六月一日起征,秋税以十月一日起征,各以八月底十二月底为交纳结束之限。

(四)田赋征收的计量标准

宋制规定,谷物征收一律使用国家统一制作的斛斗,即"省斛"、"省斗",亦称"官斛",这种斛的容量有五斗的,也有一石的。布帛征收也有统一规定,即所有的丝织品必须长及42尺、阔及2尺5寸,每匹重"须及十二两"⑤,这是纳税规定的计量标准。

---

① 陈登原:《中国田赋史》,上海书店出版1984年版,第116页。
② 《说郛》卷九八。
③ 《建炎以来朝野杂记》甲集,卷十七。
④ 《宋史·食货志》。
⑤ 洪迈:《容斋随笔》卷一〇。

二、折变与支移

(一) 折变

宋代两税的征收,还有所谓的"折变",这是因官府临时性需要而改征他物,避免所征非所需的一种变通办法。折变名目繁多,或以钱折绵,或以麦折钱,或绢折钱,无论怎么折变,只要"其值轻重相当",也就是比价合理,亦未尝不可。问题就在于折变的比价是否合理,而宋代政府的算盘就是通过反复折变,扩大财赋收入,官享其利,民受其害。

宣和三年(公元1121年),言者论及折变之弊,"既以绢折钱,又以钱折麦。以绢较钱,钱倍于绢,以钱较麦,麦倍于钱。展转增加,民无所诉"。包拯在奏折中谈到江淮两浙赋税折变时说,折变二次"比逐处见籴价例两倍已上"[①]。苛价折变和重复折变既是宋代政府扩大两税收入的低级手段,也是其财政收支恶化和赋税管理混乱的明显标志。

(二) 支移

宋代两税的交纳,还有所谓的"支移",即强制纳税者自备运输工具和盘缠,将税粮送到指定的地点才算完纳。

支移源于太宗年间,其时因西北边防军事需求,就令各地百姓按户等高低,分别到四五百里之外交纳两税。其后官府颁布了支移法:输送距离的远近,按户等而定,一等户、二等户,支移三百里,三等户、四等户支移二百里,五等户支移一百里,不愿支移者可纳钱,称为"脚费"。脚费按税粮的数量和支移的距离而定,有些不用支移的地区(粮仓就近)也得加纳脚费,于是支移脚费遂成田赋的正税。

三、田赋附加

(一) 头子钱

头子钱,本为征税手续费,于两税之外,按一定比例课征,专供税吏使用,或用于弥补仓耗,其后延伸为田赋附加。头子钱各地税率不一,但都在不断提高。熙宁七年(公元1074年)初征每贯即5文,税率5‰;南宋绍兴五年(公元1135年)增至每贯23文,税率23‰;其后增至56文,税率56‰。头子钱遂成南宋后期的一项重要收入。

[①] 《包拯集》卷七《请免江淮两浙折变》。

（二）加耗

宋政府规定，广南地区农户纳税，每岁两税一石，加纳二升为鼠雀之耗，即所谓的"加耗"。官府的说法是百姓所纳米谷入仓后被老鼠麻雀吃掉的损耗部分。

"加耗"之外，又增"斗面加耗"。江西各地农户，每纳税米一石，别纳加耗一斗，"加耗之外，更要一斗"①，谓之"斗面"。可见这类加耗均落官吏私囊。南宋加耗更甚，如江西清江县"每石加耗七斗"②；湖南"一石正苗有至三石，少至一石"③。这时加耗已远超正税，往往为正税的二三倍。"既是无名暴赋，立为常规"④，这在南宋已是习以为常了。

（三）义仓税

宋仁宗庆历元年（公元1041年），官府令三等民户岁输米二斗者纳一升，储粮于义仓，以备凶歉。可到了宋哲宗绍圣年间，原本储之义仓却改输郡仓，其后又转充军仓，以资军国之用，故成义仓税。

（四）农器税

宋初，对百姓铸造农具所课之税，附加于田赋之上，亩纳一文五分，随夏税一并缴纳。大中祥符三年（公元1010年）废除农器税，但大中祥符六年（公元1013年）又下诏："自今农器并免收税。"⑤ 同年再一次下诏："天下勿税农器。"⑥ 及至到了南宋绍兴八年（公元1138年）还下诏："蠲农器及牛税。"⑦ 国家要废除一个恶税，竟然化了一百多年的时间，真不可思议。

（五）牛革税

牛革税即牛皮税，每租20石，输纳牛革1张，准折千钱。此税始于五代，宋附于田亩沿纳，或折钱，或输本色，至南宋不废。"国初，令民田七顷纳牛皮一张，角一对，筋四两。建隆中令供给价钱一贯五百文，税额中牛皮钱是也"⑧。

---

① 《续资治通鉴长编》卷一六〇。
② 《宋会要辑稿·食货》。
③ 《宋会要辑稿·食货》。
④ 曹颜约：《昌谷集》卷一六。
⑤ 《宋会要辑稿·食货》。
⑥ 《宋史·真宗纪》。
⑦ 《宋史·高宗纪》。
⑧ 王闢之：《渑水燕谈录》。

（六）其他田赋附加

曲钱：榷酒课利摊入地亩。盐钱：榷盐课利摊入地亩。鞋钱：军须科配军鞋折钱摊入地亩。席钱：仓库所用苇席摊入地亩。脚钱：由支移赋税转化而来。另外还有蒿钱、率分纸笔钱、析生望户钱、公用钱钞旁定贴钱等等。

四、田赋预借

南宋绍兴二年（公元1132年）大臣上言："一遇军兴，事事责办；有不足者，预借来年之赋；又不足者，预借后年之赋。虽名曰和，乃强取之；虽名曰借，其实夺之。"[①] 可见，预借早在绍兴二年前就已行使。绍兴六年（公元1136年）八月，"预借江浙来年夏税䌷绢之半，尽令折米"[②]。淳祐八年（公元1248年）监察御史陈求鲁上奏所言：各地预借发展甚快，有预借一年、二年，更有三年、四年，最多达六年之久。大臣在朝议论"郡县之政，最害民者，莫甚于预借"[③]。

五、田赋减免

两宋的田赋直接减免非常稀少，依据荒年灾情大小所给予酌情蠲免亦颇艰难。

两宋田赋减免不多，而"水旱、蝗螟、饥疫之灾，治世所不能免，然必有待之"[④]，宋代的救荒赈恤工作较之前代有很大的特色。其赈济、借贷、减免环环相扣，开仓济粮、稳定生活、保障生产相互配合，遣返、安顿、收养妥善处之，省支移、轻和买、缓刑罚、薄处罪等政策灵活。因此，可以说宋代以救灾见长，对百姓衣食生存和恢复农业生产的作用不可忽视。

---

① 李心传：《建炎以来系年要录》卷五四。
② 《宋史·食货志》。
③ 留正：《皇宋中兴两朝圣政》卷五六。
④ 《宋史·食货志》。

第三节 宋代的徭役制度

一、北宋的役法

唐代两税法，合租庸调为一编。宋代两税已征代役金（庸），还要课征身丁钱，同时再派发各种徭役，可谓役上加役，役外添役。

（一）职役法

北宋的徭役分为职役和杂徭，当以职役为主，杂徭辅之。

首先讨论职役（又称差役），按北宋的役法规定，其职役可分为五种：（1）衙前：主管官府财物，包括运送的官物和府库粮仓等；（2）里正、户长、乡书手：主管督课赋税；（3）耆长、弓手、壮丁：主管逐捕盗贼，负责地方治安；（4）承符、大力、手力、散从官：主管传送敕令文书；（5）县曹司至押、录等：主管州县杂项事务。

太祖建隆中，诏定服役民户分为九等，上四等量轻重给役，下五等免役。职役因按户等高低轮番充役，故称"差役"。以上五种职役，按规定由前四等户差充，其中衙前，由资产最多的户等充当，里正由一等户充当，户长由二等户充当，余下诸役由三、四等充当。

北宋的职役，以差充衙前、里正和户长等为谈虎色变的重役。凡是保管仓储物品，运送官府粮草物资，如有遗失，必须悉数赔偿；若乡中百姓不能按期纳税，或根本无力纳税，则必需代为缴纳。故衙前、里正、户长因服役而"倾家而不能给"大有人在。故为规避衙前之役，则"有孀母改嫁，亲族分居，或弃田与人"、或自残、"或非命求死"① 等等。仁宗至和年间，改革役法：把各类衙前役分为五等，以备十番轮差，但改良不可能根本解决问题。英宗时，职役之弊已成社会一大公害，到了非改不可的地步。

其次议论杂徭。宋代杂徭，亦称夫役，多为官府临时性差遣，主要从事地方建设项目，如筑路、治水、挖渠、筑坝、修城等等。官府随用随征，没有固定的时间和规定的名目。一般春耕以前调发的夫役，称为"春夫"；官府急需促办而征调夫役，称为"急夫"。当然还有官吏私人之间的日常琐事，包括逢

---

① 《宋史·食货志》。

年过节互送礼物也都要征调民夫提供力役。因此，杂徭负担全落在贫穷百姓身上，误农时、废耕稼，致使农户苦不堪言。

杂徭在王安石变法后亦行募役法，应役者出钱免役，此钱称"免夫钱"。因杂徭所处辅助地位，故制度也较松弛，愿服役者充役，不愿服役者纳钱免役。

（二）募役法（免役法）

宋初职役扰民严重，流弊过甚，影响社会稳定，朝野上下普遍要求改革。募役法是王安石新政之一，为稳定社会秩序，促进农业生产的发展，于熙宁四年（公元1071年）正式颁布了募役法：

（1）废除差役法，按募役法规定，原来差役改为由州、县官府出钱雇人应役。

（2）畿内乡户计产业或家资之贫富，上下分为五等，坊郭户分为十等。乡户四等和坊郭户六等以下勿输，其余按户等定"免役钱"，随夏秋二税一并交纳。

（3）原来享有免役权的官户、僧道、未成丁户等，要按正额的半数缴纳"助役钱"。

（4）官府使用所征收的"免役钱"和"助役钱"，召募三等以上户充役。

（5）各地州、县官府根据当地差役事务简繁，自定征收额数，按户等高低分摊，供当地官府使用。另在正额之外，可多征20%的"免役宽剩钱"，以备灾年募役之用。

这一制度因出钱可以免役，故又称为"免役法"。王安石变革役法的意义在于：

首先，募役法使轮番充役的农民，回归土地，增加了农业劳动力，有利于社会经济的发展。其次，募役法废除了免役特权，使原来不出役之户，也要交纳助役钱，从而扩大了征收范围。再者，募役法由以身充役，改为以钱代役，徭役变成赋税，均平赋役负担，缓和了社会矛盾。

对于衙前一类重役，通过改革使人敢于应募，而且应役期间，给以雇直，按日而计，也有按所管事务的责任大小计，同样具有均平赋役的意义；以货币取代差役，这本身是历史的一个重大进步，对整个社会经济的发展起着促进作用。

二、南宋的徭役法

（一）差役募役并行

南宋初，高宗诋毁王安石役法，但又认为，"行之既久，不可骤变"。于是大幅度增加免役钱，这是南宋农民负担加重的一个主要原因。其次，继北宋绍圣年以来，一直是以保长催督赋税，并将雇钱付给保长。但绍兴元年（公元1131年）起，官府把雇募户长、保长的钱款挪着他用，役者得不到雇钱，差役法又复活了。这是南宋农民负担加重的又一个原因。

自南宋恢复差役法，则北宋役法的一切痼疾又死灰复燃了，差役法固有的苛重和残酷，在南宋上演了一幕幕的人间惨剧。

（二）义役法

南宋差役无法维持，在历史的罅缝中兴起了义役。源于乾道五年（公元1169年）处州松阳县的义役，实为当地民户自行办理的举措，得到了守臣范成大的有力支持。所谓义役法，就是以一乡或一都为单位，由当役民户各出田或出钱，合买规定田亩作为助役田，以所收田租供应役费，出钱多少，按贫富定等差。官府闻奏"诏颁其法于诸路"。义役法虽有便民之意，但矛盾也不少，公役私办，自然不会有好的结果。

第四节　宋代的专卖制度

一、盐税与盐专卖

（一）专卖形式

宋代盐专卖有两种形式，其一是"民制、官收、官运、官销"，这为"官鬻"制度。其二是"民制、官收、商运、商销"，这为"通商"制度。专卖之外尚有征税制。

（二）"划界分区"制度

宋代食盐专卖实行"划界"销售制度。划界规定了各地产盐的销售范围后，又将销售地分为两类地区。一类是禁榷之地，是由官府直接垄断经营的地区；另一类通商之地，盐商获得国家许可后，在指定的地点，领取食盐，到指定的非禁榷区域销售。

宋代盐制"划界"销售制度的弊病有二：一是盐价过高，划界排除就近就地供应的原则，无疑增加了成本。二是给盐商或不法盐吏造成可乘之机，肆意盘剥百姓。故而，划界销售直接造成了食盐质次价高、"公私烦费"等后果，以致民苦价高而淡食。

（三）专卖制度

1. 禁榷法

（1）官制官卖。官制官卖即官府制盐，再运到指定的地点设立场务销售。宋初行此法，既需伐木造船辇运，又需兵民长途贩盐，同时贪官污吏又常舞弊，食盐杂以泥沙硝石，所售之盐质次价高，不仅民间怨声载道，连朝延大臣也竭力反对，故而时行时废。

（2）蚕盐。蚕盐，宋初行于京东诸路，由政府强制规定每年二月养蚕授盐给民户，于蚕丝上市交纳夏税时收钱，故称为"蚕盐"。"蚕盐"既为田赋的附加，又具有人头税性质。"丁给盐一斗，纳钱一百六十六文"，"自行钞盐之后，官不给盐，依旧纳钱，每丁增至三百六十六文"①。既然官府已罢蚕盐，改行通商制，仍令民纳蚕盐钱，这无疑是一种额外"恶税"。

（3）苗盐。苗盐是按两税税额，散盐于民，盐课并入两税，随田赋一起交纳，故又称"两税盐钱"，因秋税又称"秋苗"，故又称"苗盐"。其后罢废苗盐法，但两税盐钱已包括在田赋中继续征收，却不给盐，百姓食盐另外出钱购买。故苗盐又成田赋附加。

（4）计户授盐。由于产盐地区私盐价廉物美，而官盐质次价高，难以销售，故官府采取按照人户赀产大小、户等高低，强制俵配以保证官销。按量配售，按期征钱。即令民户已不存在，亦仍责成坊正赔纳，不少民户迫于严威，以致屡有破产出走者。

2. 通商法

（1）入中交引法。入中交引法创行于宋太宗雍熙年间（公元984—987年），其做法是边境州郡军需不足时，令募商人运输急需物资到指定的地点，称为"入中"。商人入中后，官府根据商人所运物资的数额和路途的远近，折合成较优惠的价值填票（引）给商人，商人凭"引"到盐场领盐运销，盈利以作补偿。"入中交引法"的实行，不仅满足了国家边境军需粮草，充实了国库，而且还避免长途运输的劳役之苦，商人也能从中得到盐利，可谓一举数得

---

① 《宋会要辑稿·食货》。

之法。

此法关键在于商人入中后，官府如何估价折算给盐，这一问题始终没有解决，行之既久，弊端丛生，主要危害有二：其一，贪官勾结商人虚估其值，造成国家损失过大；其二，发盐太多，造成盐价暴跌，商旅不行，亏本累累。

（2）钞盐法。仁宗庆历八年（公元1048年）改革"入中交引法"，更创"钞盐法"，其内容如下：其一，改禁榷法为通商法，并允许池盐入蜀；其二，罢九州军入中刍粟，改用实钱，视入钱州军远近，分给东、西、南盐，从优给与；其三，岁课入钱总额为盐375000大席（一大席为盐120斤），入钱给券，到领盐地验券，按数给盐，免除了兵民运输之苦；其四，入中盐由官府掌握，过去的入中铁、炭、瓦、木等物，全部禁止。

所谓钞盐法，简而言之，就是针对"入中交引法"的弊病，取消入中刍粟，改为令商人就边郡入中缗钱四贯八百，可换取钞盐券一纸，凭券至解池受盐200斤，任其销售。政府就以商人所入缗钱在当地通过和市解决军需物资。同时规定，官府必须根据产销情况，按量发券，即池验券，每年榷盐总额控制为375000大席，按数出券，以防止用虚值办法，滥发钞券。钞盐法实施后，一举扭转了前期的不利局面，效果十分明显，皇祐元年（公元1049年）至二年（公元1050年）"二年计增钱五十一万六千贯有零"。

实施钞盐法的意义：第一，"政府得盐钱以实塞下"，就地解决了军事需求；第二，钞盐法较为彻底地解决了解盐运输的苦役；第三，纳钱买钞，解池领盐，避免了官商勾结、虚估之弊，于国于民都是有利的；第四，钞盐法不仅使边郡之民也能食用廉价之盐，而且还节减了大量榷务经费。

（3）引课法。北方沦陷后，宋王朝偏安江南一隅。为适应西北边防战略的需要，也鉴于南宋财政压力，绍兴二年（公元1132年）赵开变革盐法。

赵开实行的是引课法，将四川各路的私井全部实行禁榷，令商人赴合同场买引，官府"收引税钱"及附加。引课法规定，井户每月产盐有一定数额，官府也据此给予一定钞数，倘若井户没能完成定额，钞数遂成虚额，这是一个问题。

赵开主政四川财赋，严守他的规定范围，不敢额外苛敛。然而，赵开死后，继任者无法把握这个限度，导致虚额过高，井户根本无法继续其再生产。引课法遭到了彻底的破坏。

（四）盐税制度

盐税制度，亦称为自由通商法，即国家向生产者征收一定的盐税，生产者即可直接和商人自由贸易。而商人向国家交纳了盐税后，就可按规定，在一定的区域内自由运销贩卖。

河北是实行自由通商法较为稳定的地区，北宋时沿袭而已。然而更重要的原因是，河北与辽国接壤，宋代政府为巩固河北边防，收买人心，实施的政策也较优惠。事实说明，通商制下盐价低廉，百姓得益较大。

（五）盐课收入

宋代盐课是国家的主要财政收入之一。据记载：北宋至道三年（公元997年）课盐收入235万贯；元丰元年（公元1078年）2230万贯；宣和元年（公元1119年）2500万贯。故两宋的盐课收入是不断地大幅度增长的。

宋真宗天禧末，盐利为350余万贯，占岁入的13.2%；宋仁宗时盐利为715万贯，占岁入的18.3%；宋高宗绍兴末年盐利为1930余万贯，占岁入的54.2%。正是由于盐课收入已占国家赋税收入的一半，甚至超过一半，故两宋统治者对盐利收入特别重视。户部侍郎叶衡说："今日财赋之源，煮海之利实居其半"[①]。可见盐课收入在在国家财政收入中所占据的举足轻重的地位。

二、茶税与茶专卖

（一）宋代的茶政

宋代茶政的发展已较完备，茶叶的培植、生产、管理、焙制和销售日趋成熟，植茶面积比唐代扩大了两三倍以上，茶叶已成为宋代社会生活的一种普遍需要。

宋初各类茶叶价格规定的异常细致周详，其买卖的利润一般在100%—400%之间。宋代茶税的征收管理机关，称为"榷货务"。宋政府选择了六处茶叶集散中心，设置了"榷货务"。另外京师的"榷货务"，是全面管理茶盐之税的总机关。

官府又在主要产茶区，设立了13处官茶场，"置吏总之，谓之山场"，兼有管理茶叶生产和贸易等方面的工作。凡六州茶农统属其管辖。

（二）茶专卖制度

1. 禁榷法

宋代榷茶，按其规定，园户在其隶属的山场种茶，先向官府领取"本钱"，待新茶上市，输茶于官。园户除输租（即两税），还要量茶纳税，如果

---

① 《宋会要辑稿·食货》。

园户愿以茶缴税，听其自便。这种以茶折税，称折茶税。在交纳了田租茶税后，余茶依法由官府收购，违者重处。官府以所谓禁榷法确保国家对茶叶的垄断。

江南各地之茶，亦到山场输租纳税。无论是榷货务，还是山场，都以国家规定的价格收购园户交租纳税后的余茶。至于茶商要取得茶货，则首先要入金帛于京师，然后才能到指定的山场受茶。故而山场的功能有三：一是征税，二是收购，三是交易。

宋代的禁榷法是一种全面的专卖制度，种茶者不得茶，无论园户生产多少茶都一概入官。而官府为增加收入则不顾一切地向园户们征购，不惜损害园户的基本利益。

同时，官府为牟取更多的茶利，又让添造所谓"不及号茶"，增加园户不合格的次品茶数量。这一做法给禁榷制带来了一系列无法解决的问题，迫使宋王朝不得不变革茶法。

2. 贴射法

所谓贴射法，就是规定商人购茶须在京师榷货务或十三场交"净利实钱"，每100贯交50贯现钱，另50贯交金银实物。商人交款后，由榷货务给券，凭券到山场与园户直接贸易。交易结束后，商人仍须"辇茶入官"，由官府按商人指出的贩销区域"给券为验"，才能运销。贴射法用意非常明显，就是商人与园户贸易必须在国家控制之下，其中包括对茶叶交易价格和交易数量的管制，以确保国家的赋税收入。

贴射法实行不到三年，流弊过多，主要问题是优质茶叶被商贾抢购一空，劣质茶叶却无人问津，特别是园户拖欠茶赋不少，茶商滞纳入息过多，仁宗只得下诏蠲免，罢行贴射法。

3. 入中法

宋初雍熙年间，又行入中法。当时，西北边境形势紧张，军事防务给养急待供应，故令商人入刍粟于边关，根据运输距离的远近，由当地的官吏按市价优折其值，发给凭券，又称"交引"。商人以此为据，按交引所写数目，领取等值的茶叶进行贩销，故又称交引法。

初行此法，入中或沿边，或京师，或粮草物资，或金银钱帛。官府均以茶代钱支还商人，"唯所欲，商人便之，故法大行"[①]。入中法对官府来说，省却

---

① 《宋会要辑稿·食货》。

了粮草输运之劳费，充实了京师和边防的储备；对茶商来说，既可获取贩茶之权，又可得到丰厚利润，被当时称为"公私相补"，是官府和商人都乐意接受的方式。

入中法的弊病在于，宋代鼓励商人入中沿边，优折其值，给予额外的报酬，称其为"加抬"或"虚估"，它已构成入中价格的重要组成部分。商人通过"加抬"牟取暴利，转而又竭力压低茶价，东南茶利遂为富商囊括一空。而且战事愈紧，军队愈多，粮草就愈匮，加抬也就愈多。过滥的加抬发出了过多的交引，东南实有茶量无法兑现，入中法也走到了尽头。

4. 蔡京变革茶法

徽宗崇宁元年（公元1102年），蔡京执政，第一次变革茶法，他废除通商法，恢复禁榷法，初行引茶法。其法规定，由官府给园户本钱，置物种茶制茶，官府尽为收购。商人贩茶需纳税领引，引分长引和短引。长引是商人缴纳金银钱帛或向西北边境运粮食后取得的交引，凭引领茶在指定的区域运销，为期一年。短引只限于本地区内贩茶，为限一季。此法行使，园户茶商都遭剥夺，而茶课却剧增。

崇宁四年（公元1105年）蔡京第二次变革茶法，此为废止官营山场，令商人到所在州县或京师向税务机构交纳款项，请领长短引，凭引向园户买茶。

政和二年（公元1112年）蔡京第三次变革茶法，即官府允许茶农与商人直接交易，但茶货必须在产茶州军的"合同场"过秤交易。"长引，每引纳钱一百贯，若诣陕西路者，加二十贯文，许贩茶一百二十斤；短引二十贯，许贩茶二十五贯。"① 同时规定，盛放茶叶必须用官府所特制的"笼篰"，以便官府控制。凡弃用"笼篰"以私茶论处。每只"笼篰"除工本费外，不得超过五十文。

蔡京三变茶法，以夺茶利，自政和二年到政和六年的四年多，其收息1000万缗，茶增1280余万斤。政和茶法实源于"责土产于园户，收引息于商人"②。

5. 茶马政策

宋代自始至终边患无穷，军马之需，较以往历代王朝为甚，故以茶易马政策是宋代边政要事。所谓茶马贸易，是宋政府用榷禁茶叶和榷茶收入，购买和

---

① 《宋会要辑稿·食货》。
② 《建炎以来朝野杂记》甲集卷一四。

互易少数民族的马匹。其目的不是追求商业利润,而是保证军事上对战马的需求。因而,茶马政策属禁榷法的一个类型。

吐蕃等少数民族嗜茶,但其居住区不产茶,北宋与辽、金、西夏对峙,战马缺乏。军用之马,历来多购于少数民族,于是宋王朝同西北少数民族之间互市,以茶易马或以盐易马就成为一种经常的贸易。

从熙宁七年(公元1074年)始,便设置了都大提举茶马司,在四川、陕西、甘肃以及青海等地区设置卖茶场和买马场,专司茶马经营。官府所卖之茶分为博马茶和杂卖茶两类,博马茶用马与茶按市价折价互换。杂卖茶则由蕃商用现钱和货物购买。

为了鼓励和促进少数民族以马易茶,官府的价格政策向博马茶倾斜,也就是说博马茶的市价低于杂卖茶的市价,易马增加,既保证了军事需要,又增加了茶利。茶马贸易兴盛,形成"蜀茶总入诸蕃市,胡马常从万里来"局面。

据《宋史》载,乾道初(公元1165年),川、秦八场马额9000余匹,淳熙以来(公元1174年)为额一万二千九百余匹"。可见茶马互市的军事意义及其在国防上的重要地位。

(三) 茶税制度

嘉佑四年(公元1059年)宋政府颁布通商茶法,实行征税制。其含义为:三司岁入茶利的一半即38万余贯均摊于园户,称为"租钱",按岁输纳;其租钱与诸路的买茶本钱,上缴王朝中央;园户种茶,官府收租,商人贩茶,官府征税,听任园户与商人自由交易。这是一次较大的茶法改革,因此,通商法应属于茶税制。

实行通商法后,国家的"内外总入茶税钱四十九万八千六百缗"[①],通商法较之宋初禁榷法的收入是略为少了一点,但是宋代政府精简了因禁榷而设置的大批机构,相应减少了国家财政开支,商人和园户均可增加一定的收入,在当时还是有一定的积极意义。

(四) 茶利收入

宋代茶利收入是相当可观的,据史载,禁榷时取一年最中数,计109万贯。通商的取一年最中数,计117万贯[②]。南宋时茶税收入在400万贯到700万贯之间。

---

① 《续资治通鉴长编》卷一九一。
② 《梦溪笔谈》卷十三。

宋代茶法的作用可以概况为，其一是充裕了地方财政；其二是解决边境要地对军用粮草物资的需求；其三是确保了京师多方面的需要，增强中央财赋收入；其四以茶马互市，确保国防战备的需要。

三、酒税与酒专卖

（一）榷酒

宋代榷酒，由官府垄断酒的生产销售，包括造曲、酿酒和售卖。

宋代榷酒，首先是划界售卖，确保垄断利润。汴京以外各州军的卖酒机构称之都酒务，县谓之酒务。这些机构既酿酒又卖酒，由酒务官或监官负责监督和管理。

各地酒务主要由官府自己经营，其经营方式有：其一，作为当地的一种徭役，由称之为牙校的役人承担；其二，曾差作衙前役而无失职者，给以酒场经营权，经营期内向政府缴纳一定的酒课，发财赔本则由其经营之道决定；其三，自愿到官府的"投名衙前"，官府则以酒坊作为酬奖，自愿者除缴纳规定的酒税之外，自负盈亏。

太宗后，商品经济的发展，使全国酒的销路不断拓展，官办酒务由此而兴旺发达起来。据《文献通考》记载，当时宋代在全国260多个城市辖区中，设有榷酒务1800多个。一年的全部酒课约在1360万贯以上，远超当年的商税收入额，这还不包括榷曲收入。

（二）榷曲

都曲院是汴京城最大的造曲的机构，所造之曲，除酿酒自卖外，还行曲专卖制，即榷曲。

三京之地，由官府造曲，民间买曲酿酒。其实，酒曲的销售对象还有酒户、"脚店"、酒坊和扑户。酒户，即开设酒店的富豪之家；"脚店"，即依附于酒户的小酒店；酒坊，即乡村的小酒店；扑户，即承包酒税，并在一定区域销售的专业户。

卖曲的价格，初时200文1斤，其后减至150文1斤，随后以大中祥符五年至七年内的平均数为基本价格。神宗熙宁四年（公元1071年），榷曲不景气，主要原因在于曲数过多，酒数因而也多。酒多则价格自然下跌。为此，官府拟定减定额，增其价，以恢复榷曲收入。神宗元丰年间，京师榷曲屡次减额增价，总不能偿付旧欠，只是一筹莫展。

（三）买扑制度

所谓买扑制度，是宋朝广泛流行的一种酒课制度，即酒税承包制度。这由申请人向官府提出承包某一特定区域的酒税，官府规定酒税数量和交纳时限，双方达成协议，即"要契"，并按"要契"的规定办事。申请人先缴纳专利钱，另一部分以财产作为抵押，并有保人立据投状，"承买以三年为限"。扑户缴给官府承包的酒税钱称为坊场课利钱或净利钱，缴纳时限为，按买扑1界12限，每限交纳1次，逾限30日不纳，每贯加纳钱20文。

宋代买扑区域的大小，则完全依据私人的经济实力的大小决定。买扑之后，买扑人享有这一区域酤酒的独占权，排斥其他任何人在这一区域的酒类销售权。北宋买扑制度与官榷制度并行实施，在榷酒制度中占有着十分重要的地位。宋初各处酒坊场的课利额比较为稳定，买扑者收益也较有保障，自愿买扑者大有人在，而且宋代集市村镇的酒坊也多采用买扑法。

熙宁年间采取了"实封投状制"，即竞价投标的方法，买扑者的竞争，使酒课利钱数成倍增加，这对国家酒利的增长确是有利的，但过度竞争也直接导致一大批乡村坊店倒闭，但买扑者依然按"要契"纳税。故而，南宋的扑买制可以说是彻底失败的。

（四）隔槽法

南宋高宗建炎三年（公元1129年），赵开主持四川财赋，变更酒制，初行隔槽法。

所谓"隔槽法"，就是官府在坊场置隔槽，专职官吏负责曲与酿具，听任酒户携米赴官自酿。凡一石米，输钱3000文，并头子杂用等22文。酿酒多少，输钱而已。

隔槽法的核心在于酒户必须到官府所置的隔槽去酿酒才能酤卖。因此，通过对酿酒生产过程的监督，官府基本掌握了酒的产量、品种和质地，不仅全额征收了酒税，而且加强了对酒户的有效管理。此法推行后，酒课收入大增，成都府酒税增加十倍，增长幅度十分可观。于是南宋政府便规定，以绍兴二年以后的三年酒课收入中额为定额，即为酒课必须达到的收入数。然则，隔槽法的后续收入却逐年降低，故而实际收入与定额收入就产生了差额，即为"虚额"。虚额越积越多，终成川蜀百姓一患。

（五）万户法

所谓万户法，就是将榷酒收入分摊于百姓而允许民间酿酒出售的一种酒制。

宋仁宗嘉祐末年，官府酿酒质次价高，酒恶不可饮。万户法是将榷酒之利

"均在人户",随后准民自酿酤酒,再行征税制,这是不彻底的民营通商制;而民营就是实行通商征税制。

但是万户法在南宋的两广、浙东、江西以及州军还是颇为流行。

(六)酒税制度

宋代政府在不禁榷地区实行征税制,即允许民间自酿自卖,官府就地征税。一般情况下官府在边远地区,或某些内地州军,实行征税制。另外南宋酒税,常有附加,名目杂出,官府随时提高酒价,以增加酒税,通称"添酒钱"。其后添酒钱不断增加,以致每升竟达200文之多,实为当时一大公害。

(七)酒课收入

两宋的酒课收入非常可观,故有"财用之源,实出酒税"[1]。至道年中,榷酒收入为325万贯;景德年中为428万贯;天禧末年为1158万贯;庆历年中为1710万贯;皇祐年中为1502万贯;治平年中为1489万贯等。

四、醋税与醋专卖

两宋以前,"苦酒""盖醋也"。民户造醋,"糟"从何来?糟和曲,酒与醋,是密切相关的,造曲即造糟,酿酒即酝醋。宋代榷曲,则糟自然为宋政府所控制,故宋代榷醋实有因缘。

宋代醋的生产,既有民户"买糟造醋",又有官府"自造醋醅",故醋业的发展较快。

宋仁宗天圣四年(公元1026年),三司认为,民户置坊沽醋获利过大,故对醋实行官榷制。于是,宋代醋制既行买扑制,又行官榷制。大观四年(公元1110年)下诏,对榷醋作了更具体的规定,设立官吏管理榷醋,划定榷醋区域,不得越界酤醋,收入悉归转运司。

五、榷香制度

"宋之经费,茶、盐、矾之外,惟香之为利博,故以官为市易。"[2] 榷香制度与其他专卖相比,其最大的特征,就是宋代的香料主要来自海南诸国的进口,通过市舶贸易,垄断香料,以形成国家的专卖制度,独占巨额的商业利润。

---

[1] 《宋会要辑稿·食货》。
[2] 《宋史·食货志》。

据史载，宋时的香料不下100多种，某些香料有较高的医药价值，对丰富和充实我国药物有不可忽视的作用。但是，宋代的香料贸易主要是为了满足官僚地主、豪门贵族的奢侈消费，这是榷香制度的核心内容。进口香料，先由市舶司抽解，即征收进口税；税后再由官府博买（即收购）之后，便纲运京城，储于香药库和内藏库。

太平兴国二年（公元977年）经太宗获准，宋代始有香料贸易，商人为购取香料，一般有两种方法：其一入中粮草，到汴京榷货务结算，遂取得香料；其二直接到京师榷货务或各州军直接去购买。香药榷货务刚成立时，估计年利就达50万缗。随着香料进口剧增，榷香收入也随之增长。绍兴六年（公元1136年）据估计榷香收入就达百万缗以上。

六、榷矾

（一）官榷法

矾在唐代即为国家专卖，宋沿袭而已。国家在产矾之地，均设置煎炼矾的机构即场务，官府负责管理，"兵匠"专业生产，也经常招募民户，亦称"镬户"进行煎炼。

宋代的榷矾制度有两种形式：其一是官榷，即由国家直接组织生产和销售；其二是榷生矾，即由矾商入中后取得生矾，而后自己组织提炼和销售。

宋神宗熙宁年间变更榷矾制度，提出了"划界"产销的方略，这是对榷矾制度的细化，也是进一步完善榷矾制度的必要举措。

南宋建炎三年（公元1129年），准商人贩淮南矾入东南诸路，可在临安、镇江府和建康府三榷货务输钱，"每百斤为大引，输引钱十二斤，头子市例顾人工墨钱二百七十六（文），又许二十斤勿算以优之。五十斤为中引，三十斤为小引。引钱及加货以是为差"①。但南宋矾引制度多有变动，矾利增加也有限。

（二）通商法

熙丰年间无为军昆山场罢官榷法为通商法，每百斤征税50文，其后又恢复了官榷法，哲宗绍圣年后，又行通商法，政和年间又经数次反复。实施通商法，一波三折，颇不顺利。

（三）榷矾收入

---

① 《建炎以来朝野杂记》甲集卷一四。

榷矾收入，神宗时为三十三四万贯，占国家货币收入的6‰，南宋时不过四五万贯，占国家货币收入的1.4%—1.6%。

第五节 宋代的工商税制度

一、矿税

宋代的矿冶业发展较快，矿产品的种类比较丰富。宋初，国家设有的监冶场务凡201所，治平年间（公元1064年）为271所，南宋绍兴三十二年（公元1162年）已达上千所。

北宋的矿冶收入非常可观，据记载：至道末（公元997年）银145000两、铜412000斤、铁5748000余斤、铅793000余斤、锡269000余斤。元丰元年（公元1078年）金10710两、银215385两、铜14655969斤、铁5501897斤、铅9197335斤、锡2321898斤、水银3356斤、朱砂3646斤。

南宋时期，国家统治地域大大缩小，加上各矿藏开采过久，产量也呈逐年下降趋势，故矿税收入自然大大减少。南宋乾道二年（公元1166年）的矿课收入与北宋元丰元年（公元1078年）相比，铜课只占1.79%、铁课16%、铅课2.08%、锡课0.88%。

宋代矿业经营可分为官营、民营和专卖三种形式：

（一）官营

官营，即官府直接经营，亦为官采、官炼、官运、官销。官府役使地方士卒、罪犯和坑冶户充当无偿劳力，强制他们劳动，这是宋代坑冶业中普遍存在的一种劳役制度。

坑冶户为采矿而破产，他们既无力采矿，也无心采矿，故官营矿山的效率极低，其后改为招募流民开采，因为分配制度依旧，坑冶户没有任何劳动积极性，故矿产品的质量差，成本高，多有亏损。

（二）民营

民营是由劳动者自己组织生产和销售，并依法向国家纳税。这是与招募制相结合的一种新的分配制度，十分为率，官收二分，其八分许坑户自便货卖，经久可行，委实便利。

二八抽分制是一项重大的分配制度改革，坑冶户将自己采掘冶炼矿产品的

20%作为矿税上缴国家,剩余的80%就由坑冶户自由运销。这一制度使坑冶户的生产经营活动有了较大的发展空间,一方面可以向社会提供更多的矿产品,促进社会经济的发展;另一方面也使坑冶户得以维持再生产活动,而一些大冶户就可能有一点积累,用以再投入生产。

（三）专卖

宋哲宗元祐五年（公元1090年）规定："金、银、铜、铁、锡兴发,不堪置场官监"之处,则由官府事先公布开采冶炼的定额,或以某一时期的矿课为定额,召民承买（即扑卖）,一般即由豪民或大冶户组织矿产承包,其产品除纳税外,均按规定的价格卖给官府,再由官府统一出售。矿冶专卖制的弊端较多,诸如官府预先制定的开采额,没有考虑地矿产资源的差异,特别是矿山突发性的天灾人祸,都可能会使冶户完不成定额,变卖家产田业抵纳官府。

二、商税

宋代的商业空前兴旺发达,在农业和手工业发展的基础上,应有尽有的劳动产品转向了市场,商品流通范围迅速扩大。宋代政府对商业贸易采取了积极扶持的态度,运用多项经济政策,有效地促进了市场的活跃和商业的繁荣。

（一）商税则例

宋代的商税制度比较完善。宋初建隆元年（公元960年）即定《商税则例》,诏令官府将税法条款逐一颁行天下,并张榜置于官署屋壁,以便交易者自觉遵守,相互监督。

宋初商税实行轻税政策,并严禁擅自增减商税项目税率,这既保证国家商税收入,又兼顾商人正当利益。

商税则例规定："商税,凡周县皆置务,关镇亦或有之,大则专置官监临,小则令、佐兼领,诸州仍令都监、监押同掌。行者赍货,请之'过税',每千钱算二十;居者市鬻,谓之'住税',每千钱算三十,大约如此。"①

宋太宗淳化五年最终完成了商税则例的制订,这是宋代赋税发展史上的一个里程碑,有着不可低估的政治、经济和财政上的意义。宋代所创行的统一商税则例,打破了为遏止本地财赋外流而设下的重重障碍,促进了商品的跨地区流通,促进了统一的社会经济的全面发展。

（二）住税与过税

---

① 《宋史·食货志》。

宋代商税分住税和过税，住税：即对开设店铺出售货物的商人所征收的落地税，税率为3%；过税：即对行商所课征的通过税，税率为2%。对小手工业者和农民自制自销的手工业品也同课住税。

"住税"和"过税"这是传统商税中两种主要的形式，宋代的过税和住税是在商品流通过程中征收的，两者总和为5%，这既是商税则例的一个重要规定，也是宋代商税税率高低的主要标志。但在实际征收中，过税一般高于住税，这是因为地方税务林立，每过一个税务，就得缴纳一次过税，从而使商税率就不是5%，有可能是10%、20%，甚至30%了，这也是事实。

商人长途贩运货物则由官府发给税引，据以纳税，税引亦称公凭、公据等。纳税的方法分为两种：其一是总纳，为货物单一的大宗买卖所采用。商人持引到达交易地点后，必须根据税引所给期限，先去税务纳税，"如违，令倍纳"。其二是逐务交纳，即商人所持"地头引"，"每千件算二十"，过务即纳。商人到达住地，在售货前，先到税务纳住税，逾期倍税。

（三）抽税

抽税是宋代商税的特殊形态，所谓"有官须者，十取其一，谓之抽税"①。抽税的税率为10%。抽税之后不课商税，但抽税也有超过10%的，如从徽、严二州将木材运至临安要纳税30%，这一商税负担实在够沉重的。

（四）格纳

格纳也是宋代商税的特殊形态，它不是按照商税则例原则课征的，而是根据运输工具的容量抽税。即"海南收税，用船之丈尺量纳，谓之'格纳'。其法分为三等，假如五丈三尺为第二等，五丈二尺遂为第三等，所减才一尺，而纳钱多少，相去十倍"②。采用这一征商方法，自然阻碍了海南地区的商品流通和经济发展，但"格纳"征税法仅限于海南地区。

（五）买扑

宋代商品经济的发展，促使乡村的"草市"、"墟市"、"小集市"不断地向固定的集市转变。这种雨后春笋般涌现的分散于全国乡间集市，官府难于管理，也无法征课，于是便有"买扑制度"的盛行。所谓买扑，即由官府通计某一地区商税总额，大凡千贯以下的小集市，立下一个"年额"，采取招商的方法，让商人出钱承包，然后由其在市场上向商贩征税，这就是所谓的包税

---

① 《宋史·食货志》。
② 《宋会要辑稿·食货》。

制,或说买扑人按规定预先向官府完纳"年额",以取得所辖地区的征税权,其收入盈亏由买扑人自己承担。

买扑制度在宋太祖、太宗年间,为三年一界,而且皆有定额,这都是千贯以下的商税买扑,旨在省免征课之烦。故商税买扑制的存在尚有一定的合理性。故而,买扑制得以推行全国,南宋时,则进一步扩大了这项制度。

就宋政府来说,买扑制度既节约了置务费用和征管成本,又获得商税收入,一举两得。然而,能够有钱买扑的都是地方豪强之家,他们依仗官府势力,敲诈勒索,肆意加赋,致使买扑成为掠夺商人和农民的重要手段,百姓加赋而政府不增人息,可谓宋代税政的一大弊端。

三、市舶课

（一）宋代的海外贸易与市舶司

两宋的海外贸易兴旺发达,其贸易范围不断的延伸和扩大,东起日本、朝鲜半岛,西至阿拉伯国家,抵非洲东海岸诸国,南达印度洋,直指波斯湾,不下五六十个国家和地区,进出口商品已达400多种。

宋代政府对海外贸易的态度是十分积极的,一贯鼓励发展海上贸易,并在政策上给予扶持。显然,这些措施对发展宋代的海外贸易起到了十分重要的促进作用。

宋太祖开宝四年（公元971年）即颁令于广州设置市舶司,其后又在杭州、明州、泉州、密州（山东诸城）、秀州（浙江嘉兴）等地设立了市舶司。市舶司的职责是："掌蕃货海舶征榷贸易之事,以来远人,通远货"[①]。具体地说,就是两个方面,有二,其一是检查违禁商物,其二是办理征税和收购事宜。

（二）宋代的市舶条例

宋代的海外贸易以政府制定的市舶条例为准则,实行严格的统制政策。

据宋太宗端拱二年（公元989年）敕：凡商人出海贸易者,必须先到市舶司登记,详细说明所载货物的名称、数量及到达目的地,由官府查验合格并发给证明,方可出海,如有违者,没收其财货,判其徒罪。宋孝宗隆兴二年（公元1164年）规定了出海回舶的限期。

至于来华外商,宋代政府为便于蕃商经营,大凡设有市舶司的城市,均设有蕃坊,为"海外诸国人聚居"；凡外商能"招邀蕃商入贡"者,均可补官；

---

① 《宋史·职官志》。

宋代政府保护在华蕃商的财产。

宋代市舶条例对不按规定贩卖货物或逃税者，要处以重罚；对遭受自然灾害袭击的蕃商有减免关税的规定。可见，宋代的市舶条例是具有权威性的，也是十分规范的。

（三）宋代的市舶课

宋代政府对进出口贸易的管理和控制，主要就体现在抽解、禁榷和博买三个方面。

1. 抽解

这是对舶来商品征收的进口关税。外商贩货抵达中国港口时，先报请当地政府查验，然后市舶司依法抽解，"始立抽解二分"①，太宗雍熙年间，调整了抽解制，"大抵海舶至，十先征其一"②，即执行一分抽解制。

2. 禁榷

这是国家专卖。抽解之后便是禁榷，当属国家专利的商货，由市舶司配给其值，全部收购。由于收购价格低廉、收购量又特别大，所以蕃商总是想方设法加以抵制。

3. 博买

这是国家对舶来商品的强制性征购。非禁榷的商货，抽解之后就是博买，即官府低价强行收购一定数量的舶来品。太宗时，博买数量至多是货物的一半；仁宗时，博买货物的十分之三；南宋则博买货物的十分之四。博买之后，市舶司给以凭证，舶商才可进入市场，与民交易。

宋代海外贸易空前的发展，市舶收入不断增加，所谓"东南之利，舶商展其一"。治平年间市舶收入已达60多万贯，北宋末年更达120万贯，南宋绍兴末年（公元1162年）仅广州、泉州、两浙市舶司收入就达200万贯，已占当时全国财政收入的二十二分之一。

第六节　宋代的杂税制度

宋代的杂税名目繁多，应有尽有，可谓中国古代史上杂税最多的王朝

---

① 《文献通考·市籴考》。
② 《宋史·食货志》。

之一。

一、契税

契税亦称印契钱，宋代政府规定，凡买卖牛、马、舟、车、房屋、田产，必须订立契约，官府征税后加盖官印，方为交易有效凭据。

宋太祖开宝二年（公元969年）始征契税，初时限于典卖田宅输纳契钱。仁宗庆历四年（公元1044年）规定每贯征钱40文，税率为4%，期限两个月，逾期者倍纳。

徽宗崇宁三年（公元1104年）典卖牛畜也征契税，并规定典卖牛畜契纸、租税钞（凭证）、典卖田宅契纸，均由官府造，用者纳钱收息。宣和四年（公元1122年），浙江及福建等七路，每贯增收20文，税率为6%；绍兴五年（公元1135年）每贯增至100文，税率达10%。

二、经总制钱

经总制钱系多项苛损杂税的总称，属地方附加税。它分为经制钱和总制钱，是以经制使和总制使官职命名的一项杂税收入。

经制钱始于宣和四年（公元1122年），当时方腊起义方兴，东南军费告急，经制使陈亨伯首创此税。其征收方法是对卖酒、鬻糟、商税、牙税、契税、头子钱、楼店钱等七色税种既定税额，每贯增收20文以充经制之用，以官名定税名，故称"经制钱"，属地方附加性质。

绍兴五年（公元1135年）高宗命总制使筹措财用，他以总制司为名，增头子钱为30文，其15文充经制窠名，7文充总制窠名，6文提、转两司，2文公使支用，故称"总制钱"。乾道元年（公元1165年）又增头子钱每贯13文。

总制钱与经制钱合并后，称为经总制钱，每贯征收56文，税率为5.6%。北宋时，一年收入约200万缗，南宋绍兴十九年（公元1149年）后，岁入高达1725万缗。

三、月桩钱

月桩，即月饷。宋代政府拨付给军队的月饷，当属支出科目，因财政入不敷出，故直接用月桩冠名为税，以暴敛民财。

月桩钱始于绍兴二年（公元 1132 年），时值韩世忠驻军建康，急需军饷，朝廷令江东漕臣以酒税、经制钱、上供钱等每月供应军饷 10 万缗。由于桩存不足以应付十之二三，于是漕臣就以军队所需月饷为名，转派诸州，均摊各地，可见月桩钱是为临时筹措军费而开征的杂税。

四、版帐钱

版帐钱是南宋政府为筹措军费而创设的一种杂税，名义上是依据店铺账簿所记金额而加征一定的税额，实际上却由搜刮的多种杂课拼凑而成。据《宋史》记载："添助版帐为名，不问罪之轻重，并以科罚，大率官取其十，吏渔其百"①，聚敛手段可谓无所不及。

五、市例钱

市例钱为商税附加，亦称市利钱。税务课征商税，经常派人（即专栏）在税务周围拦截商人到税务纳税，每征收商税 100 文，从中提取 10 文给专栏，称为市例钱。其后改为官府按交易额的一定比例课征市例钱。北宋熙宁、元丰年间规定商税百文加纳市例钱 10 文，遂成商税附加。

六、力胜税

力胜税为沿河税务向商船按其载重量所征收的一种税。宋初，为了尽快地向受灾地区运送粮食，同时也为了方便农民输租纳粮，曾规定运粮船只免纳力胜税。熙宁、元丰年间为增加商税收入，始征五谷力胜钱，至元祐八年（公元 1093 年）苏轼奏请暂免商人入京粜粮之力胜钱，才得以罢止。

七、折帛钱

建炎三年（公元 1129 年）两浙转运副使王琮上奏，欲将两浙路和买绸绢 170 万匹，"每匹折纳钱二千，计三百五万缗省，以助国用。东南折帛钱自此始。"②

折帛钱产生的直接原因是行都周围调集了大批的军队，军事开支刻不容

---

① 《宋史·刑法志》。
② 《皇宋中兴两朝圣政》卷四。

缓,粮草、布帛、铁木等军用物资运输又十分困难,而现钱能就地解决问题,故对现钱的需求尤为迫切,因而将和买与折变相结合,衍生出了折帛钱。折帛的含义有二:其一是应急,即为临时性措施,由于现钱匮乏,年年沿用,始成惯例。其二是折价,并不含增税加赋之意,然而因国用拮据,折价比例离谱,始成南宋百姓之祸害。绍兴二年(公元1132年)又将折帛钱推广到全国各地。

八、免行钱

宋代商品经济的发展和大都市的增加,使市肆商业经营逐渐形成了各种行业组织,所有在行的商人有义务承担官府的和买。

所谓"和买",有给半价的,有三分不偿二分的,有分文不给的,实为强制性勒索,商人亏本、破产,屡见不鲜。但是,商人如果不在行会,就没有承担和买的义务。于是政府特设"免行钱",规定凡从业于各行各业的商户,按其资力利入厚薄,分别评定免行钱,商人纳税后,可免官府的干扰勒索,得以正常交易经营。

九、互市息税

宋代称海外贸易为市舶,与辽、夏、金、元及西蕃等贸易,则称为互市。而互市收入当属商税范畴。

宋代政府严格控制境内百姓与辽、夏、金、元及西蕃等人民的贸易,只是在边界交通要道处设置榷场或博易场,令贸易双方在各自官府的监督下进行交易,然后官府征收息税。

南宋时期,每交易千钱,各收五厘钱息入官,实为5%的息税,略高于商税。其后息税有所提高,隆兴二年(公元1164年)每贯收息钱200文,此时息税税率已高达20%。

十、河渡钱

所谓河渡钱,就是宋代官府在河川渡口设船摆渡,向过往的商贾旅客征收的渡河费。这不是规费,而是包含了税收的渡河费,因为官府不便于直接经营,往往把河渡的经营权令人买扑,承包者只要按期向官府纳税,就可受到法律保障。这足以证明河渡钱是由河渡费用和税收构成,河渡费用归承包者,税收则为国家所有。

河渡钱，有按人头征收，也有按货物征收，河渡钱收入归地方财政。

十一、和买

和买，也称"预买"。宋太宗时，三司判官马元方建议实行的一项预购绸绢制度。即在春荒困乏之时，国家贷钱给百姓，至夏秋蚕丝收获时，输绢于官，这是和买绢的开始。和买本意在于助民度荒，为国收利。

但随着时间的推移，特别是宋政府财政状况的恶化，和买"改给盐七分，钱三分"，一些地方甚至连三分现钱都不给，"并以米盐充折"，这是将和买与折变结合起来，并进一步扩大了和买的数量，崇宁三年（公元1104年），七分盐不给了，三分现钱早已成了泡影。此时和买已变成了变相的赋税，北宋后期，官府和买已强而取之，成为一种变相掠夺。

十二、和籴

和籴，是北宋时期收购粮草贮边养兵的一项政策性措施。其方法则按户等高低、家业大小摊派征购，随两税一起征收。初时，政府尚能按价给值，百姓也不亏输，互为有利。但随着财政状况恶化，和籴仅剩虚名，实为强取，往往税粮一石，认购和籴一石。仁宗后期，官府所支籴价仅为市价的十分之一，百姓惧恐如此苛索盘剥。

南宋和籴的发展：一是摊派数量日趋增加，二是官府给价实在太低。和籴积弊已久，危害深广，百姓多致破产。

两宋杂税杂课多如牛毛，上述几种，还算规范，其他如"虚市有税，空舟有税，以食米为酒米，以衣服为布帛，皆有税"[①]。船运货物有力胜钱，过河有乾渡钱；贩竹木有竹木税，卖纱有税纱钱；州县民户住房有房屋税，卖炭的要纳四脚铺床钱；卖茶有秤头篩息钱，为稳定纸币市值要纳称提钱；营田户给牛输米，牛死纳枯骨税；农民要纳农器税、耕牛税，打鱼的要缴渔税。此外，还有数不清的税和钱。

---

① 《文献通考》卷一四。

第七节 宋代的税收管理制度

一、财税管理体制

宋代实行中央高度集权的财税管理体制,三司使即计相统领全国的财税,地方政府则由府、州、军、监和县组成。府为战略要冲或经济发达的大都市而设;州是遍设全国的中级地方行政区划;军相当于县,但有较重要的政治和军事意义;监是重要矿产或自然资源的场所,为特殊行政区;县为基层行政区划。在中央和地方之间,设有"路"一级,作为中央的派出机构,路不构成一级政府,但是路却有一级经办金帛租赋转手的财权,这就是转运使的财权。

宋代财税的中央集权制体现在诸州除度支经费外,粟帛钱币悉送京师,各地不得占留。政权巩固后,始将财权适当下放,实行所谓"上供、遣使、留州"制度。

上供者,则由转运使其负责解交中央;遣使者,也由转运使负责在各州之间进行调剂;留州者当归地方。而中央财税在地方的收支调拨,也由转运使运作,无须一一向中央奏请。因此,转运使实为中央设在地方的财税分理处,这是宋代财税管理体制上的特殊设置。

二、税收管理机构

宋代的财税管理基本可以分为两个阶段:神宗元丰年前可称为三司理财;元丰年后为户部理财。

(一)三司税收管理机构

宋初,三司为中央财税管理机构,总理国家财计,统领四方贡赋之入,三司亦称"计省",其主管官吏三司使,则称为"计相","位亚执政",仅次于宰相。可见其重要性,又因其独立于军政民政,故宰相无权过问,则说明所掌事权与宰相不分上下。

三司由盐铁、度支、户部三司或称三部组成,各司(部)只设副使,隶于三司使、副使之下。三司使之下各部的职掌各有侧重。

地方则由转运使职掌一路之财税,州、县则由知州、知县职掌财税,城乡则由里正、庐长负责催粮收税。

(二) 户部税收管理机构

北宋中后期,特别是神宗元丰改制后,实行三省六部制,天下财计复归户部。

尚书省为国家最高行政机关,下设六部,户部是六部之一,户部下设户部左曹、户部右曹、度支、金部、和仓部共五司。

上述是户部管理机构,此外,与户部财税密切相关的还有司农寺和太府寺、中央政府派驻各路的财税官员有转运使和发运使、另外还设有专职的财税机构,如提举常平司、提举茶盐司、提举坑冶司、提举市舶司、都大提举茶马司等。地方财税管理机构如同上述。

三、税收管理制度

(一) 审计制度

审计司和审计制度,首创于宋代,审计司原称专勾司,南宋初,因"勾"字犯御名讳,故改称审计司。

宋代,三司理财时,审计机构就设在三司内部,由三部勾院和磨勘司组成,职责分工明确。三部勾院负责对京外各路、州、军财务和税务的审计;磨勘司专职于京师各部门的审计与稽核。景德元年,定编审计人员共134人,占整个三司编制897人的14.9%,还不算各院各司所设审计官吏,可见宋代对审计工作的重视程度。

元丰改制,比部隶属刑部为专职的审计机构,自此,审计制度完全确立。比部的审计范围是,对内则是中央各部门出纳之物,对外主要是地方政府的会计报告。

宋代审计司的职能,主要有三个方面:其一是对官吏军兵俸给禄赐的审计;其二是对地方岁计的审计;其三是对财税收支及规划的审计。宋代的审计,又和官吏的选拔、任用、考核、奖励制度结合在一起,效果十分显著。

(二) 会计制度

1. 皇帝直接参与财计管理

宋代的会计管理,自立国之初,就建立了严明的规章制度。宋代统治者非常重视会计管理,宋代皇帝不仅亲自主持有关财计问题的大臣会议,还亲自参与制定有关财计的各项重要制度。皇帝直接参与财计管理,突出了会计活动的重要性。

2. 设置专职会计机构

宋代重视会计活动的一个突出举措，就是于熙宁五年设置了专职会计机构，即提举账司，其目的是为了清理和审查三司多年积压的各处申送的账籍。这一举措在会计史上有不可忽视的意义。熙宁七年又设置三司会计司，由宰相亲自提领，这说明宋代政府注重理财，注重会计活动，体现会计职能机构的重要性。

3. 健全会计法规制度

其一，健全会计报告制度。宋初，地方财务报告制度，"见月籍供三司"。崇宁元年（公元1102年）实行季报制度，后又令"以督限未严，更一季为一月"，即进一步实行月报制度。淳化元年诏令，呈递皇帝的财务报表，由过去三年一报改为年度报告。

其二，创立会计账簿制度。宋太宗淳化五年（公元994年）"初置诸州应在司，具元管、新收、已支、见在钱物申省"①。这是宋代簿记制度，即"四柱清册"的最早记载。"元管"就是会计学上的"期初结存"；"新收"即"本期收入"；"已支"即"本期支出"；"见在""期末结存"。当今会计核算的四大要素，在宋代基本定型。

其三，坚持会计分析制度。真宗诏令三司"天下钱谷大数每年比较"。仁宗诏"命官较茶盐矾税岁入登耗以闻"，"命近臣同三司较天下财赋出入之数"。通过会计分析，直接为赋税征管服务。

其四，严格簿记管理制度。《庆元条法事类》中详尽地规定了各类账簿的适用范围、上报途径和截至期限，这在宋代的会计活动中是必须严格遵守的，即使在北宋末年政治经济处于混乱时期亦如此。南宋孝宗整顿簿记，诏令地方"每岁应千合拨上供窠名钱帛粮斛数目置籍"，"岁终逐一开具造册"。南宋的会计制度执行混乱，但就制度本身言，仍是比较严密、比较完备的。

4. 两宋时期的会计录

两宋时期所编制的会计录是财税管理史上划时代的里程碑。宋真宗景德年中三司使丁谓所主持编撰的《景德会计录》，据专家考证极有可能是两宋会计录的滥觞。此后，两宋几乎朝朝都编制会计录。

编制会计录的目的是十分明确的，其一，会计录比较准确地反映出宋代

---

① 《文献通考》卷二三。

国家财税的基本状况及其发展趋势，为宋代政府总揽政治经济大局提供决策依据；其二，会计录所反映的各项财税收支，为国家机构的正常运行提供了调控之便；其三，会计录所反映的财税制度、政策和措施方面的得失成败，包含了总结经验，检查错误，反省教训的意图，为财税改革留下了巨大的运作空间。

第十四章

辽代的赋税制度

第一节 概　　述

一、辽代的社会概况

契丹是居住在我国东北地区的一个游牧民族。公元 10 世纪初，辽太祖耶律阿保机统一了各个部族，并于公元 916 年建立了较强的奴隶制国家——契丹国。辽太宗耶律德光继位后，于公元 974 年改"契丹"为"辽"。契丹人在四方征伐的过程中，完成了由奴隶制向封建制的过渡。公元 936 年，石敬瑭为圆儿皇帝美梦，竟割献燕云十六州，向契丹借兵厮杀。自此，辽国疆域扩大，政权巩固，国力逐渐强盛起来。公元 1125 年辽为金国所亡，历经 209 年。

辽代早期的经济发展比较缓慢，在其建国后仍沿续了"契丹旧俗，其富以马，其强以兵"，"马逐水草，人仰湩酪"[①] 的渔猎畜牧结合的状况。只是在称"辽"后，农业得以发展，手工业和商业才有了较大的变化。然而，其发展状况又是相当不平衡，北面草原区，是以畜牧业为主，属于奴隶占有制经济形态，甚至还兼有氏族制残余；南方是以农业为主，经济比较发达，主要属于封建占有制形态。因此，统治阶级为振兴辽国经济，非常重视农业、手工业和商业的发展，特别注重农业生产，甚至以军法维护农业经营。

另外，辽是一个多民族的国家，契丹人只占 20%，而汉人按最低估计也要占 63% 以上，其他还有女真人、奚人、室韦人等。

---

① 《辽史·食货志》。

为了适应统治区内多民族、多层次经济形态的国情，辽国统治者采取了"以国制治契丹，以汉人制待汉人"的统治方式。对"耕稼以食，城郭以居"的汉人，维持汉族原来的社会制度与生活方式，州设刺使，县置县令，称为"南面官"；对"渔猎以食，车马以家"的契丹人和其他游牧民族，采取传统习惯的统治方式，称为"北面官"。这种"因俗而治"的统治方略，显然有利于辽政权的发展和巩固。

二、辽代的社会经济制度

（一）以契丹贵族为主体的封建领主制

在契丹社会发展过程中，形成了以皇族耶律氏和（皇）后族萧氏为核心的强大的宗族皇权统治，其他贵族家族则构成了契丹上层。

契丹皇族为加强皇室统治力量，就采取扩大领地，增加财富和甲兵，于是就产生了斡鲁朵制，而契丹贵族也以同样手段组建了自己的领地，即头下军州。

斡鲁朵制，是由契丹正户和蕃汉转户组成，所谓蕃汉转户就是由契丹人俘获的汉人、渤海人和阻卜人构成。斡鲁朵制作为一个经济实体，共有205000户、410000丁。这个数占全国总丁数1107300的37%，占总户数100万的20%。

头下军州制，是由契丹上层贵族建立的。它是以头下军州的户数多少，反映拥有者的经济实力。头下军州作为经济实体分为畜牧业型、农业型和手工业型。另外还有一些下层贵族、牧主和牧民。

（二）燕云、渤海地区的封建经济制度

燕云地区占主导地位的是封建地主庄园制，这是汉族居民聚集区，经济发达，实力雄厚，而且早已形成非常牢固的封建经济关系。

渤海地区沿袭传统的封建农奴制，辽灭渤海后，这一经济制度没有任何改变。

（三）寺院经济

佛教在辽的影响之大，以至后人有"辽以释废，金以儒亡"之说。辽代佛教的昌盛与契丹贵族的积极提倡有关。佛教的发展，佛寺的兴建，僧徒的增加，寺院政治经济力量的扩张，为历代所罕见。民间巨额财富聚积于寺院，其收入越多，社会负担就越重。苏辙认为，寺院是"北界之巨蠹"。

三、辽代经济发展的举措

辽代立国之始,统治者就比较注意发展农业和畜牧业。太祖"喜稼穑,善畜牧,相地利以教民耕","息兵轻赋,专意于农"①。

太宗即位后,"诏有司劝农桑,教纺织","益以海勒水之善地为农田","以事耕种"。他还"问军国事务,左右对曰:'军国之务,爱民为本。民富则兵足,兵足则国强。'上深然之。是年,诏征诸道兵,仍戒敢有伤禾稼者以军法论"②。

对因战争和自然灾害所造成的民困田荒,官府予以救灾。如史载:"圣宗乾亨五年(公元987年)诏曰:'五稼不登,开帑藏而代民税;螟蝗为灾,罢徭役以恤饥贫'。"③ 应历三年"以南京水,诏免今岁租"④。统和四年,因战争农民逃亡,庄稼"宜募人收获,以其半给收者,从之"⑤。统和六年,"霜旱,灾民饥,诏三司,旧以税钱折粟,估价不实,其增以利民"⑥。

经过几朝人的努力,辽代的经济特别是农业生产有了很大的发展,粮食产量和自给率远远高于周边其他游牧民族,如史载:道宗初年"岁登上熟,称屯镇州,凡十四稔,积粟数十万斛,每斗不过数钱。以马人望前为南京度支判官,公私兼裕,检括户口,用法平恕,乃迁中京度支使。观事半岁,积粟十五万斛,擢左散骑常侍。辽之农舍至是为盛"⑦。又如:"保宁七年,汉有宋兵,使来乞粮,诏赐粟二十万斛助之。非经费有余,其能若是?"⑧ 这都说明,辽代的经济出现较大的转机,国力增强,比较稳定地完成了向封建制的过渡。

第二节　辽代的田赋制度

契丹立国之始,"内建宗庙朝廷,外置郡县牧守,制度日增,经费日广,

---

① 《辽史·太宗纪》。
② 《辽史·食货志》。
③ 同上注。
④ 《辽史·穆宗纪》。
⑤ 《辽史·圣宗纪》。
⑥ 《辽史·食货志》。
⑦ 同上注。
⑧ 同上注。

上下相师，服御浸盛，而食货之用斯为急矣"①。辽代的田赋制度限于史料，只能作一个基本的阐述。

史载："夫赋税之制，自太祖任韩延徽，始制国用。太宗籍五京户丁以定赋税，户丁之数无所于考"。这可以说明，自辽太宗时已有了赋税制度，具体情况不得而知，或许当时的赋税制度还比较粗糙。

圣宗太平七年（公元 1027 年）的诏令，可以算是建立了较为正式的田赋制度，史载："诸屯田在官斛粟不得擅贷，在屯者力耕公田，不输税赋，此公田制也。余民应募，或治闲田，或治私田，则计亩出粟以赋公上。统和十五年（公元 997 年）募民耕滦河旷地，十年始租，此在官闲田之制也。又诏山前后未纳税户，并于密云、燕乐两县占田置业入税，此私田制也。"

辽代对私田所定的赋税为：民户应募耕种土地的，则按亩出粟；耕种闲田的，则纳佃租；耕种自有土地的，则纳田赋。投下二税户，向官府纳税，给主人交租；寺院二税户，其赋税一半纳于官府，一半交给寺院。另外，在宜桑麻之地，丝蚕户仅纳丝蚕，而无田赋。

辽代的田赋制度既受唐宋之影响，又有自身的特点。

辽代亦行两税法，但其纳税依据既有田产多寡，又有门第、官品高低。史载所言："辽人士庶之族赋役等差不一"② 这是其一。

其二是辽代折纳之法特殊，即以钱折物，而一般都是以物折钱。对劳动者来说，以钱折物，完纳赋税，免遭商贾盘剥，当然是一项"善政"。

其三是纳税期限，辽制规定："契丹统和十八年（公元 1000 年），诏北地节候颇晚，宜从后唐旧制，大小麦、豌豆，六月十日起征，至九月纳足。正税匹帛钱、鞋、地、榷曲钱等，六月二十日起征，十月纳足"③。

上述匹帛钱、鞋钱、地头钱、榷曲钱等均属商税和杂税，只是随两税一起缴纳而已。

辽代的税收法令不甚严密，随意性强，百姓税负因时因地而有较大差异，故对辽代的赋税负担，要加以具体分析，才能还其历史面貌。

燕京一带的赋税，据史载综计二税和其他赋税，"二百年旧额，每岁出缗钱四十万"，至道宗、天祚帝时逐年增加，"后来新额四百万"，200 年增加了

---

① 《辽史·食货志》。
② 《金史·食货志》。
③ 《辽史拾遗》卷一五引《宣府镇志》。

10倍。

据专家统计，燕京三司和制置司所征收的以土地为主的赋税，总计达4284860贯，占全部收入的78％。

第三节 辽代的徭役制度

辽代多层次的经济形态表现为统治区内的部族经济、奴隶制经济和农奴制经济相互交错的牧区、半农半牧区和农业区，经济形态的复杂，使赋税制度具有很大的地方性、伸缩性和随意性，这也决定了辽代的徭役必然在这个多民族、多层次社会经济关系中占据特殊及主导的地位，与田赋两税相比，徭役的负担可谓更沉重了。

辽代的徭役分为兵役和力役，兵役是全国统一的，力役则带有地方性特点。

一、兵役

史载："辽国兵制，凡民年十五以上，五十以下，隶兵籍。每正军一名，马三匹，打草谷、守营铺家丁各一。"① 按此规定只要在"年十五以上，五十以下"的成年男子，皆隶兵籍，自备粮草衣甲武器，随时征调。这是一个非常典型的全民兵役制，贯穿了辽代200年统治的始终。

辽代军队的建制，主要分为禁军、部族军、京州军、群牧军、舍利军、属国军等。

禁军是由皇帝直接调遣的最精锐的亲军，有数万人骑，待遇不明，但需终身服役。

部族军是以部落为单位，包括契丹军、奚军、渤海军等，"每部不过千余骑"，部族军除了驻守防区外，还要被征调戍边。

京州军则由汉族民户组成，兵员甚多，但绝不是主力军队。

辽代的军务是十分沉重的，辽国立国之始，就以宋代为敌，其国境防御政策，南戍宋朝，东北御高丽、女真，西北防党夏、蒙古，戍边不仅是辽代的军事需要，也是其最沉重的财政负担。

---

① 《辽史·兵卫志》。

东北戍边是一个沉重的负担，西北的戍边则有过之而无不及。圣宗二十二年，把西北边防推进到戈壁沙漠之中，"空有广地之名，而无得地之实"。

按辽代兵制规定，车马衣甲、武器装备一律兵士自备，"馈饷自赍"①，亦即"人马不给粮草，日遣打草谷骑三出抄掠以供之"②。"抄掠"毕竟不是长久之计，家境贫寒者是根本无力承担个人粮草装备费用，沉重的兵役负担，促使士兵大批逃亡，如此军队，战斗力何在？

二、力役

辽代力役，为"民所深患者，驿递、马牛、旗鼓、乡正、厅隶、仓司之役，至破产不能给"③。

驿递为诏令奏章等文件的传送；马牛为官府物资、粮饷贡品的运输；旗鼓职掌逐捕盗贼；乡正负责课督赋税；厅隶维持地方治安；仓司保管官府财物。既然民户"所深患者"，则可断定力役不轻。

辽代的力役是按各户物力（财力）大小来承担的。重熙八年萧孝穆"表请籍天下户口以均徭役，……从之。"④"立排门历，量见在随户物力，遂定三等，配率均平"⑤。

除上述比较规范的徭役外，更多的是数不清的杂役，因时因地而异，地区性徭役特征十分明显。诸如：统和二年秋"诏修诸岭路，（室）昉发民夫二十万"⑥。统和三年"枢密奏契丹诸役户多困乏，请以富户代之"⑦。统和六年"奉圣州言太祖所建金铃阁坏，乞加修缮，诏以南征，恐重劳百姓，待军还治之"⑧。又，"时辽东雨水伤稼，北枢密院大发濒河丁壮以完堤防"⑨。更多的是统治者所需粟米瓜果鲜菜，均由各处运往燕地，特别是频繁的军事物资调拨，扰民滋甚。

更有甚者，官府竟无视章法随意拉夫抓差，"虏人负载随行物不用兵夫，

---

① 《契丹国志》卷二三。
② 《辽史·兵卫志》。
③ 《辽史·马人望传》。
④ 《辽史·萧孝穆传》。
⑤ 王鉴：《三河县重文室王庙记》（乾统七年），载《全辽文》卷一〇。
⑥ 《辽史·室昉传》。
⑦ 《辽史·圣宗纪》。
⑧ 同上注。
⑨ 《辽史·大公鼎传》。

但遇道上行者即驱役之耳"①。道宗大康五年"复南京流民差役三年"②。连离乡背井、浪迹天涯的逃难人也随时可能被抓差服役，可见力役的沉重。

辽国徭役荒农事乏民户，连统治者都承认，役法改革势在必然。《辽史》载："使民出钱，官自募役，时以为便"③，但由于"赎价给庸，日系三镘，积久伤财害民"④，改革并未取得成效。相反，富裕殷实之户则可贿赂契丹贵族以规避赋役，致使贫民负担更为沉重。

第四节　辽代的工商杂税制度

一、盐税或盐专卖

盐税始于太祖时期，《辽史》载"取盐给军，自后渌中盐益多，上下足用"。太宗即位后，认同"获木铁盐鱼之饶，必安居乐业"⑤的战略思想。他不仅设置了专卖管理机构——榷盐院，同时还把专卖制度推广到辽国腹地。

限于史料，辽代食盐专卖制度不得详解，但专家们认为，辽国实行的是比较宽松的盐专卖政策，而且辽的食盐资源非常丰富，产量甚多，价格低廉，在市场上具有较强的竞争力。故宋代河北境内多食辽盐，宋政府对此深恶痛绝，在河北食盐禁榷与开放问题上争论多年，始终没有结论。

辽国统治者为维护专卖制度，其执法还是比较认真的。例如（道宗大康六年，张孝杰）"坐私贩广济湖盐及擅改诏旨，削爵，贬安萧州，数年乃归"⑥。

二、铁税即坑冶专卖

铁课，在辽国出现的时间更早。据史载："坑冶，则自太祖始并室韦，其地产铜、铁、金、银，其人善作铜、铁器。"⑦"太祖征幽、蓟，师还，次山

---

① 《辽史拾遗》引《家事旧闻》。
② 《辽史·道宗纪》。
③ 《辽史·马人望传》。
④ 《全辽文》卷十《三河县重文宣王庙记》。
⑤ 《辽史·耶律觌烈传附羽之传》。
⑥ 《辽史·张孝杰传》。
⑦ 《辽史·食货志》。

麓，得银、铁矿，命置冶"①。又，太祖五年（公元911年）"冬十月戊午，置铁冶"②。可见，对铁课税是在辽立国之前。

据奏："土垠县，有银矿。太祖募民立寨以专采炼"③，又"部置三冶：曰柳湿河，曰三黜古斯，曰手山"④。辽国前后设立了十余处矿冶，规模还不小。坑冶属国家专卖，为加强管理，尤以"以诸坑冶多在国东，故东京置户部司，长春州置钱帛司"⑤。

史载：圣宗太平七年（公元1027年）"于潢河北阴山及辽河之源，各得金、银矿，兴冶采炼。自此以讫天祚，国家皆赖其利"⑥，可见坑冶收入还是十分可观的。

三、酒课

辽国酒课情况，据史载："辽东新附地不榷酤"⑦，耶律滌鲁"守上京时，酒禁方严，有捕获私酝者，一饮而尽，笑而不诘"⑧。这说明酒课是有的。另据史载："官位九品之下及井邑商贾之家，征税各归头下，唯酒税课纳上京盐铁司。"⑨ "凡市井之赋，各归头下，惟酒税赴纳上京。"⑩ 这说明辽代酒税直接征之于投（头）下军州。酒课制度如何，史无记载。

四、关税

辽国的关税情况，据史载："（统和元年九月）南京留守奏，秋霖害稼，请权停关征，以通山西籴易"⑪。这说明地方遭受了自然灾害，为赈灾济民，停征关税，以利粮食流通。又，"圣宗统和初燕京留守司言，民艰食，请弛居庸关税，以通山西籴易"⑫。燕京百姓缺粮，除关税，以利粮食流通。又"（统

---

① 《辽史·食货志》。
② 《辽史·太祖纪》。
③ 《辽史·圣宗纪》。
④ 《辽史·食货志》。
⑤ 同上注。
⑥ 同上注。
⑦ 同上注。
⑧ 《辽史·耶律隆运传附滌鲁传》。
⑨ 《辽史·地理志》。
⑩ 《辽史·食货志》。
⑪ 《辽史·圣宗纪》。
⑫ 《辽史·食货志》。

和四年十一月）壬申，以古北、松厅、榆关征税不法，致阻商旅，遣使鞫之"①。又"（统和十二年二月）甲午，免诸部岁输羊及关征"②。这些零星史料可说明辽国是征收关税的，但关税制度的具体情况，史无记载。

五、商税

辽代"征商之法，则自太祖只羊城于炭山北，起榷务以通诸道市易"③。就辽国的商业发展而言，游牧经济区域（包括上京和中京）比较落后，至应历年间，还采用布帛作为交换媒介。而农业经济区域，则比较兴旺发达，特别是南京、东京和西京等大城市。另外，各州县集市、山区乡村交易也很频繁，史称"小民之为市者，以车从之于山间"。

为加强贸易管理和征收商税，辽国曾先后于边境州县设置榷场，对宋代贸易有涿州新城榷场、朔州榷场；对高丽贸易有保州榷场；对女真、兀惹等贸易有宁江州榷场，黄龙府榷场；对阻卜、党项、阴山鞑靼诸部的贸易有羊城榷场和振武军榷场等等。

榷场交易商品主要有"金、帛、布、蜜、蜡诸药材"、"蛤珠、青鼠、貂鼠、胶鱼之皮、牛马驼马等物"。包括盐、酒、茶、药材、铁器、布帛、书籍、珍玩以及日常用品，用具和马具。

榷场和市场均设官吏，如"都监"、"知商税事"、商税都检点、商税都监和商税判官等，负责征收商税。辽国商税收入如何，据史载："至天祚之乱，赋敛既重，交易法坏，财日匮而民日困矣"④。这可以说，辽国前期的商税收入还是比较可观的。有关商税制度的具体情况，史无记载。

第五节　辽代的税收管理制度

辽国的军务政务简单，设官也简朴，赋税管理制度取决于职官制度。史载："至于太宗，兼制中国，官分南、北，以国制治契丹，以汉制治汉人。……辽国之制，分北、南院。北面治宫账、部族、属国之政。南面治汉人州

---

① 《辽史·圣宗纪》。
② 同上注。
③ 《辽史·食货志》。
④ 同上注。

县、租赋、军马之事。"① 故而，辽国统治者对契丹人和汉人采取分而治之的权术。

在北南院各设大王，以主管财赋，下设三司和制置司征收田赋，并设置专职税务机构，如榷盐院征收盐税，榷场征收商税；户部司和钱帛司征收坑冶税，地方设刺史、县令等，均有赋税管理机构。因史料过于简单或史无记载，只能阐述至此。

辽国的赋税法律规定甚严，如差科赋役违法擅征、贩私盐、擅自与国外贸易或走私贸易者，处以严刑。持钱10贯出南京者，即处死，等等。

---

① 《辽史·太宗纪》。

第十五章

金代的赋税制度

第一节 概 述

一、金代的社会概况

女真人是生活在我国东北地区的一个古老的民族,古时称为肃慎,汉代称挹娄,南北朝时称勿吉,隋代称靺鞨。故而,女真族自古以来就是我国这个多民族的大家庭的一员。

公元 10 世纪初,契丹崛起始建辽国,公元 926 年辽太祖灭渤海(女真)国,在漫长的近两个世纪的辽国统治下,女真人受尽残酷的压迫和非人的折磨。也就是在长期反辽的斗争中,女真族英雄金太祖完颜阿骨打于公元 1115 年建立了金国,完成了部落制向奴隶制的转变。

女真贵族统治集团的基本国策,就是通过不断地发动战争以巩固和发展奴隶制经济。1114 年阿骨打掀起了反辽斗争,1115 年灭辽。1126 年发动侵宋战争,1127 年灭北宋。1160 年南侵失败,与南宋划淮为界,形成南北对峙的局面。

金国早期经济水平还处于初期奴隶制阶段,因此,残酷的屠杀、野蛮的掠夺和嗜血的贪婪就是女真族统治者巩固和发展奴隶制经济的主要方略。

金代国策之一,就是在军事上通过战争掠夺财富和人口,并把奴隶制强制推行到其占领区域,它贯穿于金国对外发动战争的始终,也贯穿金代奴隶制经济发展的全过程。

金代国策之二,是在政治上将猛安谋克大量迁移到新占领区,不断扩大奴隶制占有制。

所谓的猛安谋克，是女真族在奴隶社会初期所保留的部落联盟的组织形态。猛安，是部落单位；谋克，是氏族单位。一个猛安包括八到十个谋克，金立国前规定 100 户为一个谋克，10 个谋克为一个猛安。《金史·循吏传序》说："太祖命三百户为谋克，十谋克为猛安，一如郡县置吏之法"，改制成地方的行政组织。

金太祖天辅二年（公元 1118 年）诏令：女真族大规模移民。一次迁移猛安谋克达万户之多，这在当时是属较大规模的合族迁移了，这既有利于新占领地区的经济发展，又有利于女真族的政治统治。随着军事上的不断胜利，政治上的统治步步推进。金熙宗天会十一年（公元 1133 年）下令向北中国迁移，形成了猛安谋克户的第一次南迁高潮。金熙宗皇统初年（公元 1141 年）又形成了猛安谋克户的第二次南迁高潮。海陵王贞元元年（公元 1153 年）后，又形成了猛安谋克户的第三次南迁高潮。经过三次人口大迁移，猛安谋克自女真族统治的腹心地区即会宁府一带，逐渐地向北中国散布开来，加强了对新占领的北中国的政治统治和经济剥夺。

二、金代发展社会经济的主要措施

战争带来了财富，也带来了贫困，战争严重地阻碍了金代的经济发展，女真人依然站在社会动乱的边缘上。金世宗即位后，随即就采取了睦邻友好政策，对外休战，与南宋议和，结束了近 30 年的战争状态，社会渐趋稳定，中原地区的经济得以恢复。

（一）恢复和发展农业生产

女真族统治者历来重视农业，金太祖阿骨打在登基典礼时，就立下农业是立国之本的誓言。他们一方面向先进民族学习，一方面从中原大量移民，借用外来力量发展东北经济，历代金国统治者都积极推行这一战略性的国策。

稳定有序的社会环境，使金代统治者得以贯彻以农为本的思想，推行重农政策，使流民复业，士兵归田，鼓励开荒垦殖，发展农业生产，同时辅以多项政策性措施，以恢复和巩固奴隶制经济。

1. 弛放苑囿、牧地和猎场等禁地

畜牧、农耕和渔猎既是女真族的劳动内容，又是他们的生活习俗。但是女真族入主中原后，首要的事情就是将大片的肥沃良田圈为牧地和猎场。这一倒行逆施的做法对中国北部的农业经济造成了极大的破坏，导致严重的阶级矛盾和民族矛盾。熙宗皇统七年（公元1147年）始开弛禁措施。章宗执政，正式推行弛禁政策，经过近20年的努力，逐见成效，促进了北部中国农业生产的恢复和发展。

2. 鼓励耕种官田

女真族与宋的战争、女真入主中原后的圈地以及三次大规模的移民中，造成了许许多多的农民失去了土地，离乡背井，土地问题始终是金国最严重的问题，也是阶级矛盾和民族矛盾的焦点。金国统治者所采取的一项重大补救措施，就是鼓励耕种官田。那些在战争中抛荒的及没收的入官土地，以免税六年或七年等优惠条件，租佃给无地的农民或流民，鼓励垦荒，奖励耕种，发展生活经济，充裕国家财政。

3. 恢复农田水利建设

金代水利工程事业，仅属恢复性建设。黄河泛滥是金国上下所面临的最严重的生存问题。

金世宗时期的水利建设事业主要集中在黄河的治理和防患上。大定三十年间，黄河曾五次发生险情，金世宗与群臣组织了四次大规模的筑堤、护堤工程，投入民工近百万。大定二十七年，金政府决定由黄河两岸4府16州44县之副职兼管河防事宜，中央由工部设官专职统一管理。金代治理黄河有一定的成效，降低了水患危害程度，有利于农业生产的恢复，有利于社会经济的发展。

（二）实行"通检推排"制度

"通检推排"制度：通检就是普查、清查；推排，就是复查、排比。其含义是指国家派遣官吏去全国依次清查土地、核实财产、评定户等的措施。

通检的基本目的：一是定课役，有物力者定为课役户，无物力者定为不课役户；二是平衡赋役负担；三是依此征收物力钱。

金国推行"通检推排"是有二个原因：

第一，世宗之前政府肆意地括地签军，征赋课役，导致民怨沸腾，社会动荡。世宗所面临的局势，只有惟一的选择，规范法制，征调有制，这是通检推排的原因之一。

第二，自金建国到大定初已历时40年，社会生活已发生了很大的变化，原来的富者后来已穷得不能自存，却还要负担赋役；而原来不登版籍的穷户后来已变得富有，却不纳赋役。世宗认为40年来贫富强弱的变化导致赋役严重不均的现象必须改变。因此，世宗决定沿用《周礼》之制，进行通检推排。

大定四年（公元1164年）世宗首次"分路通检天下物力而差定之"①。大定十五年（公元1175年）世宗"以天下物力，自通检以来十余年，贫富变易，赋调轻重不均，遣济南尹梁肃等二十六人分路推排"②。大定二十六年（公元1186年），"复以李晏等分路推排"③。

世宗朝，基本上每十年通检推排一次，此后推排密度加大，每隔三四年就有一次，前后50年没有间断过。金代的"通检推排"对增加户口、均平赋役起了一定的积极作用。但王朝执法违法现象甚为普遍，如此，"通检推排"却成了对人民的又一次残酷剥夺。

第二节 金代的田赋制度

金代的田赋制度可以分为地租、牛头税和两税等三类。《金史·食货志》载："金制，公田输租，私田输税，租之制不传"④。金国田制规定，私田按土质分为九等，按等纳税。

一、地租

公田输租，租种官地的佃户要纳官租，官租即租税合一，实为田赋的表现形式之一。有关金国官地的租佃制度，史料较为零散，但能略知一二。

据《金史》记载：佃种官有熟地，按等输租；佃种官有荒地，免租七年，第八年按最下第五等减半纳租；耕种官有荒地作为己业，第三年起按私田第七等减半征税。这是金国官府制定的相当优惠的招佃政策，以鼓励租佃者尽力耕种官地中的大量荒地和河滩，发展金国的社会经济。

官地租额究竟为多少？不得详情。据贞祐三年（公元1215年）所载：河南租地计24万顷，岁租才156万石。依此计算，平均每亩租额为6.5升，略高于两税，应该说是相当低的。另据兴定三年（公元1219年）史料："河南军民田总一百九十七万顷有奇，现耕种者九十六万余顷，上田可收一石二斗，

---

① 《金史·食货志》。
② 同上注。
③ 同上注。
④ 同上注。

中田一石，下田八斗。"① 平均计算每亩租额为1斗，高于贞祐三年的3.5升。若以亩产一石计，官租应占6.5%—10%左右，仅就官租而言，至少比北宋的私租负担为轻。故有"民不疲而军用足"。

二、牛头税

"牛头税，即牛具税，猛安谋克部女真户所输之税也。"② 牛头地为国有土地，牛头税是牛头地制度在税制上的体现，其性质属地税，是猛安谋克部女真户对国家所承担的一种田赋义务。

据法律规定，牛3头为1具，民25口，受田4顷4亩有奇，纳税粟1石。因此，牛具既是土地税的名称，又是牛头税的课税标准。

牛头税创设于天会三年（公元1125年），其时牛头税收入并不是为了充实国库，而是为了猛安谋克部女真户赈灾备荒之需。天会四年太宗诏："内地诸路，每耕牛一具，赋粟五斗，以备歉岁"③，并成"为定制"④。

世宗大定二十一年（公元1181年），牛头税的税额有了变化，牛一头输粟3斗，牛1具为3头，税粟应为9斗。这与早年规定的牛1具输粟1石已十分接近了。

牛头税既以牛具为计税依，猛安谋克户为逃避赋税负担，就尽力隐匿牛具数量，故大定二十三年世宗则规定"限民口二十五，算牛一具"⑤。即以25口，4顷4亩作为一个计税单位。这一规定自然招致猛安谋克户，特别是女真贵族的不满和反抗，世宗也无奈作罢。

章宗泰和元年（公元1201年）官府"仍减牛头税三之一"⑥。各种政治势力博弈的结果使牛头税遂减三分之一，只纳原额的三分之二，即牛一具输粟六斗。

无论牛头税税额如何变化，猛安谋克的税负相对汉人两税而言，仅仅是1/12到1/42之间，仍然是微不足道的，这就是女真人所享有的赋税特权，这也说明一个民族奴役其他民族是不可能持久的根由所在。

---

① 《金史·食货志》。
② 同上注。
③ 《金史·太祖纪》。
④ 《金史·食货志》。
⑤ 同上注。
⑥ 《金史·章宗纪》。

三、夏秋两税

两税，就是一般民田所缴纳的田赋。金国的田赋征收制度，据《金史·食货志》记载："大率分田之等为九而差次之。夏税亩取三合，秋税亩取五升，又纳秸一束，束十有五斤。"① 纳税期限按规定："夏税六月止八月，秋税十月止十二月，为初、中、末三限，州三百里外，纾其期一月。"纳税形态是实物，主要为粟、麦草，纳税人负有输送的义务，"凡输送粟麦，三百里外石减五升，以上每三百里递减五升。粟折秸百称者，百里内减三称，二百里减五称，不及三百里减八称，三百里及输本色薰草，各减十称"②。

据此可知，两税是以田亩作为征税依据，按土地的肥瘠及自然条件分为九等，按等定税，夏秋两税合计为亩 5.3 升，草 15 斤，其田赋负担要比女真人沉重得多。

另外，税粮的转输也是民户的一个沉重负担。据《金史·食货志》记载，"今民输税，其法大抵有三。上户输远仓，中户次之，下户最近。然近者不下百里，道路之费倍于所输，而雨雪有稽违责，遇贼有死伤之患"。最近的转输路程也得 100 里，刮风下雨，强人盗贼，防不胜防，运费大于税粮，足见百姓负担不轻！

再者，田赋制度虽然规定土地按九等定税，实际征收时，均按上等征税。至于田赋浮收、抑配就不一一而述了。

第三节 金代的徭役制度

金代的徭役，一般分为职役、兵役和力役三项。

一、职役

职役，是坊正、里正、主首所承担的徭役。

金国基层行政组织，为京府州县郭下置坊正，村社则随户众寡置里正，或主首，另设壮丁。坊正、里正之职责是"按比户口，催督赋役，劝课农桑"；

---

① 《金史·食货志》。
② 同上注。

主首之职责是"佐里正禁察非违";壮丁之职责是"佐主首巡警盗贼"。

职役的摊派方式是:坊正、里正,以其户十分内取三分,富户出雇钱,应役者每年收入最多100贯,任期不得超过一年。因此,金国职役采用雇役法。

金国的职役还包括库子、押递、攒典、仓子、场子等。库子"掌排数出纳、看守巡护之事";押递掌押运官物;攒典"掌收支文历、行署案牍";仓子"掌斛斗盘量、出纳看守之事";场子"掌积垛、出纳、看守、巡护之事"①。

二、兵役

女真人初期实行全民兵役制,兵民合一,战时为兵,平时为民。一旦打仗,自备粮草武器,随军出征。这一兵役制度在女真入主中原前众人乐意为之,因为战争能带来财富。但女真入主中原后,女真人就厌恶终身兵役制。故而汉人、契丹人、渤海人、奚人也得承担兵役。渤海人当兵组成渤海军,奚人组成奚军,汉人组成中都永固军,然后再从这些军队中抽调一部分戍边,组成镇防军。

金国的兵役制度规定,究竟如何征兵,史无明确记载,《金史·兵志·兵制》有一史料:当时规定一个家族要出甲军、阿里喜各一人。若已出两丁,再无余丁,为无碍农事,免其子弟充阿里喜,但允许以驱丁代充。甲军是主要战士,阿里喜是甲军的副手。

金国户籍制度规定:"十七为丁,六十为老",但其征兵的年龄是22岁到55岁之间,海陵王下令征兵的诏书"调诸路猛安谋克军,年二十以上、五十以下者,皆籍之"②。

金国主力常备军以女真人为兵,但其他民族也得签军,一旦被签军,有至十年不归者,其苦骇然。

三、力役

力役,亦称杂役、差役、夫役等。金国的力役相当繁重,服役内容五花八门,有运役、河工役、修筑役、牛夫役等等,择其主要而述之。

(一)河工役

---

① 《金史·食货志》。
② 《金史·海陵王纪》。

河工役，主要指治理黄河的劳役。金代水患不断，尤以黄河为烈，修筑河堤、堵塞决口，是金代经常性的大役，也是中原百姓的一项沉重的负担。

史载，黄河"沿河上下凡二十五埽"，"埽兵一万二千人，岁用薪百一十一万三千余束，草百八十三万七百余束"。尽管有黄河埽兵时刻防患，但是一遇黄河重大险情，就必须马上调动成千上万的民夫抢险。可金代黄河泛滥决口，史不绝书，故河工之役也征调频繁。仅以世宗大定年间为例：大定十一年（公元1171年）"河决王村"；大定十七年（公元1177年）"河决白沟"；大定二十年（公元1180年）"河决卫州"；大定二十九年（公元1189年）"河溢曹州"。

另外，河工役负担各地不均，畸轻畸重，特别是离黄河越近负担越重，金国大臣也认为，南岸居民，修筑河堰，营作戍屋，又使转输刍粮，赋役倍于他所。

（二）牛夫役

牛夫役，亦称运役，主要指递运官物，转输粮草等劳役。

大定二十一年（公元1181年）诏令：为扩大牛夫应役者范围，向不服此役者征收代役钱。并采用向应役者发放报酬的方法，但近官路百姓以牛夫充递运者，往往是拿不到报酬。即便如此，应役者仍然要坚持无偿服役。因为近官路百姓原本就该应役，而远官路百姓也应该分担此役。大定二十三年"上复命，自今役牛夫之家，以去道三十里内居者充役"[①]。至此，牛夫役成了无偿劳役。

（三）杂役

杂役，主要指修筑城墙，营建宫室等劳役。杂役之苛繁可谓金代百姓一大负担。仅以海陵王扩建宫殿为例。修建燕京宫殿，历时三年，"运一木之费，至二千万，牵一车之力，至五百人"[②]。调集民夫八十万、兵夫四十万。修建汴京宫殿，应役者"近者不下千百里，远者不下数千里"，四个月轮替，"近者北归，往往半岁，远者得回动，是年余到家，不月余又复起发"[③]。也正是海陵王无限制地苛剥百姓，直接导致他死于乱箭之下。

金代的徭役，无论贫富均得承担，其徭役的征调原则是：按户等征调差

---

① 《金史·食货志》。

② 《金史·海陵王纪》。

③ 《三朝北盟会编》卷二三〇。

役，先富后贫，财力相当者，则以人丁多少分甲乙，不是一家所能承担，又不能分任的，则以次户协助解决。金政府特别强调："物力之数盖是定差役之法"①，"凡有徭役，均科强户，不得抑配贫民"②。但是徭役的征调几乎都是落在贫困民户身上，民不堪其苦，往往全家逃亡，以避重役。

金代徭役制度规定了免役特权者的范围，即有官职之户、有钱的富裕户、进纳官、各部吏员、系籍学生、医学生均可获终身免役。

第四节 金代的专卖制度

一、盐税与盐专卖

"盐。金制，榷货之目有十，曰酒、曲、茶、醋、香、矾、丹、锡、铁，而盐为称首"③。盐税，在国家各项税收收入中列位第一，故对盐的经营十分重视，时人说："国家经费惟赖盐课"④。

金代盐课承袭宋、辽之制，或行征税制，或行专卖制。"钞引制"和"乾办制"是金代盐法的主要制度。

贞元初（公元1153年）蔡松年任户部尚书，开始实行钞引法，设官置库造钞、引。商人贩盐，按引缴价，领得钞引，凭钞引到盐场领盐，在官府指定的地域内行销，钞引每七年清理一次。金代的钞和引一分为二，但必须同时使用，钞引由盐司批发，州县缴销，按钞计引，钞是收款凭证，按引支钱，引是提货凭证，钞引是运销凭证。

盐钞法规定，灶户按课额制盐，官府按官本收购，课额内"每斤官本十文"⑤，课额外略加些许。国家严禁私盐，超额制盐也一律卖官。官府收购之盐，高价批发给盐商，每斤低者25文，高者44文，因时因地而异。

盐商贩盐，先要买钞，钞以套论，套有大小，大套25袋，小套10袋，或5袋、或1袋。只有手续完备，盐商才能贩盐。盐商自然不会亏本，转手加倍

---

① 《金史·食货志》。
② 同上注。
③ 同上注。
④ 同上注。
⑤ 同上注。

售于百姓，盐价陡然翻番，百姓苦于专卖。然则，金代统治者甚感盐利过小，承安三年（公元1198年）尚书省上奏，要求提高盐价，结果导致私盐盛行局面。

为加强对盐的管理，世宗时置山东、沧州、宝坻、解州、西京、辽东、北京七盐使司，每个盐使司皆辖盐，都有各自的行盐地域。

金代盐课，每石课盐150斤，为正课；另加盐耗22斤半。盐课均由汉人负担，猛安户不负担盐课。七盐司收入旧课岁入6226636贯，至承安三年增为10774512贯①。

所谓"乾办制"，就是在产盐区，巡缉不便，私盐易得，故令民自煎而食，官府按户口摊纳盐钱，谓之"乾办盐钱"。按乾办制规定，盐户可以煎盐出售，民户可以买盐食用，商人在纳税后也可以自行运销。但乾办盐有定额，而且有时定额甚高，"故民多逃徙，乞缓其征督"②。故时人认为"乾办制""既非美名，又非良法"③。

此外，在金代腹心地区，即北方草原生活区，对盐行征税制，而且屡有减免措施。

二、茶税与茶专卖

金代辖境于中国北方，不宜植茶，但人们饮茶成习。金国所需之茶，多由宋输入。除南宋政府馈赠之外，主要是在宋金边界，由宋设立榷场，统制茶货，由此输入金地。

但因宋金之间茶价实在悬殊，诱发了走私者赌徒心理，于是，茶贩拉帮结伙，大规模的武装走私迅速地漫延，宋政府斥之为"茶寇"。

而金政权也看中了茶货之利，并于大定十二年（公元1172年）颁布了"榷场罪法"，在边境设场征税。但因稽查不严，禁私无效，才于世宗大定十六年（公元1176年）"乃更定香茶罪赏格"，严查私贩。章宗承安三年（公元1198年）"以谓费国用而资敌，遂命设官制之"。承安四年（公元1199年）实行茶引制度。

泰和四年（公元1024年）"自今其令每袋价减三百文"④，同时规定私造

---

① 《金史·食货志》。
② 同上注。
③ 同上注。
④ 同上注。

私卖茶者，罪徒二年，依然不解决问题。因为，茶坊所造之茶质量粗劣，口感不佳，以致商旅不肯贩运，于是强行摊派民户，苛夺民利，致使民怨四起，弊端丛生，故泰和五年（公元1025年）"罢造茶之坊"①。官茶不通，私茶依然畅销。

金章宗泰和六年（公元1206年）尚书省惊呼："商旅多以丝绢易茶，岁费不下百万，是以有用之物而易无用之物也。若不禁，恐耗财弥甚。"② 金章宗遂命"七品以上官，其家方许食茶，仍不得卖及馈献"。至宣宗元光二年（公元1223年）竟颁布饮茶禁令。

金代茶税政策杂乱多变，既无明确的理财方针，也无一定的理财原则，自然收效不大。

三、酒税与酒专卖

金代酒课承袭宋、辽旧制。天会三年（公元1125年）开始官府榷酒，但民间私酿一如既往。故世宗大定三年（公元1163年）缉拿宗室私酿者治罪，可谓杀一儆百。但"中都酒户多逃，以故课额愈亏"。世宗认为"此官不严禁私酿所致也"，故"命设军百人，隶兵马司，同酒使副合千人巡察，虽权要家亦许搜索。奴婢犯禁，杖其主百"③。酒法虽严，效果全无。

世宗大定二十七年（公元1187年），改为官收曲课，许民沽酒。其主要做法是官府签发酒户，由其造曲出售。金代在中都设有曲使司，负责榷酒事务。而曲使司往往将酒户的课额定得太高，以致酒户根本无法完纳，不得不逃亡。

京都之外的各地，酒课大体有两种形式，其一是官府酿酒出售，应属专卖形式，由各地曲使司负责；其二是民户纳税，即可私酿私酤，应属纳税形式，由各地酒税务负责。

酒课岁入，中都曲使司，大定年间，岁入361500贯，承安元年岁入405133贯；西京酒使司，大定年间，岁入53467贯，承安元年岁入107893贯。

四、醋税与醋专卖

《金史》载："醋税。自大定初，以国用不足，设官榷之，以助经用。至

---

① 《金史·食货志》。
② 同上注。
③ 同上注。

二十三年，以府库充牣，遂罢之。"① 这是首开金代醋专卖的滥觞，起因是国家经费不足，以醋税收入而弥补，一旦收支稳定，随即取消。

"章宗明昌五年（公元1194年），以有司所入不充所出，言事者请榷醋息。遂令设官榷之，其课额，俟当差官定之。后罢。"② 本次专卖与大定年一样，只是课额由当差官把握。

"承安三年（公元1198年）三月，省臣以国用浩大，遂复榷之，五百贯以上设都监，千贯以上设同监一员"③。从承安三年到明昌五年，至多只相隔了三年，就复用专卖，而且以五百贯为设官依据，冗官冗吏过多，虚费日增，"国用不足"可谓在所难免了。

第五节　金代的工商税及杂税制度

一、工商税制度

（一）商税

金代社会的工商业发展迅速，市场兴旺发达，这为金代政府提供了稳定的商税税源。

金代商税，据史载资料，可以分为以下三类：其一，通行税。即官府对过往坊场、河渡的商贩所征之税。其二，租赁税。即官府对出赁官房所征之税。其三，交易税。即按金代商税法规定，"金银百分取一，诸物百分取三"。金章宗年间规定商贩贸易，货物征钱，税率为4%，金银征3%。

金代在中都设立商税务司，各地设立商税务院，负责征收和管理全国的商税。商税课额，大定年间，中都税使司岁入164440贯，承安元年，岁入214579贯。

（二）物力钱

关于物力钱，《金史》载："租税之外算其田园屋舍车马牛羊树艺之数，及其藏镪多寡，征钱曰物力。物力之征，上自公卿大夫，下逮民庶，无苟免

---

① 《金史·食货志》。
② 同上注。
③ 同上注。

者。近臣出使国外归必增物力钱，以其收馈遗也。"① 可见，物力钱是一种财产税，物力钱的课税对象是物力即财产，而物力同时又是摊派差役的依据。

物力主要包括三个方面，即土地、奴婢和其他资产。金代所谓三年一大比，所确定户籍高低的依据就是人口和资产。所以物力钱的征税范围，是除居宅和粮食之外的其他一切资产（包括人口和土地）。所谓"通检推排"就是"推贫富，验土地牛具奴婢之数，分为上、中、下三等"。因此，物力钱的课征方式，是按资产多寡划分等级，按等计证，任何人不得豁免。

（三）矿冶税

矿冶税，亦坑冶税，是对金人开采金银等矿产资源所课征的税收。

金代的矿冶业发展是有一定基础的。首先，金国矿产资源还是比较丰富的，据《金史·地理志》载：大同贡铁、石绿、绿矾，云内州产青镔铁，大兴府产金、银、铁，真定府产铜、铁，太原府产银，宝山县有银冶等；其次，金国的采炼业已经有了一定的技术水准；再者，金代政府对手工业十分重视。

大定三年（公元1163年），金代政府对金银矿冶采取了开放的政策，即"许民开采"。由坑冶户自行开采金银矿产，国家对矿产品课征5%的税收，其余95%的产品由坑冶户处置，或卖与国家，或参与市场交换。大定十二年（公元1172年）政府彻底取消矿冶税，以鼓励坑冶户任意开采、冶炼。大定二十七年（公元1187年）颁布政策规定，非坑冶户的农民在农闲时，也可参与采银，只需缴纳一点税收，具体多少，史无记载，但曾经实行的5%就是参照标准，原本不致于过高。

金代政府对矿冶开采实行较为放开与宽松的政策，因而北方的矿冶业获得了较大的生机和一定程度的发展。同时也由于采取低税，零税政策，极大地刺激了坑冶户的开采积极性。

（四）榷场税

榷场税，就是金政府对国境贸易所课征的税收。

"绍兴和议"后，宋、金双方开始了以榷场贸易为主的商品贸易，经济交流始终畅通无阻。宋、金两国的榷场贸易制度基本相同。榷场贸易分为官营贸易与商人贸易。

官营贸易由政府支付本钱，或以商品折价，作为资本。各榷场因大小不同，故支付的本钱也各不相同，政府根据收益或亏损的比率，给予适当的

---

① 《金史·食货志》。

奖惩。

商人贸易分为大商与小商，携带货物价值在100贯以下的商人称为小商，100贯以上的称为大商。商人进入榷场，首先要缴纳入场税，然后携物上场交易，每千钱交易额，宋金双方各按5%征税。故榷场税是金代政府的一项主要的赋税收入。

榷场税岁入，史无记载，但从这两个榷场的岁入情况看，榷场税的收入增长幅度还是比较大的。

二、杂税

（一）军须钱

军须钱，源于军费补贴。史载：世宗大定三年，南征，军费支出达1000万贯，官府只有200万贯，其余800万贯取于官民户，此为军须钱源头，可见，军须钱当属苛捐杂税。此例一开，各地军将，就以军需钱名义勒索百姓，终成人民的一项沉重负担。

大定十年，定人户物力至50贯者，输官80缗；不足50贯者，数户凑齐。"承安三年（公元1198年）以军须所费甚大，乞验天下物力均征。拟依黄河夫钱例，征军须钱，验各路新籍物力"，每征黄河夫钱一贯者征军须钱4贯；西京、北京、辽东路每征黄河夫钱1贯者征军须钱2贯。军须钱每年分三限送纳。

税吏忙于军须，胡乱征课，中饱私囊。尽管宣宗了解军须钱课征的后果，并在兴定三年（公元1219年）"免单丁民户月输军须钱"、正大八年（公元1231年）"全免京西路军须钱一年"，但实在是过于迟缓了，这时离亡国也只三四年了。

（二）铺马钱

铺马钱，为供驿递铺养马、造船及正常开支之费用所课征的税收。

金国的驿递分为陆路和水路，陆路用马，水路用船。政府为传递公文诏书所设驿递铺负责养马和建造维修船只，其费用是依据民户物力的多寡折纳金银钱钞而供给，谓之铺马钱。

（三）免役钱

免役钱，又称司吏钱。司吏与弓手，为金国的职役形式之一，州县官府按百姓物力多寡征收税钱，以雇募民户充任司吏与弓手之职，故称免役钱。世宗年间罢征弓手钱，但司吏钱照征。

(四) 黄河夫钱

黄河夫钱，亦称河夫钱。金代统治时期，黄河经常泛滥，始成金国的心腹之患，金初"数十年间，或决或塞，迁徙无定"，影响千百人人民的生产和生活，影响金代社会经济的发展。

政府为治理黄河，屡次征调夫役修筑堤坝，此后就以治河名义向百姓征钱征役，近河之地出夫役，"去役所五百里州府雇差，于不差夫之地，均征雇钱，验物力科之"①。故名"黄河夫钱"。

(五) 桑皮故纸钱

金代的钞法屡变屡坏、屡坏屡变。宣宗兴定元年（公元1217年）二月又变造"贞祐通宝"，因制钞用的桑皮故纸均取于民间，而这一原料又难以足取。故打着"免民输挽之劳，而省工物之费"的旗号，遂改为计价征收税钱，称为"桑皮故纸钱"。

(六) 加赋与预借

世宗初年，因朝廷经费不足，始行预借租税。宣宗贞祐三年（公元1215年）七月，"借平阳民租一年"②。哀宗天兴元年（公元1232年）九月，"以胁召民卖放下年军须钱，上户田租如之"③，这都是预借。哀宗正大四年（公元1227年）三月，"征夏税二倍"④，这是加赋。高汝砺曾向宣宗说："今民之赋役三倍平时。"《金史·食货志》曰"一切掊克之政，靡不为之，加赋数倍，预借数年"⑤。这是千真万确的大实话。

(七) 关市税

金国的关市税，一般是指内地关税和市场税收，因史料过于简陋，辑录以下几例：世宗即位，张中彦上疏："古者关市讥而不征，今使掌关市者征而不讥。苛留行旅，至披剔囊箧甚于剽掠，有伤国体，乞禁止"，"从之"⑥。张中彦的话基本反映了金国的关市情况，如果税吏只知课税，而不稽查，何必设关呢！世宗接受了张中彦的提议，于大定二年八月"罢诸路关税，止令讥察"⑦。

---

① 《金史·河渠志》。
② 《金史·宣宗纪》。
③ 《金史·哀宗纪》。
④ 同上注。
⑤ 《金史·食货志》。
⑥ 《金史·张中彦传》。
⑦ 《金史·食货志》。

又，世宗大定二十四年八月"诏免上京今年市税"①。

（八）输庸钱

品官之家、权贵之户为赦免杂役，必须由官府遣吏验其物力，按等课征雇钱，称之为输庸钱。官府用此钱雇佣他人充役。

第六节 金代的税收管理制度

一、赋税管理机构

金国行三省之制，至正隆元年，中央只设尚书省，尚书省下置户部，主管全国的赋税征收与管理。户部设尚书一人、侍郎二人、郎中三人、员外郎三人。

金国中央另设专业税务职能机构：

榷货务，掌发卖给随路香茶盐钞引；交钞库，掌诸路交钞及检勘钱钞、换易收支之事；都转运司，掌税赋钱谷，仓库出纳，权衡度量之事；山东盐使司，掌干盐利以佐国用。

地方赋税管理机构皆承宋、辽旧制，设路、府、州、县，而以路辖制。路、府、州、县皆设官主管赋税。

二、商税的管理

金建国的第五年（公元1120年）就设立了"榷筦库"，对南来北往的商旅课征商税。海陵王南迁后，在京师又设置了各种赋税管理机构，如"市令司"，"掌平物价，察度量权衡之违式，百货之估直"；"都转运司"，"掌税赋钱谷，仓库出纳，权衡度量之事"；"中都都曲使司"，"掌监知人户酝造曲蘗，办课以佐国用"；"中都都商税务司"，"掌从实办课以佐国用"；"中都店宅务"，"掌官房地基，征收官钱"。

在各地有设置了"转运司"、"盐使司"、"酒使司"等。

为加强对商税的管理，世宗大定二年制定了"院务创亏及功酬格"，按各自管辖范围内税课的增亏定官吏的"升迁追殿"和奖惩制度。

---

① 《金史·世宗纪》。

三、监察制度与审计制度

金仿汉制,亦设御史台,主持监察。金国对州郡除有监察御史之外,还经常临时派遣官员,其中监察采访使除纠劾贪官污吏外,另兼有巡查私盐、私酒之责。

第十六章

元代的赋税制度

第一节 概 述

12世纪末，正当金国与南宋在中原大地鹬蚌相争时，蒙古孛儿只斤氏部落的杰出领袖铁木真，如一头出山的猛虎闯上历史舞台。公元1206年他在统一漠北高原诸游牧部落的过程中，被拥戴为"成吉思汗"，建立了蒙古国，随即开始了东侵西征南伐。这些叱咤风云的游牧民族首领们曾统帅了数以万计的蒙古铁骑，弯弓舞剑，纵横驰骋于广阔的欧亚大陆，成就了其前人难以想象的伟大勋业，在他被征服的土地上，建立了横跨欧亚大陆的蒙古大帝国。

一、元代的政治发展概况

元帝国幅员辽阔，为汉唐及历代王朝所莫及。元代的统一，加强了中国各民族之间的联系与交流，促进了边疆地区的开发和中外关系的往来，推动了民族的融洽和经济的发展。故而，元代在中国封建发展史上占有较为特殊的历史地位。

元代是中国封建王朝的继续，然而作为统治阶级的蒙古民族毕竟刚刚脱离了落后的奴隶制社会形态。要在经济发展层次较高的地域上施政，无论其政治制度还是生产方式，都不可避免地带有奴隶制度痕迹。

蒙古贵族的统治是血腥而残酷的，其集中的表现就是所谓的元代政治的三大弊政。

其一是民族歧视。元代统治者把国内各族人民在政治上划分为四个等级：第一等级为蒙古人，享有特权的高贵者；第二等级是色目人，统治阶级紧紧依靠的对象；第三、第四等级是汉人和南人，他们是被歧视者、被奴役者和被压迫者。

其二是蒙古奴隶制融入汉族封建制体系。元兵入主中原后，蒙古族奴隶主大肆掠夺人口，强占民户，获得了大量的"驱口"即奴隶，并在城市中特设买卖"驱口"的市场，官私奴隶充斥社会各部门。元代奴隶制的注入，不仅严重地阻碍了社会经济的发展，而且使整个封建经济制度发生逆转，这无疑是历史的倒退。

其三是政出多门。元代政治极不稳定，宫廷政变不断发生。衙门冗滥，十羊九牧；权臣显贵，各自为政；拥军将领，又割据一方。

元代统治者政治上的压迫和经济上残酷剥削，致使农民起义此起彼伏，终元不绝。据不完全的统计，元代大规模的农民起义达170余起，小股武装暴动不可胜数。

二、元代的经济恢复概况

蒙古族奴隶制政权在对封建文明地区进行野蛮征服的过程中，不可避免地摧毁着先进地区的生产力和生产方式。元初社会经济所遭受地毁灭性破坏，主要表现在以下几个方面：

第一，蒙古奴隶主贵族灭绝人性的野蛮征服，使各被征服国的户籍人口急剧减少。蒙古铁骑，骠悍而野蛮，嗜杀成性。入侵城廓，稍遇抵抗，即屠戮全城，以致"血流有声"，鲜有孑遗。根据蒙古旧制"凡攻城邑，敌以矢石相加者，即为拒命，既克，必杀之"①。金国全盛时期（公元1207年）有户768万多，元灭金时（公元1235年）得户仅87万余，竟然减少了89%以上。南宋嘉定十六年（公元1223年）有户1267万多，元灭南宋得户仅937万，陡减26%。减少的户籍人口，绝大部分死于元兵的屠刀之下。

第二，圈占民田，致使肥田沃野变为荒野牧地。蒙古人传统的生产方式是放牧牛羊，精于畜牧而疏于农耕，故蒙古帝国就是以掠夺奴隶、驱以放牧为其经济基础而立国的。元兵攻城掠地，即圈为牧场。这些草原上的统治者强占民田桑园，践踏农耕禾稼之事，屡见不鲜，致使大片大片的肥沃良田转眼变为荒凉的牧地。失去土地的农民又被抛向"驱口"市场，从这里滋生更多的奴隶。

第三，大肆拘括民马，阻碍了农业生产的发展。北方用马，南方使牛，畜

---

① 《元史·耶律楚材传》。

力是农业生产中的主要劳动资料。元代统治者为补充战争中损耗的战马,不顾农桑耕作之需,大肆拘括民间马匹。据不完全统计,从世祖初到文宗末,40年间括马11次,共括马70余万匹,以致汉地马匹有绝种之忧。

凡此种种,都严重地坡坏了农业生产力,影响了农业经济的发展,阻碍了社会的进步与发展。恩格斯指出:"每一次由比较野蛮的民族所进行的征服,不言而喻地都阻碍了经济的发展,摧毁了大批的生产力。"①

就元代社会经济态势而言,其特点就是多层次经济形态同时并立。北方是畜牧业生产基地,其生产方式是落后的奴隶制与刚刚兴起的封建制并存;中原一带是农牧混合,以农为主的经济区,其生产方式是以封建制为主,兼有奴隶制;江南则为农业生产基地,是封建制生产方式高度发展的地区,也是元代统治者的衣食之源。

世祖忽必烈在位时,重儒术,效汉法;释放奴隶,保护民力;重视农业生产,恢复社会经济;鼓励兴修水利,推广先进技术,这些措施在一定程度上促进了农业经济恢复和发展。

元代手工业的恢复和发展,主要表现在官营手工业规模和专职匠人上,史载:浙西道"籍匠人四十二万,立局院七十余所"②。燕南、燕北设立铁冶提举司"大小一十七处,约用煽炼人户三万有余"③。民间手工业亦有几百上千人的劳动规模。其中纺织业、陶瓷业、制盐业、矿冶业、印刷业、造纸页、食品加工业、军器制造业都有了较大的发展。

元代社会经济的一个重要特征就是商业的畸形发展和高度繁荣。蒙古帝国统治者以京师为中心,建立了庞大的驿站网,在驿道上,每隔25里设一驿站,备有马匹,并供食宿。全国共设驿站1万余处,驿马不下20万匹。条条驿道沟通四面八方,加强了中外联系,使东西方经济文化交流空前地活跃。国内市场兴旺发达,陆路商贩往返不绝,内河商运货船云集,以致阻断河道;外贸更有显著发展,在通往西域的驿道上,中外商贩络绎不绝,海上贸易更为频繁,港口船只川流不息。繁荣的商业造就了繁华的商业都会和大城市,当时的京城大都、杭州、广州、泉州、温州、庆元、开封等地,都是闻名中外的商业都会。

---

① 《马克思恩格斯选集》第3卷,人民出版社1972年版,第222页。
② 王恽:《秋涧先生大全集》卷五八。
③ 王恽:《秋涧先生大全集》卷九〇。

第二节　元代的田赋制度

元代的田赋，亦称税粮科差。税粮行之于南方叫做夏税、秋税，行之于北方则叫做丁税、地税。科差在南方有包银与户钞，在北方则有丝料、包银与俸钞。

一、税粮

(一) 北方税粮——丁税与地税

丁税地税制度始于元太宗元年（公元1229年），史载"丁税、地税之法，自太宗始行之"①。

元世祖灭南宋后，至元十七年（公元1280年）重订税粮则例，"全科户丁税，每丁粟三石，驱丁粟一石，地税每亩粟三升，减半科户，丁税每丁粟一石。新收交参户，第一年五斗，（第二年七斗五升），第三年一石二斗五升，第四年一石五斗，第五年一石七斗五升，第六年入丁税（即每丁三石）。协济户，丁税每丁粟一石，地税每亩粟三升"②。

军户，原先规定输民户租的一半，即一石。后改制，可减免四顷地的地税，作为出征军人的装备之费，四顷之外的土地则纳地税。站户，纳税原则与军户完全相同。儒户，若有种田者，输纳地租。

丁税、地税缴纳均以粮食为主，故称税粮。以上所说，只是正额税粮，另外尚有附加税额。史载，至元十七年，"每石带纳鼠耗三升，分例（属规费）四升"③。这样每石就须加纳七升。特别是各级官府层层加码，"国家常税本该一石，新旧并征，计以加耗，而并纳三石矣"④。

税粮完纳地点有远有近，故官府规定，"富户输远仓，下户输近仓"⑤。可实际情况是"下户计去仓地远"的事例却层出不穷。远仓输粮，"人功车牛，

---

① 《元史·食货志》。
② 同上注。
③ 同上注。
④ 《紫山大全集》卷二三《论仓粮》。
⑤ 《元史·食货志》。

往返月余，所费不浅"①，下户往往不能承受。若应输远仓而只输近仓者，则每石加征脚钱三钱到七钱不等，这又等于一项附加税。

纳税期限，按规定"输纳之期，分为三限：初限十月，中限十一月，下限十二月。违者，初犯笞四十，再犯杖八十"②。

（二）南方税粮——夏税、秋税

南方税粮，有夏税与秋税之分。世祖平宋时，就有"独征秋税"，"命江南税粮依宋旧制，折输绵绢杂物"。

"成宗元贞二年（公元1296年），始定征江南夏税之制。于是秋税止命输租，夏税则输以木绵布绢丝绵等物。其所输之数，视粮以为差。粮一石或输钞三贯、二贯、一贯，或一贯五百文、一贯七百文。"元贞二年始定江南秋夏两税，秋税征粮（本色），夏税课物（折色）。夏税折纳的方法是，先把税粮折成钞额，再将钞额折成当地物产。

元代的秋税没有统一的税额，不仅不同地区有差异，就是同一地区税额也有较大的差异，故《元典章》说江南"田地有高低，纳粮底则例有三、二十等，不均匀一般"③。据专家研究的结论，秋税每亩从二三升（甚至低于二升）到六七升不等，其平均数应是每亩三四升。总之，元代秋税因地区土地等级不同，其税收负担就有较大的差别。

元代夏税的特征，就是有些地方征，有些地方不征，有些地方原来不征，其后又复征。专家认为，这里既有征税时文思院斛和省斛的折合问题，也有秋税多征，免征夏税的问题。

元贞二年定制，夏税征钱钞，实际上就是以宋代夏税为基数，折成钱钞，以此完纳夏税。关键就是实物与货币的折价比例问题。宋、元两代物价不同，加上贪官污吏中饱私囊，可以说元代的夏税负担远较宋代为重，因此才有秋税一石，输夏税一贯、或一贯五百文、或一贯七百文、或二贯、三贯等。

南方税粮与北方一样，同样要加收鼠耗和分例，史载："江南民田税石，合依例每石带收鼠耗、分例七升。"④ 除此以外，江南还有二项加征。

其一，助役钱。史载：泰定之初"命江南民户有田一顷之上者，于所输

---

① 《紫山大全集》卷二三《论仓粮》。
② 《元史·食货志》。
③ 《元典章》卷二四。
④ 《元典章》卷二一。

税外，每顷量出助役之田，具书于册，里正以次掌之，岁收其入。以助充役之费"①。加征多少，史未记载。

其二，富户加征。史载，至大二年（公元1309年）"自今有岁收粮满五万石以上者，令石输二升于官，仍质一子而军之。其所输之粮，移其半之京师以养御士，半留于彼以备凶年。富国安民，无善于此"②。

上述二项加征是针对"有田一顷之上者"或"有岁收粮满五万石以上者"，这都是殷实富裕之户，但它是元代赋税制度的一个部分。

元代课征的税粮数，每年约在1200万石左右，其中江浙居全国行省之首，税粮占全国总计数的37.1%，江南三省合计占53.62%，故有"税粮甲天下"之称。

二、科差

元代的科差作为一个税种是前代未有的，一般认为类似前代的"户调"。元代的科差，包括丝料、包银、俸钞和户钞。

（一）北方的丝料与包银

1. 丝料

"丝料之法，太宗丙申年（公元1236年）始行之。每二户出丝一斤，并随路丝线、颜色输于官；每五户出丝一斤，并随路丝线、颜色输于本位"③。

据此可知，每二户出丝一斤纳于官府构成赋税收入，亦称五官丝；五户出丝一斤，输于食邑，即本地的诸王、贵戚、勋臣，亦称五户丝。两项合计，平均每户出丝十一两二钱。

世祖中统元年（公元1260年）改制，将丝料征收额提高了一倍。史载："其法每户科丝二十二两四钱，二户计该丝二斤一十二两八钱，其二斤即系纳官丝，内正丝、色丝各半，外将每户剩余六两四钱，攒至五户，满二斤数目，付本投下支用，谓之二五户丝。以十分论之，纳官者七分，投下得其三焉。"④丝料行于北方，南方则无征收规定。

2. 包银

包银之制初行比丝料晚一些，在丙申年税制中并无包银，是宪宗额外新增

---

① 《元史·食货志》。
② 《元史·武宗纪》。
③ 《元史·食货志》。
④ 王恽：《秋涧先生大全集》卷八〇。

的项目。史载："包银之法，宪宗乙卯年（公元1255年）始行之。初汉民科纳包银六两，至是止征四两，二两输银，二两折收丝绢、颜色等物。逮及世祖，而其制益详"①。

包银，又称包垛银，初行于真定一路，以济一时之需，后推行于中原各地，原规定，中原汉民每户出银六两。"宪宗即位，有旨令常赋外，岁出银六两，谓之包垛银。（王）玉汝曰：'民力不支矣'！纠率诸路管民官，诉之阙下，得减三分之一。"② 这才改为征银四两。中统四年（公元1263年）包银改为以钞输纳，钞二两折银一两。世祖平定江南后，包银之制亦推广于江南各地。

3. 俸钞

世祖之前，蒙古官吏均无俸禄，灭金后，对金统治区域的州县官吏准许世袭，但也无俸禄，这事实上是给贪官污吏暴敛民财发放了准行证。直到至元元年（公元1264年）八月，"诏新立条格：省并州县，定官吏员数，分品从官职，给俸禄，颁公田，计月日以考殿最"③。至元四年（公元1267年）五月，始定官俸制度，为支付内外官吏薪给，就对包银民户加征，每四两增纳一两以给之。因以钞折纳，故称俸钞。俸钞是包银的附加，并非独立的税目。

4. 丝料与包银的征收方法

科差包括丝料和包银，其征收对象是一般的民户，而应纳科差的民户分类过于繁琐，因此，科差的课征方法就十分复杂。

科差条例主要将天下人户分为四大类，即元管户、交参户、协济户和漏籍户。

元管户，是指早年登记入籍而情况没有变化的人户；交参户，是指原属投下而收归州县的民户；协济户，是指没有成年人丁的人户；漏籍户，是指过去从未入籍的人户。

每一大类下面又分为若干小类，各类户别之科差征收额列作表16-1如下：

---

① 《元史·食货志》。
② 《元史·王玉汝传》。
③ 《元史·世祖纪》。

表 16-1

类别			丝料		包银
			五官丝	五户丝	
元管户	系官户	丝银全科系官户	一斤六两四钱		四两
		止纳系官丝户	一斤或一斤六两四钱		
	系官五户丝户	全科系五户丝户	一斤	六两四钱	四两
		减半科户	八两	三两二钱	二两
		止纳系官五户丝户	一斤	六两四钱	
交参户		丝银全科户	一斤六两四钱		四两
		止纳丝户	一斤六两四钱		
漏籍户		止纳钞户			初年一两五钱；二年二两递增至六年四两，并科丝料。
协济户		丝银户	十两二钱	四两	
		止纳丝户	十两二钱		

资料来源：郑学檬主编：《中国赋役制度史》，上海人民出版社 2000 年 9 月版，第 452 页。

科差的纳税期限，按中统二年规定："丝料限八月，包银初限八月，中限十月，末限十二月。三年，又命丝科不过七月，包银无过九月。（成宗大德六年）丝科限八月，包银，俸钞限九月，布限十月。"[1]

关于科差收入，《元史·食货志》记载了几个年度的"科差总数"：中统四年，丝 712171 斤，钞 56158 锭；至元二年，丝 986912 斤，包银等钞 56874 锭，布 85412 匹；至元三年，丝 1053226 斤，包银等钞 59085 锭；至元四年，丝 1096489 斤，钞 78126 锭[2]。

（二）江南的户钞与包银

1. 户钞

世祖平定江南后，就将江南 80 万左右的民户分封于宗室贵戚，使食其户钞。"于一万户田租中输钞百锭，准中原五户丝数，谓之'江南户钞'。"

这是江南户钞之法的源头，是将北方贵族的食封制度推行于江南，其差别

---

[1] 《元史·食货志》。
[2] 同上注。

在于北方五户丝所缴纳的是丝料,而南方封户所缴纳的则是钱钞。梁方仲先生也说:"江南户钞即相当于行之中原的丝料,故江南但有户钞,而无丝料。"①按规定,1万户输钞百锭(即5000贯),平均每户纳钞半贯,(即500文,亦即五钱)。

2. 包银

江南科差除了户钞,尚有包银。延祐七年(公元1320年)英宗即位,始征包银,"户岁输包银二两"②。包银征收对象是无地商人,即当铺、店铺、搞运输、做买卖的富裕之家,并规定这一政策限于江南地区施行。

但是在包银征收过程中,一般民户均须缴纳,贫下小户亦不能免,"包银之法,户不过二两,而征之加十倍"③。包银"多或征其十倍,少亦倍于元科",不管有田、无田,"一切应命",包银始成江南民户的一大负担。征收包银不仅遭到一般民户抗争,就连政府官僚也反对。至治三年(公元1323年)英宗被杀,泰定帝即位,随豁免"江淮创科包银三年"④,但仍不息民众之愤怒。泰定二年(公元1325年)"诏除江南创科包银"⑤。江南包银课征前后总计五年,但危害非浅,病民甚广。

三、官田与寺观田税粮

(一)官田的税粮

元代的官田包括屯田、食邑、职田、寺田、学田、赐田、没官田、无主荒地和圈占百姓的土地等,一般来说大多数官田是要缴纳税粮的,其官田税粮性质属租税合一制。

北方的官田主要集中于江北,两淮地区,为鼓励垦殖荒地,官府给予优惠政策,免征三到四年的税粮。南方官田主要集中于两浙地区,耕者免差役三年,其输租免三分之一。同年官府规定,耕种江南公田"第一年不要地税,第二年要一半,第三年依着地税来的三停内缴纳二停"⑥。显然,江南官田减免额度不如北方官田,但元初的官田负担相对还是比较轻的。

---

① 梁方仲:《中国历代户口、田地、田赋统计》,上海人民出版社1980年版,第317页。
② 《元史·仁宗纪》。
③ 《元史·王都中传》。
④ 《元史·泰定帝纪》。
⑤ 《续文献通考·职役二》。
⑥ 《元典章》卷一九《户部》。

然而，从成宗末年起"官田租重"始成大势，元中期江南官田租税高达50％以上，浙西官田有亩"岁纳税额须石半"①，浙东上虞官田最高租税为"亩岁输谷二石二斗"②。

此外，江南官田缴纳税粮，尚有许多附加，如镇江官田："亩纳五斗以上，及至秋成，催租勾扰，赴仓送纳，又有船脚、加耗、仓用，得来一石上下，方可输纳正米五斗"③。

可见，官田比民田的地税要重得多，以致浙西民众"言及公田，孰不怨恨！言及公田，谁肯耕作"④。

（二）寺观田的税粮

僧、道寺观田属民田性质，但其税粮缴纳与民田不一。世祖中统五年（公元1264年）重申僧、道、也里可温种田出地税的规定，但其经常颁旨免除某些寺观的地税。大德三年（公元1299年）开始实行僧、道田地须纳地税之法。但成宗笃信藏传佛教，故又颁旨"免和上税粮"。元贞元年（公元1295年）始定纳税体例，即寺观原有田地免纳地税，新占有的土地才须缴纳地税。元代政府一边重申纳税体例，一边不断豁免寺观税粮，这一自相矛盾的政策直至元亡未变。

第三节 元代的徭役制度

《元史》没有徭役的记载，这并不说明元代不存在徭役，恰恰相反，元代不仅存在繁重的徭役，而且与前代相比可谓有过之而无不及。在元代的官方文书中，最常见的是"杂泛差役"，但元代又无明确的解释，专家们考证，所谓差役又称职役，而杂泛就是力役。如此，元代的徭役则可分为兵役、职役、力役和职业性徭役四大类。

一、兵役制度

蒙古的军队可分为蒙古军、探马赤军、汉军和新附军。

---

① 朱德润：《存复斋文集》卷一〇。
② 贡师泰：《玩斋集》卷七。
③ 《至顺镇江志》卷六《赋税》。
④ 同上注。

早期蒙古兴起时，只有蒙古军和探马赤军，而探马赤军实际上是蒙古军的一个分支。蒙古军由蒙古人组成，探马赤军则属各部族的军队。据史载，其早期兵役制度："家有男子，十五以上、七十以下，无众寡尽签为兵。十人为一牌，设牌头，上马则备战斗，下马则屯聚牧养。孩幼稍长，又籍之，曰渐丁军。"① 蒙古人全民皆兵，战时上阵，平时畜牧。孩子年幼，则编入渐丁军，强化习武备战。

随着蒙古族统治势力范围的扩大，其征服者野心极度膨胀，当蒙古铁骑纵横驰骋于欧亚大陆，漠北高原上的游牧民族首领们深感其人口太少、兵源不足，于是汉军诞生了。其法为："蒙古、色目人每丁起一军，汉人有田四顷、人三丁者签一军；年十五以上成丁，六十破老。"② 民户签兵，就入军籍，称为军户。

但在疯狂的征服欲望支配下，蒙古统治者缺少的仍然是兵源，他们能做的就是要把所有能上阵的人统统赶入军队，送上战场。只要军事需求，无论贵族还是平民，无论汉人还是南人，无论民户还是盐户匠户，一律都得入伍当兵。

元代兵役制度，是以军户为主，辅以募兵。所谓军户，皆立籍为凭，世代为兵，终身服役，永不更动。按元制规定，军卒服役期间所需一切费用，包括战马、武器装备以及日常费用均需自备，虽然军户享有四顷土地的免税权，但仍不堪负担。

按元制规定，如果军户无子，上门女婿继承产业，则必须同时入军籍。如果军人战死沙场，抛下妻室，则"官为配对成户"，"所生儿男，继世为军"③。可见蒙古统治者千方百计地维持充足的兵源，保证军籍的稳定。

元代兵役扰民甚重，为逃避兵役，"自伤其手"者有之，"必鬻田产"者有之，"甚则卖妻子"更有之。

二、差役（职役）制度

职役是为保证国家特殊需要而向民户征发的徭役。元代的职役按其司职范围，主要有以下六种：里正、主首、隅正、坊正、仓官和库子。里正、主首、隅正和坊正是官府的基层职事人员，仓官和库子是专职保管官府财物的。

---

① 《元史·食货志》。
② 《元史·郭宝玉传》。
③ 《元典章》卷三四。

按元代的行政区划，农村在县以下为乡、都两级，乡设里正，都设主首。但有些地方只设里正或只设主首。城市在录事司以下为隅、坊两级，隅设隅正，坊设坊正。在规模较小的城镇，仅设坊正。

其职掌事务，按元代行政法规的规定："今后凡催差办集，自有里正、主首"。"诸村主首，使佐里正催督差税，禁止违法"①。"里正催办钱粮，主首供应杂事"②。而"凡官府排办造作、祗应杂务、羁管罪人、递运官物、闭纳酒课、催征地钱"等等，均由主首、隅正负责。由此可知里正、主首、隅正和坊正是为县司衙门服务的，他们行使的是基层政权的职能。

元代地方各种仓库的仓官和库子，都是由民户差充，其职责是管理仓库、收缴钱粮。但应役者往往不识文字，不通书算，稽核出纳，多有误事。

元代差役的充役原则为："先富强后贫弱，贫富等者先多丁后少丁"③。可见，杂泛（力役）与差役的充役，都是根据各户的经济状况，包括财产、人丁、物力等进行摊派的。

具体的摊派方法，其一是以户等为标准，由上户或上、中户轮流差充；其二是以三等九甲中的前三等（上上、上中、上下）充之。其三是以一定数额的土地或税粮为标准，标准以上充役，以下免役。

在上述的摊派原则和方法的前提下官府还得一再强调，里正、主首一定要在"税高富实户"、"有蓄积人户"中间选择；坊正要在"殷实人户"中差充；库子要在"有抵业"人户中差派。这些规章制度可以说是合于情理了。

但是元代政治腐败，官场倾轧，机构臃肿，经费开支与日俱增。特别是元中期，各种赋税负担比初期增加十倍，百姓只能逃亡他乡。可逃户遗留的赋税徭役则由里正、主首负责追征摊派，见在的人户负担苛重，不得已又加入逃亡队伍，如此循环，追征更是难上加难。不得不自行赔补，故"中产之家，岁一当徭，即破荡无几"④。

至于仓官和库子一类差役，更是易出亏空，应役者尽是庄农之家，钱谷书算，俱不通晓。亏兑失陷时常有之，致将应有财产、房舍、孳畜等物尽行赔补。

---

① 《通制条格》卷一六。
② 《至顺镇江志》卷二《地理·乡都》。
③ 《通制条格》卷一七。
④ 贡师泰：《玩斋集》卷一〇。

三、杂泛（力役）制度

杂泛，就是力役，主要包括两个方面，一是人夫，一是牛车。杂泛之役的内容非常广泛，诸如修城筑路、开河挖渠、运送粮草、营造宫殿、修建寺庙，凡此种种，无所不及。

杂泛之役原本就是临时性征调，没有什么时间和地域的限制，急用随派，乱占民力，错违农时，给人民的生产、生活带来严重的灾难。尽管元代政府一再诏令："民间杂役"，"勿夺农时"[①]，国家本身需要杂役，民户只是棋子而已。贫苦百姓为逃避差役，或投充诸王贵戚的家人，或充当豪富、寺观的佃户，以致造成国家户口的大量散失。

四、职业性徭役

在元代诸色人户中有一部分人户专职于职业性徭役，诸如站役、匠役等，这是终身之役，子承父业，世代相袭。

（一）站役

站役，是专为国家邮传驿递服务的徭役。充当站役的民户称站户。元代驿站分为陆站和水站，陆站用马（牛、车），水站用船。站户负责供应驿马、驿车、驿船等一切交通工具，包括养马饲牛，保养船只；供应邮传、驿递、过往使臣、僧道和各地进献宝物之人的膳食、马料。全国所辖驿站几千处，其作用不能低估。

至元元年（公元1264年）规定北方马站，每四户共养正马一匹，贴马（备用马）一匹。南方马站"以粮七十石出马一匹为则。或十石之下，八九户共之"。这是驿站的第一负担。

至元二十二年（公元1285年）规定："诸处站赤饮食，官为支给"[②]，明明说得很清楚，驿站饮食开支由官府负担，却又令站户"自备首思"[③]，首思者（蒙古语），柴米油盐也，即饮食也。元制规定，站户有四项田地免税，但土地所出，则悉以供站[④]。这又是一项无法承受的负担，特别是处于交通要津上的驿站，怎能满足南来北往饮食起居。

---

① 《元典章》卷三。
② 《元史·世祖纪》。
③ 《元史》卷一〇一。
④ 《元史·世祖纪》。

总之，站役是元代徭役中最为苛重的，站户倾家荡产、卖儿鬻女，屡见不鲜。

（二）匠役

匠役，是专为国家制作武器装备和各种手工业产品的徭役。充当匠役的民户称匠户，元代匠户又分为官匠户、军匠户和民匠户。

官匠户类似官府奴隶，在官营手工业作坊中从事各种工役。军匠户为官府制造各种武器械具，隶军籍。民匠户有人身自由，但常被官府签发入工局营造。

元代统治者对工匠的需求非常之大，在蒙古战马践踏之处，杀戮殆尽，只有工匠得以幸免。故蒙古人灭金，使一百多万匠人得以死里逃生。

匠户的待遇，按元代规定：官给膳食，以使匠人养家糊口。匠户拥有的土地，一顷之内可免租税，同时匠户免征杂泛差役。

史载：至元年间"各处富强之民，往往投充人匠，影占差役"①。大德七年（公元1303年）开始，匠户必须与民户一起承担杂泛差役。匠户服役，尽管能够获得一点微薄的口粮，但不足以赡养家庭，还要受官吏的额外盘剥，生活异常困苦，同时其人身依附性较强，命运被紧紧拴于官府手中。

五、雇役、代役和助役制度

（一）雇役

雇役，即指由本人出资雇人代役。元代兵役雇佣只限于军户丁单而财力充实之户，丁多者不得雇，军官亦不得雇。职役也可以采用雇役的形式，而杂泛之役的雇役一般都属于政府行为。

（二）代役

代役，一般是指服兵役者发生特殊情况时的处置方法。元代规定，逃役身死者都要其亲属男子代役，无丁者则以家丁补之。

（三）助役

元初的助役极不规范。英宗至治三年（公元1323年）"诏行助役法"，按一定比例从应税田亩中拿出若干亩土地，由应役人掌管，以其收入充作役费。

泰定初年，有所谓助役粮者，即命江南民户有田一顷之上者，于所输税外，每顷量出助役之田，岁收其入，以助充役之费，这时的助役制度更加完整了。

---

① 王恽：《秋涧先生大全集》卷九〇。

第四节　元代的专卖制度

一、盐税与盐专卖

盐课是元代国家的主要财政收入，史载"国之所资，其利最广者莫如盐"[1]。"国家经费，盐利居十之八"[2]，由此可见，元代盐课收入的重要地位。

（一）盐场及盐户

元代疆域辽阔，食盐资源非常丰富，盐场遍布全国各地。政府在全国设立九处盐运司（或提举司、转运司），各盐运司分别管辖若干个盐场，每一盐场分成若干"团"，"团"由灶户组成，盐场全面负责盐户的生产和经营。而这一时期全国各盐司拥盐场多达130余处。

元代制盐技术发展较快，所产食盐品类齐全，如日晒海水而得晒盐，灶煮海水所收末盐，自然凝结所获颗盐，火煎盐土之水而得小盐，爆蒸盐井之水所得井盐，凡此种种，不一而足。

元代的盐户，亦称灶户，入籍为凭，世代相袭，终身制盐，不得改业。官府根据盐户的财力物力及生产能力，确定其食盐产量，并以盐引为单位发给盐户"工本钞"，如至元二年（公元1265年）"灶户工本，每引中统钞三两"[3]，盐户生产的食盐必须全部缴纳给国家。

（二）盐课制度

元代盐课主要行专卖制，兼有征税，其制如下：

1. 引岸制

元代引岸制是在南宋盐制基础上发展而来。其法有二：

其一，是官制商运商销。该制具体做法，即由官府组织灶户制盐，盐商贩盐先向盐运司交钱买引，除正课（即盐价）之外，还要缴纳附加（即纲船水脚、装盐席索等钱）。交完钱方可领引，商人持引赴各盐场，经盐场官吏审核无误，才得以支给，每引领盐400斤，显然，盐引就是领盐的凭证。其次，官

---

[1] 《元史·食货志》。

[2] 《元史·郝彬传》。

[3] 《元史·食货志》。

府在重要的口岸和必经之路，设置了批验所和检校所，盐商运盐途中，要经过屡次的严格检验和查证，包括"引"与"盐"是否相符，有无超重，有无私盐，这时盐引又成了运输的凭证。再者，各盐运司都有自己的销盐区域，各盐司的盐只能在本区域内销售，否则就是"犯界"。故而盐引又是划界行销的区域证明。

元代因政治腐败，官场黑暗，盐法经常变更，这也给盐引价格飙升提供良机，故元代每更变一次盐法，就提高一次引价，元末每引盐价竟然增至3锭，百姓只能淡食。

其二，是官制官运商销。该制具体做法，即由官府制盐，并于交通便利处设置仓库，由官府纲船运输，贮之仓库，盐商贩盐，纳钞持引，于官府指定的盐场或盐仓领盐，并按盐引规定的区域行销。

2. 官府售卖制

官府售卖制，即大都之盐是由河间盐运司负责经营销售，但富商为牟取暴利，操纵大都盐价，其价日趋腾贵。为稳定市场盐价，打击奸商不法行为，于南北二城设局，官府售盐，民称便益。其后，因局官、纲船人等里应外合，欺世侵盗，盐质下降，官局亏本，于泰定二年（公元1325年）罢废官卖之局，改为"从民贩卖"。元统二年（公元1334年）复设局官卖之，与商贩并行，始成定制。

官府售卖制主要行于大都，目的在于稳定盐价，防止盐商从中作奸牟利。

3. 入粟中盐制

入粟中盐制，即为官府召募商人将粮食运到指定的地区，然后政府给以盐引，盐商持引赴盐场领盐贩卖。此制一般是在粮食匮乏时所采取的临时措施。诸如：大德十一年（公元1307年）"江南大水"，"令商人输米中盐"。天历二年（公元1329年）"行省复请令商人入粟中盐"以赈灾①。

4. 计口授盐制

计口授盐制，就是官府按人口强制配给食盐，亦称"食盐法"。如"至元八年，以大都民户多食私盐，因亏国课，验口给以食盐"② 等。

计口授盐开始只行于产盐区和盐场邻近地区，后因私盐盛行，便逐渐推行全国大部分地区，成为引岸制的辅助制度。

---

① 《元史·文宗纪》。
② 《元史·食货志》。

计口授盐制不断扩大，其根本原因在于，元代政府为苛敛更多的盐课收入，就不断增加盐户产量，提高食盐价格，以致盐多而囤积仓库。盐价高升又使百姓改食私盐，私盐泛滥。于是强行摊派，征税到户，盐课就转变为直接税，按户按人课税。

5. 常平盐制

常平盐制，是国家将盐运于指定的地点存储，待盐价上涨时，国家以平价出售，目的在于稳定盐价，安抚民心，打击奸商诡名图利。至元二十一年（公元1284年）"（两浙之盐），置常平局。以平民间盐价"。

6. 征税制

元代除各大盐场行专卖制外，官府对自制的土盐和边远地区的井盐，实行征税制，税率一般为十分之三。如中统三年（公元1262年）定制："太原民食小盐，岁输银七千五百两"①。

至顺三年（公元1332年），四川邛州有盐井，天历初地震，盐水涌溢，民户煎煮盐水为盐，并向官府纳税。顺帝至元元年（公元1335年），诏："四川盐运司于盐井仍旧造盐，余井听民煮造，收其课十之三"②。

（三）盐课的附加、折征及预借

元代盐课除征税和专卖外，还有附加、折征、预借等苛敛名目。

1. 附加

盐课附加在元初就已实行，太宗丁酉年（公元1237年）规定，辽阳之盐"每盐一石，价银七钱半，带纳匠人米五升"③。这是元代盐课附加之始。延祐二年，又令食辽阳之盐的民户，岁办课钞，"每两率加五"。大德四年两淮盐运司设关防批验所，"令盐商经批验所批验发卖者，所官收批引牙钱"④，不经批验者没收归官。显然，批引牙钱当属盐课附加性质。

2. 折征

元代盐课一般以钞缴纳。但官府往往折成钱帛，而对百姓危害最大的要数盐课钞折银缴纳。天历二年（公元1329年），以国用不足，钞法渐坏，令盐课钱十分之一折收银，故得银2000锭。至顺二年（公元1331年）"诸盐课钞

---

① 《元史·世祖纪》。
② 《元史·顺帝纪》。
③ 《元史·食货志》。
④ 同上注。

以十分之一折收银,银每锭五十两,折抄二十五锭"①。折合比例,即 1 比 25,而当时纸币与银的兑换比例仍维持为 2 比 1,可见元代政府对百姓的苛敛真是无以复加了。

3. 预借

盐课预借也有之,至顺二年九月"以钞五万锭及预贷四川明年盐课钞五万锭,给行枢密院军需"②。

(四)盐课弊端

元代盐课始终服务于苛敛政策,官府收入增加,国家盐法坏尽,贪官污吏乘机中饱私囊,朝廷上下腐败成风。

首先,元代盐法有专卖制、征税制、食盐制和常平盐制等。行官运商销制,引价飙升;行商运商销制,则盐场批验所百般刁难,故意设卡,敲诈勒索,商人亏损;行食盐制,更是不断增加配额,提高盐价,甚至收钱不给盐;行常平盐,更是无恶不作。官府要增收盐课,官吏则肆意掠夺,而盐利收入不升反降,于是就不断地更换盐法,一法不行,再换一法,积弊日益加深,直至灭亡。

其次,官府为增加盐课,提高引价,压低工费。世祖时"灶户工本,每引为中统钞三两"即 3 贯,此后也有递增,到延祐二年为 20 贯。但这时纸币已贬值为几十分之一。

世祖平定江南初,每引盐价为中统钞 9 贯,至元二十八年为 50 贯,元贞二年为 65 贯,延祐二年为 150 贯。

盐户所得工本钞太低,根本无法养家糊口。更有场官与盐商勾结,一方面场官逼勒增加盐户的产量;另一方面盐商就场装盐时,增加斛面,减少了灶户的收入。此外,盐户还要各种杂泛差役。如此沉重的负担,迫使盐户大量逃亡、远走他乡。

盐价腾贵,百姓负担沉重,"濒海小民,犹且食淡;溪山穷谷,无盐可食"③。"食盐害民,所在皆是,而岭海之间,其害尤甚"。

(五)盐课收入

世祖晚年,全国盐产量为 170 余万引,盐课收入为 170 余万锭。至元二十

---

① 《元史·文宗纪》。
② 同上注。
③ 叶知本:《减盐价书》,《两浙盐法志》卷二七。

九年"天下所入凡二百九十万八千三百锭"①。到了天历二年,岁办"正余盐以引计者,二百五十六万四千有奇;以课钞计者,岁入之数,七百六十六万一千余锭。视中统至元之数。已增几二十倍矣"②。这一收入约占国家财政收入中钱钞的 80% 左右。

二、茶税与茶专卖

元代政府认为"古今盐、茶,系国家榷货"③。"随路盐、茶,即系立法榷货,难同其余买卖商税"④。故而,元代茶专卖是主要形式,间或亦行征税制,或专卖与征税并行之。

(一)茶课的沿革

元代茶课制度沿续宋制,但又有所改变。

元人入蜀之初,茶制未定,故青海、西康等地是放任民间自由贩茶。此后,茶叶全部由官府收购,然后高价出售给少数民族,羌、蜀深受剥削。张庭瑞适时变更引法,方便了蜀茶交易,同时也确立了元代的引茶法。

元代专卖的方式是引茶制,即茶商贩茶,先向茶司纳税,取得公据,然后赴产茶之地按公据所载数量向茶户购茶,交易结束回到茶司,交出公据,换取茶引,凭茶引销售茶叶。

元代茶引税率不断提高,至元十三年(公元 1276 年)初立茶法,行长短引制度,皆以三分取一;长引五钱四分二厘八毫,短引四钱二分八毫。至元十四年(公元 1277 年)取三分之半。至元十五年(公元 1278 年)长引一两八分五厘六毫,短引八钱四分五厘六毫。至元十七年(公元 1280 年)废长引,专用短引,末茶每引二两四钱五分,草茶每引二两四钱四分。至元廿一年(公元 1284 年)末茶每引三两五钱,草茶每引三两三钱三分。至元廿三年(公元 1286 年)每引五两。至元廿六年(公元 1289 年)每引十两。到延祐五年(公元 1318 年)每引课钞已增至十二两五钱。

元代"茶引"为茶商批发之用,"引之外,又有茶由,以给卖零茶者。初,每由茶九斤,收钞一两",其后又分十等,每等最少 3 斤,最多 30 斤。官

---

① 《元史·世祖纪》。
② 《元文类》卷四〇。
③ 《元典章》卷二二。
④ 同上注。

府说明"茶引便于商贩,而山场小民全凭茶由为照"①。故"其小民买食及江南产茶去处零斤采卖,皆须由帖为照"②。

此外,茶课还有附加税,至正二年(公元1342年)"每引十张,除正纳官课一百二十五两外,又取要中统钞二十五两,名为搭头事例钱,以为分司官吏馈尽之资"③。也就是附加要占正课的五分之一。

再者,茶课还延伸出"门摊食茶课程",即门摊饮茶税。此税创于元世祖至元十七年,此税直接课于饮茶者,已类似人头税了。

元代茶课亦行征税制。至元十六年曾将茶俵配于民,均摊茶课,使每引茶课由二两四钱五分,增为三两五钱,"正课每引增一两五分",即所谓"食茶课程",亦称"食茶税"。

"江南茶商至江北者又税之",这是实行专卖、征税并行的办法。

(二)茶课收入

元代统治者多次变更茶法,每变一次皆酷取于民,至元十三年(公元1276年)岁征茶课仅1200锭,到延祐七年(公元1320年)增至289211锭,与至元十三年相比,茶课收入增加了240余倍,成了元代国家财政的一项大宗收入。表16-2说明了元代茶课收入的基本情况。

表16-2　　　　　　　元代茶课收入一览表

年　份	年征茶课	年　份	年征茶课
至元十三年(公元1276年)	1200锭	至元廿六年(公元1289年)	28000锭
至元十四年(公元1277年)	2300锭	元贞元年(公元1295年)	83000锭
至元十五年(公元1278年)	6600锭	至大四年(公元1311年)	171131锭
至元十七年(公元1280年)	19800锭	皇庆二年(公元1313年)	192866锭
至元十八年(公元1281年)	24000锭	延祐五年(公元1318年)	249000锭
至元廿一年(公元1284年)	28000锭	延祐七年(公元1320年)	289211锭
至元廿三年(公元1286年)	40000锭		

三、酒醋税与酒醋专卖

酒醋课始于太宗二年(公元1230年)正月,诏"定诸路课税,酒课验实

---

① 《续文献通考·征榷考》。
② 《元史·食货志》。
③ 同上注。

息十取其一"①。太宗三年（公元1231年）"立酒醋务坊场官，榷沽办课"②，即为酒醋专卖制，实行官制官卖形式。太宗八年（公元1236年）又行征税制，税率为十分之一。

至元初，允许酒户和富豪酿酒，官府征税，税课以酿酒原料为计税单位，酒每石卖钞四两，课钞一两，税率为25%。葡萄酒每千斤卖钞一百两，课钞六两，税率为6%。

至元二十一年（公元1284年）十二月，复行专卖制。次年则大幅度地提高酒课，由原来每石一两增为每石十两，税额陡增十倍。此后罢榷沽之制，改行征税制，听民自造，每石米课官钞五两。至元二十九年又恢复榷沽之法。

元代酒专卖沿袭宋制，即城乡有别政策，京城25里，州城20里，县、镇10里以内实行榷酤；此外，听民酿卖，只需缴纳酒税。乡村所酿之酒不得进入城镇，否则为"犯界"。

元代酒课还实行过"扑买"（包税）之法，耶律楚材坚决反对，"咸奏罢之"③。

总括地说，元代酒醋课是以专卖制为主，征税制为辅。酒醋课是元代财政的重要收入之一，常年酒课收入可达469000余锭，醋课收入达23000余锭。两者合计约在50万锭左右。

第五节 元代的工商税制度

一、岁课

元代的岁课，亦称为洞冶课，即指对天地自然之利、山林川泽之产所课征的税收。基本属于矿产品税和非矿产品税性质，其种类主要有金课、银课、铜课、铁课、铅课、锡课以及水银课、朱砂课、玉课、硝课、矾课、碱课、竹木课等。

元代的岁课大多由土人的贡献演变而来，故有元兴立法"因土人呈献，

---

① 《元史·太祖纪》。
② 《元史·食货志》。
③ 宋子贞：《中书令耶律公神道碑》。

而定其岁入之课"，其原则是"多者不尽收，少者不强取"①，因而税制不一，税率各异。岁课基本实行专卖制度，但也有征税制。

元代的金属矿冶生产，主要有两种形式。其一是由官府设置场、冶，从民户中签发部分人户当役，组织生产，所得归官府；其二是由"百姓自备工本炉冶"②，向官府递交申请，募人开采冶炼，所得"或抽分本货，或认办钞数"③。岁课的主要种类有：

(一) 金课

元初，金矿主要由官府经营，以淘金户和签发漏籍户从事生产，向国家定额输课。其后由于各种原因，官营逐渐转为民户认包采炼，并向官府纳税，税率为30%。

然而，民户的输纳经常高于税法的规定，更有甚者，有些地方矿源枯竭，无金可采，但旧额仍在，必须输纳，民户只能每岁买金以输官。

(二) 银课

银矿的采炼，既有官营，也有民营。一般质量好、产量高、易开采的重要矿区均由官府经营，而规模较小的银矿直接包给民户开采，有的按定额税缴纳，有的按比例税缴纳。如，"韶州路曲江县银场听民煽炼，每年输银三千两"④。"宁国路民六百户凿山冶银，岁额二千四百两，皆市银以输官"⑤。"（泰定二年）罢永兴银场，听民采炼，以十分之二输官"⑥。

(三) 铜铁课

元代的铁矿资源遍布全国各地，在金属采炼中，铁冶的规模是无疑是最大的。元代政府先后设置了洞冶总管府、都提举司、提举司职掌官营铁矿。如中统四年，河南钧、徐等州，岁输铁1037000斤。但是，官办铁冶就是因贪官污吏中饱私囊，其经营效率低下，往往得不偿失，大德十一年五月，诏曰："诸处铁冶，许诸人煽办。"⑦ "听民煽炼，官为抽分"⑧。一般情况下实行"二八纳官"即税率为20%。

---

① 宋子贞：《中书令耶律公神道碑》。
② 《元典章》卷二二。
③ 王恽：《秋涧先生大全集》卷九〇。
④ 《元史·食货志》。
⑤ 《元史·世祖纪》。
⑥ 《元史·泰定帝纪》。
⑦ 《元史·武宗纪》。
⑧ 《元史·食货志》。

（四）其他矿课

非金属矿产，包括水银、朱砂、硝、碱、矾等，元代政府对此控制相对较为松弛。有官营也有民营，有定额纳税，也有比例纳税。如沅州民户萧雷发等每年包纳朱砂 1500 两；罗管赛包纳水银 50 两；磁州武安县有矾窑 10 所，岁办白矾 3000 斤；浏阳永兴矾场，每十斤官抽其二。官营矾货，引法销售，"每矾一引，重三十斤，价钞五两"①。玉矿一般都是官营，而且是在官府严厉管辖之下生产，其产品直递京师，供统治阶级玩赏。

（五）竹木课

竹木所产不一，但在各地均有官竹园。至元四年，下令印造竹引 1 万道，每道取工墨一钱，贩卖者皆给引。这是先择官营，后择引法，其意在货卖获利。至元二十二年，罢司竹监，听民买卖输税，其后又复立竹课提举司，管理竹货的发卖，如此官营民营并存，其征税原则为"在官者办课，在民者输税"②。竹木课"依商税则以十分抽一"，税率为 10%。

元代地域虽辽阔，自然资源虽丰富，但由于管理不善，岁课所得甚微。天历元年（公元 1328 年）金课为 500 锭；银课 1500 锭；铜课 2380 斤；铁课征铁 884000 余斤，征钞 1800 余锭；铅锡课征铅 1798 斤，征钞 900 余锭；矾课 2400 余锭；硝碱课 26 锭；竹木课征钞 4300 余锭，征竹 27 万竿，征木板 58600 条。可见岁课收入不大，但扰民极深，百姓因不能完纳岁课而家破人亡、遁逃他乡者甚多。

二、商税

（一）商税沿革

太宗元年（公元 1229 年），依据耶律楚材的建议，创设了十路课税使。太宗八年（公元 1236 年）始"定赋税，岁有常额，商税三十分之一"③，元人占据中原后，即征商税，但未有定制。

至元七年（公元 1270 年）定中原税制，三十分取一，以 45000 锭银为定额，有溢额者作羡余。"三十分取一"是元代商税的基本制度，如，至元三十一年（公元 1294 年）成宗即位诏书曰："商税三十分取一，毋得多取"④，英

---

① 《元史·食货志》。
② 同上注。
③ 《元文类》卷五七。
④ 《元典章》卷三。

宗改元诏书亦说:"商税三十分取一,不得多取。"① 可见,元代政府一再重申这一征商制度。

(二) 商税规制

元代商税属"商品"交易税,这个"商品"的含义包括:日常生活用品、粮食、牲畜、土地、房屋以及人口的买卖。在商税收入的构成中,"田产宅院人口头疋"的交易,占了较大的比重。

元代商税法规定,商人必须按月如实申报,完纳商税后,方可入城贸易,如无纳税凭证,或不出示凭征,即视为匿税。

至元二十年(公元1283年),诏各路课程,"增羡者迁赏,亏短者赔偿降黜",并规定"每月以其数申部,违期不申及虽申不圆者"处罚②。至元二十九年又规定,诸郡商税必须于每年四月十五日以前完纳。

缴纳商税的同时还要带纳契本钱,至元二十二年(公元1285年),"又增商税契本,每一道为中统钞三钱"③。所谓契本,就是户部印造的收税凭证,纳税者只有领到契本才是合法的。推行契本的意义,在于既堵塞了税收漏洞,又谨防税吏中饱私囊,同时为加强税收征管带来诸多的方便。至大三年(公元1310年)每道契本钱提高了五倍,由买方缴纳。

元代征收商税的机构,称为税务。国家在京师设立了大都税课提举司,在杭州也设立了税课提举司,并在全国各地分设税务200处以上,专职负责商税的征收管理。

(三) 商税收入

元代商税税率较低,商贾负担亦较轻,基本税制是三十取一,有时则为六十税一,还有经常的减免。对商人实行轻税政策,其意义在于:首先表明了国家鼓励商贾到偏僻草原去经商做买卖,并运用商税政策参与调控商品的流通。其次也体现了元代重商经济思想的发展,有利于促进商业经济的良性大循环。

元代商税收入至元七年(公元1270年)以银45000锭为额、折钞90000锭。至元二十六年(公元1289年)增加到钞450000锭。天历时(公元1320—1329年)增加到钞939500锭,较至元七年增加近10倍。

---

① 《元典章》卷三。
② 《元史·食货志》。
③ 同上注。

三、市舶课

（一）市舶原则及其政策

元代海外贸易的基本原则是"损中国无用之货，易远方难制之物"[①]。故"以有余易不足"、以"无用换有用"，在国家政治和经济上有较大的战略性意义。

元代对国内商舶与海外诸国的往返贸易以及海外诸国船只来华贸易，统称市舶，对进行贸易的中外船舶所载之货的抽分与课税，简称之为市舶课。

元代对市舶实行统制政策，国家不仅干预对外贸易，而且亦直接参与经营海外贸易。国家垄断市舶以及发展海上贸易的目的，不仅在于谋求市舶厚利，同时也在于调整中外商货的比价，满足国内市场的需求，达到平抑物价的目的。

（二）市舶课制度

元代市舶课制度，有下述四个方面的特征：

第一，货分粗细，率分二等。元初定制，对进出口货物实行抽分法，细货十分取一，粗货十五分取一，抽分之后，随客商买卖。延祐元年（公元1314年）修订市舶法，提高了抽分标准，细货十分取二，粗货十五分取二。

第二，土货、蕃货，抽分有别。世祖至元十八年（公元1281年）以前，土货与蕃货税率相同，此后乃定单抽双抽制度，对土货实行单抽，对蕃货实行双抽（即加倍征收）。这一区别对待的政策，有利于鼓励土货出口，限制蕃货进口，保护本国工商业的发展。

第三，抽分之外，量征舶税。至元三十年（公元1293年）规定，所有舶货在抽分之外，一律另征三十分之一的舶税，与抽分并行结课。这一抽分加税的市舶课制度，较仅抽分更是前进了一步。

第四，进口抽分，转输征税。至元二十九年（公元1292年）规定，凡商旅贩运已抽分的货物，于本省有市舶司之地货卖，细货另征二十五分之一的税，粗货另征三十分之一的税，舶税则免纳，如果从市舶司那里购货，则只在卖处征商税，不补课抽分。实行这一制度，在于鼓励商人购买市舶司的货物，增加国家的赋税收入。

（三）市舶课收入

[①] 《元文类》卷四〇。

元代政府在杭州、上海、澉浦、温州、庆元、广东、泉州等地设有七个市舶司，主持对外贸易和市舶抽分事宜，市舶课制度亦较为完善，其收入也不断增加。至元二十六年市舶司一年上缴国家的珠达 400 斤，金达 3400 余两。

四、杂税及额外课

元代杂税统称额外课，而元代额外课既有承袭宋金旧制之弊，也有随着工商业的发展，而创设的各种苛捐杂税。

元代额外课有名有目的就多达 32 种。现将各课名称、所出地区和总收入列作表 16-3①。

表 16-3　　　　　元代额外课名称、所出地区和总收入

项目	所出地区	总收入	项目	所出地区	总收入
1. 历日课	全国	45980 锭	17. 漆课	四川广元	112 锭
2. 契本	全国	303800 锭	18. 醋课	永平	29 锭
3. 河泊课	全国	57643 锭	19. 山泽课	漳德、怀庆	24 锭
4. 山场课	全国	719 锭	20. 荡课	平江	886 锭
5. 窑冶课	全国	956 锭	21. 柳课	河南	420 锭
6. 房地租	全国	12053 锭	22. 牙例课	河南	208 锭
7. 蒲苇课	全国	686 锭	23. 乳牛课	真定	208 锭
8. 门摊课	湖广、江西	26899 锭	24. 抽分课	黄州	144 锭
9. 池塘课	江西、江浙	1900 锭	25. 蒲课	晋宁	72 锭
10. 食羊课	大都、上都	1760 锭	26. 鱼苗课	龙兴	65 锭
11. 获苇课	河南	724 锭	27. 柴课	安丰	35 锭
12. 煤炭课	大同	2615 锭	28. 羊皮课	襄阳	10 锭
13. 撞岸课	淄川	186 锭	29. 磁课	冀宁	58 锭
14. 山查课	广平、大同	75 锭	30. 竹苇课	奉元	3746 锭
15. 曲课	江浙	55 锭	31. 姜课	汉中	162 锭
16. 鱼课	江浙	143 锭	32. 白药课	漳德	14 锭

由表 16-3 可见，额外课少则有十锭、十几锭，多则亦只有上万锭，但累计而言，是十分可观的，上述各项合计，就可达 166811 锭。

---

① 《元史·食货志》。

五、杂征杂敛

元代"商贾之税,岁有定额谓之常课,无定额者,谓之课外额"①,而常课与额外课之外,还有杂征杂敛。所谓"杂征杂敛",名义上不是税,实际上与税课无异。元代政策多变,杂征杂敛也会因时因地而演绎。

度牒,是出家的僧、尼、道士的身份凭证,由官府确认后所发给。"(元统二年)僧道入钱五十贯,给度牒,方听出家。"②"(至顺二年三月)给僧道度牒一万道。"③

鱼租,已有鱼课,怎么又纳鱼租,是因各地不同制,因地而已。皮革税,放牧饲养牲畜,要缴纳皮革税。"(至元十三年)以水达达分地岁输皮革。"④

另外还有"以典就卖税钱"、"和买诸物依例投税"、"田器税"、"贸易田产收税",就连官吏的官俸钱也得科派于其管辖之民户。更有甚者,江州宣课司对百姓食用的粮食也都要征税。那数不清的无名杂征与莫须有杂敛,逼迫着走投无路的百姓,只能亡命他乡。

第六节 元代的税收管理制度

元代的行政机构设置极不统一,衙门纷杂,事不归一,十羊九牧,无所适从。税收管理机构亦如此,极其繁杂,各自管领,互不统摄。

一、税收理财机构

中书省是元代最高行政机构,"典领百官,会绝庶务"⑤,下设礼部、吏部、户部、兵部、刑部和工部等六部。元代国家的赋税管理机构以户部为主,户部隶属中书省,"掌天下户口、钱粮、田土之政令。凡贡赋出纳之经,金币转通之法,府藏委积之实,物货贵贱之直,敛散准驳之宜,悉以任之"⑥。

---

① 《新元史》卷七三。
② 《元史·顺帝纪》。
③ 《元史·文宗纪》。
④ 《元史·世祖纪》。
⑤ 《元史·百官志》。
⑥ 同上注。

户部下属机构颇多，主要有以下部门：（1）都提举万亿宝源库；（2）都提举万亿广源库；（3）都提举万亿绮源库；（4）都提举万亿赋源库；（5）四库照磨兼架阁库；（6）提举富宁库；（7）诸路宝钞都提举司；（8）大都宣课提举司；（9）大都酒课提举司；（10）印造盐茶等引局；（11）京畿都漕运使司；（12）檀景等处采金铁冶都提举司；（13）大都河间等路都转运盐使司。

中央除户部以外，其他各部如兵部、刑部、礼部、工部等，均有自己的理财机构和收支范围，各司其职，互不统摄。此外，与中书省平级的枢密院和宣政院，同样握有很大的财权，并设有自己的理财机构。故元代机构冗滥，政出多门，造成国家财权分割、财力分散的局面。

地方赋税管理机构，分省和路二级。元代在全国设立了 11 个行省，隶属于行省的税务机构有：两淮、两浙、福建等转运盐使司，广东盐课提举司，四川茶盐提举司，广海盐课提举司，市舶提举司和海道运粮万户府等。诸路设总管府，下设征收管理赋税的税务机构。地方诸府、州、县皆设官职掌税粮课程等事务，各级负责征税的官吏称钱谷官。

元代的基层行政单位，农村为乡都，城市为隅坊。乡设里正，都设主首，负责催办差税维持治安。隅设隅正，坊设坊正，职掌"官府排办造作、祗应杂务、羁管罪人、递运官物、闭纳酒课、催办地钱"等事务。

二、会计与监察

至元三年（公元 1266 年），世祖设"立制国用司，总天下钱谷，以（杨）湜为员外郎"①。他设立册籍，核算收支之数，月终列表呈上察阅，自此元代会计立制。

元制规定，行省以下各处正官，必须一季一核，编制收支报表，逐级上极，由行省核对汇总报于中书省，由御史台审阅核实。诸路、诸行省、诸王等凡有收支钱粮者，均设账簿，由计吏每年到省负责会计，诸王赋税的会计办法，与行省相同。徽政院的赋税收入，也要在年终汇总上报。

元代的监察工作由御史台和廉访司负责，御史台地位显著，与中书省、枢密院等并立，深受皇帝倚重。御史台设察院，置监察御史，以监督朝官的得失。地方设行御史台，亦称行台，诸道没提刑按察司（后改为肃政廉访司）以监督地方官吏的得失。地方行台及按察司官吏，皆隶属于御史台，而不受地

---

① 《元史·杨湜传》。

方行省的管辖。

监察机构每年八月至次年四月外巡出访，按章监督官吏之得失，察举不法为私者，履行规定职责，对元代吏治建设起了一定作用。元后期政治日益腐败，监察时常会成为统治阶级内部相互倾轧，排斥异己，迫害他人的工具。

三、包税制

元代盛行包税制，亦称扑买，即由大商人以较低的数额在规定的时间内向政府一次性缴纳某一项税款，包税者再以较高数额向百姓征收，而包缴数与征收数的差额，就是包税者的收益。

元代的包税制源于五代及宋，但其包税的范围和影响为我国历代所不及。

太宗十年（公元1238年）竟有回鹘商人以银100万两，扑买天下盐课；有答失蛮人以银60两扑买大都葡萄酒课。耶律楚材认为这是"此皆奸人欺下罔上，为害甚大"，极力反对扑买，但他最终未能说服太宗，其后包税制便如火如荼地发展起来。

元代不仅包商税、杂税，对素有正课之名的田税，也实行包税制。包税制，佐证了国家税收由商人随意征课，百姓则必然深受其害。故当时就有人说："扑买之利既兴，必有蹑迹而篡其后者，民之穷困，将自此始矣。"[①]

包税制弊端尤深，减少了国家赋税收入，加重了百姓负担，无利于国，有害于民。

---

① 《元文类》卷五七。

第十七章

明代的赋税制度

第一节 概 述

一、明代的政治经济概况

明朝是中国封建社会史上一个十分重要的王朝,明中期后,中国资本主义经济在手工业部门中开始萌芽,因此,明代是中国封建社会后期具有承前启后意义的时代,并由此展现出明代社会独树一帜的政治、经济格局及其赋税制度的基本特征。

(一)政治改革,以猛治吏,独揽大权

1. 改革政制兵制,加强君主集权

明初的中央机构承袭元代的旧制,设中书省,由中书省长官即左、右丞相统率百官,辅佐皇帝,总理全国大政。

洪武十三年(公元 1380 年)因"胡惟庸事件",洪武二十六年,(公元1393 年)因"蓝玉事件",明太祖进行了全面的政治体制改革,罢中书省,废除了秦汉以来的丞相制度,设内阁,吏、刑、兵、户、礼、工六部分任朝政,皇帝独揽政权,以加强中央集权。

明初,太祖改革兵制,废除大都督制,改为前、后、左、右、中五军都督府分掌兵权。兵部负责调兵,可手中无兵;五军都督府手中有兵,却无权调兵。另外,对兵将实行分离,出征时,命将调兵;归来时,兵归卫所,将回府第,各不相属。皇帝独揽军权。

明初的政治改革,强化了法制,严惩贪渎,削弱地方职权,使全国军政大权归于统一，大大加强了专制主义的中央集权，巩固和强化了封建统治基础，从而维持相当一段时期比较稳定的政治局面，为明初社会经济的恢复和发展创造了较好的条件。

2. 以猛治吏，严惩贪官

明太祖认为，为贯彻"与民休养生息"，必须从整饬吏治入手。故明初定制，凡贪污满60贯钱就杀，决不饶赦。明代衙门左侧都建有一个小小的土地庙，抓了贪官就在庙前处死，并剥皮制成人形，置于公堂一侧，官员办公，身后干尸几具，令人不寒而栗，威慑力可想而知。

初时天下未定，又因百姓饥荒，故下令禁止酿酒，可是功臣胡大海的儿子首先犯禁，为正国法，明太祖亲斩犯法者。又，明初缺马，故严禁私人以茶出境贩卖，统由官府以茶易马，驸马欧阳伦顶风作案，贩茶出境，明太祖大怒，终将爱婿正法。

故时人评说：明祖惩元季纵弛，特用重典驭；稍有触犯，刀锯随之。行法不徇私，徇私不行法，乱世治政，"刑不得不重"。执法如山，以猛治吏，迅速扭转官场积重难返的歪风邪气，政治清明，得以兑现"休养生息"的诺言。

（二）经济改革，发展生产，与民休养生息

明太祖朱元璋出身贫困，曾乞讨度日三年有余，对百姓疾苦有着切肤的感觉，认识到"弦急则断，民急则乱"①之理，深知"居安虑危，处治思乱"的治国之策与"民富则亲，民贫则离"的立国之本。作为开明封建君主，他竭力主张通过发展农业生产，繁荣社会经济，给民以实际利益，达到长治久安的目的。为此，他在财税经济方面采取了一系列重大而有效的措施，以缓和阶级矛盾，发展社会生产。

1. 释放奴隶，解放生产力

元代蒙古族统治者引进奴隶制，强制推行于中原地区，家奴部曲泛滥，"驱丁"几近天下人口之半。元末明初，这一现象依然如故。洪武五年（公元1372年），朱元璋颁发诏令：为人奴者，即日放还，士庶之家，不得收养幼少年奴隶。困饥荒而被典卖的男女，由官府出钱赎还，同时禁止民间畜养奴婢。诏令还规定"庶民之家，存养奴婢者，杖一百，即放从良"。此诏令颁发后仅四川一地，释放的奴隶就达23000余户，约占四川民户总数的四分之一。劳动力的解放，为恢复明初的社会生产提供了必要的条件。

---

① 《明太祖实录》卷三六。

2. 移民垦荒，发展农业生产

元末战争和明初的饥荒，致使大批人口流亡，土地荒芜特别严重。朱元璋认为"农为国本，百需皆其所出"①，为迅速恢复被破坏的社会经济，发展农业生产，明初40余年，就组织了大小40余次移民。这些连续不断的移民，使大量的荒地得到开垦。

为鼓励流民归农，农民归耕，朱元璋又多次下令，州县农民开垦荒地，一律归垦荒者所有，并免三年赋役。洪武三年（公元1370年）还规定，苏、松、杭、嘉、湖五郡无田百姓移民垦殖，官府给以垦荒者钱、粮、耕牛、种子，并免三年赋税和徭役。北方近城之地，"召民耕，人给十五亩，蔬地二亩，免租三年，有余力者不限顷亩"，"额外垦荒者永不起科"②。这些措施对发展农业生产、安定人民生活起到了积极的作用。

3. 大兴屯田，减轻国家与人民负担

朱元璋十分重视屯田，统一全国后，更以屯田作为恢复农业生产，增强国防力量的重要手段。明代的屯田，有军屯、民屯和商屯三种形式。

军屯，即由军队就地屯耕，明初所有军队均实行屯田，并专设卫所管理。按朝廷明令：凡边地三分戍守，七分屯种；内地驻军二分戍守，八分屯种。屯田收获，充作军粮。

民屯，即组织无田之民，包括一部分降民和囚犯到宽乡屯垦。对屯民，官给耕牛、种子者，十税其五；自备耕牛、种子者，十税其三。

商屯，即由盐商募民在边地屯种，所收粮食就地交纳官府，换取盐引，领盐贩销。

明代屯田效果显著，屯田面积达9300多万亩，约占洪武二十六年（公元1393年）全国耕地总面积的十分之一，屯田收入高达500多万石，约占当时全国税粮收入的40%以上。故朱元璋号称："吾京师养兵百万，不费百姓一粒米。"③ 屯田不仅确保了军队给养、减轻了明初农民的赋役负担，同时对社会经济的复苏和发展有着十分重要的意义。

4. 兴修水利，加速经济发展

明代重视水利事业，自明初到明末始终未断。朱元璋夺取政权之前（公

---

① 《明太祖实录》卷四一。
② 《文献通考》卷二。
③ 谭希思：《明大政纂要》。

元1358年），即命元帅康茂才为营田司，专领水利事务，并强调了兴修水利对争取军事胜利、恢复农业生产的重大意义。

洪武元年（公元1368年）朱元璋称帝立国，只拥有江南半壁河山，为迅速地恢复社会经济，促进农业生产的发展，政府大规模地组织农民于各地江、河、湖、海，兴建水利工程，这在中国水利建设史上还是比较罕见的。

按洪武二十八年（公元1395年）统计，全国共开塘堰4万多处，浚河4000余处，修建坡、堤、渠、岸达5000多处。整个明代270余年，共兴修大型水利工程2270项，一举改变了元末水利长期失修、河流泛滥成灾的状况，对明代农业生产的恢复及工商业的发展，起了积极的推动作用。

5. 扶植工商业，繁荣社会经济

明初，为迅速恢复社会经济，明王朝对工商业的发展十分重视，并采取了颇为有效的措施。如对商业经营实行低税政策，商税概按三十取一的税率征收，废除元代开征的婚丧嫁娶之类的苛捐杂税，并对舟、车、丝布经营者免征税收。同时裁撤了税课司局354所，改由府州县直接征税。

为了便于城乡商品贸易，官府在重要的商品集散地或都市城区设立了大型仓库，亦称"塌房"，以供商人存放货物。允许私人开矿、冶炼，政府低税而助之。另外，为了减轻手工业者的服役负担，朱元璋改革了元代的工匠服役制度，一人服役，可免全家科差。三年一班，每年三个月，役满后可自由处置，应役者也可纳银代役，注重放宽对手工业者的束缚。这些措施充分地调动了劳动者的生产积极性，推动了工商业的发展和繁荣。

由于推行和落实了上述多方面的经济措施和政策，明代经济得以迅速恢复，耕地面积大幅度扩展，人口也迅速增加。总之，随着社会经济的发展，农业与工商业兴旺发达，市场繁荣，财政充裕，社会安定，海内歌舞升平，经济呈现出空前繁荣的景象，形成我国历史上继汉、唐之后，封建经济发展的又一高潮时期。

二、明代经济的特征

（一）明代的经济重心在东南

江南经济的崛起，是中国封建经济史上的一座辉煌的里程碑，也是历代劳动人民辛勤耕耘和血汗劳作所取得丰硕成果。自唐代起，江南经济日趋成为全国经济的重心，唐后期的国家财政全倚东南财赋为生命，其经济上的独特地位，已开始在历史舞台上发挥着重大的影响。

明代国家财赋更为依赖东南。明初定都金陵，京师所需皇粮概取自浙苏皖。永乐年定都北京，则岁漕米 400 万石，而姑苏居其半，故有苏州财赋甲天下之名。据明代学者丘濬《大学衍义补》曰："韩愈谓赋出天下，而江南居十九，以今观之，浙东南又居江南十九，而苏、松、常、嘉、湖五府，又居两浙十九也。"可见明代经济重心在东南。

（二）明代官营手工业的没落与私营工商业的发展

明初的官营手工业盛极一时，其主要集中于织造、造船、烧造和矿冶等部门，专为皇室生产官服装饰、器皿食具和官府水军及出使西洋所需的船只。所需工匠除少数囚徒外，大部分征自民间，洪武时仅轮班工匠就达 23 万人之多。尽管官营手工业技术力量强，设备先进，分工精细，但由于工匠劳动报酬极低，服役工匠丧失人身自由等原因，逃亡激增。同时，繁荣的市场已能大量提供各类商品，皇室所需完全可以从市场获得。故成化年间，官营手工业中出现以银代役事例，随之工匠纷纷出资代役，官营手工业则日趋衰落。

在官营手工业没落的同时，私营工商业却蓬勃发展。尽管男耕女织仍是社会分工的基本形式，但手工业已日趋与农业分离，独立的商品生产者和商品生产行业及部门已经初步形成。原材料生产与手工业生产的分工，手工业各部门之间的分工，生产同一产品的工序之间分工更加细密，劳动生产率大幅度提高，使商品生产得以迅速发展，产品畅销全国各地。明中期后的私营工商业更为蓬勃发展。

（三）明代资本主义生产关系萌芽及与封建制度的矛盾

明代农业和私营工商业的发展，促进了商品经济的发展。广东的制糖业、江浙的棉纺业、丝织业、安徽的制墨业、制笔业、制纸业，景德镇的制陶业，其产品皆驰名天下，更为中外客商所争购。为满足市场需求，大大小小的手工业作坊（或工场）如雨后春笋般地涌现，雇主从人市上雇得工匠，以从事商品生产。这一新型的资本主义生产关系首先萌芽于杭州、松江、苏州等长江三角洲地区，随后波及江南各地，凡是有手工业作坊（或工场）的地方也都有人市，每天黎明在人市上都聚集着成千上万的无产者，在那里自由地出卖自己的劳动力。同时，乡间破产的农民不断涌来，充作这劳动力市场的后备军。

商品货币关系和雇用劳动的出现，撞击着中国这个古老而传统的封建帝国，然而新兴的社会生产方式刚登上历史舞台，就受到了封建统治者的摧残。自万历二十五年（公元 1597 年）开始矿监，税监就遍布全国。"大珰小监，纵横绎骚"①，到处勘查，强夺民财，不市而征税，无矿而输银。如此竭泽而渔，逼得机户停机，窑主歇业，盐工抗税，矿工暴动，市民罢市，史称"城市民变"。明代资本主义初萌的幼芽，虽未成为中国封建制度的掘墓人，却为封建王朝制度的灭亡，敲响了醒世的丧钟。

第二节 明代的田赋制度

一、明初的田赋

明代立国前，朱元璋就十分注意赋税的均平，史载："太祖为吴王，赋税十取一"，"县上、中、下三等，以赋十万、六万、三万石下为差。府三等，以赋二十万上下、十万石下为差"②。这是一种简单的战时赋税课征体制，随着明代政权的建立，赋税制度也逐渐定型。

明初田赋税率，据《明史·食货志》载："太祖定天下官、民田赋，凡官田亩税五升三合五勺，民田减二升（即三升三合五勺），重租田八升五合五勺，没官田一斗二升"③，"芦田五合三勺，草塌地二合一勺"④。这只是一个全国平均税率，明代税负畸轻畸重，就是因为各地田赋税率千差万别，极不一致所致。

明初田赋沿袭两税法，分为"夏税"和"秋粮"，"夏税无过八月，秋粮无过明年二月"。

明代两税的课征以实物为主，洪武时，夏税曰米麦，曰钱钞，曰绢。秋粮曰米，曰钱钞，曰绢。弘治时，实物缴纳更为丰富。万历时，小有增损，大略以米麦为主，而丝绢与钞次之"。

明代两税课征，以米麦缴纳称为"本色"，若以金、银、钞、丝、绢、麻等其他物产折纳者，则谓之"折色"。随着明代商品经济日益发展，田赋折征范围就不断扩大。至英宗正统元年（公元1436年）始行金花银折征办法，即

---

① 《明史·宦官传》。
② 《明史·食货志》。
③ 同上注。
④ 《续文献通考》卷二。

以"米麦一石，折银二钱五分"①，"其后概行于天下"，遂以银两完纳田赋，永为定制。

明初的田赋，始由郡县官吏负责督收，后为革除贪官污吏的额外勒索和小民逃税，于洪武四年（公元1371年）实行粮长收解制，即由里甲催督，粮长征收，并解送官府。

明初田赋的减免，分为恩蠲和灾蠲两种。恩蠲属特殊减免，是因为平叛有功、皇子降生、皇室主要成员生日等原因所给予的减免。灾蠲属灾荒减免，"太祖之训，凡四方水旱，辄免税；丰岁无灾伤，亦择地瘠民贫者优免之"②。

明初田赋征收总额比较稳定，即以洪武二十六年（公元1393年）为例，夏税米麦4712900余石、钱钞39800余锭、绢288487匹；秋粮米24729450石，钱钞5730锭、绢59匹。

二、明中期的一条鞭法

（一）赋役制度改革的原因

1. 土地兼并剧烈，赋税流失严重

明代宣德年间开始，土地兼并发展起来，社会问题日趋严重。武宗正德年间，土地兼并规模之大、速度之快，超过以往任何时候。

皇亲国戚捷足先登，率先参与占地。皇庄膨胀，激起地主豪强的贪欲，土地兼并渗透到各地穷乡僻壤，民间大地主占地甚至高达7万顷。土地高度集中，应税田亩聚减，"田地抛荒，租税无征"，赋税流失严重。明初应税田亩达850万顷，到弘治十五年（公元1502年）仅剩422万顷，"天下额田已减强半"③。当然，额田的大量减少，亦有百姓不堪赋役苛重，特别是连年灾害，被迫离乡背井而导致土地荒芜的。但国家控制的人户大量减损，课田面积急剧下降，赋税流失严重却是不争的事实。

2. 财政制度败坏，贪渎贿赂盛行

明初通过黄册和鱼鳞图册所建立的户籍、赋税和土地制度，进入中期后，被破坏殆尽。皇亲国戚享有免税特权；达官贵戚、有力之家则与官府勾结，弄虚作假；地主富豪，假公济私，官田变民田，有田不见册，田多不见税，肆意

---

① 《明史·食货志》。
② 同上注。
③ 同上注。

偷逃税收。劳动者则倍受苛扰，卖田不卖税，产去税还在。"无田之家而册乃有田，有田之家而册乃无田。"①

明中期政治腐败，贪官污吏趁机营私舞弊，中饱私囊。赋税不均，力役滥征，赋役制度混乱不堪，积弊丛生，积重难返，明代财政山穷水尽，到了非改革不可的地步。

3. 财政危机加剧，赋役负担沉重

明中期国家赋税收入日趋减少，而支出却逐年增加，史载，嘉靖年间，天下岁供京师粮 400 万石，而各王府的禄米就达 835 万石，岁供京师的田赋税粮不足支付其半数，更不要说百官俸禄与军需粮草。隆庆五年（公元 1571 年）国家岁入 250 万两，岁出却高达 400 多万两，赤字不断扩大，财政亏空日趋严重。为缓和危机，明政府在赋税上广开暴敛之门：其一，对明初规定应免征的垦荒田和永不起科田，自宣德年间开始，一律征收赋税。其二，提高折变比例，增加田赋银收入。其三，任意加派徭役，常役之外有散役，此后又把力役改为银差，而银差之外又加征力役。

面对严重的政治、经济和财政危机，以及赋役制度败坏而带来的各种问题，明中期各地官员对赋税改革先后作了多次的尝试，而一条鞭法正是这些改革的归纳和总结。万历九年（公元 1581 年），内阁首辅张居正提出了改革的纲领，并在清丈土地的基础上，把一条鞭法作为正式的赋役制度向全国推广实行。

（二）一条鞭法的基本内容

万历元年（公元 1573 年）张居正出任内阁首辅，掌政求变，推行改革。他会同辅臣，及时地推广了福建土地丈量之法，并制定了清丈土地条例八款。其清丈原则是求得原额，"失原额者"清丈，不失原额者则免。省时省力，以图效率。

经过三年的努力，万历六年的清丈，增加了田额 300 万顷，成绩是十分显著的。随着应税田亩的增加，国家田赋收入也随之增加。其次，经万历清丈之后，田有定数，赋有定额，部分改变了负担不均的状况，亦减轻了百姓的税粮负担。

在清丈的基础上，于万历九年全面推出一条鞭法。所谓的一条鞭原为一条编，因它把田赋和徭役合而为一，将繁杂的赋役项目悉并为一条，按亩交纳，

---

① 顾炎武：《天下郡国利病书》卷八六。

故称"一条编",其后演变为"一条鞭"。

一条鞭法的内容可以概括为以下几点:

其一,合并赋役,将田赋和各种名目的徭役合并为一,使赋役统一于田亩,随夏秋二税一起征收。

其二,赋役合并,取消力役,役银编派由人丁和田亩分担。官府所需力役,由其出钱雇人应役,不得无偿征调。

其三,纳税形态,按规定除少数(苏州、松江、杭州、嘉兴、湖州)地区仍征收实物外,其他地区的田赋一律课征白银。

其四,以州县为单位计算赋役,各州县赋役总额不得减少,徭役编审改为一年一次,当地官府可视具体情况将丁田分摊于纳税户。

其五,地方献纳的土贡方物、上缴京库的岁需费用,以及本地存留,都悉数并在一条鞭法内课征。

其六,各户根据官府发给的赋役清单,将赋役银直接上纳于县府,即课征方式由民收民解改为官收官解。

因此,一条鞭法的特点可以概括为赋役合一、化繁为简、按亩征税、以银交纳、官收官解。

经张居正的整顿和改革,明中期的财政局势有了显著的改观,应税田亩由弘治年间的 422 万顷,增至万历九年的 700 多万顷,尽管没有达到明初的应税田亩数,但毕竟多出了近 300 万顷,扩大了国家赋税收入的基础。至万历十五年(公元 1587 年)岁入粮食和钱币,足供九年支用,太仓储粮由嘉靖时"无一年之蓄"转为可供五六年之需,出现了"帑藏充盈,国最完富"① 的盛况,可以说基本上摆脱了明中期的财政困境。

(三)实行一条鞭法的意义

明代一条鞭法的推行是我国封建赋役制度史上的一次重大改革,尤其是在役法上的变动,对当时和后世的影响较大。同时,一条鞭法改革对社会经济的发展,客观上起到了较为积极的促进作用。因此,一条鞭法的意义,可以概括为以下几个方面:

第一,一条鞭法将赋与役合并为一,这标志着我国沿袭了近 2000 年的赋役平行制向近代租税制转化,徭役制度日渐衰亡,这是中国赋税史上的一次重大的转折。

---

① 《明通鉴》卷六七。

第二,一条鞭法规定以银代役,对人税转向对物税,松弛了人身依附关系,农民获得了较大的人身自由,为城市工商业的发展提供了丰富的劳动力的资源。官府以银雇役,对雇佣关系的发展起着示范和促进的作用,劳动力商品化的趋势日益加强。

第三,一条鞭法规定计亩征银、以银纳税,较大地拓展了货币税的课征范围,促进了农产品商品化的发展,对明后期商品货币经济的活跃起了重要的促进作用。

第四,一条鞭法的实行,使差役部分向田地摊派,大土地所有者必然承担更多的税银,从而减轻了无地或少地农民的负担,相对解放了生产力,促进了社会经济的发展。

第五,一条鞭法简化了赋役项目,以银代役,银有定额,纳有时限。在一定程度上遏制了贪官污吏舞弊腐败、中饱私囊,也有效打击了地主豪绅的不法行为。

(四) 一条鞭法的局限性

一条鞭法的推行,尽管取得了较大的成绩,但张居正的改革,毕竟是在封建生产关系许可范围内进行的,因此,这项改革是有较大的局限性,是不彻底,也无法彻底的,其不足之处,就会以各种形式反复地表现出来了,随着时间的推移,故态复萌,就势在必然了。

第一,一条鞭法是将原有的赋役数额为准,合并一条加以课征,这等于就把明中期以来的各种加派完全固定下来,并使之合法化。因此,一条鞭法确实带有加赋或增赋性质。

第二,一条鞭法的基本原则是,"总括一州县之赋役","并为一条",再分摊于本地所有的丁田"实额"上,而支出无限制,预算年年变,这样的"量出制入",为日后加派留下了很大空间。百姓无法知道所纳何税,贪官污吏则受贿舞弊,却无从问责。

第三,一条鞭法规定计亩征银、以银缴纳,这虽是纳税形态上的一种进步,但毕竟受制于社会经济发展的基本条件。百姓必须先将米麦换成铜钱,再折成白银,无疑要受制于银货折换比例的影响,无论是钱贵粮贱,还是粮贵钱贱,遭受剥削的总是农民。

第四,一条鞭法取消了大地主、大官僚的免税免役特权,但它无法触及封建社会的生产关系,大地主、大官僚依然可以凭借其政治和经济上的种种特权,转嫁负担,逃避赋税,甚至阻挠和限制一条鞭法的推行。

第五，一条鞭法是以整顿财政、增加赋税收入为目的而实施的，没有彻底废除丁银。因此，赋役合并以后，"如有丁无粮者，编为下户，仍纳丁银"①。说明杂役仍然存在，农民的负担不是减轻，而是加重了。

三、明后期的田赋加派

明后期，国家财政又陷入了严重的困境，特别是这一时期的边疆危机再度出现，近乎在破碎的财政肌体上撕开了一道长长的裂口。于是各种加派接踵而来，官府明派、地方私派、官吏暗派，层出不穷。

这一时期先后出台了臭名昭著的三饷加派，加派的数额之巨、扰民之深、影响之大，足以厉民亡国，这是我国封建田赋史上典型的恶政之一。

（一）辽饷加派

万历四十六年（公元 1618 年），辽东努尔哈赤所建后金日益强大，起兵反明，并于四月攻陷抚顺，震动了京师。明王朝为加强辽东防御，不得不抽兵增援。官府则以军饷不足，需行加派而开征"辽饷"。据史载：第一次亩加银三厘五毫，第二次复加三厘五毫，第三次又复加二厘。三次累计亩加银九厘，而为定制，故称为辽饷加派。

崇祯三年（公元 1630 年），清兵又进攻辽东，于是全国除畿内六府减半加征外，其余地方一律加派辽饷三厘，这是第四次加派，合前三次加派的九厘，每亩加征已达一钱二厘，使每年增赋高达 667 万两，而《明史》记载"今加派辽饷至九百万（两）"②。

（二）剿饷加派

崇祯十年（公元 1637 年）辽东战事未平，农民起义的烽火却越烧越旺，李自成、张献忠等部驰骋于陕、甘、宁、豫及湖广、安徽等广阔的战场上，义军所至，所向披靡。明政府为筹措军费，遂加派剿饷。剿饷主要由"均输"和其他三项组成。课征标准是："每田一亩，派米六合，每米一石，折银八钱"③，其后"又亩加银一分四厘九丝"，先后共加派"剿饷三百三十万两"④。

（三）练饷加派

崇祯十二年（公元 1639 年）农民起义军虽屡受挫折，但仍气势恢宏。而

---

① 《万历会典》卷二〇。
② 《明史·食货志》。
③ 杨嗣昌：《杨文弱先生集》卷三五。
④ 《明史·食货志》。

辽东战场日夜酣战，明政府两面作战，深感兵力不足。于是大臣们建议练兵，兵部制定练兵 73 万余名的方案。六月朝廷遂加派练饷，"亩加练饷银一分"①，当年得练饷银 400 万两，又派补缺额 100 万两，共计 500 万两②。此后"旋加练饷"至"七百三十万两"。

明代三饷加派共得银两 2000 万两之多，事关统治集团的生死存亡，其赋税穷凶极恶不加任何掩饰地推行于世，谁也无法扭转，直至历史的车轮无情地轧过。

除此之外，还有"助饷"、"均饷"等加派。加派虽出于田，但负担总是落在广大劳动者身上，只能加速农民的破产和社会经济的崩溃，当李自成树起明末农民起义的大旗，提出"均田免粮"口号时，明王朝的丧钟也就敲响了。

第三节　明代的徭役制度

一、徭役制度

洪武元年（公元 1368 年）初定"均工夫"役法，其基本特点就是"丁从地派"，这仅仅是全国尚未最后统一时的过渡性办法。

明代赋役黄册编定后，"一以黄册为准"。百姓自生至 15 岁，曰未成丁；16 岁始曰成丁。成丁服役，60 岁免役。明初的徭役分为里甲、均徭与杂泛三种。16 岁以上到 60 岁以下的男子，都是丁夫，均须支差。遂以黄册记录为准，逐个派定徭役。

（一）里甲

里甲役，亦称里甲正役。赋役黄册以里甲制度为基础，一百一十户为一里，一里之中，推丁粮最多者十户为里长，其余百户编为十甲，每甲十户，有甲首一人。每年应征里甲役时，由一名里长和甲首率一甲之户为官府服役，十甲在十年中轮流应役，正当服役的称"当年"，未服役的称"排年"。

里甲的主要职责，第一，"催办税粮"，明初实行粮长制度，里甲只是作为粮长的助手执行催征钱粮的任务。第二，"勾摄公务"，管理一里人丁事产；

---

① 《明史·食货志》。
② 倪元璐：《倪文贞公奏疏》卷一一。

听候各级衙门的调遣；承担各级衙门的日常开支费用。第三，"上供物料"，上供的物品包括生活、军事、生产所需的各种原料和地方特产。

上述可知明代官府的种种需求，包括人力、财力、物力，均可随时指派里甲正役承担。沉重的里甲制度不断瓦解了整个王朝的统治制度。

（二）均徭

均徭为官府征发的一种经常性差役，因其根据人丁资产之厚薄，以定差役之轻重，故称均徭。均徭分为两种，其一为力差，即指民夫必须亲自践役或雇人充役，如粮长、禁子、弓兵等等；其二为银差，即由民户供给官府指定的实物或货币，如马匹、车船、草料等等。

力差银差之轻重不一，编第之时，大抵依人户丁粮事产之厚薄，于里甲之中分别定其户等，户等高者应役重，反之应役轻。均徭的编审，与黄册同期，大抵十年一次与里甲同时编定，并于里甲正役应役后五年充当。但官吏豪绅均享有免役权，服役者尽为中下等民户。

（三）杂役

杂役，亦称杂泛，或杂差。无一定名目，为均徭以外的一切临时性科派，诸如"斫薪、抬柴、修河、修仓、运料、接递、站铺、闸浅夫之类，因事编佥，岁有增益"①。

杂役是按户佥派，州县官府把佥派杂役下达给里长，由里长斟酌各役轻重，并依据黄册所载上、中、下三等人户分别佥定，重役一定要由上等户充任，如果一户不够，可由几户上等户充当。杂役的危害性在于没有制度的制约，应役民户无所适从，也不堪负担。

（四）免役制度

洪武十年（公元1377年）明太祖规定了免役制度时，强调了"贵贱有等"、"君子野人有别"的基本原则。洪武十三年（公元1380年）明政府颁布了优免徭役的具体标准：京官一品免三十丁，二品免二十四丁，三品免二十丁，四品免十六丁，五品免十四丁，六品免十二丁，七品免十丁，八品免八丁，九品免六丁。外官各减一半。教官、举人、生员各免二丁②。从上述可知，有权有钱有势者，均可获得免役的特权。

---

① 《明史·食货志》。
② 《洪武实录》卷一三〇，《明会要》卷五二。

二、军、匠役制度

明代除了上述三大役制之外，尚有军役、匠役和灶户役。

（一）军役制度

军户为世役，需终身服役。明代军役制度规定："每军本县拘各里里长清审具结，造册送府，本府又行谨审，造册送请军御史及布按二司查照其应解者，本县就金里长押解取具批回附卷"①。这一整套严密的审查过程可谓滴水不漏，谨慎至极。《明史·兵志》载："户有军籍，必仕至兵部尚书始得除"，"盖终明世，于军籍最严。然弊政渐丛，而扰民日甚"。军户根本无法脱籍，或死或逃，均由兵部派人到原籍勾补，往往株连族党。

（二）匠役制度

明代匠役制度规定，"凡匠户二等：曰轮班，三岁一役，役不过三月，皆复其家；曰住坐，月役一旬"②。轮班，"不赴班者，输罚班银月六钱，故谓之输班"。"住坐工役，如果贫病不堪，照例每月出办工价钱银一钱，委官雇人上工。"③"轮班工匠有愿出银价者，每名每月，南匠出银九钱，免赴京。北匠出银六钱，是轮班可出钱代役。"④

由此可见，明代的工匠制度比元代要宽松得多，工匠应征到皇家或官府手工业工场劳动，轮班匠每三四年服役3个月，住坐匠每月服役10天，其余时间则可以自由安排，他们仍有大部分时间从事社会生产，这对社会经济的发展起到一定的积极作用，同时也松弛了工匠的人身依附关系，使其社会地位有了提高。

（三）灶户服役制度

明政府实行"配户当差"的括户制度，金定为灶籍的民户就是灶户，即专业制盐产盐的民户。明代灶户制度规定，"灶户有上、中、下三等。每一正丁，贴以余丁。上、中户丁力多，或贴二三丁，下丁概予优免"⑤。

为了维持盐业生产的稳定性，灶户的生产、生活以及日常运行，都被严格地限制在户役制许可的范围内。要求编入灶籍的人户，"世守其业"，"世代以

---

① 顾炎武：《天下郡国利病书》卷八七。
② 《明史·职官志》。
③ 《明会典》卷一八八。
④ 《明会典》卷一八九。
⑤ 《明史·食货志》。

籍为定",不能"辄与改役",这就是所谓的"役皆永充"。灶户是"重役户",不允许"诈冒脱免,避重就轻",违者从严惩处。

第四节 明代的专卖制度

一、盐税与盐专卖

明代盐法沿袭宋元之制,但又有所发展。国家主要控制海盐、池盐和井盐等产品,其他州县所产"土盐"、"硝盐"以及"岩盐",因产量有限,为州县地方职掌。

(一)食盐产销制度

明初盐制,实行"计丁办课"的方法,灶户制盐分为正盐和余盐。所谓盐丁产盐有定额,就是指"正盐",又称"正丁盐课",这是灶户每年应纳于官府的盐数,亦称岁办之额。官府收购之后,要支给工本费。洪武二年(公元1369年)规定,正盐一引400斤,支给工本米一石。余盐每引200斤,也支给工本米一石。

盐课以引为单位,每引400斤,称大引,后改为小引,每引100斤或200斤。明初,国家为鼓励灶户提高产量,不仅发给煎盐灶具,允许其额外生产,同时还采取一定的优抚措施,促进盐业的发展。

国家对食盐的运销实行严格的管理措施,盐商领盐,不仅要到指定的盐场,而且运销食盐,必须随身持"引",有引即为官盐,无引则为私盐,制度甚为严密。

武宗以后,盐法渐坏,积引日增,盐利日减,商人无利可图,不愿卖官盐,故私盐畅销。再加上盐课改折,灶户纳盐改为纳银,征非所产,盐户逃亡,明政府盐利大折。

(二)食盐专卖制度

明代食盐专卖主要有开中法、计口配盐法、纲法和票法等几种。

1. 开中法

所谓开中法,即由官府召募商人输粮纳马于边境或输钞纳物于指定的地点,然后取得官府发给的盐引,凭引就场支盐贩卖。

开中法实施后,国家省却了转运之劳费,边境军储粮饷由此而充实。中盐有利于军国，开中的范围逐渐的扩大，"其后各行省边境，多召商中盐以为军储"①。故史称"有明盐法，莫善于开中"②。由于开中法效果显著，于是不仅粮食，凡属国家急需的物资，皆令商人输纳中盐，由此衍生出许多新制度，下面介绍几种主要的形式。

（1）纳钞中盐法。纳钞中盐，永乐二年（公元1404年），福建、山东、广东运送积盐多，户部决定福建、山东盐每引纳钞50贯，广东每引30贯。这是由于积盐过多所采取的权宜之策。仁宗时期，钞法不通，各盐司中盐则例，是为通行钱法。

（2）纳马中盐法。正统三年（公元1438年），边军缺马，乃行纳马中盐。上马一匹与盐100引，次马80引。景泰元年（公元1450年），改为上马50引，中马40引。英宗年间，所实行的纳马中盐法，功效不能忽视，只是给引数量不一，故对此法影响较大。

（3）纳草中盐法。养马必备草料，故明代亦行。盐一引纳草数额自35束至15束不等。纳草中盐法的实施范围较广，除四川、云南外，全国的盐运司全部投入开中。据统计，成化三年至九年八次开中，盐引为1739185引，得草为14939875束，显著地缓解了"北房犯边，各城乏草"的情况。

（4）纳铁中盐法。成化九年（公元1473年），因制造军器原料不足，"多毁农器充纳，深为民患"，故以盐50万引，中铁500万斤，所收官铁"运至布政司官库收贮支用"③。

其他还有纳茶中盐、纳布中盐、纳纱中盐、纳豆中盐等等。明代开中制度颇为完善，国家需要什么，就开中什么，于国于商，两厢有益。

2. 计口给盐法

计口给盐，即由有司开具所辖州、县的户口人数，派人赴盐使司，运回食盐，然后配盐于各户，并令其输纳米粮钱钞，以充军饷。

明代计口给盐的标准，多有不同。有说："盐口之税，每吏每口十二斤，市民六斤"，"乡民二斤二两五钱"④。永乐二年官府规定"大口月食盐二斤"，"小口一斤"⑤。按明代食盐制规定，无论男女"十五岁以上为大口"，"十岁

---

① 《明史·食货志》。

② 同上注。

③ 《明宪宗实录》卷一二二。

④ 顾炎武：《天下郡国利病书》，卷八四。

⑤ 《明太宗实录》卷二八。

至十四岁为小口",十岁以下无盐供给。一般来说,永乐之后的供给定额是不断有所下降,最后停止给盐。

3. 纲法

万历四十五年(公元1617年)两淮盐法疏理道袁世振以积引日多,创行纲法,借以疏销积引。其法是将商人所领盐引分编为纲册,淮南十纲,淮北十纲,每年以一纲行积引,九纲行新引,如此几年后便可肃清旧引,纲法在清除旧引上确实发挥了巨大的作用。

官府据纲册佥定的商人,就是纲商,纲商包揽的盐引,即为"纲",或称"窝"、"窝本",赐有窝本的纲商,就拥有了纲盐运销的垄断权,并受到国家及法律的保护,他人不得侵犯。而且纲运权可以转让,也可以继承,盐商的垄断最终确立,及至清代一脉相承。

施行纲法后,官府不再收盐,纲商纳银领引后,就可同灶户直接交易,这一形式属商专卖制。自此,国家将收盐、运销之权全部交给商人,这是食盐产销制度的一大变化。

4. 票法

明代不行盐引之处,主要是偏僻山区,交通极为不便,贩盐盈利甚少,商人亦不愿运销官盐,故私盐盛行。嘉靖十六年(公元1537年)实施给票行盐,令山商每百斤盐纳银八分,给票行盐。由于票盐较引盐为贱,行销颇便,盈利可观,土著商人乐为票商,实为有利可图。

二、茶税与茶专卖

明代茶法,制度更为严密,"有官茶、有商茶,皆贮边易马。官茶间征课钞,商茶输课略如盐制"[1]。

(一)明代早期的茶税

朱元璋为吴王时,"立茶法,皆斟酌元制,去其弊政"。"洪武初,定令:凡卖茶之地,令宣课司三十取一"[2]。洪武四年,户部规程"以十为率,官取其八,军收其二,每五十斤一包,二包为一引,令有司收贮,令于西蕃易马"[3]。仅仅几年时间,税率就从三十取一提高到十分取一,并采取政府专卖

---

[1] 《明史·食货志》。
[2] 同上注。
[3] 《明太祖实录》卷七〇。

形式。

(二) 茶引法

明代茶法，无论官茶商茶一律行茶引法，主要采用民制、官收、商运、商销的专卖办法。官府对民间所制之茶，按十分之一征税，税后余茶由官府全部收购。

茶法规定："凡商人买茶纳钱请引，方许出境货卖。每引茶百斤，不及引者，谓之畸零，别置由帖付之。"茶引每道纳钱1000文，照茶100斤，由，一道纳钱600文，照茶60斤。

商人凭引运销，茶课没有统一的税率，各地负担不一，江南三十取一，川陕十分征一。同时，茶法规定，没有茶由、茶引，或者茶引与运量不相当，即为私茶，凡犯私茶者，与私盐同罪。

(三) 茶马法

茶马法，为明代茶政的主要组成部分，也是其国防政策的要略之一。明代政府实行严格的茶马制，向边疆少数民族输茶换马，以茶易马，满足国家防卫需要，沟通了边疆民族关系，百姓又无征战之苦，可谓一举几得。

明代政府先后于西北、西南边境等地设立茶马司，专门负责茶马交易。茶的来源"有官茶、有商茶，皆贮边易马"，产茶征税，运销有茶引、茶由，储茶边地有仓，专管茶马事务有茶马司，管理机构比较完备。

明代政府为控制茶马交易，严格规定了与西域各族茶马互易的办法，拟定了金牌信符制度，派大臣亲自送到各少数民族，促进茶马贸易。

西域人前来茶马互市，不说易茶而说"差发"，就如内地百姓缴纳赋税，属于臣民的义务；官府酬以茶叶，不说市马而说"劳赏"，以示天朝之尊大。

明朝实行以茶易马，其交换比例并无统一规定。明初所定茶马比价是"上马一匹，给茶百二十斤，中七十斤，驹五十斤"。洪武十六年（公元1383年）茶马司规定，上马给茶四十斤，中马三十斤，下马二十斤。交换比价不一主要原因是内地与边民的供求关系有所变动，如茶禁的松弛和严厉，茶马比价立即就能反映在互市上。

明代行茶马法，成效颇大，不仅满足了国家防卫的需要，而且也协调了边疆民族地区的经济关系，同时也减轻了内地人民的马役负担，这对于稳定明代的社会秩序起了很大的作用。

(四) 召商中茶

召商中茶，即由商人到官府指定的卫所州县仓纳米粮或其他所需物资，官府给以茶引，允许茶商运销贩卖茶叶。

诸如："陕西向有开中茶引，或以济粮草，或以拯荒民，或以抵卫官之俸"①。成化三年（公元1467年）"以岁饥待赈，复令商纳粟中茶"。弘治七年（公元1494年）"以陕西岁饥，开中茶二百万斤，召产派拨缺粮仓分，上纳备赈"②。明代召商中茶的形式还是比较丰富的。

第五节 明代的工商税制度

一、矿税

明代的矿税，亦称坑冶课，主要有金课、银课、铜课、铁课、铅课、汞课、朱砂课等，明代矿课以银课为主，其他各课收入甚微。

明初，统治者并不主张开矿，认为银场之弊，利于官者少，损于民者多。故明初的矿税收入甚少，洪武时，福建各场岁课仅2670余两，浙江岁课2800余两。

永乐年间，明成祖虽也反对采矿，但矿禁已松，矿课逐渐增加，福建矿课岁额达32800余两，浙江达82070余两。

明代银课实行定额包税制，国家依据情况确定某一银场一年应纳多少银课，此后无论银场产量如何，银课必须按规定的数额上缴。官府苛征经常使银场无法完成规定的应纳数额，短欠部分就由银场所在州县的百姓分担，人民苦不堪言，矿工纷纷逃亡。

明中期后，随着商品货币经济的发展，皇室权贵对金银的追求欲望越来越强烈，加之万历年间，财政入不敷出，故而"矿税由此大兴矣"③。

万历二十四年（公元1596年）诏开各处矿冶，并专派宦官为矿监，四出勘查，逐一搜刮。自此，矿监横行天下，其党徒更是为虎作伥，暴敛民财，不市而征税，无矿而输银，商民恨之入骨。矿税荼毒，祸及各地，国家府库未充，民变已此起彼伏，几成大乱，矿税苛索成了导致明亡的一个重要原因。

---

① 《明经世文编》卷四一一。
② 《万历会典》卷三七《茶课开中》。
③ 《明史·宦官传》。

二、关税

明代的关税分为内地关税和国境关税（即市舶税），内地关税又分为钞关税与工关税，分述如下：

（一）内地关税

1. 钞关税

钞关税始于宣宗德四年（公元 1429 年），明政府为增加中央赋税收入，同时也为通行钞法，先后于运河沿岸、长江各重要港口、江南水道要津等所设立关卡，称钞关。对南来北往的"受雇装载船"所课征的税，称钞关税。

钞关税的征收，主要以"受雇装载船"，自南京经淮安、徐州、济宁、临清、至通州者，"每百料纳钞一百贯"。如果由北京直抵南京，或南京直抵北京者，"每百料纳钞五百贯"①。

钞关征税时，其标准难以把握，后改为按舟船梁头大小和船身长度，分列不同等级而计证，此税亦称为船料或船钞。宣德四年规定每百料，征钞百贯，后减为 60 贯。初时只征钱钞，上交内库，间或征收的银两归于太仓，作为储备。嘉靖八年（公元 1529 年）定制以银缴纳，每银五厘，折钞一贯；银一分，折钱七文。

明代的钞关由北京户部及南京户部分别进行监督管理，除临清、杭州二钞关兼收货税之外，其余各关只征收船钞。

明代钞关税开征以来，收入不断增加，万历初为 325000 余两，万历二十五年已达 407000 余两，天启五年（公元 1625 年）高达 439900 余两。

崇祯二年（公元 1629 年）以筹措军饷为名，钞关税每两加羡银 1 钱；崇祯三年，又加羡银 2 钱；崇祯七年，每两羡余银又加银 6 分，如此苛征，民怨四起，明亡在即了。

2. 工关税

明初为筹措船舶营造和修缮费用，于各交通要道设置抽分局，因其为工部所辖，与户部的钞关相对，故称工关。抽分对象为客商贩运的竹木薪炭，所课之税为工关税。各抽分局由工部统一管理，收入亦归工部所有。

明代工关税率，即抽分比例，因品类不同而有高低，因时期不同而有轻重。按洪武时期的规定：贩运芦柴、茅草、稻草等三十取一；黄藤、白藤等三

---

① 《明会典》卷三一。

十取二；松木、松板、檀木、黄杨、梨木、水竹、杂竹、篙竹等十取二；永乐年间改制，大幅度提高了税率。

工关税以实物交纳为主，工关抽分最初只抽船料，即对运输竹木等物的船只，按一定的比例抽其所运货物，以供造船之用。但是后来因额课入不敷出，遂课及民船。凡过往船只，一律征税，税率为三十税一。

成化年间，以竹木运输不便，折抽价银，工关税便要求本色与折色并纳，其后甚至只征银钞，不收实物。

工关税还有一个被人们忽视的附加，就是要求所有的船只携带官砖纳于工部。永乐三年，定每百料船带砖 20 个，沙砖 30 个；天顺间，令粮船每只带城砖 40 个，民船照依梁头，每只 6 个；嘉靖三年，每只粮船带砖 96 个，民船带砖 10 个；嘉靖十四年，每只粮船加至 192 个，民船加至 12 个[①]。

3. 门税、过坝税和船税

（1）门税。门税，即对通过京城九门之商货所课征的进口税。门税属通过税，始征于弘治年间，其时对通过北京崇文门的商货所课征的进口税。每钞一贯，折银三厘；钱七文，折银一分。武宗正德年间，正式开征门税，设官于京城崇文、宣武、朝阳、东直、正阳、阜成、西直、安定九门，征收通过税。门税收入，弘治初岁入钞 66 万余贯，钱 288 万余文。正德七年后，钞增加 4 倍，钱增加 30 万余文。百姓深受其害，也严重地阻碍了商品经济的发展。

（2）过坝税。过坝税，即对途径淮安坝的商船所课征的税收。过坝税始于嘉靖四十五年（公元 1566 年），淮安坝地处交通要津，大凡船只在淮河上往来及出入运河时必须过坝而行。所以河面上的商船，是不可多得的税源。是年，经知府提议，设官始征过坝税。主要是对经过淮安坝商船的米麦杂粮，每石课银一厘，称为军饷，用以弥补所在州县的夏税秋粮。

隆庆四年（公元 1570 年）增设脚抽和斛抽。脚抽，是对脚夫收入所课征的税收，即对脚夫每石搬运费一厘征税四五毫。斛抽，亦是对脚夫收入所课征的税收，即对斛夫每担所得二钱一厘五毫征税五毫。隆庆五年（公元 1571 年）增设济漕。济漕，是对过坝杂粮牙人所得的口钱银每五分征税二分五厘。

所谓的过坝税，就是由军饷、脚抽、斛抽和济漕四个税目组成。实际征收时因税负过重，牙脚四散，只能作罢。

（3）船税。船税，即对经过船闸的商船所征收的税。

---

① 《明会典》卷一九○。

船税，隶属于工部，属于工关税范畴，这是因为船税是由工部批准设置，而且由工部负责征收，更主要的是船税收入主要用于治理河道，兴修水利。工部的水利工程主要仰仗于船税收入。

隆庆四年（公元1570年），于仪真首征船税隆庆六年（公元1572年），又建瓜州二闸，亦课征瓜州过闸船税。船税的税率，是根据商船大小来确定，"梁头一丈六尺以上者，税银五两；一丈四尺以上者，税银三两；一丈以上者，税银一两"。船税收入额很少，岁只征银约百两。

(二) 市舶课

市舶课，即国境关税，亦称海关税。

1. 明初的海关税政策

明朝的海外贸易较之以前各朝有很大的发展，特别是郑和七下西洋，历时28年，航程十余万里，打通了中国与海外诸国的海上贸易航线。永乐二十一年（公元1423年），不同国籍、民族与肤色的使臣、商旅聚会南京城，这是非常壮观的15世纪盛会。

明代官府虽在沿海各重要城市都设置了市舶司，但只是为了管理海外进贡和货物市易之事，对外来海舶概不征税。外客入了贡就允许买卖，市舶附属于贡舶，既无财政目的，也无经济目的。市舶原则只是以怀柔外客、修好感情为基础。外客所纳贡品，厚予报价，随船而来的海舶商货，允许买卖，全部免税。

明代自诩天朝大国，从不对外商征税，贸易是对进贡者的恩赐，入贡有厚赏。外客有利可图，商旅频繁往来，朝贡络绎不绝，给明代政府带来了较大的政治压力和经济负担。

明初对贡舶如此优惠，但对贡舶以外的海上贸易是严格禁止的，特别严禁民间船只人员私往海外市易，"违者必置之重法"。洪武时所定下的海禁政策，沿续长达一个世纪之久。这一闭关锁国政策，阻碍了明代经济的发展，却无法禁绝海上贸易，相反贸易却以自身的规律和特有方式不断地发展。

2. 明中期后的关税

随着海上贸易的发展，以及国内财用的匮乏，促使明政府开征以取得财政收入为目的市舶课。隆庆元年（公元1567年）实行通海政策，改贡舶政策为市舶政策，通海征税，并延伸出商舶。当时，市舶是指外国商船入境贸易；商舶是指本国商船出境贸易。

万历初，为了筹集军饷，于海关税中设引税法，凡本国出海贸易的商船，由官府予以编号，十船为一甲，由海防官员查验后发给船引，按船引抽税，名曰"引税"。东、西洋每引纳税银 3 两，后增为 6 两；鸡笼、淡水及广东每引纳税银 1 两，其后增为 2 两。商人领引时要出具保人，然后持引出海赶番贸易。

明代的海关税有商舶和市舶。商舶税分水饷、陆饷和加增饷三种。

水饷，即舶税，或吨税，是以船舶的广狭为标准，往返西洋者，船阔一尺税银六两，每多一尺，加征银五钱；往返东洋者，船阔一尺税银四两二钱，税款由船商负担。后因税负过重，改为按商船大小缴纳税款的丈抽法，西洋船舶分为九等、东洋船舶分为八等，每丈征银二分。

陆饷，即货物税，是以货物之多寡计值而征，税率为 20%，税款由货主负担。

加增饷，即附加税，是对往返吕宋岛的商船，返回时多为空载，无货可税，故每船加征 150 两。

市舶税分为舶税和货税。舶税类似吨税，其征管一如水饷；货税即货物税，其征管一如陆饷；

明代市舶课开征之初，收入并不多，其后日渐增加，关税银所起作用也越来越大，到嘉靖时"军需国库，半取于市舶"。

三、商税及其他杂税

明初商税征收有两个原则：其一，不在市场上交易的货物，均不课税；其二，"凡商税，三十而取一"，即税率为三十分之一。因此，明初商税较为简约的说法是有一定依据的。

明初的商税至洪武末年已渐露弊端，税率虽为三十分之一，但是"既税于所产之地，又税于所过之津"[①]。而且，对应税货物的品目无任何规定，税吏可以任意征收，结果造成无物不税，无市有税，商民深受其害。

随着商业的发展，商税征收范围不断扩大，税课也不断提高。据不完全的统计，弘治时全国商税收入 46180090 贯，到嘉靖时增至 52068109 贯。

明代的重农抑商政策，既体现在严格控制商人的活动，又以商税限制商人牟取"暴利"。然则，商旅的税收负担逐日加重，使"农不得耕，商贾不敢贸易"。万历年间，税使四出，于全国各地广设税卡，通都大邑均设税监，以至

---

① 《明史·解缙传》。

形成"无物不税,无处不税,无人不税"境况。因税监横行霸道,屡次导致民变。甚至发生击毙宦官,打死税监的事件。

明代商税征收机关,国家设有都税司、府设税课司,县设税课局,市镇设分司、分局,水陆交替关津设抽分局。洪武时全国设有税课司局 400 多处。在一些商业繁荣的城市,往往设有好几个税课司,各税课司局负责征收区域内的商税。

(一) 市肆门摊税

市肆门摊税属营业税性质。仁宗洪熙元年(公元 1425 年),因钞法不通,故对两京地区商贾凑集地、官私店铺一律课征市肆门摊税,税款均须以钱钞缴纳。

宣德四年(公元 1429 年),将此税推广于全国,并令顺天、沪州等 33 府州县,以五倍加征市肆门摊税,故岁额有了大幅度增加。正统七年,又对市肆门摊税进行了一定的调整补充。

市肆门摊税之征管,是由官府按税课衙门设置的簿籍,"给与由帖执照",商人正常经营,并按月向都税宣课司或税课司局纳税。

(二) 塌房税

明初建都南京,京城云集天下商贾,买卖兴隆,市场繁荣。但京师军民住房都十分紧缺,哪有贮货之栈房,故商货至京,只能置于城外或留在船上,商民深感不便,更有奸商乘机盘剥要挟,商旅病扰。于是,太祖下令于南京城西三山等门外濒水之处,建造栈房,供商人贮货之用,称为塌房。凡到南京商货都在此贮存和交易,买卖双方直接商谈,严禁牙人(中间商)进入参与。当时尚未征税。

洪武二十四年(公元 1391 年),令三山门外塌房,许放积各处客商货物,分定各坊厢长看守。其货物以三十分为率,内除一分官收税钱,再出免牙钱一分,房钱一分,与看守者收用。货物听客商自卖,其小民鬻贩者,不入场房投税①。这里,商人按三十而一的税率所缴纳的商税,属通过税性质,谓之塌房税。而免牙钱和房钱,则是塌房管理费用,不在塌房税之内。

(三) 酒税

明初禁酒,但民间酿酒从未停息,故禁酒同时,又征酒税。凡酿造酒曲货

---

① 《续文献通考·征商》。

卖者，须报税后方可贩卖。违者，依匿税科断。

明代酒税分两次征收，即对造酒所用的酒曲征一次税，再对所卖之酒征一次税。洪武二年定制，把自食和销售作了区别处理。

明代酒税税率各代不一，景泰二年（公元1451年）每十块酒曲征税钞、牙钱钞、塌房钞各340文。而成化年间，准曲投税，每百分取二。

明初酒税由地方征收，按季类解，收贮于州县，以备其用。

（四）醋税

明初规定，凡"卖酒醋之家不纳课程者，笞五十，酒醋一半入官。内以十分之三分付告人充赏，务官攒拦自获者不赏。其造酒醋自用者，不在此限"①。这可以佐证明代是课征醋税的。但有关明代醋税的具体情况，史书无明确记载。

（五）渔税

明制规定：凡在江、河、湖、海、泊、池捕鱼者，均纳渔税，由河泊所征课，以榷鱼利。其后，裁革河泊所，渔税由各州县代征。课征渔税，是本色交纳，还是改折他物，视国家需求而定，如"每米一石，半纳本色五斗，折色五斗，为银二钱五分"②。

明代渔税的管理十分混乱，因河泊所设置过多过滥，所征渔税不抵该所费用，不仅国家要补贴河泊所经费和官俸，而且徒扰渔民，加重了负担。

（六）契税

契税是对买卖房屋、田地等不动产行为所课征的税。

明代人口流动较大，土地兼并剧烈，房产交易频繁。故洪武二年令"凡买卖田宅赴务投税，除正课外，每契本一纸纳工本铜钱四十文"③。田宅交易正课是指油布商税，契本铜钱四十文，便是后世的契税。又，"无分典卖房田，每价一两纳税契银二分三厘一毫五丝"④，即税率为2.315%，万历时，为了筹集经费，把税率提高到3%，即每银1两，征银3分。明代契税收入不多，大部分用于地方经费，小部分解部济边，以充军饷。

---

① 《续文献通考·征商》。
② 顾炎武：《天下郡国利病书》卷九五。
③ 《明会要》卷五七。
④ 顾炎武：《天下郡国利病书》卷二七。

第六节　明代的赋税管理制度

一、税收管理机构

明代废宰相制，皇帝直接统辖六部。户部职掌国家财税，皇帝亲操财权。秦汉以来的三省之制至明代尽废，始行高度的中央集权制。

户部为中央最高财税机关，设尚书一人，左右侍郎各一人。户部尚书主管全国户口、田赋方面的政令，侍郎主管稽核版籍及赋役实征等会计统计工作。

户部下设四部，即民部、度支、金部、仓部。武洪二十三年，以天下度支事务浩繁，改四部为十二部；二十九年改十二部为十二清吏司，到宣德十年，定为十三清吏司。户部统辖十三清吏司、宝钞提举司、都转运盐使司、总督仓场等机构。

十三清吏司，即浙江、江西、湖广、陕西、广东、山东、福建、河南、山西、四川、广西、贵州、云南等十三司，各掌其分省之事，兼领所分两京、直隶的贡赋以及诸司卫所的俸禄、边镇粮饷、各仓场盐课、钞关等事宜。

各司又分四科，即民科、度支科、金科和仓科。此外，天下盐课、关税则归山东、贵州两司分领。宝钞提举司，职掌钱钞的铸制。都转运盐使司，职掌盐的产运。总督仓场职掌在京及通州等地的仓储。

地方赋税管理机构，则由承宣布政使负责一省的户口、田地、贡赋、差役等事宜。省下辖府，知府掌一府之政，下设专职官吏，负责籍账、赋役、征管、仓储等。另有茶马司掌市马、税库司主税、仓大使掌仓储出纳。府下辖县，知县掌一县之政，赋役征派、黄册编造、会计审核、税政管理等。

二、会计制度

明代会计制度较之唐宋有较大的发展，地方财会组织的设置与中央完全一致，省、州、府、县均设有主管会计。

明代财会制度最显著的进步，政府颁行了全国统一格式的账簿，称作"印信文簿"，或"印簿"，规定各部门逐日登记，定期报送户部。中央各部门及地方各州县，还设置了专项分类账簿，如"红字簿"、"钞关文簿"等，要求逐页登记，定期稽核。

明代赋役黄册制度始于洪武十四年，规定岁终各县黄册呈报于州，州汇总后呈报于户部，户部按四柱定式汇编成"四柱式黄册"，其主要核算内容简化为四项：一为岁征，二为岁收，三为岁支，四为岁储，形成完整的四柱式会计年度报表，呈报皇帝御览。

明代会计始于神宗万历九年（公元1581年），户部进万历会计录。明代丘浚仿唐代国计簿、宋代会计录，令掌财计之官，把洪武、永乐以来，全国的夏税、秋粮、户口、征课等，每岁起运、存留、供边等数，一一开具，通以一年岁计出入，每朝一卷，以备参考，并呈御览，使国计大纲，一目了然。

三、审计与监察

明代统治者对监察机构十分重视，由监察机构行使审计职权，早在朱元璋统一全国之前，就仿唐制设置了御史台，使监察制度得到进一步发展。

明代，审计监察制度的改革，集中地体现于罢废比部与御史台，新设都察院。

明初比部建制尽管保留了唐宋的规模，但其审计职权则有较大地削弱，洪武二十三年（公元1390年），太祖在户部改制过程中，把比部也砍掉，历时1000余年的司法监督性质的比部审计体制终于退出了政治舞台。

洪武十三年（公元1380年）太祖罢废明初所设御史台，洪武十五年（公元1382年）将中央的监察机构加以扩大，新设都察院。为了加强对地方的控制，依十三省行政区划为十三道。都察院下设监察御史，监察御史派出时为巡按御史，分巡十三道，分别负责地方的监察与审计工作，使审计机构更加完善。

监察御史的职责范围很广，其中巡盐、茶、马，查算钱粮是其重要职责之一。监察御史的权力很大，其奏疏可直达皇帝。

都察院是明代主要的审计监察机构，审核中央财赋的收支活动，中央财税每年结算存留起解的数额，会计账簿与库藏数额。十三道监察御史负责审核地方财赋，即地方财税的仓场内库、盐、茶、马、漕粮、关税、屯田、钱粮等项目。

四、库藏制度

（一）国库

明代的国库分为内库、里库、外库三种，分别储藏各种财物。英宗时又设太仓库，专以贮银。

（1）内库，即内府凡十库，各库主要储存金银铜铁、钱钞、财宝、缎匹、玉石、凿角羽毛、布匹棉花、丝纱罗锦、硫黄硝石等。其储存军用品的仓库属兵部管辖；储存手工业品及原料的仓库属工部管辖；其他均属户部管辖。此外，尚有天财库和供用库。

（2）里库，设在宫内，分内东裕库和宝藏库，均为皇帝个人支存。

（3）外库，设于会归门、宝善门以东及南城磁器诸库。内府诸监司局、神乐堂、牺牲所、太常、光禄寺、国子监，皆各以所掌，收贮应用诸物。

（4）太仓库，英宗正统七年（公元1442年），始设"太仓库"，"专以贮银，故又谓之银库"①。

（二）一般储库

明代库储制度发达，各种专用仓库应运而生，各司其职，分工严密，便于收存支给，有利库藏管理。

明初，京卫有军储仓。洪武三年（公元1371年），又增设至20所，其后又建临进、临清二转运仓。各行省皆立省仓，官吏俸禄取给。边境有屯田仓，收屯田所入以给军。州县则有预备仓，以振凶荒。明代仓储"凡京仓五十有六，通仓十有六，直省府州县、藩府、边隘、堡站、卫所屯戍皆有仓，少者一二，多者二三十云"②。

（三）救济仓库

（1）预备库。太祖洪武初为救灾备荒，即诏令州县设立预备库，以备赈济灾民，运官钞200万贯为本钱，每县设仓四所，出钱籴贮，民有余粟，愿意易钞者，计值以偿，岁凶则开仓赈济。但预备库制度不可能持久，官府一次出资，尽能赈济一时。所以正统时，一改旧法，今赈饥米一石，次年以二石五斗偿官，预备库变为官府的高利贷手段。

（2）济农仓。预备仓之后，又创济农仓，其仓米来源，一为官粮运费，得米40余万石；二为官钞余入，得米70余万石；三为惩富民高利贷而得。每年开播时，验民种田之多少，差等分给，秋收后偿还官府，年饥则拨以赈民。但因官吏强夺，民无余粟，官肿而民瘦，济农仓变为害农仓。

（3）义仓。义仓创立于嘉靖年间。为备荒政，义仓设于里社，一村之间，

---

① 《明史·食货志》。
② 同上注。

约二三十家为一会，出于民而藏于社，其义仓米粟，户口上者出十之四，中十之二，下十之一，盖有余补不足，可以备荒也。此即为义仓。

（4）社仓。社仓创立于英宗正统年间，嘉靖八年"令民二三十家为一社，择家殷实而有行义者一人为社首，处事公平者一人为社正，能书算者一人为社副，每朔望会集，别户上中下，出米四斗至一斗有差，斗加耗五合，上户主其事。年饥，上户不足者量贷，稔岁还仓。中下户酌量振给，不还仓"[1]，此即为社仓。

---

[1]《明史·食货志》。

第十八章

清代前期的赋税制度

第一节 概 述

清代（公元1644—1911年）是我国历史上最后一个封建王朝，因其社会性质的变化，故自顺治元年（公元1644年）清军入关到1840年鸦片战争爆发，称为清前期，属封建社会；自1840年后到辛亥革命推翻清王朝统治称为清后期，属半殖民地半封建社会。本章介绍的是清前期的税收制度。

一、清前期的政治概况

明末清初，连年的战争破坏以及清军入关后，实行"抗清者死"的政策，对汉族人民实行野蛮的血腥屠杀，致使社会经济全面崩溃，生产力一蹶不振。史载，直隶等省"地亩荒芜，百姓流亡十居六七"①，山东等地"土地荒芜，有一户之中，只有一二人"②。"扬州十日"和"嘉定三屠"这样的惨剧决不为个别现象。这使民族矛盾已成为当时社会的主要矛盾。

清军入关后，从各个方面采取了一系列的措施，完善国家机器，强化中央集权统治。

政治上，首先调整中央各权力部门之间的关系，由早期的"议政王大臣会议"，经康熙年间"南书房"，发展到雍正七年（公元1729年）"军机处"，这些措施极大地强化了封建的中央集权制。其次还逐步调整了地方行政机构。

---

① 《清世祖实录》卷一二。
② 《皇清奏议》卷三。

清王朝设置了总督和巡抚,作为皇帝和中央政府的派出代表,加强对地方的控制。县以下则实行保甲制度,把人民置于严密监视的网络之中。

军事上,清政府在全国各地广设军队,并竭力加强以八旗军为主的军事武装,八旗军分为京营和驻防,它是维护清代封建统治的骨干力量。

法律上,清代统治者集历代法律之大成,顺治三年(公元1646年)制定了《大清律》,以后又陆续颁布了各种条例,总称《大清律例》,这是封建皇权和清代王朝统治的意志象征。

清政府统一中国后,也采取一系列恢复生产、振兴经济的政策和措施,以求缓和民族矛盾和阶级矛盾,从而使政权得以巩固、社会日趋稳定、经济得到恢复和发展。

然而,就在前清王朝曲折发展的同时,西方殖民主义列强却日益强大起来,他们对中国的殖民贸易,遭到了清政府"闭关锁国"政策和封建自然经济的强有力抵制。于是英国通过商船走私向中国输入鸦片,万恶的鸦片给中国人民带来了深重的灾难,也使国家的白银大量外流。英国殖民主义者为寻求市场和殖民地,悍然以武力进行侵略,中英鸦片战争爆发了。

二、清前期的经济概况

首先,连年的战争破坏以及清军入关后对汉人的血腥屠杀,使经济衰败,田园荒芜,屋舍倒塌,人口逃亡,一片荒凉而萧条的社会惨状;其次,为了满足满族贵族对土地的贪欲,顺治元年(公元1644年)竟下令强行圈地,圈地前后延续达二三十年之久。这一野蛮落后的行径给清初的社会经济造成了灾难性的后果,也给人民生活带来了极大的痛苦。再者,清代统治者对江南发达的手工业,先是焚掠屠杀,然后把大批工匠赶进官营机房;同时严禁开矿;并实行"片板不准下海"的闭关锁国的政策。清初,野蛮愚昧的民族歧视、民族剥夺和民族压迫政策,几乎榨尽了中国经济恢复的原生动力。

康熙执政后,面临破烂不堪的国家,几近崩溃的经济,为恢复生产,振兴农业,"培养元气",同时也为缓和尖锐的民族矛盾及阶级矛盾、巩固清王朝统治,采取了一系列革旧图新的政策措施,以求社会的稳定与发展。

(一)奖励垦荒,解决土地问题

为恢复农业生产,清初制定了奖励垦荒,优免钱粮的办法。康熙八年(公元1669年)下令,实行"更名田"之法,将无名田地,交于原种之人,令其耕种,照常征粮。康熙九年,又实行无主荒地由谁开垦,归谁所有,并永为世业,"与民田一律输粮,免其纳租"①。同时,严禁满人圈占民田,鼓励移民垦荒,政府借给官牛,并免除赋税三年。康熙十年,颁布新垦荒地升科纳粮政策,"三年后再宽一年"。康熙十一年又将新垦荒地升科年限延长到六年,康熙十二年又将升科年限放宽到十年。

清初,垦荒升科年限一再放宽,从而使获得了土地农民,减轻了部分负担,有了喘息的机会,清初大片废弃的荒地迅速地得到开发和利用,农业生产逐渐地恢复和发展起来。

(二)轻徭薄赋,减轻人民负担

自顺治元年(公元 1644 年)起,即在全国各省、地区,视不同情况,减免田赋,或减免一半,或全免,或免二三年,其重大减免计有 32 次之多。康熙五十一年(公元 1712 年)始,在全国范围内实行一次轮流"三年而遍"的"普免天下钱粮",为使佃民也能得到"免赋"的好处,还特别规定"凡遇蠲免之年,免业主七分、佃户三分"。乾隆时期,曾先后四次普免钱粮,三次普免漕粮。这些较大规模免除赋税、减轻负担、广施赈济的措施,使广大劳动者得以休养生息、重振家园、恢复农业生产。

(三)兴修水利,发展农业生产

清初,水患严重,有碍人民的生产和生活。康熙年间,大举整治河流,大力兴修水利、筑堤疏渠、挖河建坝,在淮河流域和江南各地都普遍建有良好的水利灌溉设施,使大片的盐碱荒地变为膏腴良田。

另外,在洪泽湖和黄河交会处以及黄河入海口发起了治黄大战,官府投入了巨大的人力、物力和财力,历时 20 多年,康熙四十三年(公元 1704 年)工程终告竣工,黄河下游旧貌换新颜,"海口大辟,下流通畅",水患得以平息,农田享有灌溉之利,有力地促进了农业生产的恢复和发展。

清初,特别是康熙年间推行的各项经济政策,取得了较为显著的效果,全国人口数从顺治初年的 8000 万人上下增至康熙六十年(公元 1721 年)的 12000 万人,乾隆五十一年(公元 1786 年)增至 39110 万人。全国耕地面积顺治十八年(公元 1661 年)549 万顷,增至嘉庆十七年(公元 1812 年)791 万余顷。国家田赋收入,从雍正二年(公元 1724 年)到乾隆十八年(公元 1753 年)的 29 年中,田赋银增收 324 万多两、税粮增收 372 万余石。

在农业发展的基础上,手工业和商业也得到了恢复和发展,尤其表现在纺

---

① 《清圣祖实录》卷三二。

织业、矿冶业、制瓷业、造纸业、制糖业等方面，其规模宏大、分工精细、产量较高、市场繁荣，都是前代所没有的。手工业的迅猛发展促进了商业的发展，同时也带动了商业城市的增加和扩大，社会经济开始步入全面发展的时期。

但自嘉庆年始，社会经济由盛而衰，统治阶级日渐腐败，土地兼并日益严重，阶级矛盾日趋尖锐，清政府腐朽无能，外国列强乘虚而入，封建王朝制度摇摇欲坠，最终走上了半殖民地的道路。

第二节 清前期的田赋制度

一、田赋

（一）清初田赋的新举措

清初的田赋尽管沿用明制，但清政府也曾采取过一些新的措施：其一，蠲免明末"三饷加派"；其二，优惠垦荒措施，康熙十二年（公元1673年）"民间垦荒田亩，以十年起科"[①] 等。其三，扶持旱地改水田，"河南、湖北两省人民，有愿将旱田改为水田者，钱粮仍照原定科则，免其加赋"；其四，削减苏松嘉湖赋额，"诏蠲免苏州额征银三十万两，松江十五万两，永著为例"[②]；其五，减赋减租并行，康熙四十九年，凡遇蠲免钱粮，合计分数，业主蠲免七分，佃户蠲免三分，永著为例[③]。这些措施为历代王朝所罕见，确实有助于百姓重振家园。

（二）清初的田赋

1644年世祖入关，为尽快镇压全国各地的反清抗清斗争，清政府不得不千方百计地筹集军饷，由于明代赋役册籍大多散佚，惟有万历年间的尚存，遂令"天下田赋，悉照万历年间则例征收"。清初仍实行田赋和丁赋分别征收的方法。

田赋沿用夏税秋粮制，分两季课征，夏税不过五月，秋征不过十一月。田

---

① 《清史稿·圣祖纪》。
② 《清史稿·食货志》。
③ 《东华录·康熙朝》。

赋按肥瘠将田亩分为上、中、下三等九则，实际上因各地田制、自然环境和经济条件的不同，土地的等则及税率的高低、差异颇为悬殊。

清初的田赋课征形态，普遍实行征收银钱，尤以征银为主，故亦称地银。顺治八年，清政府公布了各直省田赋折银数额，除漕粮和军米等仍征本色外，其他一律折银课征。

丁赋的课征，按清政府的规定，凡是16岁至60岁的成丁均须缴纳丁银，原则上以贫富为差，分上、中、下三等计征。但实际征收上，或以一条鞭法，或以丁随地派，或以三等九则，各省课征方法不一，税率也各不相同。丁赋缴纳也以白银为主，故亦称丁银。

清初田赋的课征，由于"赋役之制未颁，官民无所遵守"[1]，故"有分三等九则者，有一条鞭征者，有丁随丁派者"[2]。赋税正额之外，附加和应急派征层出不穷。

清初的统治者意识到，要稳定政权，必须尽快地整顿和改革钱粮征课章程，建立起一套相对完善的赋税制度。故顺治三年（公元1646年）令户部汇编《赋役全书》，至十四年（公元1657年）基本完成。

《赋役全书》的基本原则，就是以明代万历年间的赋役则例为准，实际上也包括了明代臭名昭著的辽饷等加派，并改名为"九厘银"，重新编定一条鞭银。《赋役全书》为田赋征收提供了统一的法律依据，田赋按土地的肥瘠分为上中下三则，并规定了不同的税率。成丁则以贫富为差，分上中下三等课征丁银。田赋丁银均折征白银。分夏秋两季征收，夏征在二至五月，称为上忙，秋征在八至十一月，称为下忙。

《赋役全书》颁布后，每州县发给两本，"一存有司，一存学宫"[3]。同时也另立了《鱼鳞图册》和《黄册》。《鱼鳞图册》亦称丈量册。《黄册》亦称户口册。由《鱼鳞图册》和《黄册》，"与《赋役全书》相表里"，使清代赋役制度逐渐完善起来。

值得一提的是，清初田赋的课征方法有了较大的改进，政府大力推行"易知由单"制度，康熙三十九年（公元1700年）又把"由单制"改成"滚单制"，这在一定程度上制止了地方官吏私派滥征，保证了国家的田赋收入。

---

[1] 《清顺治实录》卷一一。
[2] 《清文献通考·户口考》。
[3] 《清史稿·食货志》。

（三）"推丁入地"

1. 人丁编审制度的矛盾

清初的丁银，主要征收货币，属人头税性质，但更有差役性质，其本质属于代役金。清初沿用明制，凡男16岁至60岁为丁，当差人丁一律要为国家服徭役。实行一条鞭法后，徭役货币化，当差人丁的徭役义务则变为向官府交纳丁银。而清代则把田赋和丁银合为地丁二项，然后再把丁银摊入田亩。

清初赋役制度整顿的基本方向就是实行归并合则和赋役折银，把赋役各项划为地银和丁银两大类。这就把封建社会晚期的赋役一体化推进了一大步。由于"以丁数征丁银"，故每五年就得对人丁进行一次调查，清政府称此为人（地）丁编审制度。

康熙中后期赋役制度的最大弊病之一，就是人丁编审制度的矛盾日益加剧。

清初为了稳定封建统治秩序，恢复农业经济，确保国家财政收入，政府颁布了一系列有关安定生产、招徕流亡人丁的政策，并在赋役整顿方面，规定了各级官府增审人丁的考成方法，以尽可能增加在册人丁的数量。随着生产的恢复和社会的稳定，人口也逐年增加。官吏们则拼命地追求增审人丁，百姓迫于沉重的赋役负担，五年编审就如同架在贫苦农民头上的一把刀，逃亡则成了惟一的出路，招徕的逃亡者又相继逃亡。这就造成"田连阡陌而载丁甚少，家无寸土而丁额倍多"，"有地之家，田连阡陌，所输丁银无几；贫民粮仅升合，所输丁银独多"①。编审不实不公，贫苦百姓惟有逃亡，其村社有的"逃者十之二三"，有的"逃者十之六七"，最高"逃者十之九"②。这些事实说明，赋役整顿，特别是人丁编审无法解决封建社会晚期的赋税问题：其一，这延续了1000多年的户丁登记制度，其关键就是田赋按土地和人丁双重征税。由于商品经济的发展和冲击，土地流通速度加快，农业劳动者的大量流动，按人丁征税确实已难以控制了；其二，国家赋税收入的主要来源是地银丁银，地丁经常变动，各级官府已无法真正掌握人口实数，也无法控制民户大量逃亡，影响赋税就势在必然了；其三，人口的增长远高于耕地面积的增长，而且土地迅速向乡绅地主富豪集中的同时，权势之家又勾结官府吏员大肆隐匿人口，编审处境可想而知了。故而，编审人丁时，经办官员和里胥往往乘机敲诈勒索，也就很

---

① 乾隆《直隶商州志》卷六。
② 李蕡：《雪鸿堂文集》卷一。

好理解了。

因此，康熙中期后，所谓的人丁编审就成了摆设，只是为了应付上司检查的一种自欺欺人的方法而已。而人丁编审和丁银征收制度，一再地激化阶级矛盾和民族矛盾，频繁地触发农民暴动，赋税制度的改革已迫在眉睫了。

2. "滋生人丁，永不加赋"

清代田赋改革始于康熙五十一年（公元1712年）。康熙五十二年下诏，正式规定："嗣后编审增益人丁，只将滋生实数奏闻，其征收钱粮，但据五十年丁册，永为常额，续生人丁，永不加赋。"这就是所谓著名的"盛世滋生人丁，永不加赋"①的一大善政。

康熙五十五年（公元1716年），清政府开始实行摊丁入地、地丁合一制度。首先在广东试行，其方法是把康熙五十年（公元1711年）的丁银总额335万余两，按各省原征数额分解到省，再由各省分摊到各自田赋银中去，按每田赋银一两摊丁银若干计算，随后一并输纳。雍正二年（公元1724年）正式诏令在全国推广此法，至乾隆四十二年（公元1777年）贵州最后实行为止，历经50余年，摊丁入地最终成为全国统一的赋税征收制度。

摊丁入地确实是赋役制度的一项重大改革，这一政策的基点是以"康熙五十年丁册"为准，即这年额征丁银335万两。那么，清初全国丁银征收总额是多少？据《清朝文献通考》卷十九记载：摊丁入地前，全国丁银征收总额约在330万至340万两之间，这与康熙五十年的丁银征收额是吻合的。显然，在户丁编审矛盾日趋激化，贫苦农民大量逃亡，缺额不断增加的情况下，康熙皇帝采取固定丁银总额的办法，来确保因人丁变动失控所带来的丁银收入波动。这从政治上、经济上以及财政上说，都不失为上策。

（四）摊丁入地的意义

摊丁入地是中国封建社会末期所进行的一次赋役制度的变革，这一改革既是社会经济发展的必然趋势，又是明代一条鞭法的继续和发展，较之一条鞭法更为广泛，更为彻底。因此，"摊丁入地"作为赋役制度的一项重大变革，在我国赋役史上占有十分重要的地位，它的历史意义和进步作用表现在：

第一，摊丁入地结束了中国财政历史上沿用了几千年的赋役平行征收的课征制度。也可以说是基本解决了积压在贫苦百姓身上的沉重的丁役枷锁，松弛了劳动者和封建国家之间的人身依附关系，丁役制度自此逐渐地走向衰亡。

---

① 《清朝文献通考·户口考》。

第二，摊丁入地的原则，就是按单一的土地标准征税，即以占有的土地作为课税依据，将税收负担和纳税能力结合起来。田多者税多，田少者税少，无田者自然无税，这对于均平赋税，减轻自耕农和无地农民的负担，起到了相当的作用，并有利于农业生产的发展。

第三，摊丁入地，地丁合一，不仅取消了按丁按地分别征收赋税的双重标准，简化了赋税征收内容、征收程序和征收方法，更重要的是统一了明末清初以来各地甚为混乱的赋役制度。不仅有利于贯彻执行国家的财政赋税法令，而且也有助于社会的稳定与发展。从而使国家财政也因这一改革而获益，财政状况显著好转，国家收入大幅度提高。

第四，摊丁入地是以康熙五十年丁册为常额，清政府采用固定全国丁银征收总额的办法，把丁税与人口增加问题截然分开，不仅解决了丁额丁银问题，而且有效地限制了贪官污吏、土豪劣绅转嫁丁赋、苛剥百姓、中饱私囊的不法活动。

第五，摊丁入地的实施，促进了人口的自由迁徙，扩大了农民的流动性，尽管差役问题尚未完全解决，但人身依附关系毕竟松弛多了。农民可以到别处垦殖土地，也可以进城当雇工。农民的自由流动，直接促进农业、手工业、商业及城市的繁荣和发展，也促进了雍正、乾隆封建盛世的形成和持续。

由于摊丁入地是在封建生产关系许可范围内实行的，是为了维护地主阶级根本利益，因此其改革的阶级局限性和欺骗性是必然的。人民受惠是暂时的，有限的；而人民的负担却是日趋沉重，差役未能革尽，故有"丁虽入地，而力役不废"。终清一代，赋外有赋，役外生役，私科加派，倍于正赋。摊丁入地也就逐渐地失去了它的进步作用，成为统治者肆意剥夺人民的有效工具。

二、田赋附加

清政府虽明令"永不加赋"，但实际上田赋额外之征甚重，加派亦甚多，其主要附加有三，即漕粮附加、耗羡、平余及浮收与预征。

（一）漕粮及附加

清初的田赋，地丁以银两缴纳，漕粮以实物缴纳，故漕粮是清代田赋的主要内容之一。清承明制，继续在山东、河南、江苏、浙江、安徽、江西、湖北、湖南八省征收漕粮，通过水路转运京师，供皇室、官军和市民食用，故亦称漕运。

清代漕运承袭明制，"有正兑、改兑、改征、折征。此四者，漕运本折之大纲也"①。"运输于京师之仓者,为正兑";"运输于通州之仓者,为改兑"②。

漕粮例征本色,但也有一小部分折征银两,"折征之目有四:曰永折,曰灰石米折,曰减征,曰民折官办"。但无论哪一种折征,都要加上牙行、运脚、折耗等项,那么,百姓所付远过官府所得,否则还要什么折征呢?

漕粮在转运过程中有各种损耗,因此课征漕粮时,加派各种损耗,称漕粮附加,亦称漕粮经费。史载:凡漕粮经费有正耗加耗,席木,船耗、行粮月粮,贴赠杂费等,每项都有附加的定额。

漕粮附加,除了上述之外,还有诸如帮费、漕规、房费、河费等等,可谓名目繁多,应有尽有,既无统一课征标准,又不解交国库,随意苛索敲诈,中饱私囊。据钟琦估计,江南人民的实际漕粮负担相当于应征漕粮额的三倍半。专家们认为,钟琦估计还是十分保守的。这足以说明漕粮附加之苛重。

(二) 耗羡

耗羡,是"火耗"与"羡余"之合称,而以"火耗"为主。

清政府规定地丁征银,即田赋以银交纳,官府把征来的散碎银两经过加工,熔炼为一定成色一定规格的银锭,才能上交国库。销熔之际,不无损耗,税吏为补偿损耗,就在征收时多取补耗之数,重者数钱,轻者钱余,行之既久,则成定例。

若是课征粮食,则要搬运仓储,自然就有了"雀耗"、"鼠耗"、"脚耗"等,这也是粮户负担,名曰"羡余",两者合称为"耗羡"。

封建赋税制度的一大特点,就是赋税本额由国家规定,而其征收费用则由各地自定。耗羡既没有政府的明文规定,也没有统一的课征标准,地方财政亏空、官吏中饱私囊皆取自于耗羡,可谓一举两得。

火耗源于明代,清初,顺治年间就下令禁止私加火耗,康熙初期更是多次下令禁止额外课敛和克取耗羡,但令行而不止,火耗逐渐得到了朝廷的默认,始成官吏掠夺人民财富的一种特殊手段。

顺治年间"天下火耗之重,每银一两有加耗至五钱者"③;康熙年间,火耗日增,苛派耗羡数额越来越大。"每两有加二三钱、四五钱者",甚至"税轻耗重,数倍于正额者有之"④,耗羡遂成地方官吏的重要收入。

---

① 《清史稿·食货志》。
② 萧一山:《清代通史》中卷,商务印书馆1928年版,第362—366页。
③ 《清顺治实录》卷八五。
④ 《皇朝经世文编》卷二七。

横征耗羡，不仅是地方官吏所为，而且整个官吏阶层都参与了分配，从中央各部门到地方州县，贪官污吏沆瀣一气。

那么，全国耗羡收入到底有多少？据钱陈群奏折可知，康熙六十年全国平均耗羡数当在每两加征一钱以上，该年地丁收入为2879万余两，则全国耗羡银收入至少为300万两，这是一笔浸透穷人泪水与血汗的财富。

康熙年间，陕西总督年羹尧曾建议，耗羡归公，使之合法化。但康熙予以否决。雍正二年（公元1724年）山西巡抚再奏此事时，因地方财政的巨额亏空，使雍正没有任何选择的余地，只能准奏。而实际上雍正已在积极地酝酿耗羡归公的改革了。

同年七月，雍正发布了耗羡归公和养廉银制度的谕旨，他希望通过耗羡归公，以"上不误公，下不累民，无偏多偏少之弊，无苛索横征之忧，实通权达变之善策"①。达到澄清吏治，健全财政制度。

雍正年间实行的耗羡归公，实质上是把明末清初以来的各种非法田赋附加和地方搜刮存留银，用法律的形式固定下来，即成地方税收，变非法为合法。耗羡除用于补耗之外，又作养廉，又作支应公费，耗羡事关地方官吏的切身利益，故耗羡输纳重于正供，而官吏却养而不廉，耗羡之外更有耗羡，耗羡日趋增加，人民负担日趋加重。

（三）平余

平余即为耗羡归公后的又一田赋附加。所谓"平余"就是于火耗税羡外，每银百两提解银六钱，以充各衙门杂事之用。虽有乾隆"永行革除"谕令，但实际上明除暗增，此后各省仿行，遂成公例，于是平余成了正式附加，人民平添一项额外重赋。

（四）浮收

乾隆初年，各州县征收钱粮就有浮收之弊。初时只是"斛面浮收"，其后就"有折扣之法，每石折耗数升，渐增至五折、六折"②。

陕西省本色粮上仓之陋规，"本色料如麦豆粟米，则直接缴纳省城"，"地方官不过代为催征而已"，"但输粮必有粮样、土样、余粮之诛求；折价则有牌价、片价之伸缩"。"计两仓岁收不过十万余石，而出入陋规至二十余万

---

① 《上谕内阁》雍正二年七月六日。
② 《清史稿·食货志》。

缗"①。

福建省泰宁县官吏征收钱粮，"外加串票签礼花名名钱诸名目，或约钱误期按日递加息钱"，"完粮之外，又要开锁钱"，"致令破家荡产者不可记数"②。

嘉庆、道光年间，由于鸦片输入，白银外流形成银荒，其时银贵钱贱，地丁银又不得不折成铜钱缴纳。州县官吏就利用银钱不合理比价，肆意加重钱粮浮收，有些地方赋税折价上涨了近一倍。

（五）预征

预征，即官府每以经费不足，提前征收其后年份的田赋。顺治初年"因军费不敷，不得已而缴征三年本色五分，接济兵食。"顺治四年分各营与湖南就近府属预支过五年分饷银原草价共银三万零九百八十一两"。"（顺治八年）据布政司呈详，为兵繁饷急，议照上岁例于西安所先派征九年额赋预备兵饷"。顺治八年，在湖北预征各营兵饷218423两。顺治十年，广西"预征十分之三"。清史上这类记载繁多，不一一引录。

第三节　清前期的徭役制度

清前期，既有摊丁入地，田赋已含丁银，百姓就不再服徭役，官府需要劳力，理应支付报酬。乾隆二十五年，御史丁田树所言："自丁粮归于地亩，凡有差徭及军需，必按程给价，无所谓力役之征"③。这是一种假象，纯属欺骗！

官府在实际征用劳力时，仍然是无偿获取，及官府的各种琐碎杂务，均由劳动者承担，这就形成役外有役、差外有差的徭役制度。

一、兵差与驿役

兵差与驿役是清前期最为苛重的徭役，百姓视之如虎狼，闻之色变。

（一）兵差

史载："（乾隆）三十二年，以用兵缅甸，经过各地，夫马运送，颇资民

---

① 《乾县新志》卷二。
② 《泰邑钱粮串票定价总册·序文》。
③ 《清史稿·食货志》。

力,特颁帑银,每省十万,分给人民"①。这说明是有偿服役,是给报酬的。究竟是有偿还是无偿,赵翼在《簷曝杂记》②中以铁的事实,说明百姓是无偿服役。这还是发生在所谓乾隆盛世之时。

嘉庆以后兵差负担日趋苛重则为势在必然了。据不完全的统计,乾隆、嘉庆、道光三朝之重大用兵战役就20次之多,诸如:"镇压苗瑶之役"、"第一次金川之役"、"淮回之役"、"缅甸之役"、"第二次金川之役"、"安南之役"、"廓尔喀之役"、"第一次回疆之役"等等,此时要想免差也无法办到。

(二) 驿役

驿站是维持清政府内部传递公文军令的运行体系。清代疆域辽阔,驿站设置已由内地扩大到边疆。同时,清政府又将全国驿站分为直省驿站和边外驿站,其管理工作甚为复杂。

各省督抚和驿传道总揽各州县的驿务,州县的驿丞具体负责驿务,不设驿丞的州县直接由州县官管理。

但驿站事务历来就由里甲负责操办,组织佥民户丁粮多者充当驿递马户,一般民户充驿夫,其驿站供役的人员还有馆夫、兽医、撡轿夫等。清前期驿站运行完全是由马户和驿夫负担,亦称为驿役,或驿差。驿役的苦累,以及额外的勒索凌辱是骇人听闻的,以致州县官吏都时有被迫自杀者。

据顺治十年顺天巡抚王来用奏章说,"近畿驿递,最称繁剧。上而王公大人,下而满汉使客,络绎载途,往返如织;以及捷报军机、贡献方物、外解杠鞘等项,无一不取给车马夫役"。"用车七百八十辆,用驴一百八十头"③,站银不足,站役不足,驿站根本无法应付。

康熙朝,改革驿务,以雇募取代佥派,有利于驿传事务的发展,这是一大进步,但是,中央财政拨付的驿站经费,每年仅为200多万两,而地方官府所雇佣的大量铺兵、工食养马费用等难以维持驿站的正常运行,入不敷出,只能佥派里甲,故许多问题依然存在。

二、皇差

百姓为皇室无偿服役,俗称皇差。这在清代役法中没有任何规定,但却是

---

① 《清史稿·食货志》。
② 赵翼:《簷曝杂记》,中华书局1982年版,第69—70页。
③ (民国)中央研究院历史语言研究所:《明清史料》丙编,中册,第四本,北京图书馆出版社2008年版,第347页。

最重要的徭役。嘉庆二十五年（公元 1820 年）御史蒋云宽奏："如遇皇差，一切桥道工程车马支应等项，虽有经费，不敷支销，责令民间供应，已非一日，历任总督皆未据实陈明。"司道畏州县之挟制，州县又畏绅士之挟制，只有推给里甲。于是承办之官吏，贪赃枉法，任意科敛，又倍于州县之数，百姓负担可想而知。

三、河工役

清代徭役有四差：即里甲、均徭、驿传、民壮。徭役之外有河工。河工者，整治河流，修筑海塘，这是十分繁重的力役之差。然而，治水历来事关社会经济发展和国计民生的大事，受到世人的普遍关注。

清代政府的河工制度，在徭役改革后，由佥派夫役改为官雇夫役。对重大工程力求实行官修，一般工程则采取官修与民修相结合或直接民修的方式。因此，河工役制度的本身缺陷就表明，它只可能减少而不可能免除力役之征，河工役伴随了整个清代封建王朝始终。

康熙九年改革河工役，实行官雇夫役，并规定将役银每日四分加上二分，《土方则例》也详尽地设置了雇工制度的细则，明确了河工难易而差等其工价"的原则。这一改革调动了雇夫的劳动积极性，有效地整治了河湖海塘，促进了治河及水利工程的发展，而百姓河工役的负担相对也较轻。

但是康熙后，这一情况却发生逆转，治河成效颇差，而百姓的河工役负担日趋加重。一遇灾情，便苛索百姓，出夫、出料，还得出银，河工役给贪官污吏带来数不清的荣华富贵，同时也迫使农民远走他乡，浪迹天涯。

第四节 清前期的专卖制度

一、盐税与盐专卖

盐税是清代政府的主要赋税收入，清史载有"盐税所入与田赋国税相埒"[1]，又"所需兵饷，半资盐课"[2]。这说明盐税在清前期国家赋税体系中所

---

[1]《清史稿·食货志》。
[2]《皇朝经世文稿》卷五六。

占有的重要地位。

即清初盐法基本沿袭了明代的专卖制度，并有所发展。行盐之法主要采取官督商销制、官运商销制、商运商销制、商运民销制、民运民销制、官督民销制、官运官销制。但行之最久、影响最大的主要是官督商销制，就是官督、民制、商运、商销，亦称"引岸制"，或称"纲法"。

（一）引岸制

所谓"引岸制"，就是产盐灶户先纳税后制盐，灶户所产之盐不能擅自销售，只能卖给国家特许的场商。盐商（运商或散商）必须在国家盐税管理机构注册，纳税后取得引票，凭引在指定的产盐地点向场商购盐，再行销到指定的区域，故又称引岸专卖制。所谓"引"，就是盐商纳税后，准许贩盐的凭证，每引运盐有一定的数量，多则800斤（如两浙地区），少则250斤（如山东地区），一般为300斤至400斤左右。所谓"岸"就是盐商销售的指定区域，即专卖地域。因盐商在盐税管理机构的"纲册"上注册登记，故有指定区域的食盐运销独占权。凡是无引或越境销售，都为犯法，亦称私盐。

清前期，官府把内地划分为11个产盐区域，每个产盐区域，又包括若干个盐场，负责将盐引行销指定的地域。清前期的盐课主要分为两类，即场课与引课。

1. 场课

场课的征税对象是产盐场地或制盐盐户，其纳税人就是食盐的生产者（即灶户）以及收盐的商人（场商）。场课一般征收实物，只有解往京都内府的盐才折成银两。

场课又分为滩课、灶课、锅课、井课等。滩课是按晒盐滩地面积的大小对生产者所课征的税收；灶课是对食盐生产者按丁所课征的税收，既按丁征银，又按丁征盐；锅课是按煎锅以及锅数对煮盐或煎盐的灶户所课征的税收；井课是按井盐产量对灶户所课征的税收。

2. 引课

引课是按盐引课征的税，这是盐课的主要部分。引课的课征对象是盐斤，纳税人是运销食盐的商人。引课又分为正课、包课和杂课。

正课是按盐引向运销商所课征的专卖税，这是清前期引课的基本形式。

包课是对边远穷乡僻壤地区，居民自制的土盐，由包商交纳一定数额的税银，其盐听民自制自食或自产自销。

杂课又称盐课附加税，多为盐政官吏的浮征或额外勒索，如引课耗羡、公费、参课、酬商滴珠缺额、运使薪水、规礼银、余平银、河工加价等等，其名目繁多，不可胜数。雍正年间，清理盐政，虽有一定成效，但"耗羡入正额"，"正额之外复有耗羡"。裁革陋规，陋规之外复生陋规。清除附加，附加之外杂课越来越大。

清前期的盐课实行从量征收，但因各地区的盐引斤量多少并不一致，即使同一地区的引额也有大小之分，故各地引课税率高低不一，差异也较大，然而总的趋势还是不断提高的。

盐引的分配是以行销区域的人口数为依据的，但清政府为增加盐税收入，则强行向运销商人增售盐引，盐商无法消化，自然把负担转嫁给消费者。

（二）票盐制

清前期，随着国家用度增加，特别是乾隆年间军需、庆典及其他各项工程支出的节节攀升，财政入不敷出，于是，令东南及两淮盐商向朝廷"报效"，而政府则给予盐商以种种优待，结果使盐法遭到了彻底地破坏。道光十一年（公元1831年），不得不将引盐制改为票盐制。

两制的运作区别主要有二：第一，票盐制取消了引商的专卖区域，盐商运销的地域，由官府在票内指定。第二，票盐制规定改道不改捆，商运便捷，直抵口岸，减少了盐商运销过程中的杂课浮收。

道光十三年后，票盐制迅速普及，据史载，新法推行后，食盐价廉物美，私贩无利，盐商争领票盐，官府盐课充裕。

（三）盐税预征、加征和盐商垄断

清前期盐税有三大弊政：盐税预征、加征加派和捐输报效。

1. 盐税预征

据《清史稿》载：自康熙七年（公元1668年）始，首开清代盐税预征之先河。据零星记载，至康熙中期，盐税预征已成为盐税收入中不可或缺的部分。

2. 盐税加征

顺治初年，就有"加课日盛"的趋势。康熙年后，盐税的加征加派越来越频繁，应征课额直线上升，康熙三十六年（公元1697年）仅浙江一省的盐税加派就近31300两。

盐税不仅有朝廷加征加派，各级地方官府和贪官污吏私加私派，各种名目，不可胜数，诸如铜斤脚价、河工银、辑费、归补辑费、领告杂费、平饭费、口岸汛工银、各项解费、岁修官道银等应有尽有。

3. 捐输报效

乾隆、嘉庆年间，盐商势力极盛，每遇国家军需庆典、大灾大赈、河防工需，盐商就捐输、报效，特别是两淮盐商每次捐银都有上百万两。

清初盐商在食盐专卖中积聚了惊人的财富，其经济实力在社会政治中的反映，就是盐商与官府、皇室的联盟得以加强，通过"捐输议叙"由盐商转化为缙绅。投之以桃，报之以李，以"捐输报效"换"特权""世袭垄断权"，自然就有盐商对朝政的话语权。

（四）盐课摊入地亩带征法

史载：乾隆五十六年（公元1791年），山西巡抚冯光熊、布政使蒋兆奎试行"课归地丁"（把盐课摊入田亩带征）的方法。乾隆五十七年始，推广到山西、陕西、河南等行省，并议章程十条。据说效果很好，深得皇朝欢悦。

盐课摊入地亩带征，应该说是税收的异化，是财政制度混乱以及贪官污吏横行霸道的结果。既不合理亦不合法。但是实行的结果，食盐能够自由流通，堵塞了旁门便道，罢废杂费陋规，盐价大幅度下跌，故官府商民皆大喜欢。一项本不合理的税收政策却收到意料之外的好效果，这足以说明清代经济政策扭曲到了何种程度。

二、茶税与茶专卖

清前期的茶法分为官茶、商茶与贡茶，官茶用于储边易马；商茶则给引课银，行销各地；贡茶专供皇室品用。茶法沿袭明制，主要行引法。

（一）茶马法

清前期的官茶涵义较广，大凡内地经领引票纳税之茶，就称为官茶；川陕地区，国家用来易马之茶，也称为官茶；产于湖南之"湖茶"也被称为官茶。清代特指的官茶，仅为泾阳砖茶及安化砖茶。所谓的私茶，就是"如卖茶者不给茶引勘合，与茶引已经截角又携入山影射支茶，皆私茶也"①。

清初，为防止北方民族侵袭，巩固国防，于顺治二年（公元1645年）实行茶马法，在西北陕甘设茶马御史司，皆行官茶，并主持茶马交易，其交换比例，上马给茶120斤，中马给茶90斤，下马给茶70斤。官府严禁私茶出境，并派兵巡守，违者治罪。

官茶皆征实物，顺治七年（公元1650年）规定：茶税沿袭明制，大引，

---

① 《大清律例汇辑便览·户律课程·私茶》。

官商均分，即征50%的实物税；小引三分入官，七分给商，即征30%的实物税，其后取消大小引之分，一律参照大引按50%纳税，用以易马。

(二) 茶专卖

全国统一后，边事渐平，官茶需求减少，于是修订茶法，将官茶全征实物改为八分征茶，二分征银。雍正三年（公元1725年）开始整顿茶政，推行贩茶执照。雍正八年（公元1730年）制定川茶征税条例，即引岸制，规定由户部颁发茶引与各地方官府，茶引为铸造铜版，刊上引目、价格、茶商姓名、铃盖部印。茶引分为大引、小引、边引、内引、土引等。茶商纳课领引，于产茶处凭引购茶，到指定的地域行销，无引者称为私茶。

茶每引100斤（一引为10篼，一篼为10斤），附茶（运脚费）14斤，用于弥补途中消耗，共计114斤。不足一引的，称为畸零，另行发给茶贴，官府按引征银。

凡有夹带与引额不符，均按私盐例治罪；官吏失察也按照失察私盐之例处治；凡伪造茶引，或贩卖假茶，以及私自同外国人买卖的，皆按律科罪。

一般来说，茶的税课包括两项，有茶引者称茶课，无茶引者称茶税。

茶课分为引课和纸价，纸价就是引票的成本手续费，各地向户部请领茶引，均按每道3厘3毫交纳纸价。茶税只是向没有茶引而销茶的商人所征收的税收，一般来说茶税的税率要高于引课的税率。

第五节　清前期的工商税制度

一、关税

清前期的关税仍然分为内地关税与国境关税。

(一) 内地关税

内地关税是清代政府对通过水陆交通要津的运输工具以及对城镇集市交易商品所课征的捐税，即后世所谓的常关税。

清初的常关，分为户关和工关，户关由户部主管，关税收入解交国库。工关由工部主管，关税收入供修建战船、粮船以及修缮费用。

内地关税分为正项和杂课，正项是内地关税的主要部分，包括正税、商税和船料三项。

正税是在产地对产品所征，其课额不大，属货物税性质；商税是从价对货物征收的通过税，兼有交易税性质，这是关税的主要部分，其税额在关税收入中所占比重较大；船料，按商船梁头大小所征收的船税，又叫梁头税，因对不载货物的空船也征收船料，故船料兼有车船使用税性质。

内地关税以征收实物为主，计税单位繁杂，有按斤、两、担；或按个、件；或按尺、丈。其税率，据雍乾年间户部则例规定，一般为从价5%课征，但清前期各关的内地关税均有定额，故以自定税率为主，全国不一。

清前期的内地关税盈余按规定必须上缴，并据以考核。

关税除正项和盈余外，尚有杂课。杂课实为各关巧立名目之苛索。

火耗：清初，为弥补所征关税银两在熔铸时的损耗而加征的税额。火耗征收没有统一的标准，各关随意加派，最高可达正额的50%。雍正年间将火耗并入正税，留存地方公用，各关又另立名目进行浮收。

楼税：即雍正年间按过关货物重量所征收的税。每百斤货物课银一厘五毫。

签量费：即向过关商货征收的杂费。每担课银三厘，其中二厘充作各关办公费，一厘给专揽代纳签量费的牙人之用。

另外，还有饭盒、陋规索银、容费等等，五花八门，不胜枚举，各关差胥役中饱私囊，扰民极深。

（二）国境关税

国境关税，亦称海关税。清前期的海关税包括货税、船钞和渔税。

1. 货税

货税是对进出口货物所征收的进口税或出口税。康熙二十八年（公元1690年）颁布的海关征收则例，将进出口货物分为食物、衣物、用物和杂物四大类，并详载各种货物的名称，则例中未列举的物品则予免征，进口税率为4%，出口税率为1.6%，均为从价课征。

进口商货除按规定交纳货税外，还得抽买，即按海关规定的价格对进口货物实行强制性收购，抽买之后，方能入港贸易。

2. 船钞

船钞是海关按商船梁头所征收的船税。一般是按照货船体积分等征收，如对"东洋船"分为四等：一等船面积18平方丈，征税1400两；二等船面积15.4平方丈，征税1100两；三等船面积12平方丈，征税600两；四等船面积

8平方丈，征税400两①。欧美的"西洋船"一般比"东洋船"要大，故船钞交纳多一些，如一等船为3500两，二等船为3000两，三等船为2500两。据当时外国商人估计，一艘船所载货物平均为15万两，按上述税率计算，船钞的征收率仅为2%左右。船钞一般征收白银，有时也折征实物。

乾隆二十三年（公元1758年），为抵制外货，将西洋船较为集中的定海关船钞提高了一倍。

3. 渔税

渔课是海关对国内出海渔船所征收的税。由于渔税由海关代征，同时进出口渔船，往往顺势捎带一些货物，亦在海关征货税，故把渔税并入海关税。清代的渔税，实际上也是梁头税，一般按渔船大小，从五尺以上，分上、中、下三则起科，税款收入归地方海关支用。

清代海关税除上述税目外，尚有各种名目的附加和杂敛，下面略述一二：

规银。外国商人入港贸易，除征货税、船钞外，还要征收进口规银，税率甚高，一般按船料的80%征收。道光年间规定了规银的征收数额，就此征收规银就取得了合法的地位。

埠租。这是渔课的附加。乾隆年间在沿海地区广为征收，其额为渔课的几倍到十几倍，实为苛扰之费，其后被禁。

估价。货物除纳货税外，还要按货物估价征银。

缴送。对外商进关所携带的购货现银，另抽一份入关，名为缴送。

另外还有税饷脚费、饭食，名为办公费，实入贪官污吏私囊。

总之，清前期关税税额增加迅速，据专家们统计，顺治时关税银岁入约100余万两，雍正末年已达350万两，至乾隆期间增至540万两。

清前期的关税虽有较大的发展，但占国家财政收入总额的比重仍是很小，即使在工商税中也如此，不可能作为主要税种，但与清后期关税相比，就其性质来说，它还是一个主权国家应有的独立的、完整的税种。

二、矿税

明末，宦官税吏暴敛矿利，是导致明朝灭亡的重要原因之一。故清初统治者，为恢复农业生产、稳定社会经济，对开矿征税之事，极为谨慎。

康熙年间，民间偷采偷开矿物日益频繁，迫于形势，清廷不得不放宽限

---

① 《乾隆钦定大清会典事例》卷四七。

制，允许民间开矿，政府委派官吏监督，并以税课控制矿产。另外，当时经济恢复较快，商品流通活跃，货币相对缺乏，清廷也着意鼓励铜铅开采。故而，矿业生产此后还是逐年有所发展。

清前期的矿税收入主要来自铜、铁、铅、黄金、白银的开采与生产，相对来说铜铅收入较为可观。官府征税采取抽课的方法，如解交户部，则折征银两。抽课后的余铜余铅，或官府收购，或任民自卖，具体形式如下：

（1）二八抽课。官府对铜铅矿产每百斤课以20%的矿税。抽课之后，余铜余铅由官府以官价收购一半，另一半听任商民自由买卖。这是清前期实行最普遍、时间最久的一种方法。

（2）一九抽课。官府对铜铅矿产每百斤课以10%的矿税。抽课之后，余铜余铅由官府以官价全部收购。

（3）三七抽课。官府对铜铅矿产每百斤课以30%的矿税。抽课之后，余铜余铅听任商民自由买卖。

矿税除正税外，尚有杂课，主要是撒散与价脚。

撒散，即为弥补正税在征收运输过程中的损耗而课征的附加税。实际上是作为地方税吏的经费，其税率一般在3%—5%之间。

价脚，即为支付铜铅课在运输途中的经费而向商民征收的杂项。每百斤铜铅收取一两六钱的价脚。

清代前期的矿税收入，康熙四十四年计税银80152两、金八十四两[①]；乾隆三十一年，其有定额者计税银80000两有奇[②]。

三、酒税

清初禁酒，故酒无税。雍正年间，曾对通州地区的酒铺课征税，上户每天征银一钱五分，中户一钱，下户八分。清代酒税征收主要有三种形式。

（一）缸税

缸税是对造酒缸户所征的酒税。缸户造酒先要领取牙贴，官府按牙帖征收缸税。清初对造酒业控制甚严，各地缸户均有定额，缸税征税按定额上解，或征粮食或折银。

---

① 南开大学历史系：《清实录经济资料辑要》，中华书局1959年版，第757页。
② 《清史稿·食货志》。

（二）酒曲税

酒曲税是对酿酒所用的曲块征税。官府发给造曲商执照，并按例课征酒曲税，但国家对曲块数量，严加限制，一般不得超过 300 斤。

（三）关征酒税

关征酒税即对不在本地销售、需经长途贩运，在关卡所课征的酒税。乾隆年间，运酒过关卡时，一般"酒十罈。约计二百斤，税银二分"[①]。

清初的酒税是很轻的，康熙二十四年，直隶共征酒税 2050 两。清初对酒征税，主要在于加强控制酿酒业，而不在于增加财政收入，故酒税收入甚少，多留作地方办公费用。

四、牙税

牙税是对牙行或牙商所征收的税。牙商和牙行是市场买卖的中介，亦称经纪人。即在市场上撮合买卖双方成交或代客买卖货物，并从中抽取佣金的中间商人。牙行牙商必须先在户部或地方官府登记，领取牙帖，交纳牙税，方可营业。这里所指的牙税，严格地说是牙帖税，属营业牌照税。

清前期牙帖税在工商税中的地位十分重要，牙帖税收入不一定很多，但征收牙帖税，就连着征收商税，故牙商和牙行不能忽视。另外，牙商还负有为官府征收商税的职责。

清政府注重牙行的设置与税课，一般以物产丰富和交易量较大为对象，因地制宜，因货制宜，故而各州县设行不尽相同。有的地方设有斗行、秤行、线行、屠行等；另一地方设有芝麻行、牛行、驴行、车行、席行、估衣行等；再一地方设有棉花行、糖食行、广货行、油梅行、麦冬行等[②]。

牙行设置为平抑物价，公平交易，促进商品流通有积极的作用，但有其利也有其弊，不法牙商以征税为名，大肆中饱私囊，即成为市场一大祸害。

乾隆六年户部议准，除有新开集市，允许酌定名数给帖，其他一律不得额外任意增添。并规定各省对牙商五年编审一次，调整牙商，更换新贴。

清前期各省各州县牙帖数额不一，税率不一，故税银收入也不尽相同。一般而言，牙帖税税率是按资本额或经营额大小，分等定则，以上则纳银 3 两、中则纳银 2 两、下则纳银 1 两最为普遍。

[①] 南开大学历史系：《清实录经济资料辑要》，中华书局 1959 年版，第 755 页。
[②] 《中国经济通史》清代经济卷（中），经济日报出版社 2000 年版，第 1101 页。

清初，牙帖税银收入为数不多。康熙二十四年（公元1685年）为10728两，此后亦有所增长。清政府除了征收牙贴税外，还对牙商课征经营税，按其资本额或经营额大小，每半年征收一次，税银约50两至1000两不等。

五、当税

当税为清初所创，是向典当店铺所课征的税，其性质类似牙贴税银。

顺治九年（公元1652年），制定典辅税例，各当铺每年课银五两。康熙三年（公元1664年）制定当铺税则，按经营额大小，每年纳银5两、3两、2两5钱不等，永为当税标准。雍正六年（公元1668年），又重定当帖规则，民间开设当辅均须请帖，帖为营业许可证。

当税除正税外，还有各种附加，如海防筹款，就责令当商另捐银饷，称为帖捐。

六、契税

契税又称田房契税，是对买卖田地房屋等不动产的契约所课征的税收。清初契税课于不动产的取得者，亦即买方，故称买契。

顺治四年（公元1648年）规定，凡民间买卖田地房屋者，由买主按卖价每银一两纳税银3分，完税后由官府在契尾加盖官印为证，称为红契；未完税者称为白契。雍正年间，又于三分之外，每两加征1分，用作科场经费。

由于契尾盖印后，交与业主，官府没有存根，极易发生错乱。乾隆十二年（公元1747年）审定税契则例，实行了契尾法。由布政司负责印发契尾，契尾前半部登记买卖双方的姓名、买卖数量、价格以及纳税金额；后半部空白，只盖有布政司印，待百姓纳税时，将契价银数填写，当场撕下前半部作为回执给投税者，并要求将其粘在契约上，后半部留于官府，并按期将裁存尾数汇送布政司查核备案。对不纳税，无契尾者，照漏税论罪。买契税率一般为9%。清前期的契税，以契尾法比较完备的，实行的时间也最长。

七、牲畜税

清初规定，凡买卖牲畜从价课征3%的牲畜税，此税兼有商税性质。

牲畜税，主要是向马牛驴等大牲畜征收，有些地区也包括猪羊的买卖。一般来看，各府县的收入好像并不多，但牲畜的主要产区，其收入还是不小的，随着税收的措施调整，牲畜税的增长幅度还是比较大的。

八、落地税

落地税是对商人、农民和小贩售卖产品时所征的税,属于关税杂课,性质类似商税。

清前期的落地税没有统一的税法,"附于关税则例,地方随时酌收,无定地,无定额","其收入之款,交由地方官留作地方公费,不入国税正额"①。名义上说是"留充地方经费",实际上"皆入私囊"②。

落地税的课税对象非常广泛,"凡耕锄,箕帚、鱼虾、蔬菜之属,其值无几,必查明上税,方许交易。且贩于东市既已纳课,货于西市又复征,至于乡村僻远之地,有司耳目所不及,或差役征收,或令牙行总缴"③。

落地税流弊极深,贪官污吏中饱私囊,苛剥百姓,扰乱市场。雍正十三年,整顿落地税,规定只在府州县城内贸易繁华,易于稽查之处征收落地税,其他乡镇村落,尽行革除,但收效甚微。

九、门面税

门面税是在大中城市或商贾云集之地,向居民临街铺面征收的税。

门面税明代就有,清代沿袭此税,亦称"房号费"。

顺治四年户部议定,"京城内外房屋,门面房一间,每月分别征银两四、五分。其行户照买卖大小,分别上中下九则编册,每年征收一次","将此项钱粮充给兵饷,亦有济于国用矣"④。

清代门面税是典型的杂税,没有统一的税法,有些地方征,有些地方不征。大凡有课额的州县一般都采取定额征收,但具体则例各地又不相同。故而,尽管门面税征收面较广,但税源过于零落,收入有限。

---

① 萧一山:《清代通史》中卷,商务印书馆1928年版,第483页。
② 《清文献通考·征榷考》。
③ 同上注。
④ 《顺治年间征收杂税史料》,转引自《历史档案》1983年第2期。

第六节 清前期的赋税管理制度

一、财税管理体制

清前期的财税管理大权完全集中于中央,财税政策的制定,税收法令的解释,财税管理权限均集权于中央。各地方政府只是负责具体的征收工作,并严格按中央的规定上解或存留,并定期将财税收支情况汇总上报户部,由中央确认,方可核销。

地方政府课征税银,必须严格遵守户部规定。地方存留公费,要得到户部的允准,必须定期按实奏销。

地方每年上报的赋税,必须采用四柱清册式记账,载明旧管、新收、开除、实在数以及起运、存留、支给、协拨数,由巡抚送达户部,户部按新隶而核之,然后汇总呈报皇帝。如一省入不敷出,户部按邻省所报实存数,移文援助,这是清的期财政高度集中的特征。

清前期国家财税与皇室财务完全分立,户部主管国家财税,内务府总揽皇室财务,收支两条线,管理两家人。然而,皇室财务入不敷出时,还是由国家财税调拨解决。

二、赋税管理机构

清前期的税收管理机构,在中央设有户部,户部总司国家财税,职掌天下的田亩、户口之籍,统理经费收支及发布财政赋税之政令。户部下设十四清吏司、宝泉局、井田科、俸饷处、现审处、饭银处、减平处、捐纳房、监印处、则例馆等机构。

十四清吏司,分掌各省民赋钱粮收支,同时兼理八旗诸司廪禄、军士饷糈、各仓盐课、钞关杂税。中央在地方的财政专司机构有漕运、河道、盐正和织造等。

皇室财务由内务府总揽,下设广储、会计、掌仪、都虞、慎刑、营造、庆丰等七司。

清前期地方税收管理机构,各省有总督、巡抚职掌一省民政、军务、粮饷及茶马事宜。各省设布政司,职掌一省之财税,总司全省财赋钱谷之出纳,及时汇总全省户籍、税役、民数、田数，上报户部。

各省还设有督粮道、盐运使。各商埠口岸还设有课税局，负责征收关税、盐税及商税。

府的行政长官为知府，职掌一府之政令，总核所属州县之赋役。下设府大使、仓大使、宣课司大使、税课司大使，主掌财税事宜。

县的行政长官为知县，职掌一县之政事及财事，县丞、主簿分掌钱粮、马政、税课及户籍诸事。

三、赋税管理方法

（一）赋税册籍

顺治三年，清政府在万历旧籍的基础上，编纂了《赋役全书》，并颁行天下。同时，"每州县各发二部，一存有司查考；一存学宫，令士民检阅"[①]。

《赋役全书》内容包括，各地的地亩、人丁原额、逃亡人丁、抛荒地亩数、开荒地亩及招募人丁数，赋税的实征、存留数等。"凡征收、完纳、解运、支销、考成、蠲免诸法，悉据此书，用垂永久"[②]。

为了加强赋役管理，清前期除了编制赋役全书外，还颁行有赤历册、流水簿、会计册、奏销册等。

赤历册：是省级财税机关稽核各地官府钱粮的册籍；流水簿：是州县记载日收钱粮的簿籍，每岁送司磨对；会计册：是备载州县正项本折钱粗数和钱粮起解到部日期的册籍。奏销册：是各省详列钱粮起运存留、拨充兵饷，办买颜料等数字上报户部核销的册子。

（二）田赋征收方法

清前期田赋征收方法，主要有下列几种。

1. 易知由单法

"由单"即纳税通知单，官府在征税前，先将列有税率、应纳钱粮及欠交钱粮数等的由单发给纳税户，民户按由单上所列款项，户按期完纳后，发给"截票"，亦称"串票"。官府于钱粮入库时，在"截票"中间盖以"钤印"，就印字中分为两联，官民各执其半。

2. 截票法

---

① 《清朝通考》卷一。
② 《清世祖实录》卷八十三。

康熙二十八年定制三联串票，一联存官府，一联给差役，一联交纳税户。雍正三年，实行四联串票；至雍正八年又改为三联。

3. 滚单法

当时征收钱粮，官吏往往私行科派，其名不一，于是设滚单以杜其弊。每里以五户至十户为一单位，限用一单，单上注明纳税人姓名、应纳税额等，滚单发给甲首，依次滚催，自封投柜，不交或迟交者，予以严惩。

4. 顺庄编里法

其法主要是据田定户，依户征税。如有田者立为数户，应归为一户；原为一户而实系数人所有者，则应各户分立；有人未卖田亩，而移写于他处者，于收粮时令其改正；人居本县，田在他县者，应依本籍之名，另立限单催输。这是为防止漏税而设立的一种方法。

5. 张贴榜示法

雍正年间，诏令各总督、巡抚，布政使饬州县官每年将各乡里税银完欠之数，呈送总督，据实张榜公布，让百姓周知。如有中饱私囊者，许民执串票具控。

四、库藏

清代的库藏，实行分类分库核算和管理，组织、运行与指挥系统较为完善。库藏制度有中央库藏与地方库藏之分，其中中央库藏又分内府库藏和户部库藏，前者为皇室内库，后者为国库。地方库藏既有按省、道、府、县设置的官库，也有按粮、银、盐、茶设置的专库。

（一）户部库藏

户部库藏为清代国库，户部设三库，其一为银库；其二为缎匹库；其三为颜料库。所有日计、月要、岁会均由户部直接掌管。

（二）内府库藏

顺治十八年分设缎库、银库、皮库、衣库，计四库。康熙十八年增设茶库、磁库，共六库。

（三）地方库藏

地方库藏主要有：(1) 盛京的户部银库；(2) 直省布政使司库；(3) 粮储道督道库；(4) 盐运使司、盐法道库；(5) 各税务、由都差者有监督库；(6) 州、县、卫、所库。

第十九章

清代后期的赋税制度

第一节 概 述

一、鸦片战争前夕的政治经济概况

自道光二十年（公元1840年）至宣统三年（公元1911年）为期71年，史称清代后期。

鸦片战争前，中国是一个独立的闭关自守的封建大帝国。社会经济形态以土地私有制为基础，个体小农业和家庭手工业相结合自给自足的自然经济占统治地位。自然经济所固有的向心力，排斥社会分工和商品经济的发展，阻碍着社会生产力的发展和资本主义生产关系的出现。特别是骄奢昏庸的清王朝政府，政治腐败，官场黑暗，造成经济崩溃，农村破产，阶级矛盾激化，国势一蹶不振，这一典型的腐朽不堪的封建制度已走到了它的历史尽头。

而在同一时期，经过产业革命后的欧美资本主义国家却迅速的发展壮大起来，为寻求海外市场，攫取更多的财富，沉睡而富饶的中国则成了西方列强觊觎与掠夺的重要对象。然而他们贪婪的欲望，一开始并未如愿以偿，西方工业品的大量倾销，迅速遭到了中国自然经济本能的顽强抵抗，这使中国在中西贸易往来中，始终处于有利的出超地位。中英贸易之间，英国更处于十分不利的入超地位。

西方列强最终明白仅靠廉价工业品是无法敲开中国市场大门的，为达到其卑劣无耻的目的，英国首开罪恶的鸦片贸易。据英国东印度公司的报告，在印度的英国殖民当局的财政收入，约有七分之一来自对中国输出鸦片的利润。鸦片贸易给英国资产阶级带来了血腥的巨额的利润,也迅速地改变了中国对外贸易的出超地位。嘉庆二十五年(公元1820年)就入超360万元,道光七年(公元1827年)入超830万元,道光十四年(公元1834年)入超达1010万元。由于外贸入超扩大,引起中国白银大量外流。自道光四年(公元1824年)至十四年每年白银外流达2500万两;道光十四年至十八年(公元1838年)每年白银外流增至3000万两。据统计,道光六年(公元1826年)后的20年中白银外流达2亿—3亿两。

清代的货币制度,采用银本位制,国家的财政收支完全以银两作为计算单位,大量的白银外流,造成银价腾贵,制钱低贱,不仅直接加重了人民的赋税负担,同时也给国家带来了严重的政治经济后果。清廷上下一片恐慌,国家财政陷入危机。

二、半殖民地半封建社会的形成

清道光二十年(公元1840年)英国以维护鸦片贸易为借口,发动了武装侵略中国的第一次鸦片战争,由于清政府政治上腐朽无能,军事上外强中干,在侵略者的炮舰枪口下屈服了,被迫签订了中国历史上第一个丧权辱国的不平等条约中英《南京条约》。自此,中华民族陷入了灾难的深渊,中国的领土和主权完整遭到凌辱和破坏,中国原有的经济基础逐渐瓦解,以小农业和家庭手工业相结合的自然经济,遭到了欧美资本主义的猛烈打击,然而封建制度却顽固地保持下来,中国城乡的商品经济有一定的发展,新的商品市场和劳动力市场逐渐形成,民族资本得到了一定程度的发展。但由于外国资本、封建制度和官僚资本的压榨和宰割,使其始终不能成为中国社会经济的主要形式。

继第一次鸦片战争后,资本主义列强先后发动了1856年第二次鸦片战争、1883年的中法战争、1894年中日甲午战争、1900年的八国联军战争,每次战争都以清政府的屈辱妥协为结束,并与资本主义列强签订了一系列不平等的条约,诸如中美《望厦条约》(1844年),中法《黄埔条约》(1844年),中美、中英、中俄《天津条约》(1858年),中英、中法《北京条约》(1860年),中俄《瑷珲条约》(1858年),中俄《北京条约》(1860年),中英《烟台条约》(1875年),中日《马关条约》(1895年),以及《辛丑条约》(1901年)。从这些条约中,西方殖民主义者在中国国土上取得开商埠、辟租界、造铁路、办银行、把持海关、掌握治外法权等种种特权,操纵了中国的政治、经济命脉,中国从一个独立自主、自给自足的主权国家逐渐沦为一个由帝国主义势力控制的半殖民地半封建的国家。

三、清后期的社会经济

鸦片战争后,中国的门户被打开了,外国经济势力乘虚而入,随着大量外国商品的倾销,中国自给自足的自然经济日趋瓦解。大量破产的农民和手工业者又给资本主义造成了廉价的劳动力市场,中国的民族资本主义也开始有所发展。而在外国资本的影响下,最终产生了中国官僚资本,以及和外国资本相勾结的买办资本。

西方资本主义列强对中国经济命脉的的控制,突出表现在下述几个方面:

第一,对中国财政金融的控制。西方列强在中国开设银行,发行纸币,垄断中国的国际汇兑,利用中国政府的战争赔款,控制中国的关税、盐税、厘金等,从而控制了清政府的财政和金融。

第二,对中国海关的控制。西方资本主义列强首先攫取了对海关税税率的决定权力,进而夺取了中国海关的行政控制权和税金的分配使用权,从而牢牢地把持了中国的海关。

第三,垄断中国的工业行业。西方资本主义列强先后在中国开企业,办工厂,实行行业垄断,窒息了中国民族工业的生存与发展。

第四,促进买办资本的形成。中国的买办资本是在帝国主义侵略势力下派生出的怪胎,它们既是外国垄断资本的附庸和帮凶,又与本国的封建势力、官僚资本相勾结。

由于民族资本形成于半殖民地半封建这样一个特殊历史时期,它必然要遭到外国资本和官僚买办资本的压制,封建政府对民族工业除给以种种限制外,并课以重税,阻挠其发展。因此,民族资本与帝国主义、封建主义存在着矛盾和斗争,也存在着妥协,但它毕竟代表着中国社会发展过程中一种崭新的生产关系。

第二节 清后期的田赋制度

清后期的田赋,主要为地丁钱粮,包括各种附加仍是当时国家的主要税收来源之一。

一、地丁

咸丰年间，清军在长江下游一带与太平军长期对峙，农村经济遭到彻底破坏。战乱使长江中下游的人口锐减，"居民转徙，十室九空"[①]。江苏松江府、太仓州一带，"连阡累陌，一片荆榛"。"各州县册报，抛荒者居三分之二。"

农民逃亡，土地荒芜，地丁钱粮失额、亏空越来越严重，年亏空低达8.75%，高达21.07%[②]。到光绪年间，赋税"多者所收不及五分，少者亦亏一二分不等"[③]。

面对地丁钱粮失额、短征和亏空，清政府惟一的手段就是加紧掠夺和苛索。"咸丰四年（公元1854年）规定按粮随征津贴，其率为每银田赋一两，加征津贴一两，则增加原额一倍矣。""同治元年（公元1862年），又加按粮捐输，为数180万两，视原数又三倍。""光绪二十七年（公元1901年）所谓新加捐输者，又按亩年捐银100万两，于是四川之田赋为数共350万两，为原数之五倍。"[④] 这不是四川省的个案，其他各省大体也类似。

清后期地丁银迅速增加，还有一个深层次的原因，就是由于鸦片输入，白银外流，形成银贵钱贱的现象。道光十八年（公元1838年）银价每两1600文，到了道光二十五年（公元1845年）银价每两高达2300文。道光十九年，官府征地丁，规定银一两收钱1885文，其后又提高到2000—2900文。十几年的时间，银钱比价几乎扩大了一倍，当然田赋也就增加了一倍，所谓"朝廷自守岁取之常，而小民暗加一倍之赋"[⑤]。

我国封建社会历代田赋在其岁入总额中都占据绝对支配地位，道光年间田赋占岁入总额的比例已在逐渐下降，从80%下跌到60%—70%；光绪初，所占比例不足50%，光绪后期，田赋所占比例已不足15%。这充分说明清后期的财政结构被彻底打破了，田赋在国家财政中的支柱地位已不复存在。

二、漕粮及改折

清后期的漕粮本应包括在地丁钱粮之内，之所以把它与地丁分为两者，是

---

① 光绪《青浦县志》卷六。
② 周育民：《晚清财政与社会变迁》，上海人民出版社2000年版，第75页。
③ 《清史稿·食货志》。
④ 胡钧：《中国财政史》，商务印书馆1920年版，第348页。
⑤ 曾国藩：《备陈民间疾苦疏》，《曾文正公全集》奏稿一。

因为地丁向来征收银两，而漕粮向来在地粮内征收本色。漕粮除正额外，纳漕粮一石，加米数斗，作为漕粮运输途中的损耗，称为正耗。再者，还以船舶修理、河道疏浚等名目附征粮什物，充作漕运经费，叫做漕项。

清后期咸丰、同治年间，漕粮的征收发生了变化，江苏、浙江两省仍输本色其他各省相继将"本色"改为"折色"，即以银两折纳，故称漕粮改折。

按理漕粮既然以银交纳，就无所谓途中损耗和运输经费可言了，但官府依旧按原规定征收。一方面银贵钱贱，决定了持粮者的被剥夺地位；另一方面，还必须折银交纳各种各样的附加"漕项"。漕项具体征收多少，没有确切的数据，但专家认为，一般可与漕粮相等，或多于漕粮①。故而，漕粮改折而银贵钱贱所形成的额外苛索给人民带来的沉重负担。

清后期漕粮征收，肆意浮收，苛索钱粮，莫过于各省、州、县官府及贪官污吏，他们在正额之外，不择手段地加征暴敛，百姓交纳本色漕粮一石，税吏往往加收到三石有零，还要百般地挑剔米色不一，质量太差；至于折色银两，官定银价要远远高于市价，故折色浮收远超本色。如此，百姓就陡增数倍于原额的负担，可见漕粮误国害民之深。

三、田赋附加

鸦片战争后，清政府面对巨额的战争费用、战后赔款和外军的掠夺苛索，原有的财政收入根本无法满足急剧增长的财政支出，特别是太平天国起义，几乎席卷半个中国。国库入不敷出，军事经费告急，清政府最简捷的方法就是转嫁负担，开征田赋附加税捐。清政府还以"分赔"、"摊赔"等名目，把沉重的赔款负担分散给地方。清后期的田赋附加，层出不穷，应有尽有，其名目因时因地而异，这是清后期田赋的一个重要特征。

（一）按粮津贴

咸丰初年，四川等省为筹措兵饷，在局部地区实行借征钱粮。咸丰三年（公元1853年）又"劝谕绅民，按粮津贴，罢借征"②。于是自咸丰四年起，四川省正式规定正项钱粮一两，随粮带征津贴银一两。其后又借口津贴不足，勒索民间随粮捐助饷需，名曰"捐输"。可捐输额究竟是多少，没有统一的标准，少则捐输几两，多者竟达十余两。初为临时加派，其后遂成田赋的正式附

---

① 吴兆莘：《中国税制史》（下册），商务印书馆1937年版，第36页。
② 《清史稿·食货志》。

加。四川省开了头，其后各省纷纷仿行。

（二）亩捐

亩捐主要行于江苏、安徽等省。咸丰三年（公元1853年）雷以諴在江北里下河开办亩捐，以济军饷。其初创时"系按地亩肥瘠，业田多寡，分别抽捐，每亩自八十文以次递减至二十文不等"，次年推行到扬州、通州两府各州县。其后江南各州县多有举办，而且名目越来越多，捐额越来越高。

（三）捐输

捐输亦称按粮捐输，同治元年（公元1862年），四川总督奏办，按其田赋纳粮数强制摊派，一般按钱粮一两加征捐输银二两，但也有加征捐输银三两，甚至四两。其后各省也相继举办，名称不同，用途亦异。

广东有"沙田捐"；江西、浙江等省有"丁漕加捐"；奉天、黑龙江等省有"警学亩捐"；福建等地有"新加粮捐"；吉林有"警学饷捐"；直隶有"警学经费"；江苏有"规复丁漕征价"；安徽有"丁漕加捐"；山东的"地丁改钱征收"等等。除上述以外，各地还有学堂经费、积谷钱，券票捐钱，新政费，自治经费、改良串票，串捐等等。这些附加都是由地方征收，充作地方经费之用。

（四）厘谷

厘谷亦称义谷，主要行于云南，贵州等省。咸丰六年（公元1856年）后，由于钱粮不能照额征收，加之农业收获不过十分之二，即使田赋全数征收粮米，也不足供给本省军粮之用。为了添资军食，官府在田赋之外征收厘谷，税率为十取一二。但实际征收时往往私加至十之四五。由于厘谷肆虐，"民不堪命"，引起民间咨怨。曾一度被迫停征。

（五）浮收与预征

1. 浮收

清后期田赋浮收的方法多种多样，手段极其卑劣无耻。江浙地区的田赋漕粮征收本色，纳米一石算作五斗、六斗，再加"水脚费、花户费、灰印费等，合计之，则二石四五计当一石"[①]，同治二年（公元1863年），李鸿章上疏"苏松太浮赋，上溯之则比元多至三倍，比宋多至七倍"[②]。漕粮浮收，"有数

---

① 冯桂芬：《显志堂稿》卷五。
② 李鸿章：《请减苏松太浮收粮疏》，载《皇朝道咸同光奏议》卷二十七（上）。

倍于正额者"①，各省皆是。

2. 预征

由于太平天国起义的迅猛发展，清政府在东南一带已无法课征田赋，于是只能在其统治区域实行预征。咸丰三年（公元1853年）下诏：令山西、陕西、四川三省的钱粮，即行借征一年。其后，各地借口军饷紧急，田赋预征经常以各种形式出现，实际上借征预征就是加倍课征，后果不难想象。

第三节　清后期的徭役制度

雍正年间实行摊丁入亩，百姓完纳地丁钱粮后，"别无差徭"。官府必需用役时，只能出资雇役，百姓则可应募就役。但是，徭役的存在是由封建社会生产方式或经济运行规律所决定，而绝不是法律制度所能动摇或废除的。

清代自实行摊丁入亩后，官府私派的差徭就从来没有间断过，终清一代亦不能改。而且鸦片战争后，差徭的征派越来越频繁，也越来越沉重。

咸丰年间派定差徭，既要民夫服役，又要交纳银钱和实物②。直隶省"连年用兵，差徭甚重，大户则勒派车马，供支柴草；小户则摊派钱文，拨充长夫"③。

清后期的差徭仍然是名目繁多，如江南地区的河工役，按亩派夫，几乎无岁不役，无役不巨④。云贵地区有"夫马之役，最为民病"，"派夫之外，又复派马"⑤。派夫派马，还派徭钱，"大县制钱五六万缗，小县亦万缗至数千缗不等，按粮摊派，官吏明分"⑥。河南、直隶等省有专职官府的"流差"、"杂差"。

上述就是实行摊丁入亩后的清政府摊派的一些差徭，可见清后期的差徭不比前代轻，可以说是更重了。

---

① 李光璧：《明清史论丛》，湖北人民出版社1957年版，第60页。
② 《清史稿·食货志》。
③ 曾国藩：《曾文正公全集》，奏稿卷二十七。
④ 《宝山县续志》卷二。
⑤ 《东华续录》光绪朝卷五一。
⑥ 《张文襄公奏稿》卷三。

第四节　清后期的工商税制度（上）

一、厘金

厘金是一种商业税，值百抽一，即百分之一为一厘。创行于咸丰三年（公元1853年），但厘金一经开征，其疯狂的聚敛手段，竟改变了中国封建税制的基本结构，并在国家财税特别是地方财税中占据了举足轻重的地位。同时厘金本身所特有的封建性和反人民性，又重创了清代国家以及近代中国社会经济的发展，把腐朽没落的清代政权送上了死亡之路。真是成亦厘金，败也厘金。

（一）厘金产生的背景

自鸦片战争后，清政府在西方列强所发动的一连串的侵略战争中相继败北，半殖民地半封建社会基本形成。西方列强通过一系列不平等的条约，强夺中国多项税收的支配权和使用权。清政府既要开放通商口岸，又要大量战争赔款，原有的独立自主的赋税制度，从形式到内容都发生了本质的变化，这就是厘金制度产生的外部因素。

清后期的财政状况因官场腐败、农业破产、社会动荡而日益恶化，道光二十年后，财政长年处于入不敷出的状况，自道光二十年（公元1840年）至道光二十九年（公元1849年），几乎年年亏空，赤字总额为1200万两[1]。清政府在鸦片战争后十年中，平均每年亏空数为900万两以上，占清政府当时一年收入的四分之一[2]。这是厘金产生的直接内部因素。

当然，清代的商品经济较之前代还是有了很大的发展，民族工商业的进步是我国社会生产力发展的一个标志。自然经济逐渐解体，破产的农民和手工业者被迫走向市场，商品流通范围扩大，使民族资本主义多少有所发展。这些都为开设新税提供了必要的物质基础，厘金产生的客观经济条件已基本成熟了。

（二）厘金的产生

咸丰三年（公元1853年），太平天国起义席卷南方各省，并定都南京，

---

[1] 周育民：《晚清财政与社会变迁》，上海人民出版社2000年版，第67页。
[2] 同上，第69页。

清政府形势危及，急调各省几十万大军，分驻江南、江北大营，围堵太平军，巨额的军饷需求迫在眉睫。自太平军起事，清政府每年军饷开支已达1000万两，占全年岁入的三分之一到四分之一，随着战事扩大，军费支出日趋庞大，财政早已陷入空前的危机，何处才能筹措战费？

当时，清政府刑部侍郎雷以諴正在扬州帮办军务，因部拨军饷未能接济，分摊各省协饷又一直不到，为急筹军饷，他于长江边上设局，对往来船只劝捐助饷，成效颇为显著。但劝捐毕竟是"劝"，并非长久之计，故而采纳了幕僚张江的建议，试行捐厘之法。咸丰三年（公元1853年）九月，雷以諴"始于仙女庙等镇创办厘捐"①，劝谕各镇米行捐输，每米一石，捐钱50文助饷，成效颇为显著。

咸丰四年（公元1854年）三月，雷以諴奏请准在江苏各州县仿行劝办，清政府批准后，立即推广与其他地区，短短六年，捐厘就发展成为一个全国性的筹饷措施，厘金形态就此独立。

（三）厘金的种类

厘金按课税形式可分为两类，即活厘和板厘，亦称行厘与坐厘。行厘属于通过税，征于流通中的货物，课之于行商。坐厘属交易税，征于商货的买卖，课于坐贾。

厘金按课税对象可分为四类，即百货厘、盐厘，洋药厘和土药厘。其中百货厘举办最早，范围最广，收入最大，故所谓厘金，主要指百货厘而言。百货厘在全部厘金收入中，一般要占90%—95%。

厘金按课税地点可分为三类：即出产地厘金、通过地厘金和销售地厘金。

出产地厘金。即课于产地货物的厘金，主要有出产税厘，出山税厘，出境税厘、山产税厘、土产税厘，以及其他各种产地税厘。

通过地厘金。即以商货运输为对象，课于行商的通过税，又称为行厘，是厘金收入的主要部分。有抽课一次二次的，有重复抽课。

销售地厘金。即以商货买卖为对象，课于坐贾的交易税，又称为坐厘。销售地厘金还包括埠厘、门市厘、辅捐、日捐、落地厘等。

（四）厘金的税率

厘，顾名思义即1%，即从价课1%计征。厘金开办之初，尚能顾及这个"法定税率"。相沿渐久，税率就有较大的变化。厘金制度原本各省就不统一，

---

① 《清史稿·食货志》。

史料表明，厘金税率最低为1%，最高为10%，一般都在2%—5%之间。这是一次抽课的税率；如果二次抽课，那么税率就得翻翻；如果是五次抽课，十次抽课，税率又是多少呢？

关键是设卡问题，清代厘金制度不统一，局卡系统更为复杂。各局卡分属不同的部门，彼此之间存在利害关系以及经济利益冲突，所以"逢卡即抽"绝不在少数。这种竞争性征收的结果，其危害性是可想而知的。

（五）厘金的征收制度

厘金的征收一般采取两种方法：

1. 官征制度

厘金本为地方税种，既无全国统一的制度，也无全国统一的机构，一般都由各地官府设立局卡，由各省总局颁布厘金税章，列举应税货物及应纳税额，自行负责征收与管理。相互之间各自为政，地方色彩甚浓。厘金收入除以一定的数额报效朝廷，大部分由各省自行分配。

2. 包缴制度

由同业商人承总认定本业商货捐厘总额，并负责征收缴纳，称之为"认捐"，或由非同业商人承总包纳该业捐厘总额，并负责征收缴纳，称之为"包捐"。

（六）厘金的收入

清代厘金的收入数额，或许很难有作一个精确的统计。厘金原本就是地方税，各省各行其是，尽管咸丰七年开始，户部议准按季造报，但各省有的报，有的不报，再加之计税货币不一。因此，要获得一个准确的统计数据非常困难。根据近代厘金史专家罗玉东先生的研究成果与同一时期岁入相比较，基本可知光绪年间厘金收入一般占到全部岁入的18%左右。

据不完全统计，咸丰三年厘金收入为9000两。光绪十一年（公元1865年）为1400万两，光绪十七年（公元1891年）为1600万两，宣统三年（公元1911年）厘金预算收入达4318万两，短短的50年，厘金收入增长了千倍。故厘金与田赋、关税、盐税一起构成了清后期财政收入的四大支柱。

（七）厘金的弊害

1. 关卡林立，层层盘剥

厘金税课的怪圈，为国家无制度，各省有法度，国家无章程，各省有规定。厘金征课各自为政，行政系统层层设关；部门系统重复置卡。水陆通衢、南北要道，税网不漏。商旅货运，逢关纳税，过卡抽厘，层层盘剥，多重课征，不仅人为地阻碍了商品货物的流通，也严重地摧残了刚刚活跃的商品经济。

2. 贪官污吏中饱私囊，商民负担雪上加霜

厘金征收没有统一的法度，各省任意征收，厘金收入除以一定数额报效中央，剩余部分即由地方自由处置。地方所得又不列为正式收入，其中绝大部分被地方官吏，假公济私，捞进个人腰包。人民视厘金如虎狼恶魔，它给商民带来了沉重的负担和无穷的灾难。

3. 厘外加费，私索商民

在征厘过程中，几乎每一道手续，都会伴随一种规费，故厘金之外还有各种名目的规费，以苛索商民。诸如：挂号钱、划子钱、验船钱、查货规费、灰印钱、浮收折价、出票钱、验票钱、补捐等。这些都是假借征收手续，而索取的规费，上卡纳，下卡补；前站缴，本站补；名目繁多，不一而足。

4. 厘金的封建性与反人民性

厘金的萌发，就是地方官吏与封建势力相勾结的产物，它自始至终是各地自行筹款的主要途径，表现出极大的封建地方割据性。厘金产生的直接原因和全部效用就在于军费开支。因此，厘金的本质具有浓厚的封建性与反人民性。它是半殖民地半封建社会形态下孕育出的怪胎，是一个典型的恶税。

二、关税

清后期的关税分为常关税与海关税。

鸦片战争失败后，按中英《南京条约》规定，清政府被迫开放五个通商口岸，并设立了新海关，于是原来统一的税关被分为两部分，即把管理进出口贸易的税务司署称为新关或洋关（即海关），把仍在国内课征货物通过税和船税的关卡，称为旧关或常关，故而有常关税和海关税之分。

内地常关沿袭清前期，仍然按照收入划分为户关和工关，户部主管户关，收入解交国库。工部主管工关，收入供修建战船、粮船以及修缮费用。

常关税应该是一个独立性地方性较强的税种，怎么说都与西方列强无关。但是，光绪二十六年（公元1900年）清政府所被迫签订的《辛丑条约》，不得不将将距洋关50里内的常关移交海关税务司管辖，其收入作为庚子赔款担保，就此帝国主义直接染指中国常关。于是常关又有了距海关50里内常关与距海关50里外常关的区别。

（一）常关税

常关税属内地通过税，主要课于通过常关的货物，即衣物、食物、用物、杂货等四类，另于通航之处，兼收船税。

常关税的税率按《户部则例》规定从价5%计征，但这一官定税率从未认真执行过，均由各常关自定税率，随意苛征。

常关税于正税之外，尚有各种附加，如盖印费、单费、验货费、补水费、办公室费等，附加有的为正税的10%，有的却高达正税的几倍。

常关税虽订有税率，但清政府却要求各关按下达的定额征收，以确保国家的赋税收入。各关必须按定额上解中央，倘若上解不足于定额，则由该关负责赔偿。如果常关收入超过定额，则有溢额，主管官吏可恃功升官，更可以中饱私囊。

常关税收入，清初约为100万两左右，乾隆十八年（公元1753年）定额为402万两，道光二十九年（公元1849年）增至470余万两。后因洋关设置增加，常关收入日渐减少，光绪十一年（公元1885年）常关税收入为240余万两。此后就一直维持在250万两左右。

（二）海关税

1. 中国关税自主权的丧失

鸦片战争失败后，1842年清朝政府在英国的炮舰威胁下被迫签订的中国历史上第一个屈辱的、不平等的《中英南京条约》，并按条约规定开放了广州、福州、厦门、上海、宁波五处通商口岸，并于这些口岸设置了新海关，自此中国的大门被打开了。道光二十三年（公元1843年）订立《虎门条约》，并同时签订了五口通商章程"海关税则"。这是中国关税自主权丧失的开始。随着一系列不平等条约的签订，清朝政府开放的通商口岸达到48处，在全国形成了一个新的海关体系。

咸丰三年（公元1853年），上海小刀会起义，英、美、法三国乘机夺取了上海海关行政权，次年成立了关税管理委员会，同时，清政府对西方各国的战争赔款转为外债，并以关税抵押，就此中国的关税自主权丧失殆尽。

2. 所谓"协定关税"

英国参与清政府1843年海关税则的制定，并不是《南京条约》所给予的不平等条约特权，而是这件事本身开启了"协定关税"的先例。1844年所签订的中美《望厦条约》正式将协定关税的条款订入了不平等条约，中国就此被套上了协定关税的枷锁。

1843年7月22日公布施行的《海关税则》分出口货为12类，61个项目；进口货为14类，48个项目，均采用从量征税的原则，即绝大部分进口货物的税率是值百抽五。

3. 中国关税管辖权的丧失

按《南京条约》规定，英国商人交纳货税、钞饷，由英国驻各口岸领事负责收纳，再由领事转交中国官府。其后"望厦条约"、"黄埔条约"都延伸了这一规定，据此，外国商船不必向中国申报，即可闯入中国港口，其船只吨位的大小，货物的多少，由外国领事函告中国海关。

咸丰三年（公元1853年）九月，上海小刀会起义，占领了上海。当时清廷派往办理海关事务的上海道台吴健彰躲在租界内，英、美、法三国领事趁火打劫，迫使吴健彰于咸丰四年与他们订立了上海海关的协定，其主要内容就是由英、美、法三国各派一人组成上海海关税务司，并由他们接管海关大权。咸丰九年（公元1859年）英国人李泰国接任为"海关总税务司"。中国海关管辖大权，自此全部落入外国侵略者之手。

4. 海关税

清后期的海关税，分为进口税、出口税、子口税、复进口税、船钞和洋药厘金六大类。

（1）进口税。进口税是海关对国外货物进入关境或国境时所课征的关税，亦称输入税。

根据道光二十三年（公元1843年）公布的《海关税则》规定，进出口货物均采用从量征税，税则列举的货物，按规定的税率征税；税则未能列举的，则从价计征，"值百抽五"。也就是说洋船到货，先对货物估价，货价确定后，十年不得变动，依价计税。在银贵钱贱、税率和征税价格不变的情况下，所谓值百抽五的税率，实际上还不足2.5%，致使清政府关税收入蒙受了巨大的损失。

同时，《海关税则》表所列货名是十分有限的，此后新增进口货物就一律按值百抽五原则来定税率，这是偷梁换柱的"协定"，更是明目张胆的胁迫。

故而光绪二十八年（公元1902年）重新议定税率时，除一小部分从量不便之货仍从价5%计征外，其他一律改为从量计征。光绪十八年的进口税收入，据统计为459万余两，远远低于出口税的825万余两。

（2）出口税。出口税是海关对本国货物输出关境或国境时所课征的关税，亦称输出税。

按《南京条约》规定，出口税与进口税一视同仁，即值百抽五。由于进出口税率相等，进出口货物同等征税，显然不利于中国商品的外销，削弱了本国商品在国际市场上的竞争能力。另外，出口税不仅课于国内出口货物，同时也课于国内转运其他口岸与商埠的货物，当然外国商船载货转运，也同等课税。这是貌视公平，实际是对外商的袒护。光绪十八年出口税收为825万余两，几近进口税的一倍，约占当年全部关税收入2268万余两的32%。

（3）子口税。子口税属国内关税，即指进口洋货运销中国内地或出口土货从内地运销国外，除在口岸缴纳进出口税以外，另缴2.5%的内地过境税，以代替沿途所经各地关卡应征的税。当时称海关口岸为"母口"，内地常关或和税卡为"子口"，故把这种一次性缴纳的过境税称为子口税，又因其税率为进出口税率的一半，故又称"子口半税"。进口洋货的子口税和出口土货的子口税均在海关缴纳，故子口税仍属海关税体系。

子口税政策实行后，外国商人为拓展在中国的业务，委托买办商人代购代销，并向中国商人出售子口半税权，使清政府的关税收入遭受更大的损失，也为帝国主义的经济侵略打开了方便之门。

（4）复进口税。复进口税亦称沿岸贸易税，或"复进口半税"，这是指海关对外国商人购于内地的土特商货从一个通商口岸转运到另一个通商口岸所课征的国内关税。税率与子口税相同，为进口税率的一半，故亦称复进口半税。复进口税原规定由起运口岸完税，同治元年（公元1862年）改为抵达口岸完税。

复进口税的开征，明显优惠外国商人，同一内地土货，同在中国境内运销，外商一次缴纳复进口税后，免征厘金，华商则逢关征税，过卡抽厘。故复进口税保护了外国资本的利益，保护了外国商船在中国沿海的自由贸易权。

（5）船钞。船钞是海关对往来船舶所课的税，因其按船舶吨位计征，故又称吨税。船钞始征于康熙二十八年，其后由于西方列强染指，税额屡有变动。

乾隆十八年（公元1753年），按船舶大小分三等征税，一等船每单位征船钞7.777两，二等船7.142两，三等船5两。道光二十二年，"定洋货税则"将"船钞"分为两极征收，"百五十吨以上，吨纳银五钱，以下吨纳银一钱"①。咸丰八年（公元1858年），《天津条约》规定，150吨以上，每吨征银

---

① 《清史稿·食货志》。

四钱，150 吨以下，每吨征银一钱，一次缴纳后，4 个月内有效。

（6）洋药厘金（洋药税）。洋药即鸦片，初入中国时概称药材。洋药厘金，即海关在鸦片进口时所课征的进口税与运销内地时所征收的厘金。

鸦片战争就是因抵制鸦片输入而形成，战争的结果使鸦片进口量急剧上升。英国政府曾建议清政府对鸦片课税，但遭到清政府的严正拒绝。其后，英国在《天津条约》中，以洋药之名取代鸦片混入进口商品之列，故有"洋药税"之称，税率为"每百斤纳税银三十两"。

咸丰八年，与法定约，鸦片听商贸易，每百斤纳税银 30 两，这是为定约课税之始。根据《洋药税则》规定：每鸦片 100 斤，课税 30 两；洋药厘捐每 100 斤课税 24 两，华商转运内地，即须向洋厘局纳正厘 24 两，耗羡等 8 两；此外，凡经过关卡尚应纳厘。自此，清政府的禁烟政策转变为税烟政策，洋药税也逐年增加。

光绪五年（公元 1879 年），开征鸦片厘金，每百斤进口鸦片征收正税 30 两，厘金 80 两，共计 110 两，税后内地厘金一概免征。此后又大幅度提高了鸦片税率，每百斤鸦片共征税厘 350 两，可重税并未制止鸦片的进口，相反更有利于鸦片在中国的倾销。

洋药税收入，据史载庚子后六年间，年入银为 500 万两，占总岁入 8820 万两的 5.67%。然而，这是一笔令人毛骨悚然的收入，它深深地伤害了中国人民，也严重地破坏了中国民族经济的发展。

5. 海关税收入

自鸦片战争后，随着一系列的不平等条约的签订，清政府被迫开放对外通商口岸，闭关锁国的局面被打破了，外国商品输入和中国原料输出都有大幅度增加，关税收入呈现高速增长趋势。道光二十一年（公元 1841 年）关税收入为 420 万两，咸丰末年（公元 1861 年）为 490 万两，同治末年（公元 1874 年）增至 1140 万两，光绪十三年（公元 1887 年）增至 2050 万两，至宣统三年（公元 1911 年）已达 3600 万两。仅仅 50 年时间，关税收入就增加了七倍多，约占清后期岁入的四分之一，成为其主要税收项目之一。

三、盐税

（一）食盐的产销

清代食盐运销之法，分为官督官销、官督商销、商运商销、"包课盐"等形式。

1. 官督官销

是由官府直接向制盐者收购食盐，并组织运输和销售。官督官销之法充分利用国家资源对盐业的有效配置，自然有其独特的长处。然而，此法皆"因官吏之腐败，弊害丛生"①。其后便实行官督商销。

2. 官督商销

引商，即拥有特许经营权盐商。引商纳税买引，凭引购盐，并在引岸界内指定的区域运销。清前期商销只有引商，自道光年间起，始有票商，并与引商并行，运销之法一度盛行，官府盐课收入也有一定改观。清代官场盛赞官督商销，但也有评说："盐商与官相结纳，贩卖私盐之弊，决不少也"②。

3. 商运商销

普通商人只要交纳一定的盐课，就可获得自由运销与贩卖食盐的执照。官府采用这一方法是因为引商往往唯利是图，热衷繁华富庶的引岸区域，不愿远涉荒凉的穷乡僻壤，而盐是生活的必需品，一日不可或缺，官盐不畅，私盐盛销，于是商运商销之盐也有了"引岸"。官府为了打击食盐走私，取缔私盐之利，增加国家的盐课收入，也可谓一举两得之策。然而，此法实行了13年，就屡生麻烦，盖因商民纳课获取经营权后，乘机大肆购盐囤盐，并运销于食盐高价地区以图暴利。跨界行盐直接破坏了引盐和票盐的专卖区域，严重地冲击了国家的盐政体制，故不得不终止其法。

4. 包课

大凡不能行销官盐而又有土盐可制的边远地区，乃许民自制土盐，以供己用，同时课征以固定的税银，亦称"包课"，或"包课盐"。

（二）盐税制度

清后期的盐税主要有盐课、杂课、盐厘和盐斤加价三个部分。

1. 盐课

盐课亦称盐税正课，这是官府对盐的产制运销所课之税。

正课分为场课和引课。场课是对食盐生产者就场所课之税。纳税人为"盐户"，盐户因制盐方法不同，分为灶户、锅户、井户及滩户，故场课又包括灶课、锅课、井课及滩课。引课是对食盐运销之"引"所课征的税。纳税人为"引商"，引商因行销区域不同，又有边商、内商、水商之分。因引课收

---

① 吴兆莘：《中国税制史》（下册），商务印书馆1937年版，第52页。
② 同上，第53页。

入远远高于场课,故一般就忽略场课而以引课为正课。

清代盐课是从量计征,按引课税,其税率及每引的重量,因时因地而有所不同。自道光二十八年以后,每引盐的税率都有大幅度提高,至宣统三年,税率已是道光年间的三倍多。盐课税率不断提高,是清代盐税收入急剧增长的主要原因之一。

2. 杂课

盐课除正课外,尚有附加,即杂课,所谓苛捐杂税是也。吴兆莘先生研究表明:附加税名目繁多,征收率亦不一定,主要有:(1)领告费银;(2)帑利银;(3)盐业税;(4)缉私费;(5)盐务官署行政费;(6)捐输。此外,至光绪年间,又有土盐加税、行盐口捐、杂捐、商包余利、盐票盐引捐输等名目。

3. 盐厘

盐厘即食盐抽厘,是清后期与盐税征收并行的一项重要的盐课收入。

咸丰年间,清政府为筹措镇压太平天国革命的军费,开征了厘金,于是盐税之外,复征盐厘,按引征税,从量计征。大抵每百斤纳厘银二钱至五钱,亦即每引八钱至二两。盐厘属于厘金的一种,一般大致可分为引厘、过卡厘、私盐厘、包厘、正课厘等类型。

盐厘不同于厘金,它以引岸为标准,受区域的束缚,故盐厘就有入境厘,出境厘,过境厘,境内则落地厘。食盐运输距离越长,越境过卡越多,抽厘次数也越多,盐厘负担就越重。盐厘课征,国家没有统一的制度,各省各自为政,自定政策,自行征收,课厘次数不一,抽厘金额不一,征管手续不一,弊端至深,为害最大。

4. 盐斤加价

盐斤加价,亦即盐引加价,始于清前期雍正六年。嘉庆道光年间,加价有过之而无不及,官府会以各种各样的借口,先"暂增",后定例,盐斤税价就此扶摇直上。

道光年间每引征正课六钱八分六厘,杂课五钱七厘,帑利四钱四分二厘,共一两六钱三分五厘。咸丰、同治年间以军需、加价、生息、汛工、巡费等名义,每引增加一两二分三厘。光绪年间,又以赔款、帑利、商捐等名义,每引增税三两二钱九分八厘[①]。光绪以前的加价,每斤盐不过加增一二文。光绪年

---

① 李文治:《中国近代农业史资料》第一辑,三联书店1957年版,第358页。

间，少则加价二文，多则四文，盐斤加价日趋苛重。清后期有关盐斤加价的史料非常之繁多，就不一一列举了。

上述是为中央政府的加价，各省自然也不甘落后，更会以地方的种种财政困难为由，加价更为频繁。如有所谓"外销盐斤加价"、"外销偿款加价"、"外销浙饷加价"、"外销抵税加价"等名目①。

（三）盐税收入

据史载：清后期的盐税收入，道光二十一年（公元1841年）为495万两；道光二十七年（公元1847年）为750余万两；光绪二十九年（公元1903年）为1300万两；光绪末年，盐税盐厘合计共2400两；宣统三年（公元1911年）盐课预算收入高达4500万两②。从而使政府"筹饷以盐为大宗"，至清代末年，"盐税所入与田赋国税相埒"③。

自此，盐税成为清后期的主要赋税收入，在国家财政赋税结构中占有越来越重要的地位。

第五节 清后期的工商税制度（下）

一、茶税及茶厘

清后期的茶课仍行茶引之法，其后因财政需求扩大，又在不同地区又增设了茶厘、茶捐、落地税、关税等，茶税负担日趋沉重。清后期的茶税制度一般来说可分为三种形式，即茶引制度、以票代引和厘金制。

（一）茶引制度

清后期政府仍行"给引征课"的茶引制度，同时竭力开拓新税源，加强茶税稽查。

咸丰初，规定"每茶十分由局抽取一分五厘。所抽之茶按茶斤例价（每斤合银一钱六分三厘二毫），搭放该处官兵俸饷。

（二）以票代引

---

① 《清盐法志》卷一七七。
② 《清史稿·食货志》。
③ 同上注。

同治年间，左宗棠督办陕甘军务，发现西北茶税税源丰厚，完全可作军饷来源，但因历年积引过多，商人不愿贩茶去西北，茶务停顿有十年之久。于是左氏改革茶税办法，实行"以票代引制"，规定任何地方的商人，皆可领票承应茶务，并发印票 4 万多张，每引 50 道，给票一张，计茶 40 包，每包正茶 100 斤，副茶 25 斤，运到泾阳，压砖成封，共 800 封，合计成封后每引茶 16 封重 80 斤，运入兰州入库，盘查验放行销，折纳正课银 3 两，其他附加及养廉银、捐助银、官礼银一律归并于税厘项下征收，此法定为三年一案。"以票代引"制实行后，西北茶税大增，票数和税款有增无减，收效颇为显著，"茶务日盛"①。此法直到辛亥革命后仍继续执行。

（三）厘金制

鸦片战争后，东南各省均建议将"给引征课"改成设局卡抽税。咸丰九年，江西省定章程设关征抽茶厘、茶捐，"每百斤除境内抽厘银二钱，出境又抽一钱五分有零外。向于产茶及设立茶庄处所劝办茶捐，每百斤捐银一两四钱或一两二钱不等"②。其后，各省纷纷举办名目繁杂的茶厘、茶捐，茶税亦随之飙升。

同治元年（公元 1862 年）改定新章，规定每引共完银三两八分，次年又加捐银四钱。

厘金代替茶税，茶厘则逢关纳说，过卡抽厘，究竟征收多少，无从查考。以盛产茶叶的浙江、安徽为例，茶一引为 120 斤，每引纳课银三钱，公费三分，厘捐银九钱，又公费五分；另捐输六钱，共一两八钱八分。因甲午战后赔款，每引加银三钱六分，内销本地茶，安徽每百斤抽钱百文，浙江抽钱 150 文至 300 文不等，可见，厘金远远超过了课银之例。

清后期茶课收入是多少，未见记载，据估算，乾隆三十一年（公元 1766 年）为 7.3 万两，光绪二十年（公元 1894 年）茶厘收入为 90 万两，比乾隆年间增长了十多倍；宣统三年茶厘预算收入为 307 万两，比道光年间增长了近四倍。可见，清后期茶税收入还是不断增长的。

二、烟酒税

烟酒税是对烟草酒类的生产和销售所征收的一种税。清初禁酒，咸丰十

---

① 《清史稿·食货志》。
② 同上注。

年，才规定直隶烧锅税银，一律到户部交纳。故咸丰后，烟酒税才有所发展。

清后期的烟酒税属地方收入，是地方财政的一项重要财源，没有统一的法制约束。地方政府因经费开支不断膨胀，军费战费与日俱增，惟求之于烟酒税，广开财路，扩大收入。因此，清后期的烟酒税制极为混乱，诸如税目不一，附加不一，课征机关不一，课税标准不一，征收方法不一。征收管理亦无章可循，终清一代，未能理顺。

光绪二十八年直隶酒税岁入60余万两，次年直隶派定烟酒税额80万两，朝廷谕令各省比照派定税额，并通计全国21省总共派定税额银640万两。

三、矿税

清代有鉴于明末矿利荼毒亡国，对开矿极为谨慎，直到嘉庆年间，其基本政策一直不变。

道光后期，开矿之禁大弛。咸丰年间，为筹措军费，政府转向奖励开矿，一时矿务大兴，各路煤矿、铁矿纷纷试办。同时，随着社会经济的发展，对矿产品需求甚为迫切，民族工业兴起和洋务运动中发展起来的近代大工业，都需要煤铁等矿产原材料，开矿业从而得到了较大的发展，不仅官府、民间参与开矿，而且还采用招商集股的方法开矿。

清后期尽管大兴矿务，但官府始终没有出台完善的矿税制度及矿税政策，直至光绪二十四年（公元1898年）公布《大清矿务章程》，规定矿税分为"矿界年租"和"矿山出井税"，前者属于矿区使有费，后者类似产品税，但该章程根本没有执行。故各地矿税，自定章法，终清一代，矿税极其杂乱，变化无常。

光绪二十九年，外务部议复办矿章程，其一就矿征税；其二金、银、铜、铁、锡、铅各矿分交押课银，大者600两，小者200两；其三并令值百抽五升课[①]。

光绪三十二年，商部咨各省之规定：请领探矿执照，每纸缴银500两。请领开矿执照，10平方里内者，应缴照费100两；多1平方里加费10两，以3000平方里为限。

清后期的矿税岁入情况，因没有正式史料记载，故不能采用。

---

① 《清朝续文献通考》，商务印书馆1937年版，第7990页。

四、当税

当税为清代所创设,当铺除纳当税,还交贴捐,是一种营业税和营业执照费合并征收的定额税。同治年间,新设当铺较多,业务发展也较快,然而均未领帖纳税。光绪十一年(公元1885年)下令当铺无论资本规模大小,一律捐银100两,遇闰年增加8两,其有自愿领帖纳税者免捐。光绪二十三年(公元1897年),户部确定各省当铺每户每年纳税五十两,其他苛捐杂税、使费陋规,一应禁革①。但各省各自为政,自立政策、自主征收,这一政令出不了京城。

五、契税

契税是对买卖和典当所订契约而课征的税,课税范围主要是田房买卖或典当契约,故又称田房契税。

清后期的契税,承袭前制,但各省税率不一,课征方法也不同:有的买契从价每两收九分,即9%,典契从价半额征收,即4.5%;有的买典两契等额征收;有的正税之外,还有附加,更有杂项。故契税扰民极深,引起各方抱怨。

宣统三年(公元1911年)为统一全国契税,制定《契税试办章程》,买契一律征收9%,典契征收6%,其中买契的3.6%,典契的4.5%作为中央收入,其余留给地方,并严格禁止各项附加。然而,各省地方政府认为,该项章程,难以接受,因此并未真正实行。

清后期的契税收入,有人估计,庚子以前的六年(公元1894—1900年)岁入银为11万两左右。庚子以后的六年(公元1901—1906年)岁入银为160万两。

六、牙税

清后期的牙税分为帖费与牙捐。帖费是牙行向官府领取牙贴所交纳的费用,属营业执照费;牙捐是按年交纳的正额牙税,属营业税。

牙贴,初时由州、县发给,后改由户部限额颁发,每五年换发一次。牙贴费按牙行资本及经营规模纳银,一般为150两至1000两。收入解部。

---

① 《清朝续文献通考》,商务印书馆1937年版,第8035—8036页。

牙捐税率，各省不同。如江西牙捐，上则纳银三两，中则纳银二两，下则纳银一两；又如湖北上则纳银二两、中则纳银一两、下则纳银五钱。偏僻乡邑上则一两、中则五钱、下则三钱。有关牙税的史料甚少，只能简单概括。

七、房捐

裴世安先生在其《房捐考略》中追述了房捐的来源，他说："1840年鸦片战争以后，在帝国主义霸占的一些大城市的租界内，借口充裕巡捕房经费，先后强行开征房捐，这才是近代房捐史的源头。"[①] 同时，他认为清代房捐是抄袭了租界的办法。

光绪二十四年（公元1898年），户部规定房捐章程，并通令各省，凡租赁房屋，按其每月租金课税10%，房东、房客各承担一半。为简化征税手续，每月由房客先交纳全部房捐，然后从房租中扣除房东的负担额。至于居住自有房屋者，则比照近邻出租房屋的租金，同样课税10%。

光绪二十七年（公元1901年）《辛丑和约》签定后，各省因分摊庚子赔款，于户部协议开征事项，乃将房捐章程付诸实施。但各地执行不一，更是无章可循。

八、印花税

印花税是对书立、领受应税凭证的行为所征收的一种税。

我国引进和实施印花税，前后整整花了16年的时间，到真正推出印花税时，大清王朝已不复存在了。中日甲午战争失败后，签订和议，支付赔款。然而，清政府根本无法拿出这笔巨额的款项，御史陈璧上书朝廷，请开征"不病商、不扰民"的印花税，但此建议未被采纳。光绪二十八年（公元1902年），八国联军入侵之战后，财政捉襟见肘，于是再次提议开征印花税，因群臣阁僚反对，又一次搁浅。

光绪三十三年（公元1907年），度支部奏陈所拟《印花税则》及《印花税办事章程》，奏请朝廷颁行各省实施。次年五月，度支部于直隶总督协商，自八月起在直隶省试办。但到了八月，印花税票尚未印就，又加天津商会的抗议和反对，不得不暂时中止。

---

① 《税收史话》，中国财政经济出版社1987年版，第183—184页。

九、土药税

光绪十一年（公元 1885 年）清政府令各省督抚对内地所产鸦片课税，名谓"土药税"。

同治、光绪年间，陕西、甘肃、四川、云南、贵州一带相继种植鸦片，亦称土药。随着鸦片的输入，其昂贵的价格和吸食人口增加的矛盾，使土产鸦片的优势逐渐显示出来，土药的产量与销量越来越大，增长速度越来越快。这是一个巨大的财源，于是土药税应运而生。然而，清廷既立了洋药税规则，却不定土药税制度。故其征收标准及税率各省不一：有从价征，有从量征；每 100 斤鸦片，有课 20 两者，也有课 50 两者。随后，土药税率迅速提高，逐渐与洋药税并列。

光绪三十二年（公元 1906 年）增加土药税厘，"统定税则，无论何省产销，皆定为统捐银（即每百斤土药）一百两，随收经费银十五两（即合计 115 两）"。

宣统三年（公元 1911 年）度支部奏："各省土药拟请比照洋药酌量加税，每百斤征银二百三十两。"土药税收入，据光绪二十九年，户部报告数为 194 万两（不含广东），这个数据显然偏低，据专家估计土药岁入应为 283 万两左右。

第六节 清后期的杂税杂捐

清后期的杂税杂捐，多如九牛之毛，繁如九天之星，偶然发现朱偰先生所著《中国财政问题》一书，详释了这一时期的杂税杂捐，很有参考价值，这里引录如下：

一、杂捐[①]

清季在杂税而外，又兴办"杂捐"。初，咸、同军兴，需款孔急，而田赋之经常收入，又因此蹂躏所及，税入减少，遂兴杂捐，以佐军需。事平以后，间多罢免。至光绪、宣统之交，兴办学校及警察，大吏往往责令各县筹款开

---

① 参见朱偰：《中国财政问题》，商务印书馆 1934 年版，第 58—61 页。

办，于是杂捐一项，乃征及日常琐屑之物，苛捐杂税，一时并作，民间不胜其扰矣。各省仅有统计的杂捐简述如下：

顺天府有杂捐一项；直隶有九项；奉天有三十余项；吉林有二十余项；黑龙江有十余项；山东有五项；河南有十二项；山西有十六项；江苏有十六项；安徽有四项；江西有八项；福建有七项；浙江有八项；湖北有七项；湖南有七项；陕西有九项；甘肃有三项；新疆有八项；四川有三项，县级更多；广东有九项；广西有七项；贵州有十七项；云南有各种零星杂捐。"杂捐"起源，或由于咸、同军兴之际；或由于各省认摊庚子赔款。流弊所及，几近无处不税、无物不捐，而始作俑者，则为钱江抽厘之议。当时虽便于筹饷，而后世则遗害于无穷矣！

二、杂税①

在厘金而外，更有各种杂税。名目复出，性质不一，统名之为杂税，各省仅近有统计的杂税简述如下：顺天府有杂一项；直隶有四项；奉天有二项；吉林有三项；黑龙江有六项；山东有二项；河南有五项；山西有五项；江苏有三项；安徽有二项；江西有六项；福建有六项；浙江有十项；湖北有四项；湖南有二项；陕西有三项；甘肃有九项；新疆有七项；四川有十一项；广东有十六项；广西有六项；云南有七项；贵州有六项。

由上视之，可见税目纷繁，性质亦千差万别，由营业税、消费税以至通过税、产销税不等。此种杂税来源，多不可考，然大致发生于咸丰军兴以后。

第七节 清后期的赋税管理制度

一、清后期的赋税管理的性质

清后期税收管理的本质特征，就是具有半殖民地半封建的性质。这是中国封建史上的任何一个王朝都不能容忍的，但在西方列强的炮舰下，腐败的清政府别无选择。其半殖民地、半封建的赋税管理，主要表现在下述几个方面：

---

① 参见朱偰：《中国财政问题》，商务印书馆1934年版，第55—57页。

（一）地方政府的税收管理权限日趋膨胀

鸦片战争后，"疆吏以就地筹饷之结果，地方财政，始有渐趋独立之势，而督抚之权亦寖重。今各省成尾大不掉之势，即此地方财政独立有以贻之也"①。寥寥数语，入木三分。

（二）清政府丧失了独立自主的税收管理权

自清政府签下中英《南京条约》始，仅仅 50 年时间，就与帝国主义列强签订了一系列不平等的条约，西方殖民主义者在中国境内取得了政治、经济等种种特权。特别是中国海关的总税务司一职居然由英国人把持了近 40 年，成为我国海关至高无上的独裁者。由此而延伸出的所谓"协定关税"，50 里内外的常关税、战争赔款善理以及厘金制度、茶税制度、杂税制度，无论哪一项赋税都浸透了中国人民的血汗以至生命，都潜藏着西方殖民主义者的嗜血阴影！

二、税收管理机构

清后期中央财政管理机构仍为户部，其职掌天下之经费，国用之出纳。十四清吏司分稽各省民赋收支奏册之事。各省设布政使职掌一省财赋之总汇。

咸丰十年十二月，创立总理衙门；咸丰十一年设置总税务司，属总理衙门管辖。职掌各海关征收关税及全国关税行政之事。所属各海关设税务司，各关主要官员均为洋人。

光绪二十九年三月，设财政处，职掌全国财政税收筹划事项。光绪三十二年，并入度支部。光绪三十二年四月，设税务处。

光绪三十二年七月改户部为度支部，下设承政厅和参议厅及十司一库，即田赋司、漕仓司、税课司、筦榷司、通阜司、库藏司、廉俸司、军饷司、制用司、会计司和金银库。

皇室财务由内务府主管，"府内设有广储与会计两司，广储司下设六库"。上述是中央两大财税管理机构。

此外，中央还设有盐政院，主管全国的盐政。宣统元年，设督办盐政处，整顿盐务。宣统三年，又将盐政处改为盐政院。

三、中央与地方的财税关系

清后期的财税属君主专制下的中央集权制财税，国家财税与地方财税是合

---

① 萧一山：《清代通史》，商务印书馆 1928 年版，第 414—415 页。

而为一的,即中央一级制财税,不存在地方财税。全部的赋税,都是国家授权地方征收,然后直接向中央解款,或解部备拨,或解存各省布政使库备用。

国家在各省设置了布政使,以专职管理一省之财税。那么,中央与地方的财税关系就直接反映在布政使一职上。

清后期的财税主管机关,在中央为户部,在地方则为布政使。户部听命于皇帝,各省督抚系皇帝的特命全权大臣,而布政使直属督抚领导,与户部没有行政隶属关系。因此,户部无法过问或干预地方财政,更无权节制或监督各省布政使。

鸦片战争后,中央权力下降,地方势力上升。赋税的征收、调拨、上解,则完全在督抚的统一指挥下进行。如果中央能控制地方政府,则财税为中央集权制;如果中央大权旁落,地方各自为政,则为地方分权制。如此,高度中央集权的财税体制逐渐趋向瓦解。

四、库藏制度

清后期总司国家财税者为户部,"户部设三库:曰银库,曰缎匹库,曰颜料库。银库为全国财赋总汇","缎匹库专管各省所输之绸缎布丝棉线麻之属。颜料库专管各省所输之铜铁铅锡朱砂黄丹等物"[①],"京师及各直省皆有仓库",京师有十五仓,"各省漕运,分贮于此。直省则有水次仓七","省会至府、州、县,俱建常平仓","乡社设社仓","市镇设义仓,东三省设旗仓,近边设营仓,濒海设盐义仓"[②]。由此可知,清后期的仓储制度还是比较完善的。

清末的库藏制度最大的变化是清政府试办户部银行。

光绪三十一年(公元 1905 年)户部银行正式成立,三十四年(公元 1908 年)户部银行更名为大清银行。清政府赋于该行经理国库事务,主管国家一切款项,并代理经营管理公债证券和纸币发行等职权。宣统二年,清政府又制定了统一国库的措施,国库分总库、分库和支库三种,总库设于北京,分库设于各省,支库设于各地。国库由大清银行经理,国家财政收支均按规定汇总于国库,因此时清政权已摇摇欲坠,各省官吏各自为政,国库制度亦未能执行。

---

① 刘秉麟:《专管财政小史》,商务印书馆1931年版,第65—66页。
② 《清史稿·食货志》。

第八节 太平天国的税收制度

一、太平天国时期的政治经济概况

咸丰元年（公元1851年）爆发的太平天国起义是中国近代史上一次伟大的农民革命运动，其规模之大、时间之长、影响之深是中国农民革命史上所罕见的，在短短3年时间里，革命的风暴就席卷了大半个中国，于咸丰三年定都南京，建立了新型的革命政权，向世人宣告了被压迫被奴役的中华民族的觉醒，宣告了他们的高昂的斗志和血战到底的民族气概。

太平天国定都南京后，就立即颁布了一个包括政治、经济、军事、文化等方面的革命纲领，即《天朝田亩制度》。这是一个以土地问题为中心的纲领性文件，也是太平天国的根本大法。其核心思想就是废除封建土地私有制，建立一个"没有剥削、没有压迫、人人平等"[①]的理想"天国"。它所提出的"有田同耕，有饭同食，同衣同穿，同钱同使，无处不均匀，无人不饱暖"[②]的革命性方案，充分的反映了广大贫苦农民渴望得到土地，摆脱被剥削、被奴役的强烈愿望，反映了他们为获得平等和解放的一往无前的革命精神，这一纲领的反封建性和革命性是非常坚定的。但是它毕竟是空想农业社会主义，是无法实现的，那是农民运动的历史局限性。尽管这次革命为中外反动势力的强大联盟所绞杀，但是，太平天国的英雄们，为了自身的解放和民族的独立，纵横沙场几千里，浴血奋战数十年，点燃了中华民族反帝反封建的火种，留下了无数可歌可泣的动人事迹，在中国人民革命史上书写了辉煌的一页。

二、太平天国的税收制度

太平天国的税收制度主要由田赋、工商税和杂税杂捐构成。

（一）田赋

田赋是太平天国的主要税收来源，在《天朝田亩制度》无法实施的情况下，田赋沿袭清代旧制，仍分为地丁、漕粮两项。漕粮纳米，一年一次，征于

---

① 中国历史学会主编：《太平天国》第一册，上海人民出版社1957年版，第321页。
② 同上注。

冬季；地丁纳银，分上忙下忙，上忙征于夏季，下忙课于冬季。

在太平军统治区域，地主阶级遭到沉重的打击，粮册散失。太平军就改成随田征粮，也称"着佃交粮"。由于战争的机动性，田赋税率各地不一。据史料分析，漕粮多者亩征三斗，少者亩征几升，一般在一斗至二斗之间。

地丁银征收情况，桐乡亩征 700 文；吴江下忙亩征 500 文，上忙亩征 350 文。而太平天国新定的"田赋之制，以男子 16 岁以上 50 岁以下为丁，每定耕田 10 亩，纳赋 3 石 6 斗 6 升，钱 366 文"①。

太平天国田赋虽沿袭清代旧制，但与旧制有本质的不同：首先，在太平天国统治区域里，严格禁止额外浮收。其次，太平天国对遭受旱涝灾荒袭击的中小农户，视灾情轻重而给予不同程度的减免。

总之，太平天国的田赋负担远比清政府时为轻，不仅打击了地主阶级，保障了贫苦农民的利益，同时还有力地支援了前方战争，这是太平天国革命之所以能在艰苦的条件下转战十八省，坚持长达十余年的重要原因之一。

太平天国后期，由于军事失利，统治区域日益缩小，田赋收入已无法满足军政需要，于是也开征了一些田赋附加，主要有下面几种：

（1）田捐。按田亩向农民课征，每亩每日一文，三个月至半年征收一次。

（2）田凭费。土地所有者向太平天国政府领取田凭、地契时所交纳的费用，每亩 60 文至 1000 文不等。田凭每年换发一次，故田凭费每年交纳一次。

（3）火药捐。即制作火药费用的田赋附加，按亩征收，每亩 70 文或每亩米 1 斗。

（4）海塘费。对海塘沿岸州县征收的供修筑海塘的一种临时性田赋附加，每亩 400 文至 1500 文不等，税额各州县不一。

（5）柴捐。即按亩征收的地方杂税，每亩地 10 天派柴 5 斤，也可折钱缴纳，每斤 3 文。

（6）局费。这是为了满足地方政府开支而课于地主大户的一种田赋附加，税额各地不一，征收方法是随田附加或按户派捐。

（二）工商税

1. 关卡税

太平天国定都南京后，便在各水陆交通要道设关立卡，对往来船只或过境货物所征收的通过税，即关卡税。

---

① 中国历史学会主编：《太平天国》第四册，上海人民出版社 1957 年版，第 438 页。

水道关卡,以船长一丈抽税千钱,所载之货,分粗细货,粗货船长一丈,抽税钱二千,细货倍之。陆道关卡,均以小商小贩的流动交易货物为课税对象,过关纳税,发给凭证,其他关卡不得重复征收,大宗货物除正税外,还要交纳"照单钱",每单100文。太平天国的关卡税,不仅税率低,而且手续简便,一次征收,不再重课。

2. 商税

商税亦称营业税,是太平天国政府对商店和商贩所课征的税收,主要有店凭捐、股捐、月捐、日捐、店捐、客捐、服捐等,大体上可以分为两类:

其一,店凭捐。在太平天国统治区域内,无论是老店经营或新店开业,都必须领取"店凭"才准营业。故而店凭捐实际上就是营业执照税,税额各地不一,一般按其资本大小征收。定为"数千至百数十千(文)"[①]。

其二,股捐、月捐、日捐。这是由坐商缴纳的营业税,一般是按年、按月或按日征收,也有分期缴纳的。此项税收,有郡县政府直接设卡征收,也有乡官局兼收。至于税率,"一般为0.5%—2%"[②]。

3. 手工业税

这是太平天国政府对于手工业生产者所课征的实物税。手工业税的税率为2%的实物征收,征收机关是"总油盐衙"而不是税务部门。

(三)杂捐

太平天国的杂捐,主要有门牌捐、丁口捐、田凭费、房捐、田捐、礼拜捐、柴捐、火药捐、船捐、丝车捐、军需捐、特捐、灶捐等。

1. 门牌捐

太平天国于1853年在天京始行门牌制度,这既是统治区域内的户籍管理,又是百姓拥戴革命的象征性标志。门牌捐,按户征收,但各地标准不一:有"视资材之多寡"[③],有"看其家之大小"[④]。

2. 丁口捐

丁口捐是以丁口作为课征对象的捐税。史籍中少有此捐记载。

3. 田凭费

田凭,即土地所有权的证书或执照。田凭捐,即土地所有者领取田凭时的

---

① 《近代史资料》,1955年第3期,第84页。
② 郦纯:《太平天国制度初探》(增订本),中华书局1963年版,第375页。
③ 《太平天国革命文物图录补编》,群联出版社1955年版,第54页。
④ 《近代史资料》,1955年第3期,第84页。

费用。田凭每年换发一次,田凭费亦每年缴纳一次,定为常例。

4. 房捐

房捐是以房屋为课征对象的捐税。"每日每间三文"或"每间屋每日捐钱七文"①。无论是三文或是五文,如果以365天计算,这不是一笔小数目,负担怎么说都不算轻。

5. 礼拜捐

太平军于1860年攻克溧阳后,开始课征礼拜捐。因规定每七天征收一次,故称"礼拜捐"。但礼拜捐也是在极少数地方征收,未普遍实行。

6. 特捐

特捐,是太平天国对其统治区域内的地主富豪所实行的一种临时捐派,按财产多少而不定期地征收。按其资产多寡而定,"多者数千,少者亦数百"②。这一措施,除了财政作用外,更重要的是打击地主豪强势力,巩固新生的革命政权。

太平天国后期为形势所迫,各项杂税杂捐相继开征,百姓的负担也随之加重。但与日趋半殖民地化的清王朝税制相比,在减轻农民负担,打击地主富豪,维护民族利益等方面,太平天国的旗帜是十分鲜明的。

---

① 郦纯:《太平天国制度初探》(增订本),中华书局1963年版,第388页。
② 同上书,第392页。

第二十章

北洋政府时期的税收制度

第一节 概述

一、北洋政府时期的政治概况

1911年10月孙中山领导的辛亥革命，推翻了清王朝的反动统治，结束了中国历史上沿续2000多年的封建君主专制制度，建立了中华民国。但是辛亥革命的革命成果被窃国大盗袁世凯所篡夺。袁世凯代表了军阀官僚和地主阶级的利益，对内实行反动统治，对外依附帝国主义。自此，旧中国进入了历时15年的北洋政府统治时期。这短短的15年是封建军阀割据混战的15年。是中国半殖民程度日益深化的15年，也是中国近代史上最暗无天日的15年。

北洋政府的统治始于1912年，终于1927年，历时15年，可分为三个阶段：

第一阶段，自1912年至1916年。这是北洋军阀总头目袁世凯发展个人独裁，并在帝国主义列强的支持下，复辟帝制，向君主专制制度复辟倒退的时期。

第二阶段，自1916年至1926年。袁世凯死后，北洋军阀分裂为皖、直、奉三大派系，这一时期基本上是皖系军阀与直系军阀交替统治时期。

第三阶段，自1926年至1927年。这是奉系军阀张作霖和直系军阀吴佩孚联合统治时期。正是在这时期，国民党和共产党合作，进行了北伐战争，北洋政府15年的黑暗统治结束了。

北洋政府的统治，在政治上具有如下特征：

其一，北洋政府是封建军阀的政治代表，而封建军阀则是北洋政府统治的政治基础。北洋政府时期政治格局的变化，无一不与各军阀的军事实力涨落有关。因此，各派军阀无不积极扩充自己的军队，扩大自己的地盘，威慑或消灭对手，凭借武力在政治舞台上获取发言权。

其二，北洋政府是封建割据状态下的政府，从未有过真实意义上的统一。执政的一派，其权力不出自己的势力范围。割据军阀在各自地盘内，行使一切主权，他人不得干预。

其三，北洋政府是帝国主义侵略势力在华的忠实走狗，无论哪一派系军阀充当北洋政府的统治者，都必须得到帝国主义列强的首肯和支持，并积极地为其侵略中国的利益服务。

二、北洋政府时期的经济概况

北洋政府时期，中国经济半殖民地半封建程度更加深化，各帝国主义列强在"门户开放"的政策下，加紧在中国划分和建立新的"势力范围"，它们操纵了中国的财政与金融，垄断了中国的铁路与矿山，瓜分了中国的商品与资本市场，从而控制了中国的经济命脉。

北洋军阀统治下的中国，就这样被牢牢地掌握在帝国主义列强手中，这是中国经济殖民地化程度加深的重要标志。

北洋政府时期，中国农村经济日趋破产。大地主阶级、各军阀集团以及官僚买办大肆地掠夺土地，商人、高利贷者和新兴的工业资本家也参与对土地的兼并。由于土地的加速集中，失去土地的农民迅速增加，农业生产力日益萎缩，随之而来的是广大农民的破产，使中国农业经济遭到了严重的摧残陷，陷于一蹶不振之地。

同时，在土地集中的背后是残酷的地租剥削。北洋政府时期的地租率，一般都在40%—50%，有些地方高达70%—80%，而且"押租"、"预租"等变相的地租剥削也日益风行。由于农业商品经济的发展，货币地租日趋盛行，这就迫使农民转而依赖市场，从而为奸商所乘，他们通过贱买贵卖、囤积居奇等手段，对农民进行中间剥削。由于地主、奸商和高利贷者三位一体对农民的残酷剥削，造成了中国农村的极度贫困，而北洋政府还运用各种财政手段对农村进行搜括和掠夺，加上连年不断的军阀混战，更进一步加速了中国农村经济的破产。

第二节 北洋政府的田赋制度

一、田赋整理

北洋政府沿袭了清后期的田赋制度，并先后多次有所整理。但大都半途而废，故对改善税制，厘定负担，并没有多大成效。北洋政府的田赋整理的主要内容略述如下：

（一）整理地籍

北洋初期，地籍混乱，田亩不实。故北洋政府于1914年筹设全国经界局，并制定了《经界局法规草案》。1915年设立了京兆经界行局，1916年又拟定了《修正调查田亩办法》，经财政部批准后开始试行。同年因袁世凯称帝失败，政局动荡而不得不中止。

（二）归并税目

清后期的田赋科则复杂，税目繁多。故北洋政府逐一按其性质加以归并，又将所有耗羡、平余等名称均经革除，因而税目大减，经归并有地丁、抵补金、租课、附加四大类。然而，税目归并仅仅是简化税制，税额却未有任何减少，相反则有"名为清赋，实则加赋"[①] 之说。

（三）规定银米折价

清后期的田赋，地丁征粮，漕粮征米，为银为米，错杂纷纭。1914年北洋政府财政部为划一币制，改良征收，通令田赋一律改征银元，规定纳银一两，折合银元一元五角。通令发布后，各省阳奉阴违，同意改折，却不同意折合标准。于是各地各行其是、我行我素。

（四）减轻偏重赋额

清末田赋税额，各省各县轻重悬殊，漫无标准，尤以江苏和浙西两地最甚。1919年浙江著名绅士联名呈请核减，财政部批转浙江财政厅办理，经查实稍有减负。"其后江南苏、松、太各县，亦行核减，分三等办理"[②]。

（五）限制征收经费

[①] 梁崇鼎等：《贵县志》卷七。
[②] 吴兆莘：《中国税制史》（下），商务印书馆1937年版，第150—151页。

民初地丁漕粮改折,将清末各种征收费用一律并入田赋正供,至于各省的征收经费,则别图其他方法弥补。1914年财政部通令各省,明确规定征收钱粮,准于正额之外,可以附加10%以内作为征收费用。于是,旧费归并,又增新费。名为限制旧费,实为增加新费。

(六) 确定附加税额

1912年北洋政府厘定税制,划分国地收支,将田赋确定为中央税,但考虑到地方政府可能反对,则规定地方有权征收不超过正税30%的附加税。而地方实际附加往往超过正税的几倍,甚至几十倍。

(七) 整顿屯田田赋

1913年贵州国税厅请示财政部,凡前清所发屯田地券,宜换发新券,以资整理。政府准之,并通令各省仿效贵州实行换存办法。又因屯田大多在清末已经转变为民田,故换券之法并未实行,仍由各省自行整理。

(八) 取消遇闰加征

清代行农历,逢闰月加征田赋若干。民国改行公历,加征就缺乏依据,故于1917年议定取消,以示公平。此外,还有整理税册,厘定征收考成,局部减免措施等,不一一赘述。

二、田赋

中国封建社会经济结构向以自给自足的自然经济为主,农业是国民经济的命脉,田赋是国家财政收入的最主要最基本的来源,历代统治阶级都把田赋列为国家正供,在财政上占有特殊的地位。清末的情况已经发生实质性转变,但田赋占岁入比重还基本维持在25%—34%之间。

北洋政府时期,由于农村经济日趋破产以及工商业的迅速发展,田赋在财政收入中的重要性已经大大降低了,1913年仅占14.78%,1916年占20.58%,1917年占20.91%,1919年占23.19%,1925年占19.74%。可见北洋政府时期,田赋收入比重下降幅度还是比较大的。但是以绝对额来说,北洋政府的田赋收入比清末还是有了显著的增长。据统计1913—1916年,田赋收入数比清末增长了约64%。因此,田赋在北洋时期是仅次于关税、盐税,而居第三位的一项大宗赋税收入。

正因为田赋所占地位的重要性,为确保中央收入的需要,1912年北洋政府第一次厘定税制,划分国地收支时,仍将田赋确定为中央税,"历史上久视为正供，乃仍定为国税"①。

由于农村经济破产、政局动乱以及地方军阀截留田赋，北洋政府的田赋收入急剧下降，但地方田赋岁入却大幅度上扬，各省田赋收入占其总岁入的比重，据统计 1912 年为 23%，1916 年为 49.1%，1917 年为 49.1%，1919 年为 55.6%，1925 年为 52%。地方田赋收入几乎稳坐半壁江山②。总之，田赋名义上是国税，实际上却是地方收入的重要来源。

（一）田赋内容

北洋政府的田赋制度，主要包括地丁、漕粮、租课和差徭，另有杂税和附加等。

1. 地丁

北洋时期的地丁，不仅保留了地粮和丁赋，而且还包括了各种地丁附加及一应杂税杂项，特别是随地丁统征分解的各种新费旧费，也悉数并入地丁正项。故民初的地丁收入远较清末为多，农民的负担也远较清末为重。

2. 漕粮

清末漕粮派征本色，而北洋时期漕粮改折白银，尽管各地漕粮折银标准不一，但有一点是相同的，就是都包括了漕项、漕耗等漕运附加。

3. 租课

租课为官有土地的出租收入。所谓"税则土地为人民所有，租则土地为国家所有"③。民初整顿租课，除部分结转为地方教育专款外，其余全部列入田赋地丁项下一并课征。

4. 差徭

历代就有东南赋重，西北役苛之说。清代差徭更重，民国初对差徭次第革除，改折银元征收。

（二）田赋税率

北洋时期的田赋税率，多随清制，一般按土地的种类、肥瘠分为"三等九则"，不仅不同等级，税率不同，即使同一等级，税率也不相同，差异较大，税负轻重悬殊。

北洋时期田赋税率和税额普遍有所提高。据《中国田赋史》载："民元至

---

① 吴兆莘：《中国税制史》（下），商务印书馆 1937 年版，第 153 页。
② 《田赋会要·田赋史》（下），第 433—440 页。
③ 《日用百科全书》，商务印书馆 1934 年版，第 1637 页。

民十七,则田赋正税率,增加一点三九三倍。"① 河北、山东、江苏、浙江四省自 1922 年到 1928 年,田赋税率税额增幅达到 20%—53%,农民的田赋负担明显加重。

政局动乱,军阀混战,加征田赋几乎是主要的敛财之道,福建省耕地 1923 年前每亩田赋为 2910 文,1923 年始每亩加收教育捐 500 文,为筹军费,又把田赋增加到每亩 2 元,共计每亩要纳捐 5410 文②。加之银钱折合标准不一,以及贪官污吏串通舞弊,百姓田赋负担可谓相当沉重。

（三）田赋征收管理

田赋的征收管理,中央未有统一制度,地方各行其是。一般是各省设立田赋征收机构,各县署设科设局办理。征收办法为,先编制征册,再造钱粮串版,在征收地点设立总柜,在各乡镇设分柜（亦称粮柜）。粮户纳税,先登记到征收挂号簿,再记入征收流水簿,然后在串票上签字盖章,纳税户收取串票以示完税。

这一所谓"串票法"的征收制度,历来受到世人的质疑,串票（即税票）可以涂改,可以重新填写,甚至会自然褪色。这样的税票还能作为法律依据或凭证吗?至于田赋附加,连串票都免了。这给税吏徇私舞弊、贪赃枉法留下很大的空间。据当年上海《新闻报》载浙江财政厅公告,谓县长之吞公款者③,差不多县县榜上有名了。

（四）田赋减免

北洋政府于 1912 年曾颁布了一个减免条例,对遭受到自然灾害袭击的地区,各县署主要官员必须及时去现场查验,作出受灾地区的评估报告,交由财政厅和本省行政长官审核,然后转报中央主管部门备案。

按减免规定:受灾十分者,蠲正赋十分之七;受灾九分者,蠲正赋十分之六;受灾八分者,蠲正赋十分之四;受灾七分者,蠲正赋十分之二;受灾六分、五分者,蠲正赋十分之一。

对减免后的应纳钱粮,采取分年带征的方法:凡受灾十分、九分、八分的地区,分为三年带征;受灾七分、六分、五分的地区,分为二年带征。凡受灾五分以上的地区,准其缓至次年秋后补征④。

---

① 陈登原:《中国田赋史》,上海商务印书馆 1936 年版,第 235—236 页。
② 郑学檬:《中国赋役制度史》,上海人民出版社 2000 年版,第 681 页。
③ 同注①,第 246—247 页。
④ 贾士毅:《民国财政史》第二编,商务印书馆 1916 年版,第 283—288 页。

北洋政府的田赋减免制度，对灾民起何作用，无从稽考。但流弊却不少，有无灾报灾者，有小灾大报者，谎报灾情，中央政府无法一一复核，于是上下勾结，官吏侵吞田赋，富豪减免赋税，各有收益，两相欢愉。真正受灾的是普通百姓。

三、田赋附加

田赋附加是一种随粮带征并进而成为田赋正税以外的附加税，属地方财政收入。1912 年北洋政府厘定税制，划分国地收支，不仅把清末田赋之外的一切附加条目都归并到正税，同时又允许地方有权征收不超过正税 30% 的附加税。所谓整理田赋，限制附加，实际却使附加合法化。

根据当时有关部门的调查统计，就"田赋附加一项，江苏有一百零五种，浙江有七十四种，而江浙科目尤繁，全省各县，竟达七百三十九种。至其与正赋之比例，据江苏灌云县所课之附加，超过正税三十一倍。灶田地亩捐，即大粮附加，各超过正税三十倍。海门县附加超过正赋二十六倍"[①]郑学檬先生指出，附加不断加重主要表现在两个方面：其一附加名目繁多；其二附加超过正税。以山东莱阳为例，1927 年每田赋银一两征收的正税和附加情况如下[②]：(1) 正额 1.80 元；(2) 省县附税 0.40 元；(3) 省教育附税 0.05 元；(4) 河工附捐 0.22 元；(5) 河工特捐 0.66 元；(6) 军事附捐 2.00 元；(7) 汽车路附捐 0.55 元；(8) 县教育附捐 0.099 元；(9) 赈济特捐 1.00 元；(10) 警备捐 0.33 元；(11) 清乡费 0.05 元；(12) 地方公款 0.15 元；(13) 征收费 0.06 元；合计每亩 7.369 元。田赋附加竟然是正税的 3.09 倍。北洋时期的田赋附加不是个案，而是普遍情况。据《田赋附加税调查》载，"田赋附加税名目与时俱增，致有百余种之多，其所征税额日益苛重，竟有超过正税至 20 倍以上者"！

四、田赋预征

为满足日益增长的军政费用开支，北洋政府还实行田赋预征，通过提前征收以后若干年度的田赋和田赋附加，来进一步搜括和掠夺农业劳动者。

田赋预征，初为借垫，其法为地方军阀在各自的管辖区域内，按民户资产

[①] 陈登原：《中国田赋史》，上海商务印书馆 1936 年版，第 239 页。
[②] 郑学檬：《中国赋役制度史》，上海人民出版社 2000 年版，第 681 页。

额的大小,分为若干等级,确定借垫数额,责令团保限期强行转解,并出具收据,明令以第二年税粮担保。田赋借垫之端既开,各地竟相仿效,始成制度。随着军阀混战加剧,支出恶性膨胀,军需更急,借垫日积月累,久借不还,则借垫转为预征。开始一年两征、三征,其后一年四征、五征,最多者一年八、九征,预征已严重失控。

预征最严重的首推四川省,在民国初年已"预征田赋至民国四十一年及六十二年者,且有至民国八十三年者"[1]。也就是说四川已预征到了1952年、1973年和1994年的田赋了。

预征对广大农民实为一场空前的浩劫,是北洋军阀强加给中国农民的一场灾难。

五、兵差

兵差是北洋政府及其各派军阀以军事名义对农民的临时性课征。

北洋政府时期,就是各派军阀在不同列强的支持下激烈混战时期,短短的15年时间,就发动了112次战争,平均二个月不到就有一次战争。而且随着战争升级,战区不断扩大。战争节奏越来越快,战争规模越来越大,则百姓兵差负担日益加重。

兵差包括力役、实物和货币三种形式。所谓力役就是抓壮丁,拉民夫,强迫农村的青壮年运送粮草、弹药、修筑道路、挖掘战壕,乃至充当伙夫、马夫等。对于没有劳动力应差的农户,则强迫他们缴纳一定的实物和货币,由政府雇人当差。故兵差是北洋时期各地大小军阀对农民实行额外剥夺的一种经常性手段。兵差无所谓制度,其本身就是临时科派,故而随意性特别强。

六、土地税

平均地权,是孙中山先生求索民主、建设国家的一贯主张。1905年孙中山先生明确将平均地权列为同盟会土地革命纲领。

土地税就是根据孙中山先生的主张而试行的,即在少数地区把封建田赋改为资本主义土地税,其主要包括地价税与土地增值税。

(1) 地价税,即对私有土地按地价课以6‰的税收。1926年,广州国民政府规定:住宅地按地价课征1%的税收,农田地课税5‰,矿地课税2‰。

---

[1]《田赋附加税调查》,商务印书馆1935年版,第347—348页。

(2) 土地增值税，即以土地增值的实际数额作为课税对象，采用超额累进税率征收。以土地增值额超过原地价 50% 以内，税率为 20%；超过 50% 以上，分级累进，最低税率为 40%，最高税率为 100%。

第三节　北洋政府的关税与盐税制度

一、关税制度

（一）海关税

1. 关税政策变化

中国的关税主权，自签订《南京条约》后就已丧失。辛亥革命推翻了帝制，建立了共和政府。然而，西方列强唯恐他们的在华利益受到损害，以英国为首的"债权"国，借口南北政府对立，提出海关中立，并且要求将海关税收入，暂时委托于总税务司处理，以保护"债权国"的利益。

北洋政府竟然接受了这一无理的要求，成立了"海关联合委员会"，不仅决定了由总税务司代收关税，代付债款，而且还把关税税款的保管权移存于汇丰、德华、道胜等三家外国资本主义银行。自此，中国关税收入的支配权和保管权全部被帝国主义列强所攫取，中国关税被牢牢地置于帝国主义列强的控制之下。

当时，辛亥革命的余威犹在，人民要求关税自主的正义呼声日益高涨。北洋政府迫于全国人民的压力，在 1919 年的"巴黎和会"和 1920 年是"华盛顿会议"上，中国代表多次提出了关税自主问题，但均为西方列强所否决。1925 年，在北京召开的关税特别会议上，中国代表再次提出关税自主问题，西方六国代表不得已作出了在 1929 年 1 月 1 日起恢复中国关税自主，解除协定关税的决议。但这仅仅是承诺，虽有决议而无结果。

2. 关税制度

北洋政府的关税包括进口税、出口税、复进口税（沿岸贸易税）、子口税和吨税。

（1）进口税。进口税亦称输入税，即海关对输入本国关境的外国商货所课征的关税。

进口税实行单一税则，即无论哪国，无论输入何物，一律值百抽五，即税率均为 5%，这是 1842 年《南京条约》规定的协定关税条款，北洋时期依然如故。1917 年 12 月北洋政府发布国定关税条例，规定新的进口税率，即奢侈品从价征收 30%—100%；无益品从价征 20%—30%；使用品从价征 10%—20%；必要品从价征 5%—10%。并规定这一税率只适用于未与中国签订条约的国家，签有条约的国家仍按原税率执行。由于总税务司认为税率繁杂，不易记账，拒不执行。1919 年银价下跌，折合现行关税税率仅为 3.8%—4.5%，为此，北洋政府提出提高税率以抵消银价下跌所造成的损失，1922 年经西方列强许可，修订了税率，以保持下跌前的关税收入。

(2) 出口税。出口税亦称输出税，即海关对输出国外的本国商货以及经海港输往国内其他地区的商货所课征的关税。也就是说国内商货经海港，无论输往国外还是国内其他地区，一律课征出口税。这一规定自然影响本国的出口贸易，阻碍了本国工商业的发展，但对限制廉价原材料的输出有一定的作用。出口税率仍然从量值百抽五，即税率为 5%。

(3) 复进口税。复进口税亦称沿岸贸易税，即对由一个通商口岸运往另一个通商口岸的本国商货所课征的关税。因其税率为进口税率的一半，故又称为复进口半税，属国内通过税性质。

复进口税的逻辑是：凡我国商货，经过海关，运往沿岸各通商口岸，起运时就得与其他出口商货一样缴纳出口税，抵达时还必须缴纳出（进）口税的一半，即复进口税。这一税种与洋货无关，专课于本国商货。

(4) 子口税。子口税亦称子口半税。洋货运往内地商埠途经各个关卡所应纳的各种税费，由海关一次性征课，用以抵补内地关卡所免征的关税。子口税即为内地关税之含义，其税率为进出口税的一半，故称子口半税，属国内通过税性质。

子口税源于《中英天津条约》，内地关卡繁杂，厘金甚多，洋商人地生疏，多有不便。通过征收子口税，以抵补内地关税，以免外商通过内地关卡时的无奈之苦。而中国商人则逢关纳税，过卡纳厘。子口税属"外国商人之特别权益，中国商人不能享受其益"①。

(5) 吨税。吨税是对出入本国港口的外国船舶，按其载重吨位所征收的税。北洋政府沿用清制，只是将银两折算为银元征收。按《中英天津条约》规定：载重在 150 吨以上的船舶，每吨纳税四钱；载重在 150 吨以下的船舶，

---

① 吴兆莘：《中国税制史》（下），商务印书馆 1937 年版，第 201 页。

每吨纳税一钱。

3. 关税收入

关税是北洋政府的第一大财政来源，位居预算收入的首位，这一时期关税收入呈稳步上升的趋势。民国1年（公元1912年）关税收入为6674万元；民国2年为7306万元；民国9年为8445万元；民国10年为9189万元；民国11年为9507万元；民国12年为10593万元；民国13年为11505万元；民国15年为12873万元[①]。

1919年后关税收入增长幅度是较高的，由于北洋政府的海关税制基本维持值百抽五的核心税率，因此，关税收入增长的主要原因是进出口贸易规模的发展，换句话说，是西方列强加快了对中国的商品倾销和对原材料的掠夺，强化了对中国的经济侵略，说明了中国经济的殖民地和半殖民地化逐步加深。

（二）常关税

北洋政府的常关与清末相类似，主要有三种，其管理权限分为：（1）内地常关由地方管理，后改为北洋政府财政部监督管理。（2）50里内常关由海关管理，实际上完全受海关税务司监督。（3）50里外常关仍由海关监督管理。

辛亥革命后，常关税征收办法日益混乱，为此，1914年财政部拟改常关税规程，要求各关常关税以海关税半额即2.5%征收，现行税率低于2.5%的，一律提高至2.5%，现行税率等于或高于2.5%的，则按现行税率执行。这一改革目的不在于统一常关税制，而在于增加常关税收入。然而，常关税率并未因此而统一。

北洋政府的常关税收入一般维持在六七百万元左右，数额不是很大，但却是北洋政府直接控制的收入，军政开支对此依赖较大。自1917年始，常关税收入就逐渐为各地军阀所截留，到1922年京师税务监督署所征崇文门常关税20多万元，已为中央常关惟一之收入。

二、盐税制度

（一）盐税政策变化

1913年春，五国银行团（英国汇丰、法国东方汇理、德国德华、俄国道胜、日本横滨正金）为支持袁世凯镇压革命，于4月26日，与北京政府签订了善后大借款合同。

---

① 王孝通：《中国商业史》，商务印书馆1936年版，第248—250页。

根据善后大借款合同规定：以中国盐税作为借款之担保；在中国政府盐务署内设立稽核总所，聘请洋会办一员主管；在各产盐地方设立稽核分所，聘请洋员一人协理；洋员聘用任免，则由五国银行团定夺；所有盐税收入必须存于团银行；所有入账盐税收入非有总会办会同签字不能提用。

"善后借款"就是将中国盐税的征收权、开支权和保管权拱手相让，整个盐务机构从上到下均为外国人所控制，中国盐税的主权自此遂告丧失。于是，盐税成了帝国主义列强从财政上扼制北洋政府的咽喉，从经济上控制了中国人民的生计、又掌握了一项榨取中国人民血汗的工具。

（二）盐税改革

北洋政府为了"内巩财政、外昭国信"，于1913年年初颁布了《盐务稽核所章程》，"善后借款"签订后，英国人丁思被聘任为盐务顾问，在其影响下，北洋政府决定改革盐制，并于1913年12月24日颁布了《盐税条例》，主要精神体现为：一是实行均税政策；二是规定"就场征税"的原则；三是免除地丁项下的盐税。

1914年开始又颁布了《盐务稽核总、分所（改组）章程》、《私盐治罪法》、《缉私条例》和《修正盐税条例》。北洋政府采取了一系列的措施，在全国范围内展开了盐务整理。

改革后全国盐税收入激增，民国元年（公元1912年）盐税收入不足1000万元，1914年就达到6800多万元，二年时间翻了两番多，增加了5800万元。1915年为8000多万元，1916年为9290万元，每年约递增一千一二百万元，这些都直接与盐税改革有关。

（三）盐税制度

北洋军阀统治时期的盐税，可分为"正税"和"附加税"两大类。而正税又可再分为"场税"（就场课税）和"岸税"（引岸课税）两种。

1. 正税

正税是国家是对食盐的生产、运输、销售所课征的税。

正税一般是就场课税，但盐税的税率各地不一，名目繁杂，制度极为混乱。据统计，当时全国盐税税率多达700余种。北洋政府在盐税改革中，合并税种，统一税率，规定盐税每百斤征收2.5元，1918年调整为3元，但各省均未切实执行，依然我行我素。

尽管北洋政府时期的盐税制度混乱不堪，但盐税收入逐年都有大幅度增长，1914年为6949万元；1915年为7772万元；1916年为8031万元；1917

年为 8121 万元；1918 年为 8983 万元；1919 年为 9023 万元；1920 年为 8924 万元；1921 年为 9428 万元；1922 年为 9922 万元①。此后基本维持在 8000 万元上下。在国家岁入中为仅次于关税的第二大收入。

2. 附加税

北洋政府时期，各派系军阀之间尔虞我诈、明争暗斗，盐税自然成了各地军阀的就地取"财"的目标，当中央政府权力日渐衰落，盐税的地方化趋势则是不可避免的，于是滥征附加现象就愈演愈烈②。

民国初的盐税附加就不少，"有中央附加、外债附加、地方各种附加如军费、教育费、筑路费、慈善费之类，名目繁多其数且在正税之上"。各地军阀为聚敛钱财，竟然凭借武力直接向商民强征附加税，于是各地擅自加税加价层出不穷，附加税已在全国泛滥成灾。

1928 年各省盐税每百斤正税为 2 元 8 角 3 分，附加税为 4 元 7 角 8 分，税额约是 15 年前的 3 倍，18 年前的 7 倍。当时盐的成本费，每百斤在广东为 3 角 6 分，江苏为 4 角，福建为 6 角 5 分，而售价与成本相比至少高 30 倍。

（四）私盐

盐税及附加增长，使盐价飙升，百姓被迫改食私盐。私盐是北洋政府盐税制度上的一大"毒瘤"，它有非常适宜的生存环境，留下它是对制度的破坏，除掉她就连制度也不复存在。

北洋政府时期的私盐，大致有八种类型：即"所谓的场私、船私、漕私、邻私、枭私、功私、商私等名目。辛亥革命后，军阀横行，更有所谓军私"③。

私盐既甚，北洋政府就设置了缉私机关，打击不法私盐，在中央政府尚有权威的情况下，这一系列措施还是有成效的。其后，缉私的弊病就逐渐显露。进而演变成盐税制度上的又一个"怪胎"。为了应付大量的私盐活动，处处布防，机构臃肿，队伍庞大，经费开支惊人。更为严重的是，缉私机关利用缉私之名，行贩私放私之实。官场与社会勾结，瓜分私盐利润。缉私非但不能阻私，相反促进了走私，此恶性循环，直至旧制度被消灭。

（五）地方截留盐款

在"善后借款"中设立的盐务稽核总所征收各地盐税，统一管理全国的

---

① 千家驹：《最近三十年的中国财政》，载《东方杂志》1934 年第 31 卷第 1 期。
② 本段主要参考郑学檬：《中国赋役制度史》，上海人民出版社 2000 年版，第 688—689 页。
③ 罗介夫：《中国财政问题》，上海太平洋书店 1933 年版，第 180 页。

盐税收支，尽管有些省份对此深为不满，但总的情况还算可以。袁世凯死后，自1916年起，受北洋政府控制较弱的广东、云南、四川三省开始截留盐税。次年，湖南、福建亦截留盐税。再后是广西、云南、陕西、奉天、吉林、黑龙江、江西、浙江等相继截留盐税，由于盐税是善后借款的担保，帝国主义出面干预和北洋政府采取强硬措施，但都无济于事，而且各省截留的税款逐年增大。特别是地方军阀截留盐税的现象更为严重。据统计，每年所截留的总额也由1916年的1081多万元增加到1926年的3700多万元。至1927年10月，各省截留盐款累计已达3.26多亿元。

第四节　北洋政府的工商税制度（上）

一、厘金

厘金为清后期开征的一个新税，北洋时期沿袭而用，各省课征厘金，自定章程则例，互不统一衔接，制度极为混乱。

民国初，厘金名目繁多，有坐厘、行厘、货厘，有统捐、税捐、铁路捐，有货物税、产销税、落地税等。而且税率各异，有2.5%的，有3.5%的，也有5%和7.5%的，更有10%和25%的。特别是各地军阀设关置卡，密如蛛网。由于厘金征收苛扰，阻碍商品流通，加重商民负担，危害民族工商业的发展，因此，国内要求"裁厘"的呼声很高，各省纷纷通令废除厘金。

北洋政府的财政貌似归属中央，但实际权力操于各地军阀手中。初时，田赋和厘金作为地方收入的两大财源，如果停征厘金，地方财政就难以维持，故不得不慎重考虑。

民国元年（公元1912年），北洋政府拟定厘金为国家税，民国2年将厘金划归国税厅，民国3年北洋政府责成财政部将原有厘余改办产销税，促成各省的厘金整顿与改革。

在这种形势下，各省政府迫于百姓的反对和地方经济的压力，对厘金整顿采取改良和实用主义的方法。经过整顿，厘金的危害性仅仅是有了减轻，却根本无法解决，因为厘金与割据是孪生现象，是政治与经济结合的怪胎。北洋政府多次电令各省裁厘，结果是屡裁屡兴，厘金不少，新税更多。

厘金收入缺少基本的统计数据，很难作出准确估计，特别是税款为地方截留，然而军阀割据和地方政权更迭，使厘金收入统计随之而湮没，故不易细考。兹将民国 5 年至民国 10 年的各省呈报数加以汇总列示如下[①]：民国 5 年（公元 1916 年）为 3896 万元；民国 6 年（公元 1917 年）为 3318 万元；民国 7 年（公元 1918 年）为 4034 万元；民国 8 年（公元 1919 年）为 367 万元；民国 9 年（公元 1920 年）为 3143 万元；民国 10 年（公元 1921 年）为 664 万元。这仅仅是各省呈报的预算数，对于一个时刻谋划截留税款的人，所上报的预算数是大还是小，恐怕是不言自明的。

二、烟酒税

北洋时期的烟酒税，主要由烟酒税、烟酒公卖费和烟酒牌照税三项组合而成。此外还有新创的纸烟捐、卷烟特税和洋酒贩卖税。

（一）烟酒税

民初，烟酒税初行直隶，此后各省皆征，名目繁多，种类复杂。其征收税目不同、征收形态不同、征收方法不同、征收机关也不同。税率更是五花八门，我行我素。烟税制度极为混乱不堪。1915 年北洋政府将烟酒税定为中央专款，并加以一系列的整顿。同年 2 月，财政部通令各省财政厅增加酒税。规定黄酒每百斤税额不得少于八角，烧酒每百斤不得少于 1.5 元，各种果酒、药酒每百斤不得少于 2 元。

同年 3 月，北洋政府颁布《整理烟税章程》及《整理酒税章程》，按规定烟酒税由各省财政厅办理，各省烟酒经征机关归省财政厅管辖。并规定凡种烟酿酒均须领取牌照，各省原来征收的各项税捐，分别烟酒归并计算，酌加收数，一次收清。经过整顿，烟酒税征管稍有好转，但因各地情况千差万别，始终不能统一，各省仍旧各自为政。

（二）烟酒公卖费

鉴于各省烟酒税捐名目繁多，种类复杂，征收方法参差不齐。北洋政府设想在整顿烟酒税的基础上，建立烟酒公卖制。1915 年 4 月，北洋政府特设了全国烟酒公卖局，并由财政部拟定了《全国烟酒公卖暂行简章》及《全国烟酒公卖局暂行章程》，经北洋政府批准，"先行试办""官督商销"的烟酒公卖制。同年 5 月财政部颁发了各种有关公卖的章程文件，以规范地方的烟酒公卖事宜。

[①] 金国镇：《中国财政论》，商务印书馆 1931 年版，第 334—341 页。

烟酒公卖的关键是公卖费率，鉴于各省原定烟酒税率高低不一，章程仅原则性的规定了10%—50%的幅度费率，以便于各省根据具体情况加以确定。而执行中各省差异较大，有单独征收，有合并征收；有从价计征，有从量计征；有商包，有摊派，各省因时因地而异。

实行烟酒公卖后，原有的烟酒税、烟酒厘金、各项税捐照章一应征收。故烟酒公卖，只是增加了一个新税而已。

（三）烟酒牌照税

北洋政府于1914年拟定并颁行《贩卖烟酒特许牌照税条例》，按条例规定：（1）凡经营烟酒的商人必须先提出申请，获准后赴经营机关交纳牌照税，领照后才能营业。（2）烟酒营业执照分两类：一为批发（整卖）营业，每年交纳特许牌照税40元，二为零售（零卖）营业，又分甲、乙、丙三等，甲等每年交纳特许牌照税16元，乙等8元，丙等4元，分两季征收。（3）凡兼营批发与零售，或兼营烟类与酒类者，应分别纳税，分别领照。烟酒牌照税属营业税性质，其收入归于烟酒税收入之内。

烟酒税项收入增长迅速，规模也较大，据统计1918年为1216万元；1919年为1338万元；1920年为1387万元；1921年为1322万元；1922年为1445万元；1923年为1473万元。其收入是非常可观的。

（四）纸烟捐与卷烟特税

烟草的巨额利润，使卷烟市场迅速扩大，国内烟厂也纷纷上马，但中国本土生产的卷烟却要交纳惊人的税费，其最高税率达80%，全国平均税率也在30%以上。而国外烟草只征5%的进口税和2.5%的子口税，即可运销全国。

这一税收政策的差异，经常引发内外烟草业的冲突，导致外交纠纷不断。为此，经北洋政府批准，烟酒事务署于1921年8月颁布了《征收纸烟捐章程》。并于同年10月11日开征纸烟捐，这是中国卷烟征税的源头。

其后，浙江省于1923年2月成立浙江省征收卷烟特税总局，并1923年3月1日开始征收卷烟特税，税率为20%，由售卖商店代为缴纳。继而各省相继仿行，自拟章程，自定税率，始成全国性税种。

（五）洋酒贩卖税

江苏省以盛产高粱曲酒而著称，但民国初期，烟酒税费并征，税率已达60%—70%，相反洋酒税负极轻，除了5%的进口关税外，至多还纳2.5%子口税，如果在租界及条约规定开放的商埠内销售，就连子口税也免征。为平衡洋酒与土酒的税负，江苏省首开洋酒贩卖税。

1926年2月颁发的《江苏省洋酒税暂行章程》规定，凡江苏省内洋酒营销单位或商店，必须向经征机关申领营业执照，并按章交纳贩卖洋酒税。初始从量计征，其后改为从价计征，税率为20%。完税之后，必须把印花贴于贮酒容器表面，才能销售。此后，河南省仿效，就各洋酒市价按10%的税率课征贩卖税。

三、契税与验契费

契税是对土地、房屋等不动产在买卖转移时立的文书契约所课征的税收。

民初，契税承袭清制，仍买契按卖价9%征税，典契按契价6%征税，即所谓"买九典六"。民国2年（公元1913年），北洋政府为解财政燃眉之急，由财政部发布了《划一契纸章程》，以借口查验清代不动产交易契约为名，希望通过验契来取得大宗收入。

按验契税章程规定，前清旧契无论已税未税，一律呈官厅查验注册，换发新契。凡契价在30元以上的每张契纸收费1元，注册费1角；不足30元的只收注册费。呈验期半年，逾期加倍征收。这次验契收益果然不小，1914年验契费收入为3182万元，1915年为1654万元，都远远超过了1914年各省实际解款1400万元和1915年解款1179万元的数额。只能说有一定的财政意义。但验契费毕竟是对旧契一次性征收，从政治上说是得不偿失的。

北洋政府的契税包括验契费、契税和契税附加三大类，其契税收入详见表20-1：

表20-1　　　　北洋政府1917—1920年的契税收入[①]　　　　　　　单位：元

年度	契税收入	契纸费	合计
1917	8204325	780336	8984661
1918	8952450	559072	9511522
1919	9865679	926883	10792580
1920	10346724	1143769	11490493

由表20-1可见，契税收入颇大，故1912年划分国地收支系统时，就列为国家税，1917年又定为中央专款，由地方代征后上缴财政部，但由于军阀割据与混战，该项收入大部分为地方所截留。

---

① 贾士毅：《民国续财政史》（七），商务印书馆1934年版，第90—91页。

四、印花税

（一）印花税开征

印花税属行为税，系对商事、产权转移等行为所书或使用的凭证，采用粘贴印花票办法所征收的税收。印花税源于荷兰，其后英、法等欧洲国家转相仿效，遂及全球。其税源普遍、征收面广、定率甚轻，征收简便，故被世界各国认为是一种"良税"。

北洋政府建立后，因财政枯竭，为增加收入，遂在清代《印花税则》基础上，拟定了《印花税法（草案）》，经参议院议决于1912年公布，先由京师试办，其他各省相继推行。

印花税的课税对象，契约簿记类如发货票、当票、凭单、包单、收据、凭据、字据、公司股票、期票、汇票、合同、报税单等共26种；人事凭证类如出洋护照、国内游历护照、官吏试验及第证书、学校毕业证书、婚书等共10种。

印花税税率，凡票据值银元10元以上贴印花1分，人事凭证贴印花1角到4元不等。

印花税所用印花，北洋政府委托海关监督，由中国银行、邮政局、电报局、商会分别发售。印花税施行之初，征收方法简单易行，人民负担不重，印花税收入也逐年上升。据统计民国2年为5万元；民国3年为47万元；民国4年为364万元；此后收入一直维持在300万元上下[①]。

（二）印花税问题

首先，北洋政府的印花税发行，主要是为了筹集财政收入，一俟财政支绌，中央政府就滥印滥贴，各省强派勒销，扰民扰商。"良税"遂成苛敛百姓的"恶税"。其次，印花税属于中央直接收入，但军阀割据，各地各自为政，收入增加，截留亦扩大。再者，印花税实施，凡有商事行为者，均应课税。但租界之商店，洋商之单据，均可拒纳，此为印花税的半殖民地性质。

五、矿税

矿税是对采掘业课征的税收。北洋政府时期的矿税，包括矿区税、矿产税和统税三部分。

---

① 贾士毅：《民国续财政史》（一），商务印书馆1932年版，第62—63页。

（一）矿区税

矿区税为"地面租税以外之税"，属农商部管辖。其税率按采矿与探矿分别制定，采矿每年每亩征银3角或1角5分；探矿则无论何种矿质，一律每年每亩征银5分。矿区税分两期缴纳，以每年6月、12月为期，由矿业权者向实业厅缴纳，转解农商部核收。

（二）矿产税

矿产税为各省财政厅征收，系按出产地平均市价计征，一类矿质按15‰的税率征收；二类矿质按10‰的税率征收。矿产税也分两期缴纳，以每年1月、7月为期。由矿业主自行统计前6个月的产量，一并计算税额，交财政厅核收。因矿产税为地方把持，各省自行其是，制度亦极为混乱。

（三）统税

统税为财政部负责征收，税率为矿产品运销价格的5%，每年2月、5月、8月、11月为期，由矿业主预估3个月的运销量，一并计算税额，交财政部核收。凡完纳统税者，除海关出口税、50里内常关税、船料税和崇文门落地税照章缴纳外，其他税捐一律免征。

但由于军阀割据，连年混战，中央政令不畅，税法难以实施，故《矿业条例》从未得到贯彻落实。北洋政府时期的矿税收入，据贾士毅《民国续财政史》统计，1917年为2629075元；1918年为1851922元；1919年为867897元，矿税收入明显呈逐年下降趋势。

第五节　北洋政府的工商税制度（下）

一、牙税

牙税是对牙行或牙商课征的税收，属营业税性质，主要包括贴捐和年税两部分。

北洋政府于1915年颁布了《牙税整顿大纲》，通令各省财政厅依此重整牙税。按大纲规定，各省参照直隶省现行税率。而直隶省所定牙帖税分为六等，一等300元、二等250元、三等200元、四等160元、五等120元、六等80元，每张牙帖的有效期为5年。

牙行年税税率亦分为六等，一等年纳160元，二等130元、三等100元、四等70元、五等40元、六等20元。

然而，各地的执行标准高低不一，帖费有分六等，有分五等，有分四等，有分三等，甚至还有分为二等的。帖捐有高达2000元的，也有仅纳20元的，各省情况大相径庭。

整顿后牙税收入有所增加，民国8年（公元1919年）为175万元，其后因政局动乱。收入尽为地方截留，税制混乱依然如故。

二、当税

北洋时期的当税，又称典当税，即对当铺每年营业收入所课征的税收，包括当铺向官府领取当帖时一次缴纳的帖捐。

北洋政府视典当为大宗营业，获利丰厚，为国家重要之财源。1914年3月财政部电饬各省设法整顿，各省自定章程报部核准后施行。经整顿后，"所订年税税额，多系采用累进税法，以地方之繁盛偏僻，初定税额之等则，多者二三百元，少亦数十元不等。其帖捐一项，系换领帖照时一次交纳，捐额视正税尤为加重①。

当税收入有限，全国每年不过30万—40万元，本属中央收入，但多为地方所截留。

三、房税

房税是对铺户行店房屋及居民住宅所课征的税收。

房税源于房捐，是为我国旧税，历来皆由地方征收，收入留供地方之用。其后各省创办警察，乃以房捐为惟一财源。故凡设立警察的地方，皆有房捐，房捐亦遂通行全国。

根据民初的《国家税地方税法草案》以及《国家收入地方收入暂行标准》都把房捐列为地方税，由各省自行整理，继续征收。各省多因仍成法，各市房捐归市财政局征收；各县房捐归县财政局征收，在未设财政局的地方，由警察厅或公安局征收，收入作为警察经费。

四、通行税（运输税）

1913年冬，财政部因国库穷乏，乃拟订通行税法草案。但通行税公布后，

---

① 《日用百科全书》（上册），商务印书馆1934年版，第1644页。

由于外交部和交通部托词不办，故遂中止。

1916年秋，交通部建议裁撤津浦铁路厘金，财政部以弥补国家收入为由改通行税为运输税，将裁厘征税同时实行。铁路运输税法草案要则如下：（1）凡通行国内各铁道之火车，以载运旅客及货物为营业者，均适用本法案；（2）铁路运输税分为旅客运输税和货物运输税二种；（3）旅客运输税的税率分为四等：包车20%、一等10%、二等7%、三等5%；（4）货物运输税按照运费征收30%；（5）旅客运输税和货物运输税由铁路局按定率代征；（6）本税法实施后，凡铁道上现行火车货捐，一律裁撤。

运输税法基本获得了各有关方面的赞同，但因政局动荡，故又未能实行。

五、所得税

近代所得税创于清末，1914年1月，北洋政府公布了《所得税条例》。这一所得税法案，几乎囊括了国民的一切所得，无法组织实施。于是，财政部又于1915年8月颁布了《所得税第一期施行细则》，因遭致全国商会反对，同时也迫于征收的困难，不得不通令暂缓举办。

1921年1月6日，财政部发布《所得税分别先后征收税目》清单，令自1921年1月起开征。按税目清单规定，按开征次序先后分为三种①。

（一）先实行课税者

（1）凡官吏俸给、受自公费、军费及其他公家之给与等所得；（2）凡依法律注册之公司、银行、工厂等所得；（3）依官制许可之商号行栈所得；（4）普通商店资本2万元以上者所得。

（二）暂延期限课税者

（1）公债、公司债之利息；（2）从事各业者之俸给；（3）存款、债款之利息；（4）不课所得税法人之分配利益。

（三）延期课税者

（1）田地池沼之所得；（2）一般个人之所得。

本规定一经公布，立即就遭到社会各阶层的极力反对与抵制，次年即宣告试办失败。

---

① 吴兆莘：《中国税制史》（下），商务印书馆1937年版，第223—235页。

六、屠宰税

屠宰税源于牲畜税。民初,各省均课屠宰税,所得税款列为地方教育经费。

民国4年(公元1915年)1月,财政部颁布《屠宰税简章》,以期统一屠宰税制。民国5年(公元1916年)12月,财政部公布修正屠宰税简章。为保护耕牛不被任意宰杀,从原征收范围中剔除了"牛",课税仅限于猪和羊,猪每头征收洋4角,羊每头征收洋3角。屠宰税经二次整理,征收方法,各省渐归一致,而税率仍高下悬殊,参差不一。

屠宰税收入,民国8年预算数为2042186元,中央直接收入为39万元。

七、交易所税与交易所交易税

(一)交易所税

交易所税是对交易所经营收益所课征的税收。

1918年7月,中国最早的交易所,即"北平证券交易所"经农商部批准正式成立。1919年6月"上海证券物品交易所"成立,1920年改组为"上海华商证券交易所"。1921年2月北洋政府批准成立了"天津证券物品交易所"。此外,还有各地自行设立的证券交易所。

由于交易所获利丰厚,而且带有投机性质,所以一般国外都由政府实行监管,并课以赋税。故北洋政府不仅照搬西方国家的证券管理办法,而且还拟定《证券交易所得税条例》,规定按每次每次结账后的纯利课征3%的交易所税。该条例由于受到商人的抵制,故未能完全执行。

(二)交易所交易税

交易所交易税是对交易所内从事大宗商品和证券交易的组织和个人征收的交易行为税。

北洋政府交易所监理官公署所拟定的《交易所交易税条例》对债券交易、有价证券交易、金银交易和商品交易,分别制定了不同的税率:(1)国家公债券交易一律免税;(2)地方公债券和公司债券的交易,属于即期交易的税率为0.03‰,属于远期交易的税率为0.06‰;(3)有价证券的交易,即期交易的税率为0.1‰,远期交易的税率为0.2‰;(4)金银交易,即期交易的税率为0.02‰,远期交易的税率为0.04‰;(5)商品交易,即期交易的税率为0.1‰,远期交易的税率为0.2‰。

八、苛捐杂税

苛捐杂税是北洋政府时期各地军阀、地方财政特别是县级财政收入的主要来源。凡人凡物都要交捐纳税，名目繁杂，制度混乱。

1913年北洋政府公布的《划分国家税地方税法草案》中，划归地方税的共计20种，其最后一项"杂税杂捐"，这就是此后地方政府和各地军阀滥征苛索的主要依据和借口。根据国家税务总局主编的《中华民国工商税收史纲》的资料，例举了这一时期广东、四川、奉天、京都4省（市）苛捐杂税的严重现象，尽管是不完全的统计，但已经非常说明问题了：广东省杂税有21项之多，县杂税有34项之多；京都市（北京）杂税有18项；四川仅成都和重庆两市杂税就有29项，县杂税有43项；奉天省杂税有34项。

据周谷城先生所著《中国近代经济史论》所记述苛捐杂税种类有：直隶有16种，奉天有20多种，河南省有40余种，江西省有40余种，四川省苛捐杂税高达99种之多。各省情形大略如是，不再罗列。

第六节 北洋政府的税收管理制度

一、税收管理体制

我国的财税体制，清以前基本上是实行高度中央集权制模式。收入全部上解，支出奏准有案，地方无权动用分文。因此，尚无中央财税与地方财税之分。清后期已经逐步形成了地方"部分财政自理的局面"，财权已逐渐从户部（度支部）转到了各省督抚手中，地方税已经在萌发。光绪三十四年（公元1908年）拟订的筹备立宪计划，已准备用三年时间办理划分国家税、地方税事宜，这本身就充分说明了分权分级制财税体制的发展趋势，而北洋政府不得不顺势而为。1913年北洋政府财政部整理税制，划分了国家税和地方税，同年12月颁布了《划分国家税地方税法（草案）》，1914年经进一步修正并予以实行。其国地收支划分如下：

（一）第一次国家税与地方税的划分

属中央管理的国家税有：田赋、盐课、关税、印花税、常关税、统捐、厘金、矿税、契税、牙税、当税、牙捐、当捐、烟税、酒税、茶税、糖税、其他之杂税杂捐共19项。

属地方管理的地方税有：田赋附加税、商税、牲畜税、粮米捐、土膏捐、油捐及酱油捐、船捐、杂货捐、店捐、房捐、戏捐、车捐、乐户捐、茶馆捐、饭馆捐、肉捐、鱼捐、屠捐、夫行捐及其他杂税杂捐共20项。

新设立的国家税有：通行税、登陆税、遗产税、营业税、所得税、出产税、纸币发行税。

新设立的地方税有：房屋税、入市税、使用物税、使用人税、营业附加税、所得附加税。

正式划分国家税与地方税，这是中国税收管理体制史上的一次突破性发展。然而，上述国地收支范围的划分，具有明显的中央集权倾向，不仅所有税源较为集中的税种统归国家税，即使一些税源分散、但收入可观的税种，也纳入国家税范围；而地方税多为零杂税项，收入少而且不稳定，税源又难以把握。这是典型的聚财削藩政策。辛亥革命后，各地军阀都忙于扩军备战，实权操于地方，中央政令不出京门。所以国地税划分，遂告失败，仍旧恢复原来的协商解款制度。

（二）中央专款制度

北洋政府为确保中央收入，防止地方任意截留，除了解款办法外，又于1915年下令实行中央专款制度，划定验契税、印花税、烟酒税、烟酒牌照税、牙税五项，为中央专款收入，亦称"五项专款"，由各省代理征收，按月报解中央。1916年北洋政府又将专款范围加以扩大，于五项之外又增加了田赋附加税、所得税、牙税增收、厘金附加、屠宰税、牲畜税等六项，并正式改名为"中央专款"。

1917年对中央专款进行整理，重新确定了以烟酒税、烟酒牌照税、烟酒附加税、契税、牙税和矿税等六项为中央专款收入，按照各省议定的税款，按月足额上解，盈余留本省自用，亏空由本省补足。这里要说明的是，同年西南六省宣布脱离中央。

1919年北洋政府又将收入较大的烟酒税、烟酒牌照税、烟酒附加税三项划出，另设烟酒事务局直接办理。至此由各地征收的中央专款，仅剩下契税、牙税和矿税三项。

（三）第二次国家税与地方税划分

1923年10月曹锟贿选大总统后，宣布"立宪"，颁布了《中华民国宪法》。这部宪法是在各省自治或联省自治的背景下产生的，为缓和各省的抵制，安抚地方分权的主张，该宪法规定了国家税、地方税的划分标准及其范围，主要内容如下：

（1）国家税的范围包括：关税、盐税、印花税、烟酒税、消费税、全国应行划一之租税等。（2）地方税的范围包括：田赋、契税、其他省税等。（3）该宪法对县税也作了规定：宪法第 128 条规定"县于负担省税总额内有保留权，但不得逾总额 4/10"。第 129 条规定"省税与县税之划分由省议会议决之"。

这次划分的特点是：首先，承认地方割据，把地方早已截留的田赋，正式定为地方税，由此而使地方获得了可靠而稳定的财政来源；其次，为确保一定的中央财权，将关税、盐税等大宗收入列为国家税。这次划分为中央、省、县三级，比 1913 年第一次国地税划分略有进步。但是，翌年曹锟政府就倒台，这次国地税的划分亦以失败而告终。

二、北洋政府的税制体系

北洋政府的税制基本承袭了清制，并在此基础上对旧有税种进行整理，也陆续举办了一些新税。但由于各地军阀各自为政，严重地破坏了中央财政赋税制度的统一与完整，故这一时期的税制混乱不堪。

首先，就中央政府颁布的税收法令而言，有对旧税的整理，既隐含了加征敛财之意，又有规范税制的性质，这是旧税的延续与发展。至于举办的新税，有的成了各地军阀茶余饭后的笑料；有的遭到工商界人士的坚决反对；更有来自广大贫民百姓的抵制。故而，新税法令大打折扣，有的勉强实施，有的根本行不通，有的半途而废，北洋政府统治了 16 年，最后能成功举办的新税为数实在不多。

然而，中央举办新税不成，地方新增杂税灵验。各地军阀在他们所割据的地区内，把财政当成自己的私库，苛捐杂税，繁杂丛生；附加摊派，泛滥成灾，较之清末有过之无不及。

其次，北洋军阀统治期间，继关税主权丧失之后，盐税主权又告丧失。关、盐两税在北洋政府的工商税收入中占了 49%，当属主体税种，却被置于帝国主义的直接控制之下。

为此，北洋时期的税制体系如表 20-2 所示[①]：

---

① 国家税务总局主编：《中华民国工商税收史纲》，中国财政经济出版社 2001 年版，第 128 页。

表 20-2　　　　　　　　　北洋政府税制体系

直接税		间接税			
收益税	行为税	消费税		关税	
田赋	印花税	盐税、茶税、糖税、丝茧税、纸烟捐、卷烟特税、煤油特税、箔类特税、烟酒税及公卖费厘金（包括出产税、通过税、销场税、落地税、邮包税）		海关税	常关税
牙税	契税			进口税	
当税	验契费			出进口税	
房捐				船钞	
矿税				子口税	
屠宰税				复进口税	
烟酒牌照税				出厂税	

三、税收管理机构

（一）中央税收管理机构

民初，临时政府就将清代度支部更名为财政部，定为主管全国财政事务的最高领导机关。

财政部内部机构几经调整，于1914年确定为五司一厅体系，即赋税司、会计司、泉币司、公债司、库藏司和总务厅。

赋税司，职掌全国税收。另设盐务处，职掌全国的盐务行政。

此后，为改革币制，扩大公债发行以及加强中央专款的征收，遂将泉币司升格为币制局；将公债司改组为公债局；将盐务处升格为盐务署；另设烟酒事务署、印花税处、官产处及全国经界局等机构。直接分掌有关印花税、烟酒税、烟酒公卖费的管理和所得税的筹备事宜。

此外，还设有税务处，负责监督海关总税务司，综理有关海关各项事务。但因海关主权早已丧失，税务处实际上成了传达室，仅此而已。

关税管理机构下设三个部：征税部、海事部、工务部。

北洋政府的财税机构，多次变更，意在集中收入，可结果却是中央财权逐渐旁落地方。

（二）省级税收管理机构

民国之初、各省都在都督府下设财政司，总理全省一切税捐租赋的征管事宜。北洋政府成立后，创行分级制财政管理体制，于财政部内设国税厅筹备处，各省设国税厅筹备分处，负责国税征管，由财政部直接管辖，与各省军政首脑处于平等地位。

1914年取消国地收支划分，乃将各省国税厅筹备处与财政司合并为"财政厅",仍属中央财政部领导。

袁世凯执政时,各省尚能顾及中央颜面,财政厅长官采取由地方推荐、中央任命的方式。袁世凯死后,各省财政厅无疑成了督府的军需处,财政厅长成了督府的聚敛之臣。中央财政部既然无法控制各省财政厅,则所有中央专款收入必然被地方所截留,由此,各地军阀割据局面基本形成。

(三)县级赋税管理机构

北洋政府时期,县级赋税管理机构极为混乱,在区县内各项税捐的征管机关繁杂不一,有县署直接办理的;有专门机构分别经办的;甚至还有招商包征的。此外,还有印花税征收机构为印花税所,烟酒税征收机构为烟酒分局,盐税征收机构为场知事署,税捐征收机构为税务所。因征收机构分设而重叠冗杂,征收成本居高不下,税吏乘机营私舞弊。为此,特制定县组织法,各县设立财务局总理其事,其后改名为财政局,仍赋于管理全县财政大权。但在军阀割据的条件下,地方财政归军阀独揽,财权为政权的基础,更为割据的基本工具。

第二十一章

国民政府时期的赋税制度

第一节 概 述

一、国民政府上台前后的国际政治经济形势

国民政府是以蒋介石为首的国民党右派,在帝国主义和江浙财团的全力支持下,于1927年发动"四一二"反革命政变建立起来的军事独裁政权。

国民政府自1927年成立,到1949年被中国共产党领导的人民革命战争所推翻,历时22年,依据当时政治格局的变化,大体上可以分为三个时期,即十年内战时期(1927—1937年)、八年抗战时期(1937—1945年),全面崩溃时期(1945—1949年)。

国民政府上台前后,正是国际政治经济形势发生重大变化的时期,这一变化对国民党上台和执政后的政治、经济及财政等方面的政策方针都产生了重大的影响,甚至起着决定性的作用。

首先,从第一次帝国主义世界大战中诞生了第一个社会主义国家,彻底改变了整个世界历史发展的方向,并决定了太平洋战争爆发前,各帝国主义国家在中国的利益冲突和相互协调的关系。特别是中国利益的主要瓜分者美、英、日,可谓三强鼎立,互相牵制,彼此制约。

其次,1929年所爆发的资本主义历史上空前严重的经济大危机,使整个资本主义世界的工业生产下跌了40%以上。为了迅速地摆脱和转嫁经济危机,各帝国主义国家加强了对中国的争夺,大量地倾销商品,大规模输出资本以及广泛占据中国主要原材料产地。日本帝国主义更是企图从军事上直接扼杀中华

民族。

大片国土的沦陷，不仅加剧了国民政府的财政经济危机，同时也激化了英、美与日本帝国主义之间的矛盾，加强了美国对中国的干预以及对国民政府的财政经济援助，美援在国民政府的财政中逐渐占据了左右全局的地位。

因此，国际政治经济形势中的这些重大变化，无疑地都对旧中国国家垄断资本主义的形成和国民政府的财政经济政策发生了极其深刻的影响。

二、四大家族官僚买办资本的形成和发展

蒋介石是在英、美帝国主义和买办资产阶级的威胁和利诱下，特别是在江浙财团的巨大财政支持下，发动"四一二"反革命政变，建立独裁的南京政府的。

以蒋介石为首的国民政府所代表的是帝国主义和国内大地主大资产阶级的利益，是典型的"城市买办阶级和乡村豪绅阶级的统治"。国民党是在江浙财团支持下上台的，因而它吸收了这些财团的代表参政，以形成银行资本和买办商业资本相结合的国家垄断资本主义。这是四大家族官僚资本得以产生的政治经济条件。

四大家族官僚资本的核心是金融资本，自 1928 年到 1935 年，它首先完成了对官僚资本起决定性作用的金融垄断，先后设立和控制了四行二局，即中央银行、中国银行、交通银行和中国农民银行，中央信托局和邮政储金汇业局，同时还控制了占全国 3566 家银行 77% 的官办银行，独占了中国的金融业。抗战胜利后，四行二局又接收了一大批敌伪银行资产，经济实力更为雄厚。四大家族不仅通过"币制改革"、"国有政策"等手段，搜括和掠夺了全国的绝大部分白银，而且还渗透到各个经济部门，垄断了进出口贸易，控制了工商业，独占了交通运输业，加强了工业中的官僚资本比重，直接或间接地把持了农业。在国民政府统治的 22 年里，四大家族积聚了惊人的财富。因此，四大家族官僚资本的形成，不仅改变了中国资本主义发展的方向，同时也迎合了国民政府进行政治统治的经济需要。

三、国民政府时期的政治概况

以蒋介石为首的国民党军事独裁政府，上台伊始就宣告"攘外必先安内"的政治战略。十年内战，就是国民政府发动的疯狂的反人民的战争。经过前三年的军阀混战，蒋介石巩固了其新军阀的统治，夺取了国民党的正统地位，终

于实现了全国表面上的统一。后七年中,日本帝国主义加强了对中国的侵略,民族危机日益深重。而国民党蒋介石置民族危机不顾,连续向中央革命根据地发动了五次大规模的"围剿"。"西安事变"后,蒋介石被迫同意抗日,实现了国共第二次合作,抗日民族统一战线终于形成。

抗日战争前期,由于国共合作,共同对日作战,从而粉碎了日本帝国主义速战速决、三个月灭亡中国的迷梦。转入相持阶段后,国民党却采取"消极抗日,积极反共"的方针,先后掀起了三次反共高潮。

抗战胜利后,美帝国主义实行扶蒋反共政策,国民党逆潮流而为,悍然发动了全面内战,不惜以国家主权换取美国"援助",从而激起了爱国民主运动的进一步高涨。随着人民解放战争的节节胜利,国民政府在政治上陷入了严重的危机,迅速走向总崩溃。

四、国民政府时期的经济概况

(一)十年内战时期的经济

尽管这一时期烽火连天,内战不绝,但商品货币经济及资本主义生产关系还是有所发展的。外国资本、官僚买办资本和民族资本都有不同程度的增长。外国资本中,美国凭借优势的经济实力特别是金融资本控制中国;日本则凭借优越的地理位置及军事实力,对中国进行兼并与掠夺;官僚买办资本则以四大家族为典型,正在形成和迅速的发展;民族资本在轻纺工业、化工机械工业方面拥有增长。一般认为1936年前后是中国民族资本发展最兴旺的时期。

这一时期的国内外贸易,特别是进出口贸易有了大幅度的增长。帝国主义大量地向中国倾销农产品,加深了中国的农业危机。1931年起,世界各国相继放弃金本位制,实行汇价倾销,世界银价不断上涨。1934年6月,美国国会通过"白银法案",直接导致中国白银大量外流,金融紧缩,工商凋敝,使中国经济转入严重恐慌时期。然而中国的货币制度还是有所发展,其一是废两改元,由国家统一铸币;其二是废除银本位,实现以汇兑为本位的法币政策,使币制现代化,以达到财政金融的统一。

(二)抗日战争时期的经济

抗战开始后,由于日本帝国主义的猖狂入侵,中国经济遭到了巨大的损失,沿江沿海一带的民族工业损失都在50%—80%。农村损失更为惊人,仅耕地被毁就达40余亿公亩。尽管国民政府战前也作了一些准备,但从上海、南京、镇江、无锡等地迁出的工矿企业仅为200余家,幸存者甚少。另外,关、盐、统等主要税收锐减，财政赤字剧增，军费筹措主要依靠财政性发行。各地物价一涨再涨，通货膨胀居高不下，虽实行平价、限价，但仍无法抑制物价。法币膨胀高达395倍，赋税只能改为征收实物，国民经济极度萎缩。但四大家族官僚资本利用手中的权力，攫取暴利，大发国难财，财富分配日益趋向集中。

（三）总崩溃时期的经济

战后，国民政府接收了价值20亿美元、共2411家敌伪工矿企业。并在这基础上形成了许多全国性的垄断组织，控制了旧中国工业资本的80%。凭借这样的经济实力，国民政府在美帝的支持下，悍然发动全面内战，军费支出激增，高居国家预算支出的80%以上。为弥补庞大的财政赤字，国民党实行通货膨胀的政策，致使币值狂跌，物价飞涨，战后的经济分崩离析。同时，由于美国的经济入侵和商品倾销，1947年，上海、天津、重庆、汉口等20多个大城市的工厂、商店倒闭的高达27000多家，工商经济陷于瘫痪状态。工业的崩溃又加速了国民经济的全面崩溃。而国民党发动的全面内战，又促使原本就破烂不堪的农村经济迅速地走向彻底破产。

第二节 国民政府的关税制度

一、国民政府初期的关税（公元1927—1937年）

（一）进口税则

1．"关税自主"

1927年4月，南京国民政府成立后，以关税自主权为国策，设立了关税自主权委员会。1927年7月20日，发布裁厘及关税自主公告，但因各国列强的反对，同时也因北方仍有战事，故不得不宣布暂缓实施。

1928年6月，北方战事结束后，国民政府仍然坚持争取关税自主的努力，并于1928年7月提出通过协商方式，废除旧约，另定新约，逐步实现关税自主。此后，国民政府先后与美、英、法、德、比、意、丹麦、葡萄牙、西班牙等国相继签订了新的关税条约。各国都声明取消在中国的一切关税特权，承认中国有完全的关税自主权。

至此，国民政府完成了中国关税自主的法律程序，中国关税自主权的获得，用国定关税代替了协定关税，应该说这是中国关税史上的一次重大转折。

但是，南京国民政府的关税自主是有条件的，并非真正意义上的自主。首先，关税新约规定：中国关税自主是以不损害帝国主义在华利益为原则，如要修定税率，还须征得帝国主义同意。其次，关税新约规定了许多片面的最惠国待遇，给予了帝国主义在华的利益以种种的优惠与照顾。再次，关税自主是以裁撤厘金和常关税为条件的，这是帝国主义列强对中国主权的严重干涉与蔑视。最后，更为严重的是海关管理权仍未收回，海关总税务司仍为英国人担任。因此，关税新约实质上是肯定了帝国主义操纵国民政府关税的特权。所以，新关税条约的签订，是中国殖民地化程度加深的一个显著的标志。

2. 关税税则的修订

1928年12月7日，国民政府制定并颁布了进口税七级等差税率，其税目分14类718目，作为过渡税率，规定从1929年1月1日起实行，有效期为一年，待1930年裁撤厘金后，再施行国定税则。详见表21－1：

表21－1　　　　　　　七级等差关税税率表①

正税（原税率）	5%	5%	5%	5%	5%	5%	5%
附加税（新增税率）	2.5%	5%	7.5%	10%	12.5%	17.5%	22.5%
合计	7.5%	10%	12.5%	15%	17.5%	22.5%	27.5%

这个税则，实质上是旧税则值百抽五（即5%）的税率与英、美、日三国所修正的七级税率的合成税率。这个协定税则是国民政府宣告的第一个国定税则。

其后在民国19年（公元1930年）、民国20年、民国22年、民国23年连续经过四次修订，进口税则日趋完善。进口平均税率，1929年以前5%；1930年为10%；1931—1932年为15%；1933年为20%；1934—1935年为25%。同时也彻底裁撤危害中国经济80余年的封建厘金制，废除了行使30余年并烙有殖民地火漆的50里内的常关税制。

实现关税自主权的基本意义：首先，进口税率由原来的协定税率改变为国定税率；其次，实行了海陆关税税率等同的政策；再者，改变了多年来中国海关税款存入外国银行的做法。规定自1932年3月1日起，关税税款全部集中

---

① 朱偰：《中国租税问题》，商务印书馆1936年版，第273页。

存入中央银行。这在一定程度上起到了维护国家主权，保护民族工业的作用，从而促进了本国工农业生产的发展。

（二）出口税则

国民政府实现关税自主后，颁布了《中华民国海关出口税税则》和《出口（及转口）税税则暂行章程》。出口税则几经修改，主要内容有下述几项。

民国 20 年（公元 1931 年）出口税则，其税目计分 6 类，270 目。其中免税的共计 30 项货品；值百抽五的计 25 项；其余均为值百抽七点五，即 7.5% 税率。

民国 23 年（公元 1934 年）修订后的新税则规定：税率为 5%、7.5%、10% 共三级，出口税率降低的有 35 项，新增的免税商品有 44 项。这些措施对于扶持国内产业发展，增强出口竞争力，还是有些俾益的。

（三）转口税税则

转口税沿用旧出口税则，税率为 5%，民国 15 年施行二·五附税，转口税率遂增至 7.5%。转口税经修订全部税则所载号列，计有 632 项，其中从量税为 461 项。从价税为 125 项。其余 46 项，则为免税品。转口税税率为 5%，附加 2.5%，共为 7.5%。凡土货从一通商口岸运到另一通商口岸，或运往内地经某一通商口岸时，除免税项目外，一律照纳转口税。转口税实为一种国内通过税，与业已废除的厘金属于同一性质，不利于国内商品流通，当在废止之列。

（四）船钞

船钞，即吨税。民国 22 年（公元 1933 年），实行废两改元，国民政府重新拟定吨税：规定凡船只注册吨位，过 150 吨者，每吨应纳船钞国币 6 角 5 分；其 150 吨以下者，每吨应纳船钞国币 1 角 5 分，由海关发给完纳船钞执照。船钞纳税期限按规定应在船只到港后 48 小时内办理。船钞的征税范围，系为"凡往来于通商口岸的中外轮船、帆船、汽船、马特船、曳船、趸船、货船、拨船等，不论其为国内航运，或是国外航运，均一律征课"①。

（五）关税收入

国民政府初期的关税收入在整个岁入中占有极为重要地位，1927 年国民政府成立时的关税收入仅为 11298 余万元，但 1929 年关税自主后，税收随之骤增，当年关税收入就达 24500 余万元。1930 年进口税改征海关金单位，关

---

① 《财政年鉴》（上），商务印书馆 1935 年版，第 418 页。

税收入依然增长，达到 29169 万元。1931 年 1 月 1 日起，实行新订的进口税则，最高税率增至 50%，尽管当年先后裁撤了复进口税、子口税及五十里内常关税裁撤，但关税收入骤增至最高峰值，达 38600 万元。

"九一八"事变之后，东三省各关沦陷于日寇，同时也由于世界经济的不景气，国内农村经济的衰落，对外贸易随之而凋弊，关税收入略有下降。

二、抗战时期的的关税（公元 1937—1945 年）

（一）进口税则调整

抗日战争爆发后，大片国土相继沦陷，我国沿海富庶地区大多被日寇占领，内地与沿海港口城市的联系基本被切断。战时关税政策要求，迅速调整进口税则，减少消费品进口，增加战时必需品的输入以及后方物资储备，提高国家税收收入。

抗日战争时期，进口税则先后于民国 28 年（公元 1939 年）5 月、民国 28 年 7 月、民国 31 年（公元 1942 年）1 月、民国 31 年 3 月、民国 31 年 4 月、民国 31 年 7 月、民国 32 年（公元 1943 年）1 月、民国 32 年 2 月，经历了八次修订，主要的调整措施：其一为从量征税改为从价征税；其二为适应战时管理的需要，鼓励军需民生、医药卫生等各种必须物品的进口；其三为对众多的商品物资给予连续的减税免税。

（二）出口税则调整

1938 年 10 月，为加强对敌经济封锁，由国民政府颁布禁运敌货条例及禁运资敌物品条例；1940 年国民政府成立了货运稽查处，有效控制了与军事有关的国产物资的出口贸易。同时，奖励土货出口，外销土货除给予保险运输等方面的优待外，尽量给予减免出口税。

（三）转口税的调整

抗战开始后，国民政府为弥战时财政损失，仍将转口税加以整理扩大，并于 1937 年 10 月 1 日起实行。(1) 征税范围：对于民船、轮船、飞机往来通商口岸，及通商口岸与内地，以及内地与内地之间运输土货，一律征收转口税；(2) 征收方法：转口税只征一次，税后通行全国，不再重征；(3) 转口税税率：凡从价计征货物的税率为 7.5%，从量计征货物的税率为 5%；(4) 征税地点：应征转口税之货物，无论往何地或来自何地，亦不论其由何种方法运输，转口税均由各区货运稽查处或海关征收。

（四）开征战时消费税

抗战开始后，地方各省市因财政入不敷出，遂而课征货物通过税、产销税等。由于重重课征，节节查验，对物资运输影响极大。故于1941年举办战时消费税，抵偿裁撤的税捐。

战时消费税的税则规定：（1）战时消费税从价计收。（2）对于人民必需的物品、已征统税或矿产税的物品、核计税款不满5元的，均予免税。（3）对于原来减征或免征进口税的货品，概不再征战时消费税。（4）战时消费税适用税率为四级，日用品为5％、10％、15％；奢侈品为25％。（5）战时消费税税目为国货245项，洋货168项。

战时消费税自1942年4月15日开征，截至当年底，共征收34300万元；1943年收入为7200万元；1944年收入为221000万元[1]；1945年不到一个月就征收23000万元。1945年1月中缅公路打通后，战时消费税随之取消。

（五）关税收入

抗日战争爆发后，国民政府的各年的关税收入情况：1937年为34290万元；1938年为25457万元；1939年为33132万元；1940年为47645万元；1941年为48744万元；1942年为49957万元；1943年为107749万元；1944年为297885万元；1945年为498103万元[2]。

由此可知，1937年全国各关共征关税34290余万元，1938年因战事扩大，关税收入急剧下降，1939年后关税收入稍有回升。1941年因太平洋战争爆发后，各海口被敌伪封锁，故关税收入形势直转向下。其后由于裁撤转口税后，开征了战时消费税，所以关税收入增长很快，1942年后方仅有16关，关税收入竟达49900余万元，其后逐年增长，可见，关税改按从价征收，特别是开征战时消费税是卓有成效的。

三、国民政府后期的关税（公元1945—1949年）

（一）进口税则

抗战胜利后，国民政府立即恢复旧制，严格1934年的国定关税税则：战时按进口税率三分之一征收进口货物的规定，立即停止执行，并照原税率恢复征收全税；战时项目规定之免税物品，如洋米、汽油、柴油、救护药品、卡车等，暂仍照案免税；联合国善后救济总署运来之善后救济物品，暂由海关验凭

---

[1]《财政年鉴》三编（上），第二编，第31页。
[2] 来自国民政府财政部财政年鉴编纂处：《财政年鉴》续编。

承办善后救济专营机关证件先放，仍应补办手续；收复区伪海关实行之税则及原征之转口税，与其他非法税捐，一律取消。

1946年年初，颁令将进口物品分为自由进口、许可进口及禁止进口三类，8月国民政府立法院通过修正进出口关税税则，实行全面的进口许可证制度，以限制消费性货品的进口。

（二）出口税则

抗战胜利后，中国的对外贸易逆差巨大，造成国内经济恐慌。而中国出口可供应国外市场的工农业产品，多以生产成本过高，在国际市场竞争中处于不利地位。在这种情况下，出口税的征收只能加重出口商品的负担。国民政府为加强开放外汇市场，为平衡和恢复对外贸易，遂于1946年8月宣布取消出口税，以求输出入贸易之趋于平衡，促进生产事业的发展。

（三）奢侈品附加税

1946年3月1日国民政府施行的《进出口贸易暂行办法》，并于附表中加列"照现行税率加征税率百分之五十奢侈附加税之物品"一项，其品目如下：酒、灯及汽水、泉水；纸烟、雪茄烟、鼻烟、嚼烟、烟丝；未列名首饰及装饰品；真假珍珠；真假宝石（未切未磨者不在内）；表等项。1946年11月17日重加修订进出口贸易暂行办法，奢侈性物品分别被禁止或停止输入。

（四）船钞

船钞即船舶吨税，经1945年10月及1947年1月先后两次调整，规定如下：（1）轮船在100吨以上者，每吨纳船舶吨税国币650元。（2）轮船在100吨以下者，每吨纳船舶吨税国币150元。（3）航海木船一律照100吨以下征收。

（五）关税收入

首先，这一时期关税收入以进口税为主，抗战胜利后，沦陷的各关区相继收复，加之美国货物大量的输入，进口物资如潮水般地涌入中国，进口税收入也直线上升，1945年收入不过49亿元，1946年就达2922亿元，进口税占关税的比例高达89.77%。

其次，这一时期关税总收入呈上升趋势，在国民政府的税收收入中跃居第三位。1945年关税总收入为49亿元，1946年预算数就达1000亿元，而实收数更达2323亿元。1947年预算数为6214亿元，占当年税入的18.6%。1948年预算数为65975亿元，占当年税入的22.0%。实收数就更高了。

这一时期国民政府的关税收入急剧增加，是与战后美国取代日本在中国的垄断地位，并加剧对中国的经济侵略无法分开的。1946年美国对华贸易占中国对外贸易总值的53.19%，占中国进口贸易总值的57.16%，美货源源不断地涌入，并几乎独占了中国市场。因此，中国的对外贸易就是对美国贸易，战后国民政府的关税收入主要来自美国对华商品倾销式的不平等贸易。特别是战后美国人李度取代英国人担任了我国海关总税务司的职位，全面控制了中国的海关事务。

第三节　国民政府的盐税制度

一、国民政府初期的盐税（公元1927—1937年）

（一）盐税主权问题

1927年4月，南京国民政府成立，6月就在财政部内设立盐务处，负责所辖区域内的盐务与盐税。1928年，宋子文财政部长发表宣言，重申盐税属中国财政部管辖，并对以前的盐税章则予以修订。1929年1月，财政部公布了修订的《财政部盐务稽核总所章程》。

宋子文的宣言和国民政府的态度，立即就遭到英、法、日等公使的抗议。但是，面对中国民众要求收回国家主权的正义呼声和拨解盐款的实权已为国民革命军收回的既成事实，外国列强不得不执行新的章程。至此，北洋政府所丧失的盐税主权遂得以完全收回。

（二）颁布新《盐法》

1931年5月30日由国民政府明令公布了新《盐法》。新的《盐法》合计7章39条。就食盐的产制，征税及税率，输出入核定，质检完税，储存使用、工业农业用盐免税，盐政机关掌理盐务行政、场警编制、仓沦管理及盐质检验。收放等等，都逐一作了具体的规定。

新《盐法》以法律形式废除专商引岸制，是盐制方面的一次重大改革，对以后的盐务与盐税都产生着重要的影响。然而，新《盐法》直至1937年抗战爆发，亦未见正式实施。

（三）盐税制度

国民政府统治初期，即在财政部内设立盐务署，统辖全国盐政，主管盐税，并恢复了食盐稽核制度，集盐税管辖权于中央。随后便进一步"改善税制",通过对盐制整理、修订和"均税",将盐税收入提高了一倍以上,使之成为国税的第二支柱。

盐税历经民国18年(公元1929年)、民国20年、民国21年、民国22年、民国23年等五次整理与修订,盐税由三部分组成:正税、中央临时附加、地方附加。正税,包括场税、岸税和中央附税;中央临时附加包括建坨费、外债附税、建设事业专款、公益费。故当时评论:"这五次盐税的整理与修订,与其说是改善税制,毋宁说是为增加税收,来得妥当些。国难愈深,加税愈急。"①

经整理与修订的结果,盐税负担不是减轻而是加重了,据盐务总局统计室编制的《全国食盐平均税率表》所列1927—1937年的食盐平均税率如下:1927年为2.83元/担;1928年为3.11元/担;1929年为3.43元/担;1933年为3.71元/担;1934年为4.74元/担;1937年为5.98元/担;盐税负担在短短十年间就增加了一倍多。

(四)盐税收入

盐税应属于人头税性质,贫富一律,同等负担,严格地说却是一种"倒过来的累进税"②,收入越少,负担越重。

据调查,1933年盐税正税平均每担为2.82元,附税平均每担为7.21元,两者合计为10.037元,而盐的成本平均每担为0.30元,也就是说在食盐售价中86%为盐税。因此,我国盐价之高,盐税之重,实为古今中外所罕见③。

国民党统治初期的盐税,在税收收入中列据第二位,一般占岁入总额的20%—40%;从绝对数看,盐税是逐年增长的,10年中增加了近10倍。

二、抗战时期的盐税(公元1937—1945年)

(一)战时盐务政策的转变

我国的盐资源丰富,主要产盐区域亦相对集中,抗日战争爆发后,沿海丰产盐区相继沦陷,食盐产量大幅度下降。1937年全国产盐共4356万担,而1938年盐产量却减为2273万担,减少额几近一半。加之海运中断,交通阻隔,这已严重危及军需民食。为此,盐政重点当即转入运盐储盐,增加后方盐

---

① 孙怀仁:《中国财政之病态及其批判》,生活书店1937年版,第25—28页。
② 《马克思恩格斯选集》第1卷,人民出版社1972年版,第471页。
③ 朱偰:《中国租税问题》,商务印书馆1936年版,第458—460页。

区产量，公定盐价，稳定人心，使军民无淡食之虞。1939年1月，国民政府提出了"战时盐政食重于税"的原则。

（二）战时盐税政策的调整

抗战时期盐税政策有过三次更迭，其一，早期的食盐征税制；其二，中期的从价计税制；其三，后期的食盐专卖制；1945年又恢复征税制。

盐税由正税、中央附税、地方附税、各项基金和各种苛杂捐费组成。

1. 盐税正税

从1939年起，通货迅速膨胀，物价飞快上涨。国民政府为稳定盐税收入，1941年宣布将盐税从量征收改行从价征税。随之，财政部于1941年9月颁令，取消盐税原有的场税、岸税、中央附税、地方附税等税目，将盐税分为产税和销税两种，改为从价计征。产税在盐场征收实物，或原规定的比率折半征收。销税按市价的30%或40%于销岸中心分别课征。产销两税不得并征。盐税改按从价计征后，全国平均税率提高了6.38倍。

2. 中央附税

中央附税，经民国20年整理修订，主要有：（1）建设专款，（2）整理费，（3）公益费，（4）磅亏费，其余附加一律取消。1943年因财政入不敷出，遂又开征中央附税。

（1）食盐战时附税：盐务总局于民国32年10月遵奉国防最高委员会决议，代征食盐战时附税，每担300元（每斤征收3元），全国一律，随收随解，以弥补战时预算之不足①。当时盐税税率为每担110元，战时附税却比正税高了近二倍。

（2）国军副食费："民国三十三年三月复代征国军副食费，每担一律一千元"②，"悉数取给于盐税，其数约当正税之十倍。"③

3. 地方附税

抗日战争爆发后，各地区的地方附加主要名目有：

（1）临时销税：民国26年10月，广东省配盐厅，每担征收临时销税1元④。

（2）省府盐斤加价：因军事关系，多感困窘，中央为体恤地方财政起见，

---

① 张绣文：《盐政概论》，财政部盐务总局1944年版，第172—173页。
② 同上注。
③ 王逢辛：《论中国之盐税政策》，《财政评论》第13卷6期（1945年6月）。
④ 张绣文：《盐政概论》，财政部盐务总局1944年版，第172—173页。

乃陆续核准各项省府盐斤加价及地方附加。

而且食盐附税约当正税之60倍，附加内容有：①国军副食税。②战时附税。③整理费。④公益费。⑤收回盐本运杂各费。⑥兵险费。⑦专卖管理费。⑧偿本费。⑨差价补偿专款。⑩井灶保险专款。⑪防空捐。⑫盐井河工程建设费。

4. 各项基金

抗战时期的基金，大约可分为两类：普遍征收之基金与根据各区产运销需要所征收之基金。(1) 整理费：原征率每担1角，1937年改征2角，1943年每担改征2元。(2) 公益费：原征率每担1角，1940年改征3角，1944年每担改征5元。(3) 道路建设费：每担征收3角。(4) 防空捐：每担原征6分，1940年改征3角，1941年复征1元。(5) 井灶保障基金。(6) 工程建设费。(7) 财部专款。(8) 围费。(9) 督产警经费。(10) 奖产收余费。

5. 苛杂捐费

盐税有各种各样的说不清的非法聚敛。诸如"乐输捐、附捐、附加盐捐、督销经费、乐输戎衣代金、教育捐、技滩费、淘口费、拉船费、检查费、登记费、手续费、淘口费、捐助费、秤息、官兵伙食费、'剿匪'经费、运输往册费、教育经费、筑路捐、公路筹款、加价、过道商品乐捐、运输往册费等等"①。

(三) 盐专卖

1941年国民政府决定对盐、糖、烟、酒、茶叶、火柴六种消费品实施专卖。随后，财政部就拟订了《盐专卖实施原则》、《盐专卖产收运销办法大纲》、《战时盐专卖条例》及其施行细则等。并于1942年1月1日财政部公告全国先期实行盐专卖。食盐专卖实行"民制、官收、官运、商销"的形式。

食盐专卖实施后，专卖利益划一，盐价分仓价、批发价与零售价，专卖机关发售的是仓价，其计算方式为：仓场 = 场价 + 运费 + 其他费用 + 专卖利益。

批发价及零售盐价 = 仓价 + 由仓至各县市的一切费用 + 利润

实施专卖后，各区专卖利益的征收率极不统一，有的地区每担高达75元，有的地区每担仅为1元。此后经财政部调整，专卖利益一律为每担食盐110元，使繁琐复杂的地区差别征率得以完全统一。

(四) 战时的盐税与专卖收入

---

① 国家税务总局主编：《中华民国工商税收史纲》，中国财政经济出版社2001年版，第318页。

国民政府在1942年1月起,对食盐暂停征税,实行专卖制。1943年开征战时食盐附加税,1944年3月又随盐附征"国军副食费"每斤加征10元。这就是说百姓消费1斤食盐,仅附加税就得负担70元。其抗战时期各年盐税收入见表21-2:

表21-2　　　　　　　　战时盐税收入统计表①　　　　　　单位:国币万元

年度	盐税收入	年度	盐税收入
1937	21770	1942	143737
1938	13859	1943	164489
1939	11327	1944	1744695
1940	10510	1945	6190891
1941	12536		

从表21-2可知1942年后盐税收入飞速增长,盐税和专卖收入在税收总额中所占比重:1942年为42.04%,1943年为24.86%,1944年为47.09%,1945年为53.51%。可见,战时盐税和盐专卖收入所占的地位是极其重要的,在这4年中盐税、专卖和附加税收入为722亿元占同期全部税收收入1458亿元的49.54%,完全取代了关税而在这一时期的工商税收中居于首位。

三、国民政府后期的盐税(公元1945—1949年)

1945年2月国民政府取消了专卖,恢复就场征税制。1946年拟定了《盐政纲领》,1947年国民政府又公布了《盐政条例》,规定盐税作为国税,采用民制、民运、民销的政策,实行就场就仓的征税制度,地方不得附加任何捐税。食盐产制必须得到财政部的许可和核定。

盐税实行就场从量定额征税。1946年盐政总局将各种战时附税并入食盐正税,并经财政部调整,形成食盐四级税率制,每担盐税税率分为3000元、4500元、6000元和7000元。

1946年下半年开始,通货膨胀加速,法币贬值惊人,又调整为10000元、12000元、14000元及16000元等四种②。

1948年8月因无法抑制恶性通货膨胀,故国民政府不得不于1949年1月

---

① 缪秋杰:《十年来之盐政》,《盐务月报》第七卷第七期(1948年7月)。
② 同上注。

1日宣布，盐税由从量计征改为从价计征。

抗战胜利后，国民政府虽对盐政采取了一系列的改善措施，并多次调整税率，但依然无法挽回盐税在总收入中占比日趋下降的趋势。1946年盐税占税收总收入的32%，1947年下降为15%，1948年更下降为13.4%。这是因为盐税增加的幅度始终赶不上物价上涨速度，因而形成税率一再增加、实际收入却日益下降（参见表21-3）。

表21-3　　　　国民政府1927—1947年盐税收入概表[①]　　　　单位：百万元

年度	盐税收入	年度	盐税收入	年度	盐税收入
1927	2080	1934	20670	1941	125.3
1928	2950	1935	18470	1942	1437.3
1929	12210	1936	24740	1943	1644.9
1930	15650	1937	217.7	1944	21592.1
1931	14420	1938	138.6	1945	106014.0
1932	15810	1939	113.2	1946	2323
1933	17740	1940	105.1	1947	17830

注：表中1946—1947年盐税收入数单位为：法币亿元。

第四节　国民政府的统税

一、统税的创办

国民政府初期试将各种名目的卷烟税捐"统为一税，名曰卷烟统税"，1926年12月，国民政府财政部拟定了《征收卷烟统税办法》，税率统一为12.5%，只征一道，不复重征。试行以后，商民称便，统税由此而创办。

南京国民政府建立后，于1928年1月颁布了《征收卷烟统税条例》，条例规定：卷烟统税为中央国税，统一缴纳后，即准行销各省，不再重征。1930年国民政府裁撤厘金，为弥补裁厘后的损失，遂将统税扩大到棉纱、火柴、水泥等项，后又将麦粉特税并入统税，构成五项统税。统税开办后，因制度健

[①] 国家税务总局主编：《中华民国工商税收史》（盐税卷），中国财政经济出版社1999年版，第53、167、168、201、302、303页。

全，又避免了厘金的诸多弊端，因而收入即有大幅度增长。仅卷烟一项1930年的收入数即占全国厘金收入的60%左右。"遂与关盐两税，并称为国家的三大税收"[①]。

二、五项统税

（一）卷烟统税

1928年1月，国民政府《征收卷烟统税条例》规定，统税采取从量兼从价的七级税率制：最高第一级，每5万支售价在1052元以上者，纳税（银元）280.125元；最低第七级，每5万支售价在126元以下者，纳税20.25元。进口卷烟亦分为七级，每5万支征税最低18元，最高249元；雪茄烟分为六等，进口雪茄每千支最低税率为0.9元，最高18元；国产雪茄每千支最低征税1.013元，最高至20.25元。

1937年财政部调整卷烟税率，改行四级税率。凡5万支卷烟登记价格在800元以上者为第一级，而登记价格在200元以下者为第四级，征税100元。

（二）棉纱统税

1931年国民政府公布了《棉纱水泥火柴统税条例》，对棉纱、水泥、火柴这三种商品开征统税。

棉纱统税税率以本色棉纱23支为标准，23支以内者（粗纱），每百斤征税2.75元（银元，下同）；23支以上者（细纱），每百斤征收3.75元。

棉纱统税在创办之初，采用两级分类，从量征收。由于税率设置过简，致使棉纱支数越高价格越贵则税负越轻。当时中国民营纱厂均以生产粗纱为主，平均税率从价计征约合5%以上；外商主要是日商纱厂则以40支以上的细纱为主，平均税率从价计征仅为3%。因而，这一税制严重地影响华商纱厂的生存与发展，社会舆论反映十分强烈。

故财政部于1937年5月28日颁布训令，将棉纱由二级改为四级征收。即甲种纱（不超过17支）每百公斤征收5元；乙种纱（17支至23支）每百公斤征税5.75元；丙种纱（23支至35支）每百公斤征税7.5元；丁种纱（超过35支）每百公斤征税10元。自同年6月1日起实行。

（三）火柴统税

火柴统税于1931年开征，其后几经调整，至1937年规定：甲级安全火

[①] 尹文敬：《非常时财政论》，商务印书馆1936年版，第285—286页。

柴：盒体长 48 公厘，宽 36 公厘，厚 16 公厘，每盒支数为 75—80 支者，每一大箱征税 15.6 元；乙级火柴：盒体长 59 公厘，宽 38 公厘，厚 18 公厘，每盒支数为 100—105 支者，每一大箱征税 20.10 元；丙级火柴：盒体长 59 公厘，宽 40 公厘，厚 18 公厘，每盒支数为 115—120 支者，每一大箱征税 24 元。

并规定：甲级硫化磷火柴，每盒支数为 75—80 支者，每大箱征税 12.6 元；乙级硫化磷火柴，每盒支数为 100—105 支者，每一大箱征税 15.6 元。并于 1937 年 4 月 5 日起施行。

（四）水泥统税

水泥统税实施从量定额税则，以"桶"为计税标准，每桶净重 380 磅者，征税 0.6 元（银元）。如果每桶超过标准重量十分之一以上者，则按比例增税。但当时包装物五花八门，重量相差悬殊，按"桶"征税已无法操作，故而将磅折合为公斤，规定每桶水泥为 170 公斤，按此标准征税，税率保持不变。1933 年调整水泥税率，每桶重 170 公斤，征税 1.20 元。1937 年财政部再次调增税率，水泥每桶重 170 公斤，征税 1.50 元。

（五）麦粉统税

麦粉统税亦称麦粉特税，为民国政府 1928 年 6 月所创办。

按麦粉特税条例规定[①]：凡国内所产机制及由国外运入之麦粉含有营业性质者，均征收麦粉特税，非机制者不征。税率按 5% 征收，以'包'为课税单位。本国机制麦粉，每包征收银 1 角；进口洋粉，课以同一税率。如本国机制麦粉运销国外者，则于出口时每包退还特税银 5 分。本国机制麦粉于包装出厂时收税；国外输入之机制麦粉，于行栈起卸时验明收税。

1931 年财政部将麦粉特税并入统税署办理。至此，统税商品已有卷烟、棉纱、水泥、火柴、麦粉共五种，遂有"五项统税"之称。

三、统税范围的扩大

国民政府财政部在扩大统税税目时，先后将熏烟税、啤酒税以及洋酒税纳入统税范围。

（一）熏烟统税

1928 年 7 月熏烟统税首先在安徽、山东两省举办，其后河南省也开征了熏烟统税。1933 年 6 月，财政部公布了《熏烟叶税暂行章程》，规定熏烟叶每

---

① 何廉、李锐：《财政学》，国立编译馆 1935 年版，第 270—271 页。

百斤征收统税 4.15 元。统税实施一次课征，在统税区域内行销不得重征。

（二）啤酒统税

1931 年财政部颁布《征收啤酒税暂行章程》和《征收啤酒税驻厂员办事规则》，议决由印花烟酒处直接派员驻厂征收，税率为 20%。1933 年 6 月，啤酒纳入统税范围，改为从量税则，无论售价高低，每一大箱征税 2.60 元，桶装每公升征税 0.07 元。

（三）洋酒火酒统税

1931 年 12 月公布的《就厂征收洋酒类税章程》，税率按趸卖价格的 30%。洋酒皆贮于瓶器，适于采用粘贴印花办法征税，由税局派员驻厂稽查印花之事，未贴者不许出厂，税率每百斤课 20 元。火酒原属洋酒类税，1934 年 11 月财政部公布《火酒统税暂行章程》改称火酒统税，税率分为甲、乙两类：甲类普通酒精每公升征税 0.13 元；乙类改性酒精及木酒精每公升征税 0.65 元[1]。

四、统税收入

统税于 1927 年开办时，征收总额仅为 600 万元，1928 年统税收入就达 2972 万元，仅一年时间就增加了近 4 倍，此后收入更是一路飙升，1929 年为 4049 万元；1930 年为 5333 万元；1931 年为 8868 万元；1932 年为 7959 万元；1933 年为 10497 万元；1934 年为 11695 万元；1935 年为 11329 万元；1936 年为 13279 万元[2]。

上述可见，1929 年收入比 1928 年增长了 35%，1930 年又比 1929 年增长了 44%，1931 年又比 1930 年增长了 119%，1936 年收入更达 13279 万元，占当年税收总收入的 39.6%，仅次于关税、盐税而位居第三位，已成为国民政府税收收入的三大支柱之一。

然而，统税的负面效应不能忽视，其课税货物都是日常生活的基本必需品，统税是由消费者承担的，统税收入日趋增长，这无疑都直接增加了人民的负担，这是其一。

其二，棉纱统税对民族工业则明显偏重，对在华外商企业却从轻优惠。这在不同程度上阻碍了民族资本主义工商业的发展，深受当时社会舆论的抨击。

---

[1] 粟寄沧：《中国租税制度及其改革》，广西建设研究会 1941 年版，第 134 页。
[2] 尹文敬：《非常时财政论》，商务印书馆 1936 年版，第 287 页。

当然，国民政府初期的十年，中国货物税制度由"厘金时代"跨入近代消费税制行列，这是税收法制的进步。摒弃厘金制度，无疑促进了商品生产与流通，也促进中国幼稚的民族工业的发展。

第五节　国民政府的货物税

一、货物税开征的原因

货物税是抗战时期的主要税种之一，是由统税扩大课征范围而来的。

统税自1928年创办以来，收入急剧增长，占了国民政府税收之第三位。抗战爆发后，日本侵略者占领了中国的大片领土，沿江沿海地区的统税税源丧失殆尽，统税收入遂急剧下降。为了弥补战时统税所遭受的巨额损失，增裕国库，国民政府遂于1939年将统税改为货物税，公布实施。所谓货物税，就是以统税为主，并包括了烟酒税、矿产税和战时消费税。

二、战时货物税

战时货物税以统税为主，并通过培养统税税源；改变统税征收方法；扩大统税征收范围；创办新的统税；改变征收标准；调增统税税率等，增加统税收入。

国民政府创办统税后，其税目就不断地延伸与扩大。抗战时期各项统税的条例、章程及规则过于繁杂零乱，因此，形成一部统一完整的统税法令，是当时形势发展的需要。

1941年7月7日国民政府颁布《货物统税暂行条例》"将各项统税一律改为从价征收，税率以卷烟为最高，达百分之八十，熏烟从价征收百分之二十五，洋酒啤酒从价征收百分之六十，饮料品从价征收百分之二十，火酒则普通酒精从价征收百分之二十，改性酒精及木酒精为百分之十，动力酒精为百分之五，火柴从价征收百分之二十，糖类从价征收百分之十五，水泥从价征收百分之十五，棉纱从价征收百分之三点五，麦粉从价征收百分之二点五"[①]。完税价格的计算根据应以出产地附近市场每6个月的平均批发价为标准。

---

① 王延超：《财政学概论》，立信会计图书用品社1944年版，第168—169页。

1944年9月，国民政府又公布了修正的《货物统税条例》，将原条例中的10目扩大为11目，新增茶类1目，茶类税率定为15%；同时将糖类税率由15%提高到30%。

三、部分货物税改征实物

1941年田赋征实后，颇见成效，国民政府为更多地掌握战时所必需的物资，同时也为应付战时通货膨胀、物价上涨所带来的财政压力，决定扩充征实货品范围，于1943年颁布了《棉纱麦粉统税改征实物暂行办法》。1944年财政部颁布了《糖类统税征实办法》。至1945年10月财政部宣布废除《棉纱麦粉统税改征实物暂行办法》和《糖类统税征实办法》。

四、部分货物税改行专卖

民国30年（公元1941年）4月，财政部拟订了《战时烟类专卖暂行条例》、《战时食糖专卖暂行条例》和《战时火柴专卖暂行条例》等三项专卖条例，经立法院审定，由国民政府于1942年5月13日正式颁布执行。财政部也为此先后设置了烟类专卖局、火柴专卖公司等机构分别进行试办。三个专卖条例大同小异，主要规定了专卖的范围、区域、价格、组织形式、管理制度等，而且均属民制、官收、官运、官卖制度。专卖利益征率规定机制卷烟100%、手工卷烟、雪茄烟60%、熏烟叶30%、火柴20%、食糖为30%。

烟、火柴、食糖三项专卖，1942年开始试办至1945年1月结束，前后合计3年，其收入情况如下：烟类专卖收入为266950万元；食糖专卖收入为66191万元；火柴专卖收入为36367万元。

五、土烟土酒改征国产烟酒类税

1930年将熏烟叶、洋酒、啤酒、火酒改办统税后，烟酒税范围仅指土烟、土酒。1937年又将土烟改征土烟特税，税率每斤征收4.15元；土酒则课征定额税，税率由各省自定。自此烟酒税和公卖费一律取消。

1941年7月，国民政府颁布了《国产烟酒类税暂行条例》，将土烟特税、土酒定额税以及公卖费税一律废除，改为从价计征国产烟酒类税。条例规定：烟酒税的课征范围，除征收统税的卷烟、熏烟叶、洋酒、啤酒、火酒外，其他国产烟、酒一律课税。税率：烟叶税按产地核价征30%，烟丝税按产地核价征15%；酒类一律按产地价征40%，非常时期征60%。

1944年7月，国民政府又颁布了修订的《国产烟酒类税条例》。其税率：烟叶税由原征30%提高到40%；烟丝税自15%提高为20%；酒税则增高为60%。

六、矿产税

国民政府成立初期，就着手整理矿税，采用产销并征原则，1930年公布矿业法，规定矿商只缴矿区税和矿产税两种。矿产税归入财政部，矿区税归入经济部，1933年推行于各省。矿产税收入，1931年约为80万元，以后逐年增长，至1936年已达490万元。抗战开始后，矿产税收入一落千丈，至1939年已降到188万元，下降了61.64%。

七、战时消费税

抗战时期，各省财政极为困难，为了筹措战事地方所急需的资金，各省遂又故技重演，于法定税收之外，竞相开征各种货物通过税。于是"节节重征，步步查验"，既有碍物资流通，又促成物价高涨。税制紊乱，流弊极大。所征收之税与昔日厘金几近雷同，而税率之重又较厘金有过之而无不及。

为此，1941年6月国民政府通令各省裁废货物通过税，改行全国统一的战时消费税。1942年4月国民政府颁布了《战时消费税暂行条例》及《战时消费税税则》，其规定：

（1）征税品目并分为国货和洋货两部分，国货分为六大类245品目；洋货按进口税则列举其中168种为课征范围。

（2）税率依照货品性质分为四级：普通日用品5%；非必需品10%；半奢侈品15%；奢侈品25%，并采用从价税制。

（3）战时消费税只征一次，不再重征。

（4）已征统税、矿产税、烟酒税等货品，不再另征战时消费税。

战时消费税自1942年4月开征至1945年1月停征，前后历经两年有余，其收入情况如下：1942年收入为34310万元，占税收收入的8.63%；1943年收入为72878万元，占税收收入的6.77%；1944年为收入为213784万元，占税收收入的5.5%。货物税自开征之后，收入逐年递增，除去征实部分，各年收入约占税收总人的四分之一左右，已替代过去的关税在所有税种中排列第一的地位。

八、国民政府后期的货物税

抗战胜利后,国民政府为了进一步搜刮民脂民膏,于 1946 年 8 月颁布《货物税条例》规定:货物税为国家税,其课征范围包括卷烟、薰烟叶、洋酒啤酒、火柴、糖类、棉纱、麦粉、水泥、茶叶、皮毛、锡箔及迷信用纸、饮料品、化妆品计 13 个税目。货物税税率见表 21-4:

表 21-4　　　　　　　　　　货物税税率表

税目	税率	税目	税率	税目	税率
卷烟	100%	棉纱	5%	皮毛	15%
薰烟叶	30%	麦粉	2.5%	锡箔及迷信用纸	60%
洋酒啤酒	100%	水泥	15%	饮料品	20%
火柴	20%	茶叶	10%	化妆品	45%
糖类	25%				

其中,土烟叶税率从 40% 提高到 50%,土烟丝税率提高到 50%,土酒税率提高到 80%。同时规定从国外输入的应税货物除缴纳关税外,还必须按海关估价折合法币数征收货物税;国内出产的应税货物,由货物税局派员驻厂(场)征收。

此时的货物税收入已远远超过其他税收,成为国民政府后期最重要的一项税收收入。1946 年货物税实收数超过了预算数近 1 倍,占当年各项税收总额的 35.1%。1947 年关税、盐税、直接税、货物税四税收入总额为 104000 亿元,其中货物税为 45000 亿元,占四税总额的 45%。可见,货物税在国民政府统治后期的税收收入中所占的地位是十分重要的。

第六节　国民政府的直接税

一、直接税体系的创立

国民政府建立后,为弥补裁厘损失,于 1934 年着手创办直接税,1936 年开征所得税,1939 年创办过分利得税,1940 年设立直接税处,并将印花税并入直接税。同年 7 月开始实行遗产税法。1942 年又将营业税并入直接税系统。

1943年财政部设立直接税署,负责主管所得税、利得税、印花税、遗产税、营业税。自此形成直接税体系。

二、所得税

(一) 抗战时期的所得税

1936年国民政府公布了《所得税暂行条例》,同年公布了施行细则,依据税法规定,将所得分为三类[①]:

第一类为营利事业所得,复分为(甲、乙、丙)三项,该类所得采用全额累进税率,按纯所得额与资本实额的比例课税,由所得占资本实额的5%起分级征课。

第二类为薪给报酬所得,该类所得采用超额累进税率征课。

第三类为证券存款所得,该类所得采用比例税率,按5%征课。

由于政治经济形势的变化,原《所得税暂行条例》行使6年后,不适宜继续适用。国民政府故于1943年2月颁布了修订的《所得税法》,同年7月又公布了《所得税法施行细则》,根据《所得税法》规定:

第一类甲、乙两项为营利事业之所得,以所得合资本实额的百分比,采用9级累进税率全额计征,最低4%,最高20%。

第一类丙项为一时营利事业之所得,如能按资本额计算的,则按类甲乙类计征;如不能按照资本额计算者,则按14级累进税率,最低4%,最高30%计征。

第二类薪给报酬所得税,则按17级超额累进税率计征,最低每超过10元课税0.2元,最高每超过10元课税3元。

第三类证券存款所得税,采用5%的比例税率。

整个抗战时期的所得税收入情况并不理想,分析其主要原因:一是,战前中国的工业经济虽已有一定发展,但在国内生产总值中所占比重不大,还是处于以农业经济为主的时期,直接税的推行就自然不可能有大的作为;二是,大后方的达官贵人和官僚资本,在战时大发"国难财"、"战争财",这是由国民政府独裁腐败的政治体制所决定的;其三,国民政府在战时推行的通货膨胀的货币政策,使直接税无法发挥其应有的作用。这一时期所得税的收入情况:1936年为648万元、1937年为2023万元、1939年为3174万元、1940年为

[①] 马寅初:《财政学与中国财政》(下册),商务印书馆1948年版,第277—278页。

3229万元、1941年为8175万元、1942年为20794万元、1943年为99094万元、1944年为169861万元、1945年为325364万元①。

（二）国民政府后期的所得税

抗战胜利后，国民政府于1946年4月公布了新修订的战后《所得税法》，与1943年《所得税法》比较，不仅课税范围扩大，而条文亦比较周密。

新税法将所得分为五类：第一类，营利事业所得，复分为（甲、乙）二项；第二类，薪给报酬所得，复分为（甲、乙）二项；第三类证券存款的所得；第四类，财产租赁所得，复分为（甲、乙）二项；第五类，一时所得。

第一类甲项所得税，按所得额合资本百分比，采用9级累进税率全额计征，最低4%，最高30%②。属于制造业者其税额减征10%。

第一类乙项所得税，采用11级超额累进税计征，最低4%，最高30%③。属于制造业者其税额减征10%。

第二类甲项所得税，采用10级超额累进税计征，最低3%，最高20%。

第二类乙项所得税，按所得额合资本百分比，采用10级超额累进税计征，最低每超过1000元征收7元，最高每超过1000元征收100元。

第三类所得税率为10%（后又在1946年6月25日经财政部呈准仍恢复按5%征收）。

第四类甲项所得税，采用12级超额累进税计征，最低3%，最高25%。

第四类乙项所得税，按甲项计算，再加征十分之一。

第五类所得税，采用9级超额累进税计征，最低6%，最高30%。

其后，由于国统区内经济形势的日趋恶化，物价持续上涨，尽管几经修订，但在国民政府主导的恶性通货膨胀逼迫下，一个公平合理的税种却变成了扰民不堪的恶赋。

三、利得税

（一）非常时期过分利得税

过分利得税又称战时利益税，即指对公司、商号和私人经营，其利得超过通常一般应得利益所课征的税。

---

① 杨昭智：《中国所得税》，商务印书馆1947年版，第163—164页。
② 国家税务总局主编：《中华民国工商税收史纲》，中国财政经济出版社2001年版，第444—447页。
③ 同上注。

抗战时期，大后方物资奇缺，物价飞涨，投机倒把盛行，商人乘机牟利，人民义愤填膺。国民政府为节制私人资本，增加财政收入，于1939年7月公布了《非常时期过分利得税条例》修正稿，按条例分类，过分利得税分为营利事业利得税与财产租赁利得税。其主要规定如下[①]：

凡公司、商号、行栈、工厂或个人资本在2000元以上的营利事业、官商合办的营利事业及一时营利事业，其利得超过资本额20%者，均得课税。凡其财产租赁利得超过财产价额15%者，即应征税。

按条例规定：营利事业利得税，按利得额超过资本额的百分比，采用11级超额累进税率计征，最低10%，最高60%。财产租赁利得税，按利得额超过财产额的百分比，采用6级超额累进税率计征，最低10%，最高50%。

营利事业之过分利得，按营业年度计算者，由纳税义务人于结算日起1个月内向主管征收机关报告其利得额；至财产租赁的过分利得，则由纳税义务人于领受利得起15日内报告其利得额，主管机关即根据此项报告核实后，决定其应纳税额，通知纳税义务人缴纳。

（二）特种过分利得税

非常时期过分利得税原应抗战需要而举办，抗战胜利后，此法理应废止。但因经济尚未稳定，物价持续上涨，同时亦为筹措内战经费、弥补财政赤字，国民政府于1947年1月颁布了《特种过分利得税法（草案）》。按税法规定下列营利事业，其利得超过资本额60%者，除依法征收分类所得税外，还需加征特种过分利得税。

其课税范围有下列五项：（1）买卖业；（2）金融信托业；（3）代理业；（4）营造业；（5）制造业。特种过分利得税的税率为：利得额超过资本额的60%以上者，按其超过额课征，税率分13级，自最低10%至最高60%止。

此税开征后，遭到社会舆论的强烈批评，全国各地工商业者纷纷起而抵制，故收效甚微，国民政府被迫于1948年4月1日明令废止。

四、财产租赁出卖所得税

国民政府财政部于1943年1月公布实施[②]《财产租赁出卖所得税法（草案）》。

[①] 王逢壬：《中国非常时期过分利得税的检讨》，《财政评论》第一卷第二期（1939年2月）。
[②] 张保福：《中国所得税论》，正中书局1947年版，第64—65页。

财产租赁出卖所得税法规定，凡土地、房屋、堆栈、码头、森林、矿产、舟车、机械等之租赁所得或出卖所得，均为征收对象。财产租赁所得未超过3000元者，财产出卖所得未超过5000元者，农业用地之出卖所得未超过1万元者免征所得税。

（一）财产租赁所得税的税率

所得额超过3000元至25000元者，就其超过额按10%课税；所得额超过25000元至50000元者，就其超过额按15%课税；所得额超过50000元至100000元者，就其超过额按20%课税；所得额在100000元以上者，每增100000元就其超过额递增5%课税，最高递增至80%为限。

（二）财产出卖所得税税率

农业用地出卖所得超过10000元至50000元者，或其他财产出卖所得超过5000元至50000元者，就其超过额按10%课税。其出卖所得超过50000元的部分，按10级超额累进税率计征，最低14%，最高50%。

财产租赁出卖所得税开征以后，农村反对和抵制的激烈程度是国民政府所始料未及的，迫于社会舆论的压力，行政院即于1943年12月下令财产租赁出卖所得税的土地部分"暂行缓征"。

五、遗产税

（一）抗战时期的遗产税

1938年秋，财政部拟订了《遗产税暂行条例》，并由国民政府于1938年10月颁布。随后，国民政府又于1939年12月颁布了《遗产税暂行条例施行细则》（草案），并规定1940年7月1日起在全国统一实行。《遗产税暂行条例》规定如下：

（1）遗产价值之计算，以继承开始之日为准；（2）遗产税以遗产继承人及受赠人为纳税义务人；（3）计算被继承人遗产总额时，应扣除下列各项：①依法应缴纳之税捐及罚金罚锾；②被继承人死亡前未偿之债务；③管理遗产及执行遗嘱之必要费用；④农业用具或从事其他各业者之工作用具，价值未超过500元者；⑤依法不得采伐或未达采伐年龄之树木。（4）被继承人配偶及子女之特有财产，经登记或有确实证明者，不归入被继承人之遗产总额内计算征税；税率（见修正表），起征点为5000元，5000元至50000元者，一律征收1%；超过50000元者，其超额部分加征超额累进税，税率从1%起分为16级，累进至50%；

（二）国民政府后期的遗产税

国民政府于 1946 年 4 月颁布了《遗产税法》。《遗产税法》的主要内容有：

（1）遗产税的起征点为 100 万元。（2）被继承人死亡时，遗有未成年或正在受教育的子女，每一子女准在遗产总额中减除其遗产总值 5% 的遗产额免纳遗产税。但每人减除总额不得超过 10 万元。（3）已纳遗产税的遗产，于 3 年内再有继承开始情事者，其已纳遗税之遗产价格免再征税。其在 3 年以上 5 年以内者，减半征收。但遗产总额在 1000 万元以上的，不适用此项规定。（4）遗产中的土地为继承人继续自耕者，其土地部分应纳遗产税减半征收。（5）遗产总额在 100 万元以上者，一律征收 1%。超过 200 万元以上的按超过额的多少按级计算加征。《遗产税法》之税率，按 17 级超额累进税率计征，最低 2%，最高 60%。

《遗产税法》公布后，因国民政府币制几经改革，故《遗产税法》也不得不屡经修订，随之而变。其间投入了大量的人力、物力和财力，但鲜见成效，其收入在财政上的地位是无足轻重的。

六、印花税

（一）抗战时期的印花税

1934 年国民政府重新制定了印花税法。同年 5 月第二次财政会议上又提出整理印花税办法。1935 年 9 月 1 日印花税法开始实施。

印花税的纳税人为在中国领土上的中国人和外国人之有经济流通行为者；征税对象为交易凭证、人事凭证、许可凭证等共计 35 目；各级政府及公务机关所用单据或其他不发生权利义务关系之凭证，则免征印花税；印花税税率有三种：第一是分级税率，适用于发货票等 3 目，每件最低贴印花 1 分，最高为 6 分；第二为定额税率，适用于支取汇兑银钱单据簿折等 32 目，税额低者 4 分，最高 4 元；第三为比例税率，适用于保险单等 11 目，最低为十万分之一，最高为 4%。

抗战爆发后，1937 年 10 月所颁布的《非常时期征收印花税暂行办法》，将印花税税率提高了一倍，同时扩大课征范围，加重了违章罚则的力度。为便于稽征，1940 年又将印花税纳入直接税体系，由各地直接税局负责管理征收。

修订后的印花税税目包括：（1）发货票；（2）银钱货款收据；（3）账单；（4）支取或汇总银钱之单据簿折；（5）支取货物之单据簿折；（6）预定

买卖货物之单据合同；(7) 经理买卖有价证券、生金银或物品所用之单据簿折；(8) 寄存单据；(9) 储蓄单据；(10) 租赁单据契约；(11) 延聘契约；(12) 申请书结据；(13) 转运公司或行栈所发之提单；(14) 轮胎提单；(15) 营业所用之簿折；(16) 保险单；(17) 承包单据；(18) 承顶单据；(19) 股票；(20) 合资营业之单据；(21) 借贷或抵押单据；(22) 债券；(23) 授产或拆产单据；(24) 典卖财产契据；(25) 比赛票；(26) 娱乐票；(27) 婚姻书；(28) 购销证照；(29) 委托书据；(30) 保单；(31) 证明身份或资格之证照；(32) 学校毕业证书；(33) 旅行护照；(34) 运输护照；(35) 关于营业各项许可证；(36) 枪支执照；(37) 承领或承租官业执照；(38) 船舶主要证书；(39) 兵役证书，等等。印花税税率基本都在每件 0.1 元到 4 元左右[①]。

抗战时期的印花税收入自 1940 年到 1945 年，共征收 460700 万元，占同期直接税征收总额的 17.86%，占同期税收总入的 3.14%。

（二）国民政府后期的印花税

抗战胜利后，国民政府于 1946 年 4 月公布了新修订的《印花税法》，本次修订将印花税税目从 39 目合并为 35 目。同时根据物价上涨的情况，调整了印花税税率，适当地降低了比例税率，相应地提高了定额税率。

1947 年 2 月，国民政府根据《经济紧急措施方案》的精神，再度修订了《印花税法（草案）》，并于同年 6 月公布施行。

这次修订的主要是提高了税率，将原有比例税率采用分级定额税率的办法，将保险契据、承揽承顶契据、预定买卖契据、居间行纪代客买卖契据等 4 目，修改为 4 级定额税率，所贴花为 100 元、500 元、2000 元、10000 元。

七、营业税

（一）抗战时期的营业税

1941 年 9 月，国民政府首次公布修订的《营业税法》，该法规定，一律以营业收入额为课税标准，税率为 1% 至 3%；不能以营业收入额为标推者，即以资本额为课税标准，税率为 2% 至 4%。但征收章程仍由各省自行拟订，送财政部核定后施行。

---

① 国家税务总局主编：《中华民国工商税收史纲》，中国财政经济出版社 2001 年版，第 369—371 页。

1942年1月,随省级财政并归中央,营业税也划由直接税处接办,归属中央税体系。

此后《营业税法》几经修改,主要就是提高税率,扩大营业税收入。

1944年简化营业税的稽征办法,即根据纳税单位的营业规模、资金大小、会计状况等情况,将其分为五等:一等、二等纳税户采取自报营业额,按月缴纳,年终查账核定的办法;三等纳税户,三个月查定营业额一次,分月或按季缴纳;四等纳税户,参照物价变动情况实行估征;五等纳税户按年普查营业额,核定税额,并咨询意见,分月缴纳。

1946年财政收支系统变更,恢复省级财政,营业税则划为两个部分,一般商业课以普通营业税,由地方政府征收;凡与普通营业有别,或含有全国性而非一地税源者,课以特种营业税,并于1947年公布特种营业税法,由中央统一征收。

营业税划归直接税后,改变了直接税收入的构成,1943年至1945年的三年中,营业税收入均超过同期所得税、利得税的全年收入,一般要占同期直接税收入的49.87%,在国家财政收入中占有一定的地位。

(二)国民政府后期的特种营业税

1946年财政收支系统变更,恢复省级财政,营业税划归地方征管,中央乃举办特种营业税,以补损失。1947年5月,国民政府公布了《特种营业税法》。实际上特种营业税与一般营业税系属同一税源,只不过是将营业税课税对象中的银行业、信托业、保险业、进口商营利事业、国际性省际性交通事业等划出,命名曰"特种"而已,并由中央统一征收。

根据《特种营业税法》的规定:按营业收入课税者,税率为1.5%;按营业收益额课税者,税率为4%;制造业按营业收入课税,但予以减半征收。特种营业税由财政部直接税署主管,各地直接税机关征收。

营业税既有普通与特种之分,一属地方,一属中央,则引发两税征收机关之争执,为互夺税源而寻衅滋事,闹得不可开交,故1949年7月财政部不得不通令各地将特种营业税划归地方征收。

综上所述,直接税收入在抗战时期基本情况:即1940年为7600万元,占税收总收入的28.6%;1941年为16000万元,占24.9%;1942年为86300万元,占30.7%;1943年为380000万元,占31.2%;1944年为647900万元,占21%;1945年为1441100万元,占14.5%。以上数据说明,抗战时期直接税在财政收入中的地位日趋下降,但不能否定直接税仍然是一个主要税种。抗战胜利后，直接税受到国民政府的高度重视，在税收收入中的比重也逐年提高，1946 年直接税收入占税收总收入的比重为 19.7％，1947 年提高到 28.2％，1948 年上半年已达 32％，直接税在预算中的地位，已仅次于货物税而位居第二。

第七节　国民政府的田赋与兵差

一、田赋

民国 17 年（公元 1928 年）第一次全国财政会议，将田赋正式划为地方税，以作地方政府的主要收入，这是中国田赋史上的一次较大变化。

田赋划归地方后，中央政府遂于 1928 年公布的《划分国家收支地方收支标准案》中规定，不得添设任何附加税，并从法令上对田赋进行必要的整顿，其主要措施如下[①]：

（1）限制附加；（2）豁免旧欠；（3）禁止附捐。

然而，田赋整理阻力重重，普遍的情形都是擅做表面文章，敷衍了事，不求彻底，多有不实。至于限制田赋附加的条令，地方政府置若罔闻，中央也无可奈何。

（一）田赋正税

国民政府初期的田赋税目主要包括地丁、漕粮和租课，也有的三者划一，统称田赋。各省基本均按土地肥瘠，分等定率，故税率各省不一。田赋仍分上忙与下忙两次征收，其征收方式统一折征银元，1935 年后改以法币缴纳。

国民政府将田赋列为地方税，由此田赋成为地方财政之主要税源，在各省市（县）地方预算中占有十分重要的地位。"各省田赋平均占省岁入百分之四十以上"[②]。可见田赋对当时各省财政来说，具有举足轻重的作用。

国民政府的田赋收入增长幅度是十分可观的，据史料反映，民国 21 年（公元 1932 年）一般田亩税率比查光绪 28 年（公元 1902 年）全国最好稻田税率的增长幅度最少是 5 倍，最多竟达 20 倍之巨！可见，这一时期农民的负

[①]　沈达圻：《战后理想田赋刍议》，《财政评论》第一卷第 6 期（1939 年 6 月）。
[②]　何廉：《"耕者有其地"与"耕者有其赋"》，《大公报》1935 年 10 月 20 日。

担是在不断增加的。

(二) 田赋附加

田赋附加是在田赋正税之外的额外加派。田赋改为地方收入后，中央政府三申五令严禁地方附加，但征税之权既赋于地方，附加就难以节制。

1928年划分国家收支和地方收支标准之后，地方财政以省级为主体，县级政府根本没有独立的收入来源，收支亦已严重的失衡与脱节。1931年裁厘后，地方岁入锐减，各省财政就只能殚精竭虑地课征附加，于是各种附加层出不穷，其数额往往超过正税数倍数十倍。

据报道江苏各县田赋附加共有147种之多，浙江亦有72种，江西则为61种①。江苏泰县田赋附加共有29种之多②。如皋县田赋正税年收7.7万元，而田赋附加税年收137万元，超过正税17倍。

田赋附加不仅有多少之分，另外还有名目之分，如有按亩附加，有按两附加，有按石附加，有按户附加；既有省附加，又有县附加，更有区附加。据1934年统计部分省份的田赋附加种类达到673种。

田赋划归地方后，尽管国民政府颁布了《限制田赋附加八项办法》、《整理田赋附加办法十一条》以及召开第二次全国财政会议，讨论减轻田赋附加的问题等等。但"结果全是'言者谆谆，听者藐藐'，要加的还是加，不减的仍是不减"，附加肆虐成风，固然变本加厉了。

(三) 田赋预征

这一时期，尽管国民政府严厉禁止田赋预征，但各省依然寻找各种借口照旧预征，较之北洋政府时期有过之而无不及，特别是军阀横行的四川省最为严重。

据载："田赋预征，河北、山西、山东、福建、湖南、湖北、广东、河南、安徽、陕西、各省皆尝行之，然皆不如四川之甚！"③

以四川各防区军阀在1935年预征田赋为例④：驻川21军一年课征6次，预征到1975年；驻川28军一年课征6次，预征到1991年；驻川29军一年课征7次，预征达到1978年；驻川23军一年课征8次，预征达到1971年；驻川6军一年课征5次，预征达到1965年。另据1934年重庆《商务日报》报

---

① 1934年7月《东方杂志》，第14期。
② 国民党机关报《中央日报》，1933年10月24日。
③ 许达生：《苛捐杂税问题》，《中国经济》第一卷第4期（1933年5月）。
④ 孙翊刚：《中国赋税史》，中国财政经济出版社1987年版，第354页。

道，四川各地预征年数最短已达 5 年，最长的竟达 30 年。

二、田赋三征

抗日战争爆发后，为确保国家财政收入，国民政府以平均负担、增加税收为理由，接管了各省的田赋，并对田赋改征实物，加上 1938 年后的粮食征购和 1944 年开始的粮食征借，这就构成了国民政府的"田赋三征"。

（一）田赋征实

抗战开始后，沿海和华中地区相继沦陷，数以千万计的成批成批地的难民涌入大后方，军民对市场粮食的需求急剧增加。但由于市场粮食流通不畅，交通受阻，加上不法粮商的囤积居奇，市场粮食供应奇缺。1940 年 7 月后，大后方粮价突然飞涨。1941 年 6 月国民政府接管了田赋并从下半年度开始田赋由过去的货币缴纳一律改为征收实物，1942 年 7 月颁布的《战时田赋征实通则》。对田赋征实工作作了具体的部署。

田赋征实制度，是中国农民在极其艰苦的抗战时期，为确保了前方军队与后方百姓赖以生存的口粮问题所作出的巨大的牺牲，也是中国农民对抗战胜利所作出的伟大的贡献。对国民政府来说，田赋征实制度缓解了其财政金融的困难和拮据局面，确保了国家财政在抗战时期的稳定性和连续性。

田赋征实制度是国民政府实行通货膨胀政策的辅助措施，是通货膨胀政策的组成部分。国民政府的目的是既要通过通货膨胀政策获取巨额的暴利，又企图绕过通货膨胀政策对政府财政的负面影响，这是国民政府算尽得失利弊的举措，这就不难理解田赋征实制度的本质了。

（二）粮食征购

抗战时期，尽管田赋征实所得粮食甚巨，但仍然无法满足前方军队和后方百姓的粮食需求。为此，1941 年国民政府不得不在"征实之外，另行办理定价征购，每年参酌各省需要及当时粮价，分省核定征购数量、标准及价格，给付一部分现金，一部分粮食库券和储蓄券，于秋后随同田赋征实，一次征收"①。

1942 年国民政府将征购方法统一为随赋带征。其原则是：小额粮户准予免购，大额粮户采用累进办法，以均平百姓负担，以其配额数量能达到征购总额为限。这个办法一直实行到抗战胜利。粮食征购价格，按各省县产粮市价分

---

① 郑学檬：《中国赋役制度史》，上海人民出版社 2000 年版，第 721 页。

区核定。征购粮食价款的支付方法计有三种①：搭发粮食库券、搭发法币储蓄券、搭付美金储蓄券。

这三种支付搭配方法，就是农民交售了粮食，却拿不到全部应得现金，绝大部分是不能流通的粮食库券和储蓄券。按国民政府的规定，粮食库券从征购后的第三年（公元1944年）起，每年以面额五分之一抵缴田赋应征之数，五年全数偿清。储蓄券自第三年起偿还，四年偿清。

（三）粮食征借

粮食征购采取搭付方式，意在减少国库支付购粮的现金支出，弥补财政赤字，缓解通货膨胀。然而，抗战时期的恶性通货膨胀，不仅使已支付的库券变成废纸，而且还使现行征购也难以维持。

1943年四川率先改征购为征借，停止搭付现金，全部付给粮食库券。1944年国民政府通令全国改征购为征借。

改征购为征借，使原来按政府规定的"平价征购"的粮食，连部分现款也不支付，这种既不规定偿还日期，又没有利息的征借，只是一种虚假的借贷关系，名为借贷，实为没收。

抗战胜利后，国民政府依然拟定，从1946年7月继续实行田赋"三征"。在国民政府债台高筑，军费恶性膨胀的情况下，田赋"三征"与抗战时期相比，则有过之而无不及。

国民政府通过征实、征购、征借，从农民手里所集中到的粮食总量，目前尚无确切的直接的统计数据，现根据有关资料汇总统计②，1941—1948年国民政府通过田赋征实、征购、征借，总计获得33680万石粮食，其中抗战时期为24490万石，战后仅为9240万石。

三、土地税与土地增值税

1926年广州国民政府成立，财政部长廖仲恺将孙中山先生平均地权，征收地价税的主张贯彻到广州国民政府所颁布的《广东都市土地登记及征税条例》中，把只课农村的土地税扩张到了城市，突破了中国原有土地税制度基本框架，这无疑是一项重大的变革。

南京国民政府成立后，于1928年公布了《土地法原则》。1930年6月，

---

① 《财政年鉴》续编（中），第五篇，第103页。
② 孙翔刚：《中国赋税史》，中国财政经济出版社1987年版，第361页。

依据土地法原则立法院制订并公布了第一部《土地法》，有关地价、地价税、土地增值税的征收等作了具体规定。

1936年2月，国民政府明令《土地法》、《土地法施行法》自1936年3月1日起同时施行。但因整理地籍和核定地价工作进展缓慢，土地税实施收效不大。

1944年3月，国民政府又公布《战时土地税征收条例》该条例主要规定：

（1）土地税由县市土地税管理机关征收。征收土地税的地方，不再征收财产租赁出卖所得税。原有田赋、契税及附加一律免除。

（2）地价税以其规定地价数额15‰为税率，超过累进起点地价，按超额累进方法征收：①超过累进起点地价在500%以下者，其超过部分加征2‰；②超过累进起点地价在1000%以下，除按前款规定征收外，就其超过500%部分加征3‰；③超过累进起点地价在1500%以下者，就其超过1000%部分加征5‰。以后每超过500%，就其超过部分递加5‰，以加至50‰为止。

（3）土地增值税于土地所有权移较时征收。土地增值税采用超额累进制，分为4级，税率由20%至80%。

抗战胜利后，开征土地税的地区逐渐扩大，但土地估价工作进度更为缓慢，故国民政府时期的土地税之所以未能普遍推行，其根本原因就在这里。截至1944年各地全年征收的地价税只有74258668元，土地增值税只有42627495元。

四、兵差与力役

（一）兵差

国民政府时期的兵差（力役）系指军队向农民（居民）无偿调发的货币、实物和夫役。

国民政府军队，原本就是一个大大小小军阀的集合体，其军需除了政府给予的部分给养之外，就是来自向百姓勒索的"兵差"。所以兵差调发的范围之广，种类之多，规模之大，构成了赋役制度不可或缺的部分。

首先是兵差的负担面。据统计，南方负担兵差的县份占所有县份的44.13%，北方占76.94%，黄河流域各县竟占87.12%[1]。其次是兵差的负担率。据调查，1928年下半年，山东"各县的兵差最少的是11445元，最多的

---

[1] 转引自郑学檬：《中国赋役制度史》上海人民出版社2000年版，第712页。

是107878.86元"；1929年上半年，各县"最少的是24773.16元，最多的是219832.94元"①。

兵差的分摊方式有两种：一是按亩摊派，二是按户摊派，但不管采用哪一种方式，其结果总是同样的，兵差实际负担主要是落在贫困农户身上。

抗战时期的兵差就更为沉重了，国军、地方部队、保安队和自卫团，无论什么都向当地农民要，要物、要粮、要钱、要夫役；要草、要米、要油，要被、还要床；甚至要枪支弹药、伙食津贴、外出补贴等等。

抗战胜利后，国民政府旋即发动了全面内战，这是中国历史上规模空前的一场战争，此时的兵差负担也达到空前苛虐的程度。例如，河南全省要负担一百万正规军的给养和五六万匹马的粮草，苏北地区要负担六七十万军队的给养②。

（一）力役

国民政府初期的力役，主要是给军队运输枪支弹药和后勤给养。1935年，一位记者发自四川发回的报道："（江油）农村已经破坏了，家庭里衣食全无着落，然而又要尽义务去修碉堡，甚至被拉去当民夫，送米上平武、松潘，一去就十天半月不能回家。其死于路途者，尤比比皆是"，"记者亲见盲眼老者，与跛脚木匠，皆被派当夫。道路上呻吟叹恳之声，不绝于耳"③。

文献资料记载，仅在1935年一年当中，服工役的人数"要在千万人以上，至于劳动日的计算已经是不可能"。而且，各地农民服役几乎都是无偿的。如川陕公路沿途经过各县所规定的征工办法就明文宣布："实行按全县人口义务征工，不给工资伙食，其不亲身工作者得出代钱或雇工自代"；"民工粮食、锄头、畚箕、扁担、绳索由民工自备"④。

中国人民的抗日战争是一场伟大的民族解放战争，"国家兴亡，匹夫有责"，广大民众"有钱出钱，有力出力"，自觉地承担起繁重的力役，这是中国人民爱国主义精神的体现。

---

① 王寅生等：《中国北部的兵差与农民》，南京中央研究院社会科学研究所1931年编。
② 中国人民大学政治经济学系《中国近代经济史》编写组：《中国近代经济史》下册，人民出版社1976年版，第191页。
③ 转引自章有义：《中国近代农业史资料》第三辑，三联书店1957年版，第72—73页。
④ 郑学檬：《中国赋役制度史》，上海人民出版社2000年版，第715—716页。

第八节 国民政府的地方税制

国民政府建立后，于1928年拟定了划分国地收支的标准案，并于同年11月公布实行。根据标准案规定：地方税收入主要有田赋、契税、营业税、房捐及船捐五项。

国民政府初期，田赋、契税和营业税则构成这一时期地方税收入的三大税源；抗战时期，为集中财力，将田赋、契税、营业税均划归中央，地方税只剩下一些零散杂税。战后，国民政府又恢复了战前的税制体系。

一、契税

契税是对卖、典土地住宅契价所课征的一种捐税，契税包括正税、附加和验契费三部分。

（一）初期的契税

国民政府初期，因契税与土地有着密切的关系，随与田赋一起划归地方，始成地方收入的主要税源。

各省接管契税后，先后拟定了各自的契税章程、办法、条例等，故契税制度各地不尽相同。

契税的税率各省市不一，全国平均税率基本为卖六典三，各省市收入亦大相径庭，全国的契税收入1928年为542万元；1929年为866万元；1930年为715万元；1931年为1366万元；1932年为1588万元；1933年为997万元。

（二）《修正改订契税办法》

因契税制度各地不一，百姓困于苛扰，契税收入无法确保。国民政府故于1934年决议整理，经审查修正后，于同年8月下达各省（市）政府执行。其要点如下：

（1）契税正税税率，以卖六典三为最高限度，其在限度以上者，缩减为卖六典三，在限度以内，悉仍其旧。（2）契税附加，以正税半数为原则，其在半数以上者，缩减至正税之半，未达正税半数者，悉仍其旧。（3）契纸费每张五角，卖典一律。（4）催收因与契税同时办理，一面纳税，即一面办理催收（催收即土地转移登记）。（5）逾期及短匿之契，分别处以递加罚金，惟罚金最高额，不得超过应纳税额，其有特殊情形者，并得免罚。

经过这一整顿,全国契税税率大体一致,收效明显好转,每年契税收入约为3118万元。

(三)验契

验契,即对契约呈验注册收费。国民政府于1927年颁布了《国民政府财政部验契暂行条例》,其内容主要有:(1)无论已税契、未税契均应一律呈验;(2)前项旧契无论典卖,均应一律注册,给予新契纸,每张契纸价酌收1元5角,注册费1角,教育费2角,其不动产价格在30元以下契据,只收注册费;(3)呈验期限于本条例实行之日起3个月为限。逾期补行呈验者,每迟1个月递加纸价十分之一。

这次验契,成绩颇佳,只是在江苏、浙江、安徽、江西、福建、河北、湖北、湖南、山东等地实行,契税收入较高的有江苏约430万元,其次是河北约为340万元。

(四)契税的沿革

为健全地方税制,稳定地方财源,1940年12月国民政府颁布了《契税暂行条例》,该条例规定:卖契税率为契价5%,典契为契价3%,契纸每张0.50元。纳税期限于契约成立后4个月为之。逾期不纳税者,除补税外,科以应纳税额10%的罚款,以后每愈2月递增10%,至达到应纳税额之同数为止。

国民政府于1942年5月公布了修正的《契税暂行条例》,扩大了契税课征范围。该条例规定:除典卖外,凡交换、赠与及外国人租地,其承受人均须完纳契税,并将契税税率提高1倍,卖契由5%提高到10%,典契由3%提高到6%。交换契税和赠与契税分别为契价的4%与10%。官契纸每张由0.50元提高到2元。对不领用官契的,责令缴价补领,并科以20元以下罚款。报税期限为3个月。

1943年5月财政部对《契税暂行条例》再予修正,并改名为《契税条例》,由国民政府于1943年5月公布实施,其修改内容为:进一步扩大征税范围,除卖契、典契、交换契、赠与契四种外,增加了分割契和占有契两种。税率亦再次提高,分别为卖契15%,典契10%,交换契6%,赠与契15%,分割契6%,占有契15%。

二、屠宰税

(一)屠宰税调整

1931年1月，国民政府以裁废厘金，营业税抵补，将屠宰税并入营业税。同年6月颁布的《营业税法》规定：营业税为地方收入。各省原有牙税、当税、屠宰税等，暂照原有税率，分别改征营业税。由纳税人直接向征收机关缴纳，不得征收附加捐税。

屠宰税改征营业税后，除二三个省市改称"屠宰营业税"外，其他几无变化，仍依《屠宰税简章》规定实施征管，但各省不一。

（二）《屠宰税征收通则》

1941年6月，国民政府将屠宰税划为县（市）地方财源，同年8月公布了《屠宰税征收通则》。自此，屠宰税与营业税分离，成为独立的税种。《屠宰税征收通则》规定：

（1）征税范围：暂以牛、猪、羊三种为限；（2）税率2%—6%，从价计征；（3）附加税，以前已经附加者，应即合并征收；（4）征收方法，规定由征收机关直接征收；偏远乡镇，得委托乡镇公所代征。

自屠宰税划为县（市）地方独立收入后，法制逐渐完善，各县（市）加强了征管力度，其收入亦大幅度增加。以1940年屠宰税收入2131万元为基数，1941年屠宰税收入增长了358%、1942年增长了351%、1943年增长了245%、1944年增长了390%、1945年增长了221%。

三、营业牌照税

营业牌照税包括牙帖、当帖、屠宰证、烟酒特许牌照税、烟酒营业牌照税、特种营业执照税和普通营业执照税。

（一）牙帖捐费

牙帖是向牙商或牙行征收的一种营业执照税。国民政府初期，牙税列入地方收入，但各省牙贴捐费仍沿旧制，有关征收范围，稽征制度以及牙行设置等方面情况十分混乱。

1934年财政部拟订了《整顿牙税办法》。但实施后的情况不见好转。直至1941年8月国民政府颁布《营业牌照税征收通则》，将牙帖捐费纳入营业牌照税后，才基本解决了牙帖流弊。

（二）当帖捐费

民国初年，财政部对典当拟有收捐之意，但因无法统一拟定章程，各省制定的章程情况互异，分歧甚大，有捐税名称不一，税级依据不一，等级税额标准不一，当帖长短时效不一。但各省所征收的当帖捐费都有较大幅度的增长。

1941年8月国民政府颁布《营业牌照税征收通则》，当帖改征营业税牌照税后才趋统一。

（三）屠宰证

屠宰证是经营屠宰业者在开业之前经征收机关核准，缴纳一定捐税后发给的许可证照。

1931年屠宰税并入营业税，但各省对屠宰业许可证照的领发仍不一致。1941年8月国民政府颁布《营业牌照税征收通则》后，屠宰业纳入营业牌照税的征收范围，屠宰证自然就取消了。

（四）烟酒营业牌照税

1. 烟酒牌照税暂行条例

1927年6月财政部颁布了《烟酒牌照税暂行条例》规定：烟酒牌照税分为整卖营业与零售营业；整卖营业税率为每年纳税100元，零售营业分为甲、乙、丙三等，甲等年纳40元，乙等纳20元，丙等纳5元。对无照营业者，除应照章补税领照外，一律处以税额3倍之罚金；违反其他规定者，处以5元以上、100元以下之罚金。

2. 烟类营业牌照税

1928年3月财政部公布了《烟类营业牌照税暂行章程》，1929年6月又予修正。该修正章程规定：（1）凡售卖华洋烟类、包括土制烟丝、机制卷烟以及一切华洋烟叶制造品之营业，均须一律纳税，领得牌照，方能营业。（2）营业牌照分为整卖与零售两种。（3）整卖营业分为甲、乙、丙三等：甲等每季纳税100元；乙等每季纳税40元；丙等每季纳税20元。（4）零售营业分为甲、乙、丙、丁、戊五等：甲等每季纳税12元；乙等每季纳税8元；丙等每季纳税4元；丁等每季纳税2元；戊等每季纳税1元。（5）烟类营业牌照，每年分为四季，以1月、4月、7月、10月之1日至10日为换领新照之期，不得逾期。

3. 华洋机制酒类营业牌照税

1929年财政部公布《洋酒类营业牌照税章程》规定：（1）凡售卖华洋机制洋酒、火酒为业者，均应分等领照，按季纳税。（2）洋酒类营业牌照，分为整卖与零售两种。（3）整卖营业，分为两级：甲级每季纳税50元；乙级每季纳税10元。（4）零售营业，亦分为两级：甲级每季纳税10元；乙级每季纳税5元。（5）兼营整卖及零售洋酒类之商店，须分别纳税领照。

4. 酒类营业牌照税

1929年5月财政部公布《酒类营业牌照税暂行章程》规定：凡以售卖土

制酒类为业者，必须领取牌照始得营业。营业牌照分为整卖与零售两种：

凡以酒类大宗批发与零售商人者为整卖营业，牌照税额分为甲、乙、丙三等：

甲等每季纳税 32 元；乙等每季纳税 24 元；丙等每季纳税 16 元。

凡以酒类零星售与消费者为零售营业，其牌照税额分为甲、乙、丙、丁四等：

甲等每季纳税 8 元；乙等每季纳税 4 元；丙等每季纳税 2 元；丁等每季纳税 5 角。

5. 烟酒营业牌照税

1931 年 7 月财政部将上述三项章程，即《烟类营业牌照税》、《华洋机制酒类营业牌照税》和《酒类营业牌照税》加以合并，更名为《烟酒营业牌照税暂行章程》予以公布。这仅仅是章程的合并，内容并无变更。

（五）营业牌照税

国民政府于 1941 年 8 月公布了《营业牌照税征收通则》，1943 年财政部根据各地实施的经验和存在的问题，再次进行了修订，并改名为《营业牌照税法》，于 1944 年 2 月公布施行，1946 年 12 月又进行了修订，其主要内容规定：

（1）各种商业均应征收营业牌照税；（2）营业牌照税应按资本额及营业种类划分等级课税，税率最高不得超过其资本额的 3‰；（3）应纳税款实行按年征收，在半年以后开业者，减半征收；（4）征免规定。

1941 年国民政府颁布《营业牌照税征收通则》后，因正值抗战时期，征收区域不断缩小，主要集中在大后方，故收入十分有限。抗战胜利后，征收区域和征收范围相应扩大，收入还是不断增长的。营业牌照税收入情况：1941 年为 991 万元、1942 年为 1458 万元、1943 年为 3005 万元、1944 年为 13306 万元、1945 年为 35562 万元、1946 年为 617020 万元[①]。

四、使用牌照税

（一）《使用牌照税征收通则》

使用牌照税是对使用公共道路、河流的车辆、船舶等交通工具，按其种

---

① 国家税务总局主编：《中华民国工商税收史》（地方税卷），中国财政经济出版社 1999 年版，第 393 页。

类、大小实行定额课征的一种税收。使用牌照税的前身是各地广泛存在的车捐和船捐。1935年国民政府公布了《财政收支系统法》，将车捐、船捐以及有类似性质的捐税统一为使用牌照税，并定为各省（市）县地方收入。

国民政府于1942年2月公布了《使用牌照税征收通则》，通则的主要规定如下：

（1）课税范围：凡使用公共道路河流之车、船、肩舆及其他交通工具，除汽车及以机器行驶之车辆另照《汽车管理规则》办理外，均须向所在市、县申领使用牌照，交纳使用牌照税。（2）税率：使用牌照税分为自用与营业两类，分别驾驶种类及载重数量划分等级的定额征收。其征收标准：营业者，按下列规定办理；自用者，按营业者减征三分之一；①车类：人力驾驶者，每辆纳税全年最高不得超过36元。兽力驾驶者，每辆纳税全年最高不得超过72元。②船类：人力驾驶者，每只全年最高不得超过80元。机器行驶者，每吨每年最高不得超过5元。③肩舆：每乘全年最高不得超过24元。④兽力驼驮：每驮全年最高不得超过18元。

（二）《使用牌照税法》

《使用牌照税征收通则》公布后，随着抗战时期物价持续上涨，国民政府于1945年6月颁布《使用牌照税法》，其调整的内容如下：

调整了原规定营业者的征收税额，对自用者则按营业者税额减征二分之一。

（1）车类：人力驾驶者，每辆全年最高不得超过2000元。兽力驾驶者，每辆全年最高不得超过5000元；（2）船类：人力驾驶者，每只全年最高不得超过4000元。机器行驶者，每吨每年最高不得超过500元；（3）肩舆：每乘全年最高不得超过2000元；（4）兽力驼驮：每驮全年最高不得超过4000元。

五、房捐

房捐是以城镇房屋作为课税对象，按照房租或房价向房屋所有人或典权人所征收的一种税。

（一）《房捐征收通则》

国民政府1928年明确将房捐列入地方税收入，由此房捐成了县（市）收入的主要来源之一。1941年5月，国民政府公布了《房捐征收通则》，通则的主要规定如下：

（1）征收范围：房捐征收范围以各市县城镇房屋，其住民聚居在500

户以上者一律征收房捐。但乡村房屋不得征收。1941 年 11 月又改为：100 户以上者一律征收房捐。（2）税率：房捐税率按年计算，出租房屋最高不得超过其租价的 5%，自用房屋最高不得超过其房价的 5‰。房捐不得附加，其已经附加者，应即合并征收，其总额以不超过规定税率为限。（3）房捐的申报及纳税期限：出租房屋，应于出租之日起 10 日内由房主申报租价；自住房屋，应于进屋居住之日起 10 日内为之。房捐可参照地方习惯，按月按季征收。

（二）《房捐条例》

为适应战时地方财政需要，国民政府于 1943 年 3 月公布《房捐条例》，其主要内容有：

（1）征收范围：凡未依土地法征收土地改良物税之市县政府所在地，及其他商务繁盛地区，住民聚居在 300 户以上者，其房屋均应征收房捐。1944 年 10 月改为：100 户以上却有纳捐能力之地区，其房屋均应征收房捐；（2）纳税人：房捐的纳税人为房屋所有权人；其设有典权者，则为典权人；（3）税率分为两种：①营业用房屋出租者，为其全年租金的 20%，自用者为其房屋现值的 2%。②住家用房屋出租者，为其全年租金的 10%，自用者为其房屋现值的 1%。

（三）房捐收入

据财政部地方财政司统计，1946 年 23 个省市预算自治税课收入为 1221 亿元，其中房捐为 129 亿元，占总收入的 10%。1946 年各省房捐收入[①]：江苏为 19.48 亿元；北平 2.0 亿元；上海 13.4748 亿元；浙江 7.8 亿元；台湾 22.4 亿元；南京 5.0 亿元；重庆 1.94 亿元；湖北 12.16 亿元；湖南 9.73 亿元；四川 6.9 亿元；河南 3.95 亿元；陕西 1.48 亿元；广西 1.2622 亿元。

六、筵席及娱乐税

筵席税是对在酒楼、饭馆置备筵席招待宾客的消费行为所征收的一种税。娱乐税是对规定的娱乐行为所征收的一种税。

（一）《筵席及娱乐税法》

国民政府于 1942 年 4 月公布《筵席及娱乐税法》。税法规定：筵席税税

[①] 国家税务总局主编：《中华民国工商税收史》（地方税卷），中国财政经济出版社 1999 年版，第 217 页。

率为10%，娱乐税税率为30%，筵席税征收范围，只限于奢侈消费者，对日常饮食并不征税。后因战时恶性通货膨胀，危及地方财政收支，1943年国民政府修订了《筵席及娱乐税法》，规定筵席税税率不得超过20%，娱乐税税率不得超过50%。

筵席及娱乐税主要由馆商和场商代征，管理重点则是代征者的账簿、发票以及入场券，代征税课必须按期报缴，违章者处以1倍以上、5倍以下的罚款。对代征单位有意舞弊、侵吞税款者，当依刑法处置。

(二)《筵席及娱乐税法》的修订

抗战胜利后，人民需要休养生息，渴望减轻负担，国民政府于1946年12月修订并公布了《筵席及娱乐税法》，新税法的不同之处有：第一，凡是菜肴每席价格达到一定金额者，征收筵席税。其税率有二：一是筵席价格在起税点以上，不满5倍者，税率不得超过10%；二是筵席价格在起税点5倍以上者，税率不得超过20%。第二，凡以营利为目的之电影、戏剧、书场、球房、溜冰场及其他娱乐场所，均征娱乐税，税率由各县（市）政府按娱乐性质分别划分等级征税，最高不得超过原价的25%。

1947年12月国民政府再次修订了《筵席及娱乐税法》，修订的主要内容是提高税率，即将筵席税税率一律定为20%；娱乐税税率提高到30%。

第九节 国民政府的苛捐杂税

一、苛捐杂税的兴起

1928年国民政府明确了国家与地方的收支划分，使中央财力得到相对集中，地方财力则大为削弱。特别是地方收支没有进一步划分，省与县的财政范围，均由各省自定。以至省级财政入不敷出，不得不依赖中央财政补贴。而县级财政更无独立税源，县（市）级政府的事权与财权严重脱节。

但是，县级政府是行政机关运行的实体部分，日常事务繁琐，所需经费庞杂；上级机关交办的差事诸多，但都是交差不交费。财少事冗，办差经费完全自筹，县级政府不得不依靠附加、摊派和各种苛杂加以解决。于是，苛捐杂税泛滥成灾，较之清末及北洋政府时期有过之而无不及。

附加是正税之外的额外加派，有田赋附加、盐税附加、其他附加等；杂捐就是各地名目繁杂、层出不穷的苛捐；摊派是将应筹款项按户按亩分摊给农民负担。一般情况下，附加和杂捐主要是应付县级机关的日常开支，摊派则为应付临时差办所需的经费，至于苛杂却都是莫名其妙、随心所欲的课征。

中国幅员辽阔，各地政治、经济乃至风土人情各不相同，加之军阀割据，土豪劣绅坐山为大，按需聚敛，就地课征，章制不一，苛细繁琐。税捐是越来越重，积弊越来越深，扰民成灾，所谓"民国万税"，无疑是切中时弊的概括。

二、苛捐杂税

根据1933年12月，国民政府电令各省调查本地区苛捐杂税上报的资料等，专家们汇总整理了各省市的杂税杂捐情况如下：北平市呈报15个杂税项目；湖北110个；河南45个；上海市11个；湖南49个；陕西63个；南京市10个；福建87个；甘肃6个；青岛市10个；广东175个；宁夏21个；江苏145个；贵州66个；青海29个；浙江233个；河北109个；察哈尔34个；安徽63个；山东42个；绥远41个；江西55个；山西23个。

上述，绝大多数是各省向财政部报送的材料，由此可知，实际情况（自然不能上报）远比上报材料更多更滥，故民间嘲讽"自古未闻粪有税，而今只剩屁无捐"。可见，苛捐杂税泛滥的程度是十分严重的。

孙怀仁先生评曰：苛捐杂税"所及范围，几乎无微不至，活人抽捐不必说，甚至死人棺材，亦须纳税；有钱开店纳'营业税'，蚀本关店，也要'歇业费'，摆个地摊，又须'弹压捐'或'地皮捐'，人民一举手，一投足，莫不处处是捐。房有屋捐，食井锅灶有'井灶捐'，柴、米、油、盐、酱、醋、茶更是样样要抽捐纳税，家里供一个祖先堂，要征'祠堂捐'或'大厅捐'；过路过河要纳'过路捐'、'过河捐'，讨老婆要缴'新婚捐'，抽鸦片出'红灯捐'；救济难民纳'难民捐'，妓女要由万卉公司抽'花捐'；国难严重，卷烟要付'加一救国捐'；请客纳'筵席捐'，坐车船有'交通附捐'；再等而下之，倒粪缸亦须纳'粪捐'或'屎桶捐'"①，总之，苛捐杂税，层出不穷，几乎无货不征，无物不税。有一物一捐，也有一物数捐，更有一运（货物运输）数捐。

---

① 孙怀仁：《中国财政之病态及其批判》，生活书店1937年版，第145—146页。

三、附加

国民政府的税收附加,纯属滥征性质。其附加大致分为三类:田赋附加、盐税附加和其他附加。关于田赋、盐税附加在"田赋"与"盐税"一节中已有叙述,下文就介绍"其他附加"。

其他附加,是指除了田赋和盐税外,其他各税的附加,国民政府时期,只要是税几乎都有附加,只是附加不足,才有了上文罗列的成千上万种的苛捐杂税。

除了国民政府规定的税种均有附加外,其苛捐杂税也有附加,据载:"1942年5月,西安市政处指令将乐户捐与妓捐合并,改为妓女捐,分五等征收,税额分别为40元、30元、20元、15元、10元,附加分别为10元、8元、6元、4元、2元。广东早在1918年对花捐之外附加工艺费,1920年又附加教育费、1928年又附加军费,广州市财政局于1929年公布的《本市省河水陆花筵捐章程》,即明确规定花捐要征收附加,因地区不同,捐率及附加也不一样。如广州东分处,花捐每局0.5元,附加清濠费0.1元,市政费0.2元,新附加(军费)0.3元,附加为正捐的1.2倍"[①]。

四、摊派

抗战时期,国民政府于1941年11月公布了《改订财政收支系统实施纲要》,对中央财政和地方财政的划分作了重大调整。全国财政分为国家财政和自治财政两大系统,国家财政由中央和省两部分组成;县、市和县以下各级地方自治组织,统一为自治财政系统。

初时县级财政多少还有点税源,收入甚少,随着战时物价飞涨,地方支出费用日增,县级财政比未改订收支系统之前更加困难。于是苛捐杂税铺天盖地的蔓延开来。

那么,县以下各级地方自治组织的运作经费从何而来,只能依靠向百姓摊派了!摊派的名目可谓五花八门,涉及军事供应的摊派,主要"有粮秣差额、柴草差额、军用牲畜差额、煤炭及其他燃料差额、鞋袜差额、服装差额、炊事

---

① 国家税务总局主编:《中华民国工商税收史纲》(地方税卷),中国财政经济出版社1999年版,第473页。

用具差额、军用差额、各种防御工事及军用器材差额等项"①；涉及自治经费的摊派，主要有自治户捐、积谷款、难民口粮、公教员警食谷、优待出征军人家属经费、补助办公费、师范学生膳食津贴费、自卫队及义勇壮丁给养服装费、市县训练所学员粮食、警察给养费、乡镇保甲人员生活津贴、修建公路费、地方建筑费、保安费、医药费、中心小学及保国民小学基金、电杆费、草鞋费、征工费、兵役费等。

通常情况下，苛捐杂税，只要称得上"捐"、"税"，尚有名目，也有限度；摊派则师出无名，更无限度。省府摊派于县（市），县（市）摊派于乡镇保甲，乡镇保甲苛派于百姓；摊派还分行政级别，有省令摊派，有县长呈准摊派或擅自摊派，有区长呈准摊派或擅自摊派，也有乡镇保甲摊派，甚至保安队与民团凭借武力，也参与擅自摊派。层层加码，环环盘剥，苛扰农民，中饱私囊。故"当时农民最感痛苦者，不仅是田赋附加，及苛捐杂税，临时摊派之无限一项，实为苛政"②。

第十节　国民政府的税收管理制度

一、税收管理机构

1927 年，南京国民政府成立，6 月 1 日财政部成立，设总务、参事两厅；赋税、公债、钱币、国库、会计五司；关务、盐务、禁烟、土地四处；同年 10 月改组，设秘书、烟酒税、印花税、卷烟统税、煤油特税，禁烟六处；关务、盐务二署；赋税、公债、国库、会计四司，改钱币司为金融监管局，并土地处于赋税司。

财政部组织系统屡有变更，1940 年 3 月财政部组织法修正后，渐次稳定，财政部下设机构主要为三署五司两处，即：关务署、税务署、国库署、总务司、盐政司、赋税司、公债司、钱币司、直接税处和会计处，其组织形式与欧美各国财政部相类似。

---

① 国家税务总局主编：《中华民国工商税收史纲》（地方税卷），中国财政经济出版社 1999 年版，第 473 页。
② 《中国经济论文集》第二集，中国经济情报社 1935 年版，第 257 页。

财政部负责全国财政事务及库藏税政等事项,凡全国财政收支、赋税征课、法令解释、制度颁布、公库监督、支付签发等,均由中央财政部负责。财政部隶属行政院,财政部长对各院部会之财务行政,无干涉之权,但在各院部会新创事权时必须先征得财政部长的同意。

(一) 关务署

关务署负责职掌全国的关务行政,内设总务科、关政科和税则科。关务署下设总税务司署、各关税务司署和海关监督。

总税务司署:管辖全国各海关税务司署,内设总务科、机要科、统计科、汉文科、铨叙科、造册处、驻外办事处、内债基金处等五科三处。

各关税务司署:设于各地海关,管理本关事务,因各关事务繁简不一,内设机构也不一致,一般设有总务、文书、会计、监察、缉私、港务等各课。

海关监督直属财政部,受关务署领导,办理关务以及对税务司的监督。内设总务、税务与计核三课。

(二) 盐务署

盐务署,国民政府初期设盐务处,同年改称盐务署,1937年4月改组为盐政司。

盐务署是全国盐务行政主管机关。负责综理全署事务,监督各省盐务处长、盐运使、运副、榷运局长暨所属职员。署设总务、场产、运销、审核、缉私等五科。

盐务署直辖各署局所属机关为榷运、督销、运销、蒙盐等分局,及监销、配运、掣验等局,其下属则为卡。

1937年4月,全面改组盐务机关,将盐务署改组为盐政司,作为财政部内设机构,执掌盐务政策及盐务规划、审核、监督等事项。盐政司内设四科,即总务科、场产科、运销科和征榷科。盐务稽核总分所改组为盐务总局、管理局及办事处。

(三) 税务署

税务署主管全国的货物税,因民国时期货物课税,可分为分征、并征和统征,故而征收机构又可分类。

1. 分征时期

烟酒税处:该处隶属财政部,负责全国烟酒税一切事务。处内设总务、税务、稽核、调查四科;卷烟统税处:该处隶属财政部,负责征收全国卷烟统税一切事务。各省卷烟统税事务分别设立支分处或局所办理;印花税处:该处隶属财政部，各省成立印花税局，下设分支局，由省局领导；矿税处：该处属财政部领导，处以下设征收分处或稽征所。财政部选择各省重要矿区，派员驻矿直接征收。

2. 并征时期

印花烟酒税处：内设六科，分别负责拟定制度，任免人员，考核业绩，设计印花，审理烟酒税率，制定印花税票及烟酒税各种单证；统税署：各省设立区统税局，局内设四课，负责防范漏税，考核所属机构，计征统税税款，保管并发给纳税凭证、运照等事项。

3. 统征时期

税务署：全面负责统税及印花烟酒税等事务，署内设六科，分别办理总务暨所属机关职员之任免，成绩考核，税款收支登记，预决算编制，统税及印花烟酒税率的审订及查验缉私等工作。

（四）直接税署

直接税征管机构的发展可分为三个阶段。

1. 所得税事务处

所得税事务处负责全国所得税事务，处内设三科分别职掌各类所得税的调查、征收、审核及免税、退税、补税，税款的稽核及一切会计、统计、所属各机关的设置、人事调动、考绩及总务等事项。

2. 直接税处

1940年财政部将所得税事务处改组为直接税处。直接税处负责掌理全国所得税、遗产税及其他直接税，并兼办印花税事务。处内设置了三科，分别职掌所得税、过分利得税、遗产税、印花税的设计、改进、推行、考核以及征免减退税款的审核工作。

3. 直接税署

1944年财政部将直接税处改组为直接税署，并设置了八个省区直接税局。抗战胜利后，重新拟定每省设立一局，另在上海、天津、重庆等设立直辖局。至1946年6月，全国设置了5个直辖局、18个省区直接税局、251个直接税分局。

（五）国税署

1948年民国政府议决，合并改组各级国税机构，决定将直接税署与税务署合组为国税署。国税署隶属财政部，负责除关税、盐税以外的全国国税行政事务。署内设三个处，分别职掌所得税、遗产税、印花税、特种营业税、货物税、国产烟酒税类、矿产税等税收法规的拟订、审核与解释,以及各税税务的设计改进与处理;各税税款收解的审核;退税或免税案件或各税税务争议的处理;各税各项印花票照书单凭证的设计、印制、验收等事项。

（六）地方税务机关

省级财政机构可以分为两类：

1. 主管国家收支的机关

先后设有（1）财政特派员；（2）海关监督；（3）盐务管理局或盐务办事处；（4）统税管理所；（5）直接税办事处；（6）官产沙田事务局；（7）印花烟酒税局。以上均系中央直辖各省的财政机关,即中央财政机关的派出（驻）代表（部门）。

2. 主管地方收支的机关

（1）财政厅,省级政府管理地方财政收支的财务行政机关。

（2）财政局,直隶直辖市或省直辖市的市级政府管理地方财政收支的财务行政机关。

（3）财政科,主办县级地方财务行政机关。

二、国、地财政收支系统的划分

1928年为推进财政统一工作,重新拟定《划分国家收入地方收入标准案》及《划分国家支出地方支出标准案》,并在第一次全国财政会议修正通过,国民政府于1928年11月公布实行。自此,地方财政基本确立。

（一）中央与省两级制的税收管理体制

根据《标准案》,明确了中央税与地方税、国家与地方收支系统,建立了与各级政权组织相适应的财政管理体制[①]。

国家收入分现行收入和将来收入。

现行收入：（1）盐税；（2）海关税及内地税；（3）常关税；（4）烟酒税；（5）卷烟税；（6）煤油税；（7）厘金及一切类似厘金之通过税；（8）邮包税；（9）印花税；（10）交易所税；（11）公司及商标注册税；（12）沿海渔业税；（13）国有财产收入；（14）国有营业收入；（15）中央行政收入。将来收入：（1）所得税；（2）遗产税。

地方收入也分现行收入和将来收入。

---

① 国家税务总局主编：《中华民国工商税收史纲》,中国财政经济出版社2001年版,第146页。

现行收入：(1) 田赋；(2) 契税；(3) 牙税；(4) 当税；(5) 屠宰税；(6) 内地渔业税；(7) 船捐；(8) 房捐；(9) 地方财产收入；(10) 地方营业收入；(11) 地方行政收入；(12) 其他属于地方性质之现有收入。将来收入：(1) 营业税；(2) 市地税；(3) 所得税之附加。

从"标准案"的规定来看，地方财政的法律基础基本确立，地方税自此开始逐步发展，遂成独立的体系。但是，当时所称的地方，是指以省为主体，县则附属于省，不能独立为一级财政，而县（市）作为一级政权组织，各项行政事业和上级差派任务皆由县（市）负责办理，事权与财权的脱节，直接导致苛捐杂税丛生，附加摊派兴盛。

（二）中央、省、县三级制的税收管理体制

1934年5月，第二次全国财政会议筹商整理地方财政，确立县（市）地方预算制度，控制县（市）预算收支，也就是确立了县作为自治单位。

1935年7月，国民政府公布《财政收支系统法》，明确规定了当时中央、省（市）、县（市）各级政府财政收支范围；其国家税与地方税的划分如下[①]：

国家税：

(1) 关税；(2) 货物出产税；(3) 货物出厂税；(4) 货物取缔税；(5) 印花税；(6) 特种营业行为税；(7) 特种营业收益税；(8) 所得税（分给省10%—20%；分给县（市）20%—30%）；(9) 遗产税（分给省15%；分给县（市）25%）；(10) 由直隶于行政院之市分得之营业税30%；(11) 由给县（市）分得之土地税10%（院辖市分得15%—45%）。

省税：

(1) 营业税（分给县（市）30%）；(2) 由县（市）分得之土地税15%—45%；(3) 由县（市）分得之房产税15%—50%；(4) 由中央分给之所得税10%—20%；(5) 由中央分给之遗产税15%。

直隶于行政院之市税：

(1) 土地税（分给中央15%—45%）；(2) 房产税；(3) 营业税（分给中央30%）；(4) 营业牌照税；(5) 使用牌照税；(6) 行为取缔税；(7) 由中央分给之所得税20%—30%；(8) 由中央分给之遗产税25%。

县税或隶属于省之市税：

---

① 资料来源：《财政收支系统法》，1935年7月24日公布，中国第二历史档案馆馆藏档案。

(1) 土地税（分给中央 10%，以其余纯入总额分给省 15%—45%）；(2) 房产税（《土地税》施行后并入土地改良物税，分给省 15%—30%）；(3) 营业牌照税；(4) 使用牌照税；(5) 行为取缔税；(6) 由中央分给之所得税 20%—30%；(7) 由中央分给之遗产税 25%；(8) 由省分给之营业税 30%。

《财政收支系统法》明确了国家财政体制划分为中央、省（市）、县（市）三级，县（市）被正式确定为一级地方财政，有其独立的税源，提高了县（市）地方财政的地位。

（三）国家与"自治"两级制税收管理体制

抗战爆发后，面对日益严峻的财政经济形势，为动员并集中全国财力支持战争，增强战时国家财政统筹力量，同时也为促进地方自治的发展，国民政府于 1941 年 11 月颁布了《改订财政收支系统实施纲要》，该纲要规定：

(1) 全国财政收支分为国家财政与自治财政两大系统；(2) 国家财政包括原属国家及省与直辖市的一切财政收入与支出；(3) 自治财政以县（市）为单位，包括县（市）、乡（镇）的一切财政收入与支出；(4) 国家税课收入分配于县（市）的标准：①印花税按 30% 拨给县（市）；②遗产税按 25% 拨给县（市）；③营业税按 30% 至 50% 拨给县（市）；④土地税按 15% 拨给县（市）；⑤屠宰税、营业牌照税、使用牌照税、筵席及娱乐税，属于地方主要税源。

《改订财政收支系统实施纲要》把全国财政分为国家与自治（即县、市）两级，地方财政的重心，由省转移到县（市），自治财政系统则以县（市）为单位了。

（四）中央、省、县三级制的税收管理体制

1946 年 7 月，国民政府公布了修正《财政收支系统法》及《财政收支系统法施行条例》。按新法令规定，财政收支系统分为中央、省及院辖市、县（市）三级。与战前的三级财政体制相比，县级财政的税源较为充裕。中央、省、县税收分配如下：

1. 中央税

(1) 所得税；(2) 遗产税；(3) 印花税；(4) 特种营业行为税；(5) 关税；(6) 货物税；(7) 盐税；(8) 矿税；(9) 营业税（在院辖市总收入中至少占 30%）；(10) 土地税（在省县（局）总收入中占 30%；在院辖市总收入中占 40%）。

2. 省税

（1）营业税总收入50%；（2）土地税总收入占20%但省应以其土地税之一部分补助贫瘠县（市、局）。

3. 院辖市税

（1）营业税至多占总收入70%；（2）土地税总收入60%；（3）契税；（4）遗产税由中央分给15%；（5）土地改良物税；（6）屠宰税；（7）营业牌照税；（8）使用牌照税；（9）筵席及娱乐税。

4. 县（市、局）税

（1）营业税由省分给50%；（2）土地税总收入50%；（3）契税；（4）遗产税由中央分给30%；（5）土地改良物税；（6）屠宰税；（7）营业牌照税；（8）使用牌照税；（9）筵席及娱乐税；（10）特别税课。

经这一次划分，大宗税源为中央的掌握，原属地方收入的田赋则改为国地共享，因而地方财政陷入极度困难局面特别是省级财政，仍要依靠中央财政的大量补助，否则根本无法维持。

（五）国民政府的赋税体系

国民政府的赋税体系分为直接税和间接税两大税系（参见图21-1）。[①]

三、税收预算制度

国民政府建立后，财政部对预算的编制还是比较重视的。1928年就要求设立预算委员会，负责编制年度预算。1929年财政部亦提交并公布了《财务机关编制十八年度预算章程》议案。同年11月，财政部又拟订了《十九年度预算章程草案》，经审议批准，由民国政府于1930年2月公布实施。实际上1928年到1930年的3个年度，只有各别的分预算，而没有任何综合的国家预算。

1931年4月，国民政府主计处成立，国家预算编制工作由财政部移交主计处办理。主计处拟订了《预算章程》及《办理预算收支分类标准》，在1932年起，国家预算就按此章程和标准办理。然而，由于各种原因直至1936年，预算始终没有编成或根本没有意义。

抗战爆发后，亦无所谓正式预算。抗战胜利后，国民政府忙于改订预算编审原则等，1947年11月又宣布"行宪"，预算亦不便编制。因此，战后的预

[①] 马寅初：《财政学与中国财政》（上册），商务印书馆1948年版，第155—157页。

算实在图有虚名，不如不编。

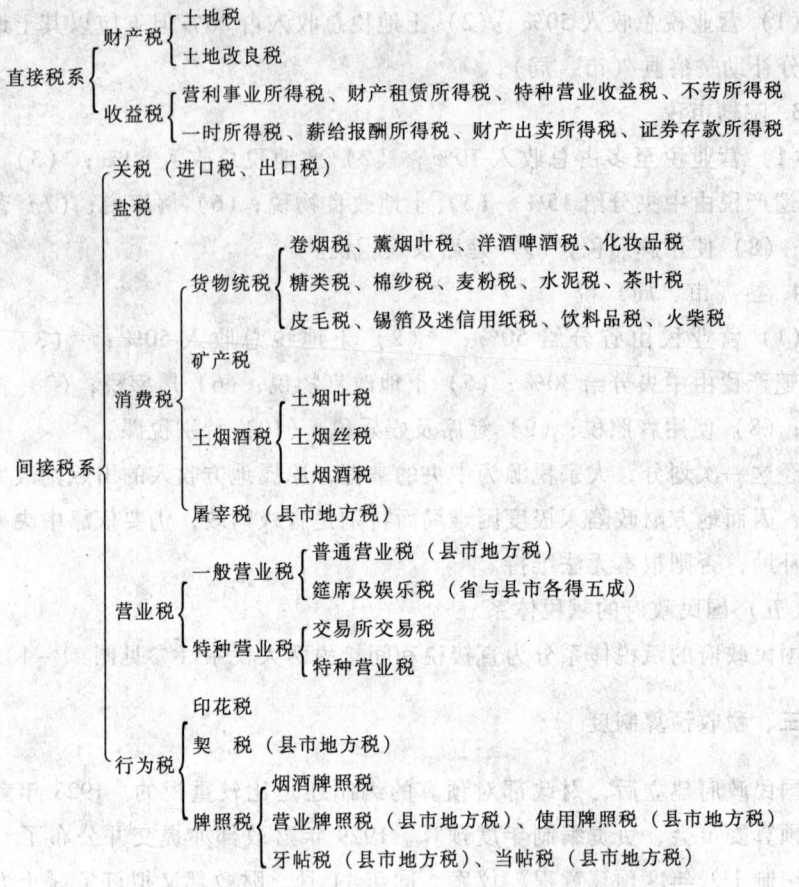

图 21-1

总的来看，国民党统治时期从一开始就编制预算，直到 1948 年为止，一直没有中断过。但这些预算的编制，均不符合法定的程序，也从未认真执行过，只是例行公事，这样的预算没有任何实际意义。

四、主计制度

国民政府的时期的财务行政制度仿照欧美实行四大联综组织系统与超然主计，所谓四大联综系统，即行政系统、主计系统、审计系统和公库系统。所谓超然主计，就是主计机关直接隶属国民政府，独立于被监督的各院部；计政人员的任免、迁调、考绩、待遇概由主计机关处理，不受驻在机关干预。主计人员直接对主计机关负责，严格的履行法定的主计职权，由此构成一个独立的超然系统。由此，构成财务行政管理的统一体。

1929年7月国民政府设立主计机关。并规定了财政部与主计处的职权划分。1931年4月主计处正式成立，直属国民政府领导，并将原来集中于财政部会计司的主计行政，移交于主计处，故形成国民政府的独立的计政监督机关。

超然主计的最高机关是国民政府主计处，职掌及统筹全国主计事务，其下分设岁计、会计、统计三局，分掌全国的岁计、会计、统计各项事务。各省市的主计机构一般分为两级，即省（市）政府一般设置会计处和统计处；县（市）政府一般设置会计室和统计处。

在主计制度下，各机关预算的编制、执行和监督，会计的整理，决算的审核等，均由主计人员负责。而主计人员隶属主计处，与派驻服务的单位没有人事和经济关系，这是一种超然的主计制度，对整饬吏治具有一定的意义。

五、审计制度

1925年广州国民革命政府监察院设置了第三科（审计机构），就已隶属监察系统，南京政府成立后，审计机构隶属审计院。1931年改设审计部隶属监察院。审计制度对这一时期的经济审计与经常监督，还是有比较大的威慑力，收效显著。

审计部是国民政府的最高审计机构，审计长综理审计总处事务。各省市及各机关设立审计处（审计办事处），其下设立审计室或驻审室。

1928年国民政府公布了审计法，规定审计机关之职权，分为事前审计、事后审计和稽察制度，此外规定了巡回审计与抽查审计，由此可说审计制度已日趋完善。

特别是1938年8月国民政府公布了《公库法》，规定以就地审计为依据，尤以监督国库收支的事前审计为原则。至此，国民政府的审计制度得以完备。

六、公库制度

国民政府于1928年赋于中央银行经理国库的特权，采用委托代理制度，为加强国库管理，中央银行特设国库司专司国库出纳事宜。

所谓公库，中央政府之公库称国库，以财政部为主管机关；省政府之国库称省库，以财政厅为主管机关；市政府之国库称市库，县政府之国库称县库，各以财政局为主管机关。

国民政府的公库体系，国库（总库）负责综合处埋全国公库的一切事务，各省（分）库办理当地的国库收支事务，并奉总库之命处理及承转全省国库事务；县、市（支）库主要办理当地国库收支事务。

1933年国民政府颁布了《中央各机关经管收支款项由国库统一处理办法》，目的在于促使中央各机关收支由国库统一处理，把接近官厅公库的行政公库，改变成统一的共同公库制度。

1939年6月9日，国民政府公布了《公库法》，同年6月27日又公布了《公库法施行细则》，规定于1939年10月正式实行，公库制度自此确立。专家们评述，这是我国财务行政管理制度上的一大改革，亦是国库制度史具有划时代意义的重大改革。

国民政府的公库制度，由官厅公库、行政公库转向了共同公库，由委托代管制转向存款制，从拨付坐支转向统收统支，从而使金库制度日趋健全与完备。

主要参考书目

1. 《中国财政史资料选编》（第一辑至第十二辑），中国财政经济出版社1989年版。

2. 国家税务总局组织编，《中华民国工商税收史纲》，中国财政经济出版社2001年版。

3. 国家税务总局组织编，《中华民国工商税收史》（地方税卷），中国财政经济出版社1999年版。

4. 国家税务总局组织编，《中华民国工商税收史》（货物税卷），中国财政经济出版社2001年版。

5. 国家税务总局组织编，《中华民国工商税收史》（税务管理卷），中国财政经济出版社1998年版。

6. 国家税务总局组织编，《中华民国工商税收史》（盐税卷），中国财政经济出版社1999年版。

7. 国家税务总局组织编，《中国工商税收史资料选编》（第一辑至第八辑），中国财政经济出版社1993年版。

8. 周自强著，《中国经济通史》（先秦经济卷），经济日报出版社2000年版。

9. 林甘泉著，《中国经济通史》（秦汉经济卷），经济日报出版社1999年版。

10. 高敏著，《中国经济通史》（魏晋南北朝经济卷），经济日报出版社1998年版。

11. 宁可著，《中国经济通史》（隋唐五代经济卷），经济日报出版社2000年版。

12. 漆侠著，《中国经济通史》（宋代经济卷），经济日报出版社1999

年版。

13. 漆侠、乔幼梅著,《中国经济通史》(辽夏金经济卷),经济日报出版社 1998 年版。

14. 王毓铨著,《中国经济通史》(明代经济卷),经济日报出版社 2000 年版。

15. 陈高华、史卫民,《中国经济通史》(元代经济卷),经济日报出版社 2000 年版。

16. 方行、经君健、魏金玉著,《中国经济通史》(清代经济卷),经济日报出版社 2000 年版。

17. 胡寄窗、谈敏著,《中国财政思想史稿》,中国财政经济出版社 1989 年版。

18. 郑学檬著,《中国赋役制度史》,上海人民出版社 2000 年版。

19. 田昌五、漆侠著,《中国封建社会经济史》(1—4 卷),齐鲁书社文津出版社 1996 年版。

20. 国家税务总局主编,《中国工商税收史》,中国财政经济出版社 1990 年版。

21. 钱剑夫著,《秦汉赋役制度史考略》,湖北人民出版社 1984 年 6 月。

22. 傅光明著,《中国财政法制史》,经济科学出版社 2002 年 4 月。

23. 郑学檬著,《五代十国史研究》,上海人民出版社 2000 年版。

24. 马大英著,《汉代财政史》,中国财政经济出版社 1983 年版。

25. 本书编委会:《中国农民负担史》,中国财政经济出版社 1983 年版。

26. 张泽咸著,《唐五代赋役史草》,中华书局出版社 1986 年版。

27. 蔡次薛著,《隋唐五代财政史》,中国财政经济出版社 1990 年版。

28. 孙翊刚、董庆铮主编,《中国赋税史》,中国财政经济出版社 1987 年版。

29. 李锦绣著,《唐代财政史稿》(上下卷),北京大学出版社 1995 年版。

30. 汪圣铎著,《两宋财政史》(上下),中华书局出版社 1995 年版。

31. 韩国磐著,《北朝隋唐的均田制度》,上海人民出版社 1984 年版。

32. 周伯棣著,《中国财政思想史稿》,福建人民出版社 1984 年版。

33. 孙翊刚主编,《中国赋税史》,中国税务出版社 2003 年版。

34. 陈光明著,《六朝财政史》,中国财政经济出版社 1997 年版。

35. 凌大珽编著,《中国茶税简史》,中国财政经济出版社 1986 年版。

36. 杨荫溥著,《民国财政史》,中国财政经济出版社1985年版。

此外还有很多书籍笔记与参考资料,限于篇幅未能一一写明,但我对所有引用、间接引用他们的著述,或给我带来启发的前辈、同仁、学生都表示衷心的感谢,并表示亲切的问候,我也随时愿意接受你们的批评和指正。

后　　记

　　本书对第一版做了大幅度的减缩和修正，特别是认真贯彻了温家宝总理2008年3月18日讲话的基本精神，即"一个国家的财政史是惊心动魄的。如果你读它，会从中看到不仅是经济的发展，而且是社会的结构和公平正义。"

　　本书在改写的过程中，得到了许多部门领导和专家们所给予的直接关心和支持。财政部及科研所的有关领导、国家税务总局的有关领导、上海市财政局、上海税务局的有关领导、中国财政经济出版社、中国人民大学、中国财政金融大学、同济大学、中南财经政法大学、天津财经学院等都给予的热诚的帮助和悉心的指导，并提供了许多宝贵的建议，在此一并表示衷心的感谢。

　　同时深切地感谢许毅老先生、贾康老师、赵云旗老师的鼓励和指教；本书引征参考了许多前辈、同仁、师长以及相识不相识同志的一些资料、观点和科研成果，在此表示感谢，没有你们的辛勤劳动，本书是不可能成文的。

　　另外，中国财政经济出版社郑宁军主任亲赴上海，共同商量了本书写作和出版计划，在此向他们的热情帮助表示诚挚的感谢。

　　由于作者的水平有限，也由于历史科学的跨度恢宏，本书的错漏、偏颇之处在所难免，欢迎各界专家学者与广大读者予以批评指正。

黄天华

2009年10月